국어교육, 사고에 답하다

이 책은 2016년도 상명대학교 교내연구비 지원을 받아 발간되었습니다.

국어교육, 사고에 답하다

최 홍 원

역락

머리말

세 번째 책,

『성찰적 사고와 문학교육론(지식산업사, 2012)』, 『고전문학 경험교육론(역락, 2015)』에 이어 세 번째 책이다. 첫 번째 책은 솔벗재단의 총서로, 두 번째 책은 학술원 우수학술도서로 선정되었고, 이번 책은 재직하고 있는 상명대학교의 지원을 받을 수 있었다. 매번 거칠고 서툰 글이건만, 책의 매체로 세상과 만나고 소통할 수 있게 해 준 모든 분들께 감사의 말씀을 드리는 것으로 시작하려 한다.

첫 번째 책은 처음이라는 생각에 설렘으로 가득했고 두 번째 책에서는 용기와 자신감으로 충만했다면, 지금은 끝없는 모자람을 깨닫고 두려움도 느낀다. 사고(思考)가 본래 '생각하고 궁리하다'는 뜻을 갖는데, 행여 '사람에게 해를 입혔거나 말썽을 일으킨 나쁜 짓'으로서 '사고(事故)'를 친 것은 아닐까 초조한 마음마저 든다. 준열한 비판을 기다리며 세상에 책을 또 내놓는다.

미숙한 연구자의 시행착오 기록들,

사고의 문제에 관심을 갖게 된 것은 김대행 선생님 덕분이다. 국어교육이 의사소통, 혹은 문법과 문학의 이해에 그칠 것이 아니라, 사고의 문제로 나아가야 한다는 선생님의 혜안이 지금의 이 책을 만들고 낳은 바탕이 된다. 사고의 문제를 처음 접할 때의 전율이 아직도 잊히질 않는다. 어찌

보면 국어교육 연구자로서 해야 할 일과 몫이 그때 이미 결정되었는지도 모른다.

그러나 이러한 전율, 흥분과 달리 사고의 문제를 탐색하는 과정은 한 마디로 고통과 혼란의 연속이었다. 인간의 의식, 사유를 살핀다는 게 여간 어려운 일이 아닌데다가, 언어 특히 문학을 자료로 하는 탓에 이러한 어려움은 갑절로 늘어나기만 했다. 그동안 국어교육학에서의 관심 부족으로 인해, 사고의 터줏대감으로 자리잡아 정전의 대접을 받고 있는 심리학이나 교육학의 여러 연구들과도 싸워야 했다. 경험의 국면에서 만났던 듀이는 사고를 연구하는 동안에도 내 의식 속에서 끊임없이 나와 대화하고 논쟁하는 좋은 토론자가 되어 주었다.

사고가 본래 수많은 유형을 갖는데다가 여러 사고가 혼재되어 나타난다는 점은, 질서화와 체계화를 목표로 하는 연구의 과제로 처음부터 맞지 않은 것일지도 모른다. 사고 자체가 이러하다보니 국어교육의 국면에서 사고의 실체는 늘 연구자의 관심과 목적에 따라 그 모습을 달리 했고, 경우에 따라 서로 충돌하는 장면마저 목격하곤 하였다. 교육의 목표나 정당화를 얘기할 때면 어김없이 사고의 용어를 끄집어내면서도, 정작 그 사고가 무엇인가에 대해서는 구체화된 설명을 듣기 어려웠다. 무엇이 사고이고 국어교육에서 사고란 어떠해야 하는가에 대해 의문을 제기하지 않을 수 없었다.

이러한 혼란을 겪으면서, 서투르고 소박하지만 사고에 대해 국어교육적 해명을 시도한 결과가 이 책이다. 분명 이 책은 사고의 전체를 다루지는 못한다. 다만, 사고를 논의하는 국어교육의 장에서 가장 큰 문제가 바로 사고의 개념과 의미에 대한 이론적 천착의 부족이라는 생각에서, 국어교육의 관점에서 이론적, 개념적 탐색을 시도하였다. 학문 연구가 개념과 의미의 탐색에서 출발한다면, 이 책은 이제 국어교육에서 사고론의 첫 걸음을 내딛게 한 것이라 평가할 수 있다.

사고론에 대한 욕심과 포부,

이 책은 약 십 년의 시간에 걸쳐 사고에 대해 탐색한 여러 논의들을 모은 것이다. 그때그때 문제 삼는 지점과 해결해야 할 과제가 다르다보니, 애초부터 체계와 논리가 갖춰졌을 리 만무하다. 그러나 이 책은 비록 개론서의 경우와 같이 처음부터 장과 절의 항목을 구성하고 체계적으로 내용을 채운 것은 아니지만, 그렇다고 이전에 썼던 글들을 단순히 모은 소논문집에 그치는 것도 아니다. 일찍이 사고와 경험을 국어교육학 연구의 주된 과제로 설정한 이래로, 사고의 여러 유형에 대한 탐색과 다양한 접근을 시도하였고, 그 작은 성과는 사고를 국어교육적으로 재개념화, 재구조화하는 것으로 수렴된다.

책의 처음에 한국연구재단의 지원을 받은 두 편의 연구물을 수록한 것은, 어디까지나 사고에 대한 사회적 요구와 국어교육의 과제를 환기하려는 의도에서 비롯된다. 이러한 논의는 사고뿐만 아니라 국어교육의 체계화와 방향성을 고민하는 데에도 적지 않은 영향을 끼칠 수 있으리라 기대된다. 여전히 의사소통, 문법, 문학의 낡은 관습에 얽매여 있는 국어교육을 미래 사회의 요구에 맞는 새로운 틀로 변화시키는 작은 동인이 되길 희망한다.

두 번째 부분에서는 본격적으로 사고의 여러 유형을 살펴보고, 국어교육적 재개념화, 재구조화를 시도하였다. 비록 이 책에서는 비판적 사고, 창의적 사고, 문제 해결적 사고, 성찰적 사고, 구술적 사고를 탐색하는 데 그쳤으나, 국어교육에서 사고 유형이 이에 한정되지 않음은 물론이다. 남은 과제, 해야 할 숙제가 무엇인지가 분명해진다.

끝으로 국어교육의 국면에서 사고가 어떻게 실현되고 다뤄질 수 있는지를 고민해보았다. 사고의 주체인 독자에 주목하여 독자의 반응과 패러디 활동도 살폈다. 이들을 위한 새로운 문학교육의 내용도 제안해 보았다. 앞에서의 이론적 담론이 선언적, 당위적 차원에 그치지 않고 실천 가능성을 얻기 위해서는 구체적인 자료를 바탕으로 한 입증이 이루어져야 할 것이다. 이러한 목적을 의식하며 수행한 연구였으나, 여전히 구체성은 잡지 못한 채 선언의 목소리만 주변을 맴돌고 있다는 아쉬움도 남는다.

그래도 욕심을 낸다면, 이 책이 교과교육의 연구 결과가 교육학이나 여타 학문 일반으로 선순환되는 하나의 사례가 되길 희망한다. 사고의 문제가 교육학이나 심리학의 차원에서 교과교육학으로 이식되어 온 그간의 역사와 현실을 상기하면서, 교과교육론으로서 이 책이 교육학을 비롯한 다른 학문으로 송환되어 사고에 대한 인식을 전환하고 이해 지평의 폭과 깊이를 확장하는 데 조금이나마 기여하기를 욕심내는 것이다. 국어교육이제 학문의 수용과 적용의 장에 그칠 것이 아니라 "해당 학문이 미처 관심을 못 가진 새로운 세계를 발견해" 나가도록 견인하고, 이로써 "기저 학문들에 새로운 영역과 이론의 창출을 유도하고 이루어내(김대행, 1995)"는 장면이 실현되기를 희망하는 것이다.

감사의 말씀,

그동안 책을 낼 때마다 여러 선생님들과 함께 근무한 동료들에게 감사의 말씀을 전할 수 있었다. 책의 서문만큼 감사의 말씀을 전하기에 적절한 공간도 없으리라. 이번에도 마찬가지이다. 분명 내 것이라는 생각으로 쓴 글이건만, 읽으면 읽을수록 단어마다 문장마다 여러 선생님들, 동학들, 그리고 후배들의 목소리가 들린다. 국어교육을 공부하고 고민할 수 있게 해준 모든 분들께 감사의 말씀을 전한다.

무엇보다 사랑의 위대한 힘이 아낌없는 이해와 헌신에서 비롯됨을, 일상으로 늘 보여주는 아내 희진에게 특별히 감사의 말을 전한다. 그녀가 있기에, 부족하기만 한 내가 공부하고 가르치면서 행복한 삶을 살아갈 수 있다. 그리고 집에서 놀고 있는 모습만 보인 탓에 늘 아빠의 직업이 궁금했던 두 아이 이건, 이은이에게, 아빠가 하는 일이 어떤 것인지를 이 책이 대신 전해줄 수 있었으면 한다. 그래도 공부는 계속 노력하면 그 부족함이 조금씩은 채워질 듯 싶은데, 남편과 아빠의 역할은 시간이 갈수록 어렵기만 하고, 그래서 더 멀어지는 것만 같다. 기회비용-가족과 함께 하는 즐거운 시간-에 견주어 이 책이 너무 보잘 것 없다고 느끼지는 않을까 두렵기도 하다.

그리고 번잡한 논문들을 한 권의 멋진 책으로 만들어주신 역락의 이대현 사장님과 관계자 모든 분들께도 특별히 감사의 말씀을 드린다. 이 분들의 책 만드는 '놀라운 마법'은 이미 논문의 형태로 생각과 뜻을 밝혔음에도 불구하고 굳이 단행본을 출간해야 하는 이유와 까닭을 설명해준다.

마지막으로, 이 책이 나를 위로하고 격려하면서 한편으로 끊임없이 채찍질하기를 소망한다. 경험의 문제를 다룬 두 번째 책으로 서른의 시간을 닫았다면, 이제 사고의 문제를 다룬 이 책으로 마흔의 시간을 열었다. 일찍이 공자는 마흔의 나이를 두고 세상일에 정신을 빼앗겨 갈팡질팡하거나 판단을 흐리는 일이 없게 되었다는 '불혹(不惑)'을 얘기했건만, 지금 나의 모습이야말로 불혹과 가장 먼 삶을 살아가고 있는 것은 아닐까. 혹자는 우스갯소리로 불혹의 오늘날 뜻이 '아무도 유혹하지 않는다'고 하던데, 부디 공부만이 나를 유혹하는 시간이 되기를. 그리고 이 책이 무언가를 탐구하는 희열을 일깨우면서, 공부하는 자세를 바로잡는 계기가 되기를. 간절히 소망한다.

2017년 1월

최 홍 원

차례

제Ⅲ부 국어교육으로서 사고의 실행 가능성

사고에 대한 사회적 요구와 관심,
그리고 국어교육의 미래

제1장 사고의 재개념화와 사고 영역의 체계화*

1. 문제 제기 및 논의의 지형도

아래 제시된 것은 국어교육학 또는 교육학 연구 담론에 등장하고 있는 사고 관련 용어들이다. 이를 살펴보는 것으로부터 논의를 시작한다.

> 언어적 사고, 국어적 사고, 인지적 사고, 정의적 사고, 창의적 사고, 비판적 사고, 논리적 사고, 정서적 사고, 심미적 사고, 가치(론)적 사고, 메타적 사고, 사실적 사고, 추론적 사고, 서사적 사고, 시적 사고, 문학적 사고, 인문지리적 사고, 성찰적 사고, 비평적 사고, 배려적 사고, 상상적 사고, 대화적 사고, 미(학)적 사고, 수렴적 사고, 확산적(divergent) 사고, 발산적 사고, 직관적 사고, 생산적(productive thinking) 사고, 재생산적(reproductive) 사고, 수직적 사고, 수평적 사고, 지각적(perceptual) 사고, 정형적 사고, 기본적 사고, 복합적 사고, 고등(고차적) 사고, 일반적 사고, 흑백 사고, 도덕적 사고, 철학적 사고, 윤리적 사고, 과학적 사고, 관계적 사고, 통합적 사고 ……

* 이 글은 2008년 정부(교육과학기술부)의 재원으로 한국학술진흥재단의 지원을 받아 수행된 연구(KRF-327-A00329)를 책의 성격과 체제에 맞게 수정·보완한 것임.

사고와 관련하여 다양한 용어들이 존재하고 그 개념과 사용역에 차이가 있는 것에서 보듯, 사고의 문제에 대해서는 많은 관심만큼이나 관점과 시각의 편차 또한 상존하고 있다. 이처럼 유사한 용어와 개념이 난립하게 된 것은, 연구자의 의도와 관심, 그리고 사용 맥락에 따라 사고의 개념과 유형이 다양하게 변주된 데서 비롯한다. 이미 오래 전에 교육학 연구에서는 "최근 몇 년 사이에 특히 미국을 중심으로 해서 '사고는 이런 것이다' 그리고 '사고 교육은 이렇게 하는 것이다'라는 소리가 정신을 차릴 수 없을 만큼 소음 공해를 일으킬 지경"[1]이라는 한탄과 같이, 사고 교육에 대한 많은 관심만큼이나 '우후죽순격으로' 무분별하게 쏟아져 나오는 사고론의 문제점이 심각하게 제기된 바 있다. 이 글의 입론 배경이 바로 여기에 있다.

하나의 문제에 대한 수많은 논의가 시각의 폭과 수준의 깊이를 더해가면서 학문의 체계를 정립해가는 자연스러운 과정이라는 점에 비춰본다면, 사고 관련 연구물의 폭발적 증가 그 자체가 부정적인 현상일 수는 없다. 문제는 국어교육에서 사고에 대한 연구가 특정 방향으로 편향되어 있으며, 사고의 본질에 대한 천착없이 연구자의 관심에 따라 다루고 있는 주제를 인위적으로 사고와 결부시킴으로써 그럴듯한 사고의 유사 개념들이 양산되고 있다는 점에 있다.

실제로 이전 내용과의 차별성을 확보하면서 동시에 교육적 의의와 정당성을 담보하려는 의도에서, 사고와는 특별한 관련성이 없음에도 불구하고 연구 결과로 구안된 교육 내용에다 '사고'라는 말을 수식어로 덧붙이는 관행마저 보게 된다. 이때 '사고'라는 용어 앞에 존재하는 한정어는 사고의 하위 유목을 특징짓거나 사고의 속성을 밝히는 기능을 할 수 없음은 물론이다. "사고를 나타내거나 설명해주는 그럴듯한 개념들을 열거해놓고

---

1) 성일제 외, 『사고 교육의 이론과 실제』, 배영사, 1989, 18면.

다른 편에서는 몇 가지 관련된 이론을 정리해 놓은 후 이 두 가지를 이리
저리 조합을 달리하여 포장한 후 적절한 상표를 붙여 시장에 내어 놓은
격"2)이라는 오래전의 비판은 현재까지도 유효한 것이다. 이는 사고의 중
요성에 대해 연구자들 모두 동의하면서도, 정작 사고가 무엇이며 어떠한
내용인가에 대해서 충분하게 고민하고 탐구하지 못한 데서 근본적인 원
인을 찾을 수 있다.3) 사고에 대한 논의는 그 내용과 경계가 불확실한 가
운데 지금 이 순간에도 용어만을 달리한 채 유사한 변이종이 수없이 양산
되고 있으며, 심지어 '의사고(擬思考)' 혹은 '사사고(似思考)'마저 양산되는
실정이다.

　교육이 사회적·학문적 합의를 바탕으로 체계화된 지식과 경험을 전수
하는 것이라면, 국어교육에서 사고를 가르치기 위해서는 무엇보다 그 본
질과 기능에 부합하는 체계화된 체제의 마련이 선행되어야 한다. 이를 위
해서는 국어교육에서 어떠한 사고를 가르칠 수 있는가에 대한 근본적인
탐색이 요청되며, 이는 국어교육과 사고의 본질에 대한 탐구에서 시작해
야 할 것이다. 따라서 이 글은 개별 사고 전략의 개발에만 몰두한 나머지,
정작 국어교육에서 사고가 어떠한 것인가와 같은 본질적인 문제에 대해
서 제대로 답하지 못했다는 반성에서 사고의 개념을 새롭게 정립하고 미
래사회의 변화에 대응하는 새로운 사고 교육의 내용과 체제를 모색하는
데 주된 목적을 둔다. 물론 사고 자체가 복잡성과 포괄성을 갖고 있으며

---

2) 성일제 외, 앞의 책, 24면.
3) 국어교육의 관점에서 사고의 문제를 포괄적으로 살펴본 연구로는 다음의 것들이 대표적이
　다. 김대행, 「사고력을 위한 문학교육의 설계」, 『국어교육연구』 5, 서울대 국어교육연구소,
　1998; 김광해 외, 『초등용 사고력 신장 프로그램 개발 연구』, 서울대 국어교육연구소,
　1998; 노명완, 「국어 교육과 사고력」, 『한국초등국어교육』 24, 한국초등국어교육학회,
　2004; 이삼형 외, 『국어교육학과 사고』, 역락, 2007; 고춘화, 「교육내용으로서의 국어적 사
　고 범주 설계」, 『문학과 언어』 31, 문학과언어학회, 2009 등 참조. 특히 국어교육학의 한
　개론서가 『국어교육학과 사고(2007)』라는 표제를 내세우고 있음은 사고에 대한 새로운 관
　심과 인식을 보여준다.

특히 국어교육에서 사고는 텍스트 질료와 학습자의 변인에 따라 다양한 기능과 존재 양상을 갖는 만큼, 체계화된 도표로 간결하고 명확하게 제시하는 것은 쉽지 않다. 그렇기 때문에 이 글은 어디까지나 더 나은 체계 개발을 위해 반드시 수정·보완되어야 할 하나의 시한부 논의라는 태생적 한계를 갖고서 출발한다.

2. 사고의 재개념화와 재구조화

(1) '사고'에 대한 문제 인식

사고가 대상을 찾고 그에 대한 심리적 상태를 변화시키는 정신 작용이라 한다면,[4] 전개되는 양상의 다양함만큼이나 광범위한 하위 유형을 갖고 있다. 이른바 백일몽(白日夢)적인 정신 상태에서 계획적인 문제 해결에 이르기까지 다양한 양태로 실현되고 있다. 이로 인해 일찍이 듀이(Dewey)가 언급했던 바와 같이, 사고는 가리키는 용어부터 매우 많으면서 다양한 변이형을 갖고 있어 명확히 정의하는 게 쉽지 않다. 실제로 사고는 철학, 심리학 등 학문 분야별로 정의나 기제가 달리 설명되는 특징을 갖고 있다.[5] 사고를 유형화하고 범주화하는 작업의 어려움은 무엇보다도 이러한 다양성에서 연유한다.

우선 사고에 대한 기존 논의의 문제점은 아래와 같이 정리될 수 있다. 이는 곧 이 글이 극복하고 해결해야 할 주요 과제에 해당한다.

첫째, 인지 중심의 문제 해결 과정에 초점을 맞춘 결과, 문제 해결 능력

---

4) 서울대 국어교육연구소 편, 『국어교육학사전』, 대교, 1999, 380~382면 참조.
5) R. J. Swartz & D. N. Perkins, *Teaching Thinking: Issues and Approaches*, Midwest Publications, 1990, 1~3면.

으로서의 사고에 편향되어 있다는 점을 지적할 수 있다. 일찍이 사고는 다른 존재와 구별되는 인간의 '선천적 재능(gift)'으로 규정되어 온 역사적 연원을 갖고 있다. 이러한 이해와 관점의 전환을 가져온 것은 생물학으로 대표되는 과학적 연구의 성과이며, 이에 따라 사고는 즉각적인 반응과 구별되는 인간의 정신 과정, 특히 '목적을 향하는(pointing toward)' 인지 과정으로 이해되기 시작한다.6) 이러한 역사적 변천 과정을 거치면서 사고는 문제 해결을 위해 여러 자료를 탐색하는 일련의 반성적 사고 작용, 혹은 이용 가능한 정보를 사용하여 해결책에 도달하기 위한 과정7)으로 개념화된다. 사고를 정의하면서 공통적으로 물리적인 '탐사', '탐험'이라는 수사를 사용하는 모습8)은 이러한 관점의 특징을 단적으로 드러낸다.

사고에 대한 이러한 과학적 접근은 이후 '문제의 발견(Identifying problems)-문제의 정의(Defining problems)-해결 대안의 탐색(Exploring alternative approach)-계획의 실행(Acting on a plan)-효과의 확인(Looking at the effects)'과 같은 IDEAL 모형9)으로 구체화되면서 지배적인 관점으로 자리잡기에 이른다. 이로써 사고는 문제 해결을 목표로 가설, 검증, 결론에 이르는 일련의 심리 작용으로 정의된다.10) 여기서 사고 교육이란 문제 사태에 직면한

---

6) Robert Boostrom, *Thinking: The Foundation of Critical and Creative Learning in the Classroom*, Teachers College Press, Columbia University, 2005, 13면.

7) John Dewey, *How We Think*, 임한영 역,『사고하는 방법』, 법문사, 1979; Frederic Bartlett, *Thinking: An Experimental and Social Study*, Basic Books, 1958, 97면.

8) Francis Schrag, *Thinking in School and Society*, Routledge, 1988, 5~8면.

9) J. D. Bransford 외, *The Ideal Problem Solver*, 김신주 역,『사고기능의 교육』, 문음사, 1993, 31~58면 참조.

10) 이정모 외,『인지심리학』, 학지사, 2001, 302면; 김영채,『사고와 문제 해결 심리학』, 박영사, 1995, 209면 참조. 예컨대 다음과 같은 설명에서 이러한 편향성을 볼 수 있다. "사고 교육은 삶의 과정에서 당면하게 되는 문제에 현명하고 합리적으로 대처할 수 있는 능력을 신장시켜 주기 위한 것으로, 문제 해결을 위한 이러한 고등정신 능력을 키워주는 일이 그 목표가 된다." Fred M. Newmann, *Higer Order Thinking in the High School Curriculum*, National Center on Effective Secondary Schools, 1987 참조.

학습자가 문제를 해결할 수 있는 능력을 신장시켜 주는 것으로 한정된다.

이처럼 사고가 문제 해결 과정에 요구되는 것은 분명하나, 이것만을 사고의 전부로 접근하는 관점에는 문제가 있으며 따라서 이 글에서는 사고에 대한 이 같은 편향된 접근을 문제 제기하고자 한다. 그동안 사고를 문제 해결 능력의 관점에서만 바라본 결과, 인류가 발전시켜 온 가장 효율적인 방법을 자연과학의 실험적 방법이라고 판단하게 되는 오류마저 볼수 있다.[11] 문제 해결을 위하여 요구되는 정밀하고 객관적인 실증의 과학적 탐구 방법만이 인정될 뿐, 이러한 사고와 관련없는 윤리나 가치의 문제는 사고 논의 자체에서 배제되고 마는 결과가 초래되는 것이다. 특히 문학과 같은 예술 작품은 결코 '문제에 대한 해결'이라고 볼 수 없기 때문에,[12] 사고 영역으로서 자리잡는 것이 원천적으로 불가능해진다. 의미와 가치의 문제를 철저히 부정하고 배제함으로써, 문학교육에서 사고의 문제를 다루는 것을 어렵게 만드는 근본 원인이 되고 있다.

인지 중심의 사고 논의가 논리적인 인간을 전제로 실증과 합리성 속에서 인과 관계를 규명하고 탐구하는 활동[13]이라면, 이는 사고의 전부이거나 혹은 사고를 대표하는 것이기보다는 오히려 사고를 구성하는 한 영역에 해당하는 것으로 보아야 할 것이다.[14] 과학적 탐구 방법만이 모든 사

---

11) John Dewey, *Reconstruction in Philosophy*, 노진호, 「듀이의 반성적 사고와 교육론에 관한 연구」, 성균관대 박사학위논문, 1994, 30면 재인용. 다음 글에서도 과학에 대한 듀이 (Dewey)의 추종을 엿볼 수 있다. "현대의 과학적 절차는 이러한 사고 발달 과정의 이상이요 끝이라고 생각된다. 그것은 자유롭고 보편화된 방법이며, 그것의 유일한 목적과 기준은 발견이다. 따라서 그것은 우리 설명의 종착점을 나타낸다." John Dewey, *Essays in Experimental Logic*, 노진호, 앞의 글, 67면 재인용.

12) 한명희, 『교육의 미학적 탐구』, 집문당, 2002, 100면.

13) John Dewey, 임한영 역, 앞의 책, 20~22면 참조.

14) 이러한 점에서 듀이의 '반성적 사고(reflective thinking)'를 비판하고, 이를 사고 전체가 아닌 '과학적 사고'라는 하나의 개별 사고 유형으로 재번역하려는 논의가 시도된 바 있다. John Dewey, *Democracy and Education*, 이홍우 역, 『민주주의와 교육』, 교육과학사, 1987, 228면 참조. '반성적 사고'를 두고서, 생활에서 당면하는 실제적 사태에서의 문제나 아니

고력을 대표하는 것도, 사고력의 향상을 보장해주는 것도 아니라는 점에
주목한다면,[15] 인지와 문제 해결에만 초점을 맞추고 있는 기존의 사고 영
역을 재구조화해야 할 필요성은 분명해진다. 언어활동에서 이루어지는 사
고 작용에는 인지적 측면 이외에 정의적 측면 또한 관여한다는 점에서,
사고 개념을 새롭게 살펴볼 필요가 있다.[16]

둘째, 사고의 하위 범주와 관련해서 논자에 따라 다양한 견해가 제시되
고 있지만, 사고의 영역 설정이 제대로 이루어졌다고 평가하기는 어렵다.
사고의 여러 유형이 무분별하게 양산되는 가운데 사고에 대한 분류와 분
석은 이분법적 구분에 그치고 마는 경우를 보게 된다. '귀납적'과 '연역
적', '이론적'과 '실제적', '발산적'과 '수렴적', '비판적'과 '창의적', '시각
적'과 '언어적', '의식적'과 '무의식적', '분석적'과 '직관적' 등이 대표적
이다.[17] 이항대립적인 분류 속에서 개별 사고의 속성을 상대적인 위치로
대치하고 있는 것이다. 한편으론 사고 유형의 분류가 아동의 발달 단계에
따른 분류에 의존하는 것도, 또한 사고의 '과정'보다는 '결과'에 대한 구
분에 만족하고 있는 것도 모두 문제로 지적된다.[18]

사고 유형을 분류하려는 일부의 시도도 개별 차원 혹은 인위적인 분류
에만 치중하고 있을 뿐, 각각의 사고가 학습자의 성장과 어떠한 관련을
맺는지에 대해서는 충분한 탐구가 이루어지지 못했다. 예컨대 한국교육개

면 기껏해야 과학자가 실험을 요하는 상황에서만 적용되는 하나의 원리로 그 가치를 재평
가하는 것도 마찬가지다. 이돈희, 『존 듀이 교육론』, 서울대 출판부, 1992, 15면.

15) Matthew Lipman, *Thinking in Education*, 박진환 외 역, 『고차적 사고력 교육』, 인간사랑,
2005, 60면.

16) 본래 '사고'라는 개념은 인지적 요소와 함께 정의적 요소를 모두 포함하고 있다. 참고로
'사고', '사유'에 해당하는 불어 'pensée'에는 인지적 요소뿐만 아니라 느낌, 정서, 의지 등
의 의미가 내재되어 있다. Elisabeth Clement 외, *Pratique de la philosophie de a á z*, 이정
우 역, 『철학사전』, 동녘, 1996, 146~147면 참조.

17) Francis Schrag, 앞의 책, 25면.

18) Francis Schrag, 앞의 책, 25면.

발원의 사고력 개념 모형에서는 사고력의 목적을 문제 해결에 두고, 구성 요인으로 '비판적 사고'와 '창의적 사고'를 제안하고 있다. 그러나 이 역시 문제 해결 과정에 주목하고 특정한 사고의 유형 도출에만 치중한 나머지, 사고의 전체적인 틀이 그 본질에 맞게 제대로 설계되었다고 보기는 어렵다. 이러한 경향은 국어교육에서 더욱 두드러지게 나타나는데, 텍스트의 유형이나 자질을 사고의 유형과 그대로 일치시키는 모습이 대표적이다. 인지적 사고와 비문학 텍스트, 정의적 사고와 문학 텍스트를 일대일로 대응시킴으로써 사고의 문제를 오직 텍스트의 자질 차원에서 판별하고 결정하는 것을 말한다. 이는 텍스트의 변인만으로 사고를 유형화하고 그 결과를 학습자의 사고 과정으로 간주하는 오류를 갖고 있다.

   최근에는 언어의 다양한 국면에서 비롯되는 사고의 여러 특징적인 면을 발견하는 연구가 이어지고 있지만, 이를 국어교육과 사고 전체의 구도에서 거시적으로 접근하여 살펴보는 데는 이르지 못하고 있다. 창의적 사고, 비판적 사고[19] 등 기존의 사고 영역을 대상으로 한 연구 이외에도, '서사적 사고', '인문지리적 사고', '비평적 사고', '배려적 사고', '성찰적 사고'[20]와 같이 국어 현상에서 비롯되는 여러 특징적인 사고 문제가 새롭게 제안되고 있다. 그러나 이들 각각의 사고가 여타의 사고와 어떤 관련

---

19) 대표적인 연구물로 류성기, 「창의적 사고력 신장을 위한 국어과 교육」, 『한국초등국어교육』 12, 한국초등국어교육학회, 1996; 조하연, 「문학의 속성을 활용한 창의적 사고의 교육 방안 연구」, 『국어교육학연구』 16, 국어교육학회, 2003; 오판진, 「비판적 사고 교육의 내용 연구」, 『국어교육학연구』 16, 국어교육학회, 2003; 함성민, 「문학현상 수용과정에서의 비판적 사고 연구」, 동국대 박사학위논문, 2016 등을 들 수 있다.

20) 최인자, 「모티프 중심의 서사적 사고력 교육」, 『국어교육학연구』 18, 국어교육학회, 2004; 황혜진, 「문학을 통한 인문지리적 사고력 교육의 가능성 탐색」, 『고전문학과 교육』 13, 한국고전문학교육학회, 2003; 선주원, 「비평적 사고력 증진을 위한 소설 교육」, 『현대문학의 연구』 29, 현대문학연구학회, 2006; 서현석, 「말하기 교육의 내용으로서 '배려적 사고'의 개념 탐구」, 『국어교육학연구』 28, 국어교육학회, 2007; 졸저, 『성찰적 사고와 문학교육론』, 지식산업사, 2012 등이 여기에 해당한다.

이 있는지가 해명되지 못한 채 산발적으로 다루어진 탓에, 국어교육 전체의 구도에서 사고 영역의 체계화 문제가 과제로 제기되는 것이다.

한편으로는 대학수학능력시험 국어 영역이 내세우고 있는 행동 영역역시 비판적 검토가 요청된다. 어휘·어법, 사실적 사고, 추론적 사고, 비판적 사고, 창의적 사고 등과 같이 사고 유형을 행동 영역의 주요 평가준거 및 요소로 제시하고 있다.[21] 이들 사고 유형들은 그 내용과 결과를하나의 측면에서 평면적으로 일원화하는 분류 체계로 구성되어 있다. 또한 이들은 사고 능력의 측정과 평가라는 당면 과제에 따라 어떻게 사고해야 하는가라는 문제보다는 사고의 결과 또는 산출물에 초점을 맞추고 있다. 따라서 국어교육에서 사고의 문제를 본격적으로 제기하고 실제로 구현하고 있다는 의의에도 불구하고, 지필 고사로 측정하기 어려운 심미적, 윤리적 사고나 메타적 사고 등의 영역이 배제되는 한계점을 갖고 있다. 객관적으로 측정 가능한 사고의 특정 부분만을 대상으로 하고 있다는 점에서, 국어과 사고의 총체성을 모두 담아내지 못하고 있는 것이다.

국어과 사고 영역 체계화 연구는 이 같은 문제점에 기반을 두고 기획되었다. 기존 사고론의 문제점으로 인지와 문제 해결에 대한 편향성, 국어교육 전체 구도에서 사고 영역의 체계적 분류와 설계의 미비 등을 지적할수 있다. 이러한 연구 과제에 따라 이 글에서는 사고의 개념을 새롭게 정립하고, 하위 영역을 체계적으로 분류하는 것을 주된 목표로 한다. 나아가이미 존재하는 개별 사고를 단순히 수집·분류하는 차원을 넘어서서, 학습자에게 어떠한 사고가 필요하며 국어교육이 담당해야 할 사고가 어떠해야 하는가를 탐색하고 제안하는 기능도 담당하고자 한다. 이러한 작업은 궁극적으로 '국어교육'의 체계화와 지향점을 모색하는 성과를 가져올

---

21) 한국교육과정평가원, 『대학수학능력시험 출제 매뉴얼』, 사단법인 교육진흥연구회, 2005,
   7~10면.

것으로 기대된다.

(2) 국어교육에서 사고의 주요 구성 요인과 관점

사고의 재개념화와 체계의 재구조화를 위해서는 국어교육에서 사고의 주요 구성 요소에 대한 탐구가 요청된다. 먼저 언어는 외부 세계의 사상 (事象) 그 자체가 아니라 이를 가리키는 기호라는 속성을 갖고 있으며, 이러한 속성은 곧 인간 사고의 중요한 매개가 된다는 점에 주목할 필요가 있다. 이처럼 언어 기호와 주체는 국어과 사고를 구성하는 주요 요소에 해당하며, 언어 기호와 주체의 상호 작용 양상은 타 교과와 구별되는 국어교육에서의 사고론을 구성하는 중핵적인 요소라 할 수 있다.

그런데 언어 기호와 주체 중에서 상대적으로 어느 쪽을 강조하느냐에 따라 관점이 나뉠 수 있다. 먼저, 언어 기호에 주목하여 언어 기능과 전략을 습득하는 과정에서 수반되는 사고의 문제에 주안점을 두는 입장이 있다.[22] 언어라는 매개를 통해 대상을 표현하고 의미를 파악하는 행위를 사고로 보고, 이를 주된 과제로 다루는 것이다. 언어는 대상을 기호와 표상으로 대치하는 것이며, 어떤 언어를 이해한다는 것은 곧 그 언어가 나타내는 '무엇'을 이해하는 것에 해당한다. 이처럼 기호와 표상은 본질적으로 주체에게 무엇인가를 인지하고 그 의미를 구성하는 사고의 문제를 불러일으킨다. 이런 관점에서 국어 교과는 "지식이나 정보 그 자체를 다루는 것이 아니라, 언어를 도구로 사용하면서 지식과 정보를 다루는(수용, 분류, 비교, 통합, 조직, 추론, 상상, 기억, 인출 등의 모든 정신 작용) 지적 사고 능력을 지도하는 교과"[23]로 규정될 수 있다. 여기서 언어는 사물이나 사상을 구

---

22) 노명완 외, 『문식성 연구』, 박이정, 2002; 노명완, 「국어교육과 사고력」, 『한국초등국어교육』 24, 한국초등국어교육학회, 2004 등이 대표적이다.
23) 노명완, 앞의 글, 12면.

체적인 상징 부호(언어)로 재현하는 것이고, 언어 작용을 '표현'하고 '이해'
하는 행위가 주된 관심사가 된다.

이러한 관점에서 보건대, 사고란 인간의 머리 속에 저장된 정보가 보편
문법을 거쳐 개별 문법, 즉 약속된 기호와 결합하는 과정에 해당한다. 언
어는 인간이 소통하고 정보를 표상하는 과정에 관여하며, 사고는 기억에
표상된 언어와 지식을 사용하여 정보의 의미를 재구성하고 결정하며 판
단하는 일련의 문제 해결적 과정을 포함한다는 점24)에서 인지 및 문제 해
결의 측면에 보다 주목하는 관점이라 할 수 있다.

그러나 주체는 언어 기호의 본래 의미를 재현하고 복원하여 이해·수
용하는 데 그치는 것이 아니라, 언어에 의해 형성되는 존재라는 점에서
언어와 주체의 요소를 새롭게 조명할 필요가 있다. 분명 언어는 의사소통
의 도구이지만 인간을 형성하는 매개25)이기도 하다는 관점에서 언어와
사고의 문제를 접근하는 것을 말한다. 인간은 언어에 의해서, 언어 속에
서, 언어로 표현됨으로써 비로소 구성되고 존재하기 시작하는 '언어적 존
재'26)이다. 언어적 범주를 통해서 비로소 인간은 세계를 인식하고 경험한
다. "나의 언어의 한계는 나의 세계의 한계를 의미한다"는 비트겐슈타인
(Wittgenstein)의 명제는 언어가 인간 사유와 인식에 갖는 영향력을 단적으
로 나타낸 것이라 할 수 있다.

이와 관련하여 철학적 해석학은 중요한 이론적 근거가 될 수 있다. 하이
데거(Heidegger), 가다머(Gadamer) 등으로 대표되는 철학적 해석학에서는 언
어를 매개로 인간 삶의 경험이 이루어진다고 설명한다. 언어는 타인과 '소
통'하거나 자신의 생각을 '전달'하는 데에만 사용되는 것이 아니라, 자신

---

24) Nick Lund, *Language and Thought*, 이재호 외 역, 『언어와 사고』, 학지사, 2007, 5면.
25) L. S. Vygotsky, *Mind in Society*, M. Cole 외 편, 조희숙 역, 『사회속의 정신 : 고등심리과
    정의 발달』, 성원사, 1994 참조.
26) 박해용, 『철학용어용례사전』, 돌기둥 출판사, 2004.

을 깨닫게 하고 세계와 자신의 관계 형성을 가능하게 만든다. 이처럼 언어
는 단순히 인간의 사유를 외현화하는 도구에 그치는 것이 아니라 인간 앎
의 존재론적 기반이 될 수 있으며, 따라서 국어교육에서 사고는 인간의 이
해와 세계 인식의 측면까지 포괄하는 것으로 다시 정의될 필요가 있다.

(3) 국어교육에서 사고의 재개념화

국어교육에서 사고의 문제는 사고 일반의 논의와 차이점을 갖기 마련
이며, 이러한 차이는 국어교육이 언어와 주체를 주된 대상으로 한다는 특
질에서 연유한다. 따라서 국어교육에서 사고의 문제는 언어와 학습자의
관련 속에서 새롭게 개념화될 필요가 있다.

"언어는 어떤 형태로든지 우리의 사회적, 인지적 활동을 지배하고 있기
에 그것이 없이는 우리의 삶은 상상조차 어렵다"[27]는 언급에서 보듯, 일찍
부터 언어와 사고의 문제에 대해서 수많은 논의가 이어졌다. 언어와 사고의
관계에 대해서는 여전히 논쟁 중에 있지만,[28] 사고의 많은 부분이 언어와
밀접한 관련성이 있다는 점은 부정하기 어렵다.[29] 사고는 언어의 형태로
표현되고 전개되기 때문에 본질적으로 언어적인 것이면서, 또한 어떤 대상
에 대한 것으로서 그 대상의 속성이나 관계를 다룬다.[30] 이처럼 언어가 대
상과 의미를 연결하는 기호라는 본질로 인해, 언어의 이해와 표현에는 필연

---

27) T. A. Harley, *The Psychology of Language : From Data to Theory(2nd ed.)*, Psychology press, 2001, 1면.

28) P. Carruthers, *Language Thought and Consciousness : An Essay in Philosophical Psychology*, Cambridge university press, 1996 참조.

29) 주지하다시피, 언어와 사고의 관련성에 대한 입장은 크게 세 가지로 구분되는 바, '언어가 생각하는 방식을 결정한다', '생각하는 방법이 언어 사용을 결정한다', '언어와 사고는 독립적이지만 유년기동안 상호의존적으로 변한다'가 바로 그것이다. 이들 각각은 워프 (Whorf), 피아제(Piaget), 비고츠키(Vygotsky) 등이 제안한 내용의 핵심에 해당한다.

30) Paul Edwards eds., *The Encyclopedia of Philosophy*, The macmillan company, 1967.

적으로 주체의 사고 작용이 관여할 수밖에 없다. "사고와 언어의 관계는 어떤 실체가 아니라 과정이며, 사고에서 언어로 언어에서 사고로 끊임없이 주고받는 계속적인 움직임"[31]이기 때문이다. 그동안 국어교육에서 사고에 대해 관심을 갖게 된 것도 언어와 사고의 이러한 관련성에 있다.

그런데 이러한 의미의 생성과 수용을 통해 주체의 신념, 태도 등에 변화가 생긴다는 점에 유의할 필요가 있다. 국어교육에서 사고의 본질은 단순히 언어 기호의 생성과 수용 과정에 머무는 것이 아니라, 이 과정에서 발생되는 '대상과 주체의 관계맺음'에 있다. 국어교육에서 사고의 주된 특질을 '언어적 사고'[32]로 규정할 수 있다면, 이는 단순히 언어를 통한 의미의 생성과 이해에 그치는 것이 아니라, 언어를 매개로 주체와 대상이 관계를 형성하는 것이라 할 수 있다.

언어적 사고의 관계성 문제는 국어교육의 사고론 설계와 관련하여, 특히 정의적 영역의 문제를 제기한다. 일반적으로 정의적 영역의 추상성과 비가시성은 분류학이 갖는 조직화와 단순화, 그리고 명료화의 조건 충족을 어렵게 한다. 이러한 이유에서 기존의 사고론은 대체로 문제 해결 과정과 관련되는 인지적 측면에 주목하면서 정의적 영역을 의도적이든 비의도적이든 배제하고 간과한 이력을 갖고 있다.[33] 그러나 국어교육에서 정의적 영역이 중요한 까닭은 앞서 살펴본 바와 같이 텍스트나 담화를 통

---

31) L. S. Vygotsky, *Thought and Language*, 신현정 역, 『사고와 언어』, 성원사, 1985.

32) 비고츠키에 따르면 사고에 언어가 개입하는 현상이 언어적 사고이며, 단어의 일반적 의미에서 사고의 언어적 행위와 사고 작용이 명확히 드러난다. L. S. Vygotsky, 신현정 역, 앞의 책, 41면. 이 글에서 언어적 사고는 이를 보다 구체화하여 언어를 매개로 의미를 생성하고 수용하는 과정에서 발생하는 주체와 대상, 언어 기호 사이의 정신 작용을 뜻하는 것으로 개념화된다.

33) 실제로 많은 연구들이 사고를 인지적인 것으로 보면서 정보의 내적 처리 과정에 주목하고 있다. 예컨대 다음 책도 인지심리학의 관점에서 지식의 조작을 포함하여 해결책을 지향하는 것으로 규정하고 있다. R. L. Solso, *Cognitive Psychology(5th)* Allyn & Bacon, 1998.

해서 대상과 주체가 서로 간섭하게 된다는 점, 이러한 관계맺음이 의미 생성 및 수용의 과정에서 주체의 정서적 측면과 지속적으로 상호작용하여 궁극적으로 신념, 태도, 성향 등의 변화를 이끌어낸다는 점에 있다. 국어교육에서 사고가 '할 수 있다' 이외에도 '하려고 한다' 혹은 '하다' 등의 표지로도 그 결과와 반응이 확인된다는 점은 국어과 사고의 고유한 특징을 단적으로 보여주는 것이라 할 수 있다. 이러한 사고는 인간의 환경 속에 있는 인과율적 관계, 설명, 기술을 통하여 지각 대상을 기술하거나 문제를 해결하는 데 목표를 두는 일반적인 사고와 달리, 의미의 발굴과 지각을 통하여 인간의 질적인 삶, 내면 세계의 심화에 초점을 맞춘다는 점34)에서 사고 영역을 구성하는 또 하나의 중요한 영역이 될 수 있다. 특히 언어 표현과 이해의 과정에서는 인지적 측면과 정의적 측면이 끊임없이 상호작용하면서 의미가 생성되고 수용된다는 점을 중요하게 고려할 필요가 있다. 이처럼 언어적 사고의 관계성 문제에 주목할 때 정의적 측면을 반영한 사고 체계의 구안이 요청된다.

　이상에서 보듯 심리학에서의 논의와는 달리, 국어교육에서는 '언어'를 통한 '주체'의 '변화' 측면에 주목해야 한다. 언어 이해의 과정과 절차를 탐색하는 데 그칠 것이 아니라, 이러한 언어 경험을 통해 주체가 변화하는 방향성의 문제까지도 제기하는 것이다. 국어교육에서 사고는 기표와 기의의 결합으로 대표되는 일련의 정보 처리 과정 이외에도, 언어를 통해 대상을 인지하고 새로운 세계를 경험하는 것, 이를 통해 삶과 세계에 대한 자신의 태도를 정향(定向)하는 것, 이로써 주체의 자기됨을 형성하는 것으로 확장되어야 한다.35) 주체의 변화 또한 국어교육에서 사고를 분류하고 유형화하는 중요한 준거가 될 수 있으며, 이 경우 사고의 문제는 지시

---

34) 한명희, 『교육의 미학적 탐구』, 집문당, 2002, 184면.
35) 졸저, 앞의 책, 61~64면 참조.

대상과 언어 기호의 관련성을 넘어서서 이들과 주체의 상호작용 및 영향 관계를 포괄하는 차원에서 살펴져야 한다.

따라서 이 글에서는 사고의 개념을 언어로 표현하고 이해하는 과정에서 작용하는 인지적, 정의적 정신 활동으로 보는 기존의 논의에다, 언어를 매개로 주체가 대상과 관계를 형성하게 되면서 세계를 경험하고 이에 대한 태도를 갖게 된다는 점을 모두 포괄하는 방향으로 확장하기로 한다.

3. 사고 영역의 체계 설계

(1) 사고의 초점 대상과 경향성 측면 :
자연과학적 사고, 정신과학적 사고로 유형화

앞서 문제 해결과는 다른 차원의 사고가 존재함을 살펴보았고, 특히 국어교육에서는 주체의 정의적 측면에도 주목해야 한다는 점을 지적하였다. 국어교육에서 사고의 주요 구성 요인으로 언어와 주체의 요소 모두를 살펴본 것 또한 이러한 맥락에서 이해할 수 있다. 이들은 사고가 초점 대상과 경향성의 측면에서 이원화, 유형화되어야 함을 암시한다.

사고는 주체의 해석과 판단에 따라 결론을 추구해가는 정신적 과정으로 정의될 수 있다. 그런데 결론에 이르기 위해 자료 속에 내재된 정보를 과학적으로 분석하고 증명·검증하는 사고 과정이 있는가 하면, 자료 처리와 해독의 차원을 넘어서서 주체가 사태에 개입·관여하여 의미를 재구성하는 차원도 존재한다. 이는 국어교육에서도 마찬가지이다. 언어 기호를 중심에 두는 문제 해결과 인지 중심의 사고와는 구별되는, 또 다른 차원의 사고가 존재하는 것이다. 특히 국어교육에서 사고는 외부 현실을 있는 그대로 복사·재현하는 것이 아니라, 주체에 의해 해석되고 의미가 부여되는 과정이 강조되기 때문이다. 이처럼 국어교육에서 사고는 실험적 탐구 및 조작의 차원을 넘어서서 주체와 대상이 언어를 통해 서로 관련을 맺는 사유 양태로 이루어지며, 대상에 대한 '객관적 관찰'보다는 대상이 갖는 '의미의 이해'를 중요한 과제로 한다.

따라서 이 글에서는 사고를 크게 '자연과학적 사고'와 '정신과학적 사고'로 구성하여 국어과 사고의 두 경향성을 밝히고자 한다. 대상의 문제에서부터 전자는 대체로 주체의 가치와는 무관한 존재 세계를 다루는 데 비해, 후자는 주체의 관점에 따라 변화하는 예측 불가능한 세계를 다룬다는 차이가 있다. 진위의 검증을 요구하는 '설명'과, 가치 판단과 관계되는 '이해'를 요구한다는 점에서도 이들은 구별이 가능하다. 전자가 경험적 증명과 형식적 절차를 통해 대상과 외부 세계를 지향한다면, 후자는 진리보다는 있음직함 또는 그럴듯함을 만들어냄으로써 세계에 대한 주체의 관점과 시각을 중시하는 것이라 할 수 있다. 대체로 자연과학적 과제가 일반적 개념을 통하여 대상을 설명하고 서술하며 분석하는 객관적 과정을 거치는 데 반해, 정신과학적 과제는 직관 혹은 판단에 의해 의미를 부여하고 내면화하는 능동적 가치화의 과정으로 이루어진다는 점에서도 구별된다.

이처럼 대상·사실과, 주체·의미라는 측면이 서로 구별되는 성격을 갖는다는 점은 언어 문제에서도 유효하다. 과제의 성격이 사고의 방향과 과정을 결정한다는 점에 유의한다면, 언어의 문제에서도 이러한 특질이 상대적인 경향성의 차이를 가져온다고 볼 수 있다. 예컨대 문법 영역의 교수·학습 방법으로 제안된 '탐구 학습'의 경우, 상대적으로 자연과학적 사고 경향이 두드러진다. 언어 현상 또한 다른 자연과학 등과 마찬가지로 탐구 대상이 된다는 점을 전제로, 언어 문제에 대한 해결이나 해답을 찾기 위하여 정보를 체계적으로 처리하는 것을 요구하기 때문이다.[36] 반면,

인지적 영역	:	개념화	이해	적용	평가	종합
정의적 영역	:	감수	반응	가치화	신뢰	행동
		⋮	⋮	⋮	⋮	⋮
행동적 영역	:	획득	동화	순응	수행	포부

[그림 1-1] 사고의 일반 과정

이 글에서는 사고의 일반 과정으로 '획득', '동화', '순응', '수행', '포부'를 제안한다. 이러한 사고 과정들은 교과 내용과의 결합을 통해 해당 교과의 특정 사고 유형을 구현해내는 기반으로 기능한다.

(3) 사고의 하위 분류 체계 :
'기본적 사고', '복합적 사고'의 이원화

사고의 하위 분류는 기본적 사고와 복합적 사고로 이원화하여 설계할 수 있다. 여기서 '기본적 사고'가 비교적 단일한 인지 과정으로서 다른 사고의 수행을 위해 요구되는 일반적인 사고 과정이라면, '복합적 사고'는 특정 목적의 과제 수행과 관련된 것으로 범위가 넓고 거대하며 여러 기본적 사고 과정을 포괄적으로 요구하는 것으로 구분된다.[44] 예컨대 프레사이언(Presseien)과 베이어(Beyer)의 경우에도 크게 기본적 사고 기능과 복합적 사고 기능으로 양분하면서 특징 부여, 분류, 관계, 변환, 인과 관계와 문제 해결, 의사 결정, 비판적 사고, 창의적 사고 등을 그 각각에 위치시킨 바 있다. 시퍼(Schiever) 또한 사고를 '발달적 사고 과정'과 '복합적 사고 전략'으로 나누면서 분류, 개념, 원리, 결론과 함께 문제 해결, 창의적·생산적 사고, 비판적 사고, 평가 및 의사 결정 등을 포함시키고 있다.[45] 이러한

---

44) 성일제 외, 앞의 책, 75면.

45) 김광해 외, 앞의 글, 10~20면; 김영채, 『사고와 문제 해결 심리학』, 박영사, 1995,

체제를 살펴보건대, 국어과 사고의 영역 설계에서도 기본적 사고, 복합적 사고와 같이 이원화된 체제의 필요성과 적절성을 검토할 필요가 있다.

　기본적 사고는 해당 교과의 사고 기능과 활동의 근간이 되는 것으로, 특정 목적의 사고 수행 과정에서 포괄적으로 요청되는 사고 유형이라 할 수 있다. 반면 복합적 사고의 수행에는 여러 기본적 사고가 중첩적으로 개입·관여하고 있으며, 이들이 통합적으로 작용한다는 점에서 기본적 사고와는 차이가 있다. 즉 복합적 사고는 단일한 사고 작용의 차원을 넘어서서 여러 기본적 사고가 통합적으로 운용되는 유목적적인 정신 작용이라 할 수 있다. 이러한 구분의 바탕에는 창의적 사고, 문제 해결적 사고, 메타적 사고와 같은 복합적 사고 영역들이 여러 가지 미시적인 사고 작용(이해, 적용, 분석, 종합 등)을 바탕으로 하고 있다는 점이 고려되었다. 이 같은 기능상의 차이로 인해 기본적 사고는 대체로 어떠한 단일 지점에 도달하는 것을 목표로 하는 수렴적 성격이 강한 데 반해, 복합적 사고는 다양한 가능성에 이르도록 하는 발산적 성격이 강조되는 특징이 있다.

　그런데 국어교육에서 기본적 사고는 복합적 사고와 더불어 국어과 사고의 주요 하위 체계를 구성하는 만큼, 사고 일반의 기본적 하위 유목을 답습하는 데서 벗어나 국어교육의 본질과 내용에 부합하는 것으로 재설계될 필요가 있다. 획득, 동화, 순응, 수행, 포부와 같은 교육목표분류학 차원의 논의를 사고의 '일반 과정'으로 보고, 기본적 사고와 구분하여 제시한 것도 국어교육의 본질에 부합하는 사고의 하위 체계를 모색하려는 인식에 따른 것이다. 따라서 국어과 사고는 앞서 살펴본 바와 같이 언어 기호와 주체가 상호 작용하는 특질을 갖고 있으며, 이러한 두 요소를 바탕으로 기본적 사고와 복합적 사고의 하위 체계가 제안되어야 할 것이다.

584~586면; 허경철, 「사고력의 개념화」, 서울시 교육연구원 편, 앞의 책, 18~19면.

이상과 같이, 사고 영역 체계화와 관련하여 기본적 사고와 복합적 사고로 이원화하는 것은 사고 과정의 단일성과 복합성 등을 고려한 결과이다. 여기에 국어 교과의 특수성을 고려하는 방향으로 재개념화한 결과를 반영하고자 한다. 이에 따라 이후 논의에서 기본적 사고와 복합적 사고의 하위 유목은 앞서 제기한 사고의 일반 과정(획득, 동화, 순응, 수행, 포부)과 더불어 국어교육에서 사고의 초점 대상과 경향성(언어 기호와 주체, 자연과학적 사고와 정신과학적 사고)이라는 요소의 교직에 따라 마련하기로 한다.

4. 국어과 사고의 체계화(안)

체계화 및 분류 설계의 전체적인 틀이 마련되었다면, 분류의 수준과 정도를 결정하는 것 또한 요청된다. 사고 기능이 특수한 것일수록 전이가 잘 이루어지지 않고, 기능이 일반적인 것일수록 유용한 것이 되지 못한다는 점46)에서, 적정 수준의 사고 유목 추출이 요구되는 것이다. 지나치게 세분화하여 가르치는 것의 위험성과 부작용과 함께, 추상적·선언적 차원의 설계에 머무르는 한계를 동시에 경계하기 위함이다. 이 글이 사고 분류 및 체계의 전체적인 틀을 설계하고 마련하는 데 목적을 두는 만큼, 일반적인 차원에서 기본적 사고와 복합적 사고의 주요 유형을 제안하고 그 구도를 제시하는 것으로 연구 범위를 제한하기로 한다.47)

---

46) 성일제 외, 앞의 책, 88면.
47) 사고의 개별 하위 유목들은 각각이 한 권 이상의 단행본을 구성할 만큼 광대한 연구 범위와 과제를 갖고 있다. 사고 영역 체계화가 이 글의 주된 과제인 만큼, 전체적인 틀 속에서 체계화 논의를 전개해 나가기로 한다.

(1) 기본적 사고 : 사실, 추론, 정서, 심미적 사고

기본적 사고의 경우, '기본적'의 개념과 수준을 어떻게 보느냐에 따라 다양한 하위 유목 설정이 가능하다. 관점에 따라 '관찰, 분류, 범주화, 추론, 비교/대조, 분석, 관계, 평가, 비평, 설명, 인과관계, 가설 형성, 가설 검증, 의사소통, 발명, 상상, 설계, 수행, 가정, 예측, 적용, 변환, 일반화'[48] 등으로 세분화하여 제안되기도 한다. 또한 프레제이센(Presseisen)은 사고의 여러 조작들로 조건화, 분류, 관계, 변형, 인과 관계와 같은 기본 기능을 제안하기도 하였다.[49] 그밖에도 기본적 사고 기능으로 '초점을 맞추는 기능(focusing skills)', '정보 수집 기능(information gathering skills)', '조직 기능(organizing skills)', '분석 기능(analyzing skills)', '생성 기능(generating skills)', '통합 기능(integrating skills)', '평가 기능(evaluating skills)' 등과 같이 7가지가 제안되기도 했다.[50]

교과교육의 차원에서 살펴본다면, 예컨대 과학 교과에서는 '관찰, 분류, 측정, 의사소통, 추론, 예측, 가설 설정, 실험 설계, 실험 수행, 자료 수집 및 처리'[51] 등으로 사고가 설계되기도 한다. 수학 교과에서는 '전략 사용, 의사소통, 분석, 분류, 계획, 비교, 조사, 예상, 시각화, 적용, 추론, 증명, 검증' 등을 포함하기도 한다. 교과 특수적인 사고는 교과의 학문적 성격에 따라 규정되기 때문에 교과 지식과 분리해서는 그 기능을 상실하는 특

---

48) 강현석, 『교과교육학의 새로운 패러다임』, 아카데미프레스, 2006, 229면.

49) Barbara Z. Presseisen, "Avoiding Battle at Curriculum Gulch : Teaching Thinking and Content", *Educational Leadership* 45, 1988 참조. 여기서는 이러한 기본 기능과 더불어 문제 해결, 의사결정, 비판적 사고, 창의적 사고, 탐구적 사고와 같은 복잡한 인지 과정과 메타 인지적 조작들을 설계하고 있다.

50) 성일제 외, 앞의 책, 88~90면. Robert J. Marzano et al., *Dimension of Thinking : A Framework for Curriculum and Instruction*, ASCD, 1988 참조.

51) 조연순·최경희, 「창의적 문제 해결력 신장을 위한 중학교 과학 교육과정 개발」, 『한국과학교육학회지』 20(2), 한국과학교육학회, 2000 참조.

또한 최근 많은 연구가 이루어지고 있는 메타적 사고의 영역 또한 국어 교육에서 복합적 사고의 하나로 제안될 필요가 있다. 일반적으로 메타적 사고는 자기 자신이 행하는 사고 과정을 반성하는 정신 작용으로 알려져 있다. 개인의 인지 기능과 전략을 통제하는 이 같은 특성으로 인해, 흔히 '사고에 대한 사고(thinking about thinking)'로 불리며, '초인지' 또는 '상위 인지' 등으로 논의된다. 사고의 가장 높고 세련된 형태로 '정신의 집행적 기능(executive function)'으로까지 간주되기도 한다. 이처럼 메타적 사고는 일반적으로 인지적 측면, 즉 사고의 과정과 그 결과를 검토하는 것을 주된 내용으로 하면서, 자기 점검(self-monitoring), 자기 평가(self-assessment), 자기 조정(self-regulation) 등을 과제로 하고 있다. 이상과 같이 이 글에서 제안하는 복합적 사고의 주요 영역은 문제 해결적 사고, 비판적 사고, 창의적 사고, 윤리적 사고, 메타적 사고로 제안될 수 있다.

(3) 국어과 사고의 체계화 모형과 감지셀

사고 영역의 체계화는 단순히 사고의 유형을 분류하는 데 그칠 것이 아니라 각각의 사고가 갖는 위상과 관계를 규명하는 데 기여할 수 있어야 한다. 그런데 국어 교과에서 복합적 사고 영역은 다른 교과의 사고와는 달리 복잡한 작동 양상과 기제를 갖고 있다는 어려움이 있다. 예컨대 국어교육에서의 문제 해결적 사고는 주어진 문제에 대한 해답을 찾아가는 '논리적·과학적 탐구 절차'와 같은 일반적 의미를 가지면서도, 한편으로는 '언어를 통한 심리적 해소'와 같은 상반된 성격과 특질 또한 갖기 때문이다. 즉 문법 현상을 대상으로 탐구 학습을 전개하는 경우, 문제 해결적 사고는 언어 기호를 대상으로 하는 자연과학적 사고의 경향성이 두드러진다. 반면 문학 감상에서 두드러지는 언어나 노래를 통한 문제 해결은 언어적 해결,

예술적 해결을 지향하면서 심리적인 해결을 가져온다는 점59)에서 주체가 강조되는 정신과학적 사고의 경향성이 확인된다. 이는 언어 기호와 주체의 관계성이 갖는 입체성과 다면성에서 연유한 것이라 할 수 있다.

이처럼 국어교육에서 복합적 사고 영역은 단일 체계 혹은 2차원적 체계로 설명하는 데 한계점을 가질 수밖에 없다. 앞서 국어과 기본적 사고를 사고의 일반 과정과 초점 대상 및 경향성과의 조합을 통해 2차원적 모형으로 설명하였다면, 복합적 사고 영역의 경우 문제 해결적 사고의 예에서 보듯 사고의 과정과 경향성 등이 서로 넘나들면서 작동한다는 점에서 또 다른 차원의 설계가 요청되는 것이다. 즉 사고의 일반 과정과 초점 대상의 2차원적 설계에서 나아가 사고의 전 과정과 초점 대상의 전 부분을 아우를 수 있는 제3차원의 새로운 입체적 구성이 필요하다. 이에 따라 국어과 사고의 체계화 모형을 3차원으로 간략하게 표현하면 다음과 같다.

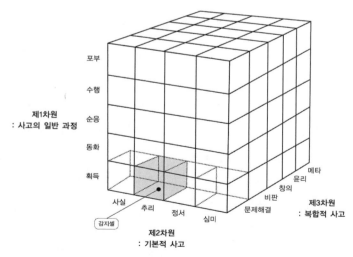

[그림 1-3] 국어과 사고 영역 모형

---

59) 김대행, 『노래와 시의 세계』, 역락, 1999, 60면.

이와 같은 3차원 모형에 대한 설계는 레그(Wragg)의 3차원 교육과정 (cubic curriculum) 모형을 원용한 것으로, 교육과정 설계를 위하여 '교과'와 '범교육과정적 주제(cross-curricular themes)', '교수·학습 전략'의 3가지 차 원(dimension)[60]을 제안한 3차원 교육과정의 모형에 바탕을 두고 있다. 이 같은 모형의 설계는 단순히 국어과 사고의 주요 변인을 3가지 측면으로 기계적으로 조합한 결과가 아니라, 사고의 실제 상황에 적합하게 감지셀 (sensor cell)[61]의 선정과 분석을 가능하게 하는 장점을 갖고 있다. 여기서 감지셀이란 본래 3차원 교육과정 모형을 통해 교실에서 무엇이 일어나고 있는지를 의미있게 분석하기 위하여 각각의 차원마다 분석의 초점이 되 어야 할 요소를 명료화하는 기능을 수행하고자 제안된 것이다.[62]

이 같은 모형 설계를 통해 국어과 사고 영역에서도 감지셀의 기능을 기 대할 수 있다. 1차원으로서 사고 과정, 2차원으로서 기본적 사고, 3차원으 로서 복합적 사고가 설계됨으로써 이들 차원은 사고의 총체적 기능을 구 성하는 각각의 요소로서 기능하게 된다. 1차원의 사고가 사고 일반의 과 정으로서 보편적 사고 행위에 해당하는 것으로, 국어교육에서 기본적 사 고와 복합적 사고를 위해 어떻게 작동하는지를 설명하고 분석하는 데 유 용한 장치가 된다. 반대로 특정한 복합적 사고의 관찰을 위해서 어떠한 사고 일반의 과정과 기본적 사고가 작동하고 있는지를 살펴보는 것도 가

---

60) 많은 맥락을 포괄하는 더 많은 차원이 있을 수 있으므로 이론적으로는 하나의 모형에 여 러 개의 차원을 모두 포함시키는 것이 바람직하겠지만, 현실적으로 다수의 차원을 나타내 는 것은 매우 어려우므로 3가지 차원을 표시하는 것이 이해 가능하고도 간단 명료한 대안 으로 제시될 수 있다고 본다. E. C. Wragg, *The Cubic Curriculum*, Routledge, 1997, 29 면. 제시된 모형이 상황의 다양성에 따라 적합하게 개조·수정될 수 있다는 점에서, 사고 의 체계화를 위해 자유롭게 원용하는 것이 가능하다고 판단하였다.

61) 3차원 교육과정 모형에서는 감지셀의 한 예로 '영어-사고력-발견하기(English-thought-discover)' 등을 제시하고 있다. E. C. Wragg, 앞의 책, 95면.

62) '여기서 제시된 각각의 요소는 교과와 범교육과정적 주제(cross-curricular themes), 교수· 학습 전략과 같은 3가지 차원의 내용에 해당한다.

능할 수 있다. 특정한 언어활동의 국면에서 어떠한 사고가 어떻게 기능하고 작용하는지를 설계하고 분석하는 유효한 도구로 기여할 수 있으리라 판단된다.

5. 과제와 전망

체계화라는 목적을 앞세운 나머지, 연구 대상을 유목화하는 것이 항상 정당화될 수 있는 것은 아니다. 특히 사고는 많은 요인들이 관련되는 복합적, 총체적인 과정이자 작용이라는 점에서, 자칫 세분화된 분류는 사고의 본질을 훼손하고 왜곡하거나, 실질적인 교수·학습에 기여하지 못할 우려가 있기 때문이다. 이러한 점에서 새들러와 휨비(Sadler & Whimbey) 등의 지적을 경청할 필요가 있다.

> 사고력을 유목화하는 것은 사고력에 대한 학습 과정을 오도시키며 학생들의 분석 능력을 증진시키려는 교사의 노력을 방해하기 쉽다. 사고력을 단절된 단위로 세분화하는 것은 학생 진단에는 유용할 수 있지만 사고력 지도에는 올바른 방법이라고 할 수 없다. 사람들이 사고하도록 교육하는 일은 마치 골프채를 휘두를 수 있도록 가르치는 것과 같다. 만약 그 휘두르기의 한 작은 부분을 떼어서 가르치려고 시도한다면, 그것은 분명히 잘못된 것이다.[63]

단순히 기준을 수립하는 것이 확고하고도 올바른 해답을 제공하는 것이라고 볼 수 없으며, '장바구니 목록(Grocery List)'이 오히려 혼란을 야기할 수 있다는 지적[64]에도 유의할 필요가 있다. 사고의 복잡한 풍경은 본

---

63) 성일제 외, 앞의 책, 75면 재인용.

는 핵심 역량에 따른 교육과정 개발과 설계의 방향성을 탐색하고 구체적인 방안을 마련하기 위해 수차례 연구를 진행하기도 하였다.4) 이에 따라 핵심 역량을 전면에 내세운 2015 교육과정이 고시되기에 이르렀다.5) 이상에서 보듯, 국가 경쟁력이 강조되는 시대적 흐름 속에서 핵심 역량의 함양은 교육 정책의 주된 과제이자 방향성으로 나타나고 있다.

　핵심 역량의 개념은 20세기 초 경영학 및 심리학 등에서 직업 교육이나 훈련 분야를 대상으로 개발된 것으로, 현재 기업 및 직업 세계를 넘어서 정치, 교육 등 공공부문에서 널리 활용되고 있다. '역량 강화' 혹은 '역량 중심' 등의 표현이 신자유주의 경제 흐름과 맞물려 최근 사회 전 분야로 확산되고 있는 것이다. 그런데 역량은 '직무에서 우수한 성과를 내게 하는 개인의 특성'으로 처음 개념화된 이후, 평균적 수행자로부터 우수한 수행자를 구별하는 행동 등을 나타내는 것으로 규정된 특별한 역사적 이력을 갖고 있다.6) 이 같은 개념의 연원에서 보듯, 역량이 강조되는 배경에는 성공적 수행과 관련된 결정적 특질(trait)이나 기술(skill) 등을 파악하여 효율성과 경쟁력의 극대화를 도모하려는 의도가 내포되어 있다. 성공

---

4) 윤현진 외,『미래 한국인의 핵심 역량 증진을 위한 초·중등학교 교육과정 비전 연구(Ⅰ)』, 한국교육과정평가원, 2007; 이광우 외,『한국인의 핵심 역량 증진을 위한 초·중등학교 교육과정 비전 연구(Ⅱ)』, 한국교육과정평가원, 2008; 이광우 외,『미래 한국인의 핵심 역량 증진을 위한 초·중등학교 교육과정 설계 방안 연구』, 한국교육과정평가원, 2009; 이근호 외,『미래 사회 대비 핵심역량 함양을 위한 국가 교육과정 구상』, 한국교육과정평가원, 2012. 그밖에 한국교육개발원에서도 '국가 수준의 생애 능력 표준 설정 및 학습 체제 질 관리 방안 연구(2002~2004)'를 통해 생애 능력을 '기초 문해력, 핵심 능력, 시민 의식, 직업 특수 능력'으로 설정하고 각각의 하위 영역과 구성 요소를 선정하는 작업을 진행하였다.

5) 교육부,『교육부 고시 제2015-74호 2015 국어과 교육과정』, 교육부, 2015.

6) D. C. McClelland, Testing for Competence rather than for Intelligence, *American Psychologist* 2(1), 1973. 이처럼 현대적인 의미의 역량 개념은 성취동기이론을 강조한 맥클리란드(McClelland)에 의해 확립되었는데, 전통적인 지능 검사가 실제 직무에서의 성과를 나타내지 못한다는 비판에서 출발한다. 이 같은 출발점이 나타내듯, 역량은 '업무', '수행', '성과', '경쟁력'과의 상관관계 속에 놓여있는 개념이다.

적인 업무 수행을 위해 요구되는 자질을 파악하려는 목적에서 수행된 초
창기의 여러 경영학, 직업교육 분야 연구들이 이 같은 사실을 보여준다.

이처럼 성과와 효율성을 주된 과제로 하는 핵심 역량을 교육에서 도입
하고 강조하는 바탕에는, 그동안 교육이 변화하는 현대 사회에서 요구되
는 능력을 제대로 길러주지 못하여 '학교에서 생산되는 학력(educational
qualification)'이 학습자의 실질적인 능력에 부합하지 못한다는 문제 의식[7]
이 자리잡고 있다. 학교교육의 성과가 직업 세계의 과제 수행에 기여하지
못하는 만큼 기존의 학문 중심, 교과 중심 교육과 차별화되는 새로운 교
육과정의 설계와 개발이 요구되었는데, 이때 핵심 역량이 그 대안으로 제
기되고 있는 것이다.

핵심 역량 기반의 교육과정이 이전과는 다른 새로운 형태의 교육과정
체제로 이해되면서,[8] 점차 교과 교육과정의 변화와 혁신을 강요하는 정치
적 구호로까지 나아가고 있다. 핵심 역량의 문제가 단순히 일부 교육 내
용을 추가하는 데 그치는 것이 아니라, 기존의 교과 중심 교육과정에서
벗어나 상당 부분을 핵심 역량으로 대체하는 방향으로 체제 전체의 개편
을 이끌어낼 수 있는 데 따른 것이다. 그 결과 표면적으로는 교과의 자율
성을 강조하면서도, "각 교과 교육과정을 핵심 필수 내용을 중심으로 정
선하여 재조직함으로써 교과 내용의 양을 감축"[9]할 것을 명시하는 것과
같이, 교과교육을 위협하고 강제하는 잣대로 작용할 우려마저 낳고 있다.
이러한 인식에서 핵심 역량을 비판하고 거부하는 것은 교육의 변화와 개
혁에 소극적이고 폐쇄적인, 교과를 지키기 위한 이기주의적 입장으로 비

---

7) 박민정, 「역량기반 교육과정의 특징과 비판적 쟁점 분석 : 내재된 가능성과 딜레마를 중심
    으로」, 『교육과정연구』 27(4), 한국교육과정학회, 2009, 80면.
8) 홍원표·이근호, 「역량 기반 교육과정의 현장 적용 방안 연구 : 캐나다 퀘벡의 사례를 중심
    으로」, 『교육과정연구』 29(1), 한국교육과정학회, 2010; 이근호 외, 앞의 글.
9) 이근호 외, 앞의 글, 210면.

취지기까지 한다.

그러나 핵심 역량이 주목받고 강조되는 한편으로, 무비판적 수용과 잘못된 접근 태도를 비판하는 교육학계의 목소리에도 경청할 필요가 있다. 핵심 역량의 교육 담론이 사회 생활에 필요한 제반 능력을 교육의 가장 중요한 목표로 세움으로써 결국 지식교육의 가치나 본질을 상실케 하고, 이론적 지식이 실제적 문제 해결의 수단으로만 전락하는 결과를 초래하였다고 보는 것을 말한다.[10] 이처럼 핵심 역량에 대해서는 그동안의 교육적 제문제를 해소할 수 있는 새로운 대안으로서의 기대와 동시에, 냉혹한 비판의 시각 또한 공존한다는 점에 유의할 필요가 있다. 교육 개혁의 화두와 슬로건으로 화려하게 무대에 등장하였지만, 자칫 교육의 본질적 가치를 상실케 하고 표류하게 만들 위험성도 동시에 내재하고 있다.

따라서 이 글은 국어교육에서 핵심 역량의 내용을 도출하고 그에 기반하여 교육 내용을 새롭게 개발하기에 앞서, 핵심 역량 담론을 국어교육의 시각에서 비판적으로 점검하고 재개념화, 재구조화의 작업을 진행하는 데 일차적 목적을 둔다. 직업 교육이나 훈련 분야에서 제기된 핵심 역량의 문제를 교육학에서 무분별하게 도입하게 됨으로써 야기되는 문제점을 정확히 짚어내고, 교육의 본질에 부합하는 방향으로 수용될 수 있도록 이론적인 검토와 고찰이 요구된다는 문제의식에 따른 것이다. 핵심 역량 개념의 배태와 전개에 대한 역사적 이력은 물론, 핵심 역량을 둘러싼 비판적 쟁점에 대해 살펴보는 기회를 갖는 것도 이러한 의도에서 비롯된다. 또한 국어교육의 본질에 기반한 핵심 역량의 논의가 전개되기 위해서는 핵심 역량뿐만 아니라 교과교육으로서 국어교육의 본질과 목표에 대한 비판적 점검도 수행되어야 할 것이다. 이러한 과정 속에서 '범교과 학습'과 '교과

---

10) 김광민, 「역량기반 교육의 매력과 한계」, 『도덕교육연구』 20(2), 한국도덕교육학회, 2009.

학습', 두 국면에서의 국어교육의 가능성을 확인하고, 이를 재구조화의 한 방안으로 제언하고자 한다. 한편으로는 효율과 성과만이 앞세워진 나머지 국어교육이 기능인 교육으로 전락하는 것을 막으면서, 다른 한편으로는 기존의 국어교육과 의미있는 차별성을 갖지 못한 채 핵심 역량을 흉내내는 차원에 그치는 것을 동시에 경계하고자 한다.

2. 핵심 역량의 교육적 재개념화와 구성 요소

(1) 핵심 역량의 교육적 재개념화

앞서 제기한 바대로, 핵심 역량의 개념은 기업의 인력 관리 차원에서 출발한 독특한 배경을 갖고 있으며,[11] 현재 사회의 각 분야에 확대, 적용되고 있다. 그런데 역량에 대한 정의와 관점은 학자와 접근 방식에 따라 상이하여 맥락에 따라 서로 다른 다양한 의미로 이해되기조차 한다.[12] 역

---

11) 예컨대 핵심 역량을 경쟁 기업이 따라올 수 없는 자기 기업 특유의 차별화된 기술 혹은 노하우의 결정체로 보는 관점 등이 대표적이다.

12) 역량에 대한 관심이 전 세계적으로 확산되는 추세에 있지만, 역량 개념은 각 나라마다 각 상황마다 다른 의도나 목적을 가지고 사용되어 왔음이 이미 여러 차례 지적한 바 있다. T. Hoffman, The Meaning of Competency, *Journal of European Industrial Training* 23(6), 1999 참조. 예컨대 핵심 역량의 용어만 하더라도 'core competence', 'core skills', 'key competence', 'enabling skills', 'generic skills', 'essential skills', 'necessary skills', 'enterprise skills', 'employability skills' 등이 혼재되어 사용되고, 이를 '핵심 역량' 이외에도 '직업기초기능', '기초기능', '핵심 소양' 등으로 다양하게 번역하고 있다. 참고로 핵심 역량의 개념과 의미에 대한 국외의 주요 연구 결과를 윤현진 외, 앞의 책 등을 바탕으로 정리하면 다음과 같다.

주요 학자	정의와 개념
McClelland (1973)	업무 성과와 관련된 광범위한 심리적 또는 행동적 특성
Hofer & Schendel(1978)	기업의 목표와 목적을 달성하기 위해 도움이 되는 자원과 스킬의 배분 패턴

이상의 논의를 바탕으로 이 글에서는 핵심 역량을 미래의 삶에 성공적으로 대처하기 위해 필수적으로 요청되는 '지식', '기능', '태도', '메타' 등을 포괄하는 학습자의 총체적 능력으로 재개념화한다.[18] 지식과 같은 인지적 측면, 기능과 같은 수행적 측면 이외에 가치, 동기, 태도 등과 같은 정의적 측면 등 다양한 인간 능력과 자질을 포함하면서 동시에 이를 효과적으로 가동시키고 조정하며 확장시키는 메타 능력까지 포괄하는 총체적 능력으로 보는 것이다. 이 같은 재개념화의 바탕에는 핵심 역량의 교육이 특정 기능이나 전략의 학습을 강조하는 기능주의, 실용주의로 전락해서는 안된다는 분명한 주장과 경계를 담고 있다.

덧붙여 역량의 구성요소들이 마치 씨줄과 날줄처럼 얽혀서 서로에게 영향을 미치면서 상호작용하는 하나의 총체[19]로 보는 것과 같이, 이 글에서도 지식, 기능, 태도, 메타 능력들은 개별적, 독립적으로 존재하는 것이 아니라 서로에게 영향을 미치는 내적 구조를 지니는 것으로 이해할 필요가 있다. 이 같은 총체적 접근은 개별적 기능과 분별적 요소들을 각각 숙달시킬 때 독립적으로 신장될 수 있다는 인식과는 차이가 있다.

또한 이 같은 의미 규정은 국어교육의 역량을 자칫 '의사소통'과 같이 가시적으로 외현화될 수 있는 특정 부분으로 국한하거나 혹은 기능, 행동의 숙달 교육으로 그 본질과 성격이 오해되는 것을 막을 수 있는 장점을 갖는다. 언어 경험을 통한 개인의 성장, 그리고 언어에 대한 학습자의 태도나 세계관의 문제까지도 다루는 것이 가능해진다. 이는 특정한 직업 세

---

18) 실제 뉴질랜드의 사례를 살펴보면, 핵심 역량에 대해 성공적으로 수행하기 위해 요구되는 지식, 기능, 가치, 태도 등을 포함하는 인간 자질의 복합적인 결합체로 규정하는 것을 찾아볼 수 있다. Ministry of Education, *The New Zealand Curriculum* Ministry of Education, 2007. 이러한 사례에서 역량 개념의 교육적 재개념화의 단서와 근거를 얻을 수 있다.

19) D. S. Rychen & L. H. Salgnik, 앞의 책 참조.

계와 상관없이 인간으로서 삶을 살아가는 데 필수적으로 요청되는 언어 능력의 관점에서 접근하는 데 따른 것이다. 특정 직업, 직무에 초점을 맞춘 직업 기초 기능으로서의 역량에 대한 기존의 개념, 인식과는 분명한 차이점을 갖는다.

(2) 구성 요소 탐색

국어교육에서 핵심 역량이 지식, 기능, 태도, 메타의 요소로 구성된 총체적 능력이라고 한다면, 각각의 속성과 의미에 대해 보다 자세히 살필 필요가 있다. 이는 이들 요소의 설정 근거와 함께 그 의의를 밝히는 일에 해당한다.

먼저, 지식은 그동안 역량이 행동의 개념으로 인식되면서 역량과 대립적인 것으로 오해되곤 하였다. 오늘날의 지식 교육이 현실과 거리가 먼, 무용한 교과 내용의 반복 재생에 그치고 있다는 비판이 핵심 역량의 필요성과 맞물려 설득력을 높여 가는 상황이 이를 가리킨다. '무엇을 아는가(knowing that)'의 물음에서 '무엇을 할 수 있는가(knowing how)'의 물음으로 옮겨가야 한다는 주장이 이제 당위의 차원으로 받아들여지는 모습 또한 이를 방증한다. 이처럼 지식 또는 이해의 발달이 간과된다는 점은 역량 논의가 갖는 중요한 특질이자 문제점의 하나로 지적된다.[20]

사실 개인의 머릿속에 저장되어 고정된 형태로 존재하는 원리나 이론을 '죽은 지식'으로 비판하는 것은 핵심 역량이 대두되기 이전부터 교육의 효과나 가치를 비판하는 장면에서 빈번하게 제기되어 왔다. 그렇지만 모든 지식이 무용하고 미래 사회의 적응에 기여하지 못한다는 것은 지식과 미래 사회에 대한 올바른 인식으로 보기 어렵다. 오히려 지식 기반 사회

---

20) 김광민, 앞의 글 참조.

는 지식의 생성, 저장, 활용, 공유, 가공에 필요한 능력뿐만 아니라 지식의
고도화 과정에서 마인드, 습관, 지식 등을 활용하여 실질적인 가치를 창출
하는 능력을 요구한다는 사실[21]에 주목할 필요가 있다. 오히려 국가 경쟁
력의 차원에서 지식의 가치 창출 능력이 새롭게 주목받고 있는 것이다.
이는 종래의 명제 차원의 이론적 지식과는 다른 차원의 지식이 요구되고
강조된다는 사실을 일깨워준다.

　이처럼 지식을 주체적으로 가공하고 재구성하며 판단하는 능력까지 포
괄하는 것을 특별히 '실천적 지식'으로 규정할 수 있다면, 수행성, 효율성,
유용성을 갖춘 행동력 있는 지식[22]이 역량의 중요한 요소 내지 부분을 차
지해야 함은 물론이다. 지식을 두고서 "사회적 차원에서 행동할 수 있는
능력"이자 "어떤 것을 활동하도록 변화시키는 기회"[23]로 규정하는 것에
서도 이러한 모습을 엿볼 수 있다. 화이트헤드(Whitehead) 역시 "교육은 지
식의 활용법을 체득하는 것"임을 분명히 하면서, 과거의 지식이 비록 중
요한 것이라 하더라도 그 자체를 위해 추구되어서는 안된다는 점을 강조
한 바 있다.[24] 이런 점에서 본다면, 과제 수행을 위해 필요한 관련 지식은
충분히 제공되어야 하고, 이를 기반으로 맥락에 적합한 방식으로 지식을
재구조화여 활용할 수 있는 능력을 도모할 필요가 있다.

　국어교육에서의 지식 역시 이처럼 다양한 측면을 포괄하는 것으로 설

---

21) 이돈희, 「지식기반사회의 도래와 교육의 새로운 위상」, 이돈희 편, 『지식기반사회와 교
　　육』, 교육부 정책보고서, 1999.
22) 한명희, 「지식기반 사회에서의 학교 역할에 관한 철학적 반성」, 『교육철학』 27, 교육철학
　　회, 2002, 154면.
23) N. Stehr, Arbeit, Eigentum und Wissen, Zur Theori von Wissensgesell schaften, 1994, 이
　　흔정, 「역량기반 교육과정의 가능성 탐색」, 『교육종합연구』 8(3), 교육종합연구소, 2010,
　　156면 재인용.
24) A. N. Whitehead, *The Aims of Education and Other Essays*, 오영환 역, 『교육의 목적』,
　　궁리, 2004.

정될 필요가 있다.

- 대상의 특징, 성격, 요소 등을 아는 지식
- 대상의 기능, 작용 등을 아는 지식
- 대상의 의의, 효용, 중요성을 아는 지식
- 대상에 관한 지식들에 대한 메타적 지식[25]

여기서 지식은 단순히 사실적 앎에 그치는 것이 아니라 기능, 작용, 의의, 효용, 중요성에 대한 앎으로 확장되고 나아가 메타적 지식까지 포괄하는 것으로 설정되어 있다. 핵심 역량으로서의 지식은 이처럼 수행을 전제로 하는 실천적 앎에 초점을 맞출 필요가 있다.

둘째, 기능의 경우 역량의 개념 자체가 과제를 수행하고 사회적 요구에 대응할 수 있는 외현화된 능력에서 출발하는 것인 만큼, 밀접한 관련성 속에서 강조되어 왔다. 그동안 역량에 대한 '기능적 접근(functional approach)'이 강조되어 왔던 것도 이러한 성격에서 비롯된다. 예컨대 역량은 "효과적이고 우수한 수행에 인과적으로 영향을 미치는 개인의 행동 특성(behavioral characteristics)"으로 규정되기도 하는데, 외현화된 행동과 기능에 초점을 맞추고 있음을 볼 수 있다.

역량이 이 같은 행동주의적 접근에 근거하고 있다는 점은 역량 기반 교육에 대한 가장 일반적인 비판에 해당한다.[26] 기능과 행동에 대한 잘못된 이해는 교육을 자칫 경제적 유용성과 효율성의 차원으로만 접근하게 함

---

25) 최지현, 『문학교육과정론』, 역락, 2006, 265면. 예컨대 문학교육만 하더라도 지식을 '개체적 지식', '역사적 지식', '개념적 지식'(김대행, 『통일 이후의 문학교육』, 서울대 출판부, 2008, 78~88면)이나 '텍스트적 지식', '콘텍스트적 지식', '메타텍스트적 지식'(류수열, 「문학 지식의 교육적 구도」, 『국어교육학연구』 25, 국어교육학회, 2006) 등으로 구분하는 논의들은 모두 지식의 입체적, 포괄적 성격을 강조하는 공통된 특질을 갖고 있다.

26) 박민정, 앞의 글, 82면.

핵심 역량을 교과교육의 국면에 반영하기 위한 목적에서 각 교과별로 다루어야 할 핵심 역량을 명시하고 있다.[41] 그러나 위의 내용이 각 교과의 특성과 본질을 충분히 천착한 결과로 보기는 어렵다. 국어 교과의 경우만 하더라도 의사소통능력, 기초학습능력, 비판적 사고력만이 중점 역량 요소로 제시되는 것에 대해 쉽게 동의하기 어렵다. 타 교과 핵심 역량의 요소로 제시된 '자아 정체성', '개인적 사회적 책무성', '자기주도적 학습능력', '자기관리능력', '시민성(지역/글로벌)', '창의력' 등도 이후에 살펴볼 자국어교육의 목표와 성격을 고려한다면 국어 교과의 중요한 내용이면서 본질적인 과제에 해당하기 때문이다. 제시된 내용이 교과별로 3개씩 균일하다는 점은 마치 교과의 성격, 특질과 상관없이 형평성에만 초점을 맞춘 기계적 분배의 결과라는 의심마저 더하게 된다.

국어 교과의 핵심 역량으로 제시된 요소의 특징에도 주목할 필요가 있다. 의사소통능력, 기초학습능력 등은 대체로 언어의 도구적 속성에 기반하여 기능의 측면이 강조되는 특질을 갖고 있다. 언어와 인간이 맺는 다양한 관계와 영향의 측면을 총체적으로 담아내지 못하고 있음을 확인하게 된다. 언어를 통해 세계를 수용하고 이해하며, 언어를 매개로 사회적 정체성과 세계관을 형성하게 된다는 인식에는 이르지 못하고 있는 것이다. 자아 정체성, 개인적 사회적 책무성, 자기관리능력, 창의력이 국어교과의 핵심 역량에서 배제된 것도 이 같은 인식에서 연유한 것으로 보인다. 나아가 이 같은 비판은 영어 교과의 중점 역량 요소로 제시된 것과 큰 차이를 나타내지 못하는 것에서도 재차 확인된다.

---

40) 이근호 외, 앞의 글, 160면.

41) 교과별 중점 핵심 역량을 선정하는 것을 정책 제언에 명시하는 것(이근호 외, 앞의 글, 210면)에서 보듯, 이는 핵심 역량과 교과의 관계를 설명하고 나타내는 중요한 표지가 된 것으로 예측된다. 이 같은 내용의 도출을 위해서는 국어교육 학문공동체의 토론과 합의 과정이 요청됨은 물론이다.

이런 점에서 본다면, 교과에서 개발해야 할 역량의 요소에 대한 논의는 교과교육의 본질과 사회적 요구에 대한 근본적인 성찰과 탐색 속에서 출발해야 한다. 국어교육의 본질이 무엇이며 목표가 어떠한 것인지에 대한 검토와 천착이 무엇보다 요청되는 것이다. 이를 위해 우선 핵심 역량을 강조하고 있는 국가들의 자국어교육 목표부터 살펴보기로 한다.

[표 2-2] 캐나다 온타리오 주, 캐나다 BC 주, 호주의 자국어교육 목표 및 성격

국가	(자)국어교육의 목표 및 성격
캐나다 온타리오 주	• 학습자의 지적, 사회적, 문화적 정서적 성장의 핵심이고, 교육과정의 중핵적 요소이며 정체성과 문화를 구성하는 기초적인 요소 • 듣기와 말하기, 읽기, 쓰기, 보기와 표현하기에서 문식성의 기반이 되는 지식과 기능의 발달 • 아이디어와 정보를 이해하고 사회적으로 소통하며 흥미있는 분야에 대해 탐구하고, 자신을 명확하게 표현하고 학습한 것을 보여주기 위한 언어적 기능의 신장
캐나다 BC 주	• 말하기, 듣기, 읽기, 보기, 쓰기, 표현하기를 통해 학습자들에게 세계에 관한 의미를 구성하고, 사회의 모든 국면에 효과적으로 준비하기 위한 개인적이고 지적인 성장의 기회 제공
호주	• 복합적인 구어, 문어, 다중모드 텍스트를 대상으로 정확하고 유창하게 듣고, 읽고, 보고, 말하고, 쓰고, 창조하고, 성찰하는 것 • 감정을 유발하고 정보를 전달하며 아이디어를 형성하고 다른 사람들과의 상호작용을 원활하게 하며, 즐겁게 하거나 설득하고 논쟁하기 위한 언어와 언어 변이의 활용 • 의미 생산을 위해 표준 영어가 구어, 문어에서 사용되는 방식의 이해 • 텍스트의 심미적 측면에 대한 흥미와 기능, 문학 감상 능력의 발달

이들 국가의 경우, 자국어교육의 목표가 문학, 문법에 대한 이해나 의사소통능력의 신장 차원을 넘어 핵심 역량과의 밀접한 관련성 속에서 설정되어 있음을 볼 수 있다. 캐나다 온타리오 주에서는 '문식성의 기반이 되는 지식과 기능의 발달'을 강조하면서도 동시에 '학습자의 지적, 사회

보조자료를 통한 개인적 책임감의 현시 등과 같이 복합 양식 텍스트에 작용하는 여러 기호와 양식을 수용하고 생산할 수 있는 의미의 '복합 양식 문식성(multimodal literacy)'도 국어교육의 중요한 과제가 될 수 있다.[47]

이상에서 본다면, 핵심 역량의 문제는 교과교육과 대립적인 것도, 교과교육을 완전히 대체하는 것도 아님을 확인할 수 있다. 교과는 핵심 역량의 장애물, 방해물이 아니라 중요한 경로로서의 의미를 갖는 것으로, 핵심 역량을 달성하는 데 필요한 실질적인 내용을 제공해준다. 특히 국어교육은 하나의 교과 차원을 넘어 핵심 역량을 신장, 함양하는 데 중추적 역할을 담당할 수 있을 것으로 기대된다. 이러한 이해를 바탕으로 설계와 실천의 새로운 구도를 그려보기로 하자.

4. 교과와 범교과 학습으로서 국어교육의 새로운 위상과 구도

국어교육이 교과의 차원을 넘어서서 핵심 역량의 주요 통로와 매개의 성격을 갖는다는 사실은 핵심 역량 기반의 교육과정에 대해 이전과는 다른 방향으로의 인식과 설계를 요청한다. 즉 교육학에서 규정하는 핵심 역량의 내용을 국어교육이 수용하는 수동적, 일방적 차원을 넘어서서, 교과교육을 중심으로 핵심 역량 교육과정을 새롭게 설계하고 실천하는 하나의 방향성을 제언하는 것이다.

그동안 핵심 역량과 교과교육을 연계시키는 방안은 크게 '급진적 방식', '보수적 방식', '절충적 방식'의 세 가지로 구분되는데,[48] 이 같은 구

---

47) 정현선, 「언어·텍스트·매체·문화 범주와 '복합적 문식성' 개념을 통한 미디어 교육의 국어교육적 수용에 관한 연구」, 『한국초등국어교육』 28, 한국초등국어교육학회, 2005; 정혜승, 「문식성의 변화와 기호학적 관점의 국어과 교육과정 모델」, 『교육과정연구』 26(4), 한국교육과정학회, 2008.

분에도 불구하고 교육학에서 규정한 핵심 역량을 교과교육이 어떻게 반영할 것인가라는 태도 면에서는 공통된 입장을 나타낸다.

먼저 급진적 방식은 핵심 역량을 중심으로 기존의 교과를 대체하고, 교과 내용과 구조를 핵심 역량에 맞게 전면적으로 재구조화하는 방식에 해당한다. 교과 내용의 선정과 조직을 핵심 역량이 담당하게 되면서 핵심 역량에 따라 기존 교육 내용의 통폐합 과정을 거치게 된다. 이러한 방식과 달리 보수적 방식은 기존 교과 내용에 큰 변화없이 주로 교수·학습 방법을 통해 핵심 역량을 실현하는 방법을 가리킨다. 핵심 역량을 교육과정 문서 차원에서 강조하는 것과는 상관없이 교육 내용을 새롭게 개발하거나 혹은 기존 내용을 수정하지 않고, 교육 방법이나 평가를 통해 구현할 수 있다고 보는 관점이다. 절충적 방식은 급진적 방식과 보수적 방식을 적절히 조절한 것으로, 교과의 특질과 상황에 맞추어 교육내용 구성의 자율성을 존중하고 보장해주는 방식이라 할 수 있다. 교과에 따라 전통적인 교과 양태를 유지할 수도 있고, 상당한 정도의 변화를 추구할 수도 있다. 이처럼 핵심 역량을 교과와 연계하는 방안과 관련해서 그동안 교과교육의 입장에서는 기존 교육 내용의 상당 부분을 유지하면서 핵심 역량의 내용을 일부 반영하여 개발하는 절충적 방식 혹은 소극적 방식 등의 입장을 견지해 왔다.

그런데 핵심 역량에 기반한 미래 국가 교육과정이 '교과'와 '범교과 핵심 역량'의 두 축으로 개발되고 있다는 점에 유의할 필요가 있다. 기존의 교육과정이 교과 위주로 구성되어 있다면, 핵심 역량 중심의 교육과정에서는 교과교육과 더불어 범교과 핵심 역량 영역을 교육과정의 또 다른 축

---

48) 핵심 역량과 교과교육의 연계 방안으로 '역량 중심 접근', '교과 중심 접근', '절충적 접근'(이광우 외, 앞의 글)이 제안되기도 하는데, 이 역시 앞의 경우와 큰 차이를 나타내지 않는다. 이하 세 방식의 설명은 홍원표 외, 앞의 글에 따른다.

으로 구성하는 것을 말한다. 한 예로 '미래 국가 교육과정의 영역 구상 (안)'에서도 핵심 역량 함양을 위한 교육과정의 영역을 아래와 같이 '교과' 와 '범교과 핵심 역량'의 두 축으로 구성할 것을 제언하고 있다.

핵심 역량 함양을 위한 미래 국가 교육과정의 영역 구성

- 교과와 범교과 핵심 역량의 두 축으로 구성하되, 이 두 영역은 서로 분리된 것이 아니라 상보적인 관계에서 추구되어야 함을 명시한다.
- 교과 영역은 지적 역량을, 범교과 핵심 역량은 도덕적 역량, 의사소통 능력, 타인과 관계맺는 능력, 개인적 사회적 책무성 등 인성 역량과 사회적 역량을 중심으로 구성한다.[49]

이러한 흐름에 비추어본다면, 범교과 핵심 역량이 강조되는 상황에서 현재와 같이 국어교육의 목표가 국어라는 교과로 한정되어야 하는지에 대해 재검토해 볼 필요가 있다. 앞서 살핀 바대로 범교과 역량이 내세우는 목표와 내용에 국어 능력이 깊게 관여하고 또한 요구된다면, 교과라는 제도 이외의 국면에서도 국어교육이 중요하게 실천될 필요가 있다는 주장이다. 이러한 인식과 판단에 따라 국어교육을 '국어 교과를 통한 교육' 의 의미를 넘어서서 교육과정의 새로운 영역, 국면에서 요구되는 국어 능력 전체를 신장시키는 일련의 활동으로 확장, 전환할 것을 제언한다.

이러한 주장의 실현 가능성과 타당성을 빅토리아주의 '핵심 학습 기준 (VELS : Victorian Essential Learning Standards)'을 통해 구체적으로 살펴보기로 하자. 여기서는 "학생을 교육, 일, 삶의 성공에 준비시키기 위하여 학생 자신과 다른 사람과의 관계를 관리하고 세계를 이해하며, 세계에서 효과 적으로 행동할 수 있는 능력을 육성"하는 것을 목표로 내세우고 있다. 이

---

49) 이근호 외, 앞의 글, 208~209면.

를 위해 '신체적, 개인적, 사회적 학습(Physical, Personal and Social Learning)', '학문기반 학습(Discipline-Based Learning)', '간학문적 학습(Interdisciplinary Learning)'의 세 가지 맥락(Strand)을 바탕으로 전체 교육과정을 설계, 개발하고 있다.

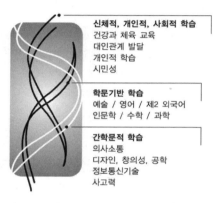

[그림 2-2] 빅토리아 주의 학교 교육과정[50]

전통적인 인식에서 국어교육은 '학문기반 학습'의 하위 분야 중 하나에 위치하게 된다. 그러나 '신체적, 개인적, 사회적 학습'의 한 영역인 '개인적 학습'이나 '시민성'의 문제, '간학문적 학습'의 한 영역인 '의사소통'이나 '사고력'의 달성을 위해서도 국어는 효과적인 통로와 매개의 역할을 담당할 수 있다. 즉 개인적 학습, 시민성, 의사소통, 사고력 등의 역량을 함양하기 위해서는 실제 교육 내용이나 방법을 마련해야 하는데, 국어교육이 이를 효과적으로 제공할 수 있고, 이에 기여할 수 있다는 점을 밝히는 것이다.

영국의 교육과정 또한 핵심 역량과 교과의 체계로 구성되어 있다는 점

---

50) Victorian Curriculum and Assessment Authority, 2007, 이근호 외, 앞의 글, 174면 재인용.

에서 앞의 경우와 크게 다르지 않다. '교과(subjects)'와 '기능(skills)'의 두 개의 틀로 구성되는데, 여기서 '기능'은 핵심 역량을 기반으로 한 범교과의 영역에 해당하는 부분이다. 그런데 기능은 '실용적 기능'과 '개인·학습·사고 기능(personal, learning and thinking skill)'으로 구성되어 있다는 점이 특징적이다. 즉 영어, 수학, ICT 활용 능력이 전자에 포함된다면, 독립적인 탐구 능력, 창조적인 사고능력, 팀워크 능력, 자기관리능력, 효과적인 참여 능력, 반성적 학습 능력 등이 후자에 포함되어 있다. 이때 범교과 학습으로서 국어교육이라 한다면, 교과나 실용적 기능 이외에도 개인·학습·사고 기능(personal, learning and thinking skill)을 신장시키기 위한 일련의 교육 내용과 방법에 대해서도 국어교육이 담당하는 것을 가리킨다.

 빅토리아 주나 영국의 사례에서 보듯, 핵심 역량 기반의 교육과정이 범교과적 역량 차원과 교과적 차원으로 다원화되어 설계되고 있음은 최근의 일반적 경향이다. 여기서 교과와 핵심 역량의 연계 방식은 결국 핵심 역량의 목표 아래 교과 내용의 변화를 요구한다거나, 교과교육과 구별되는 새로운 '범교과적 역량'을 독립적으로 설계하는 것으로 나타나기 마련이다. 기존의 교과교육 차원에서 본다면, 교과와 구별되는 범교과적 역량의 축이 새롭게 만들어지고 그에 따라 기존의 교과 내용이 핵심 역량에 따라 변화된다는 점에서 상당 부분 위축될 것으로 이해된다. 그러나 국어교육에 대한 확장된 이해와 접근은 핵심 역량 함양을 위한 중핵적 교과로서의 위상과 더불어, 범교과적 역량 차원에서도 새로운 역할을 가능하게 할 수 있다. 일찍이 언어란 그 자체가 우리의 삶에 해당하는 것으로 삶의 모든 부분에 스며들어 있는 것이기 때문에, 엄격하게 본다면 국어과는 하나의 교과 형태로 꾸며질 수 있는 것이 아니라는 지적[51]은 이 같은 이해

---

51) 신헌재, 『학습자 중심의 국어교육』, 박이정, 1994.

를 뒷받침한다. 실제로 국어 교과와 타 교과의 상호성을 강조하면서, 국어 교과가 지닌 교육 작용력을 교육의 모든 보편적 장면에서 살려나갈 것을 제안하는 것[52]에서도 공통된 인식을 찾아볼 수 있다. "국어가 단지 국어 과만의 관심사가 되어서는 안된다"[53]는 주장 또한 마찬가지이다. 이러한 설명은 모든 교과, 모든 삶의 경험에 개입할 수 있는 교육 방법 일반으로서 언어의 작용력에 주목한다는 점에서 실천의 국면, 방법상의 차이에도 불구하고 이 글과 인식을 같이한다고 볼 수 있다.

따라서 이 글에서는 국어교육에 기반하여 범교과적 핵심 역량의 교육 내용이 개발될 수 있음을 제언한다. 실제로 범교과적 핵심 역량의 내용으로 제안되는 것들이 상당 부분 언어를 매개로 하고 있다는 점이 이를 방증한다. 한 예로 핵심 역량 중심의 내용 교과 구성을 제언하면서 '의사소통' 등을 하나의 교과목으로 개설, 운영될 수 있음을 밝히고 있는데,[54] 이는 그동안 국어교육이 담당한 주요 목표와 과제에 해당하는 것이다. 여기서 국어교육은 국어를 가르치고 배우는 모든 현상, 과정, 내용 등을 포괄하는 것으로 확대되며, 따라서 '국어과 교육과정' 혹은 '국어 교과'와 구별되는 보다 확장된 세계를 확보하게 된다. 이 같은 인식을 바탕으로 핵심 역량 기반의 교육과정과 국어교육의 연계 방향을 그림으로 나타내면, 다음과 같이 이원화된 구조 속에서 각각의 역할과 위상을 새롭게 할 수 있다.

---

52) 박인기, 「국어교육과 타 교과교육의 상호성」, 『국어교육』 120, 한국어교육학회, 2006, 9~10면.
53) 서혁, 「언어, 문학 영재성과 국어 능력」, 『교과교육학연구』 13(1), 이화여대 교과교육연구소, 2009, 217면.
54) 김보람, 「자국어 교육과정 국제 현황과 핵심역량 기반 국어과 교육과정 통합 방안」, 이화여자대학교 석사학위논문, 2012, 96면.

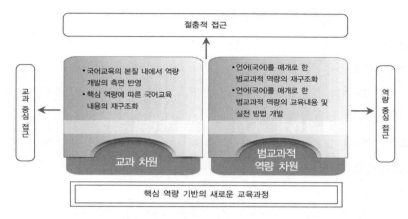

[그림 2-3] 핵심 역량 기반의 새로운 교육과정과 국어교육의 연계 방안

5. 과제와 전망

핵심 역량이 강조되고 그에 따라 교과교육의 위상 변화가 예상되는 상황에서 핵심 역량의 하위 내용이 국어교육과 맞닿아 있다는 사실은, 중요 교과로서 국어교육의 지위와 위상이 여전히 유지될 수 있으리라는 기대와 낙관을 가져다주기도 한다. 국어교육은 교과교육의 하위 영역이면서 동시에 모든 교과학습의 중심이 되는 교과라는 주장55)을 국어교육학계에서 접하게 되는 것도 이러한 기대와 관련 깊다.56) 그러나 이 같은 기대와 낙관에 안주하기보다는, 국어교육이 학습자의 역량을 함양하는 데 얼마만큼 기여할 수 있는지에 대해 교육내용의 적절성과 효율성을 중심으로 비

---

55) 서혁, 앞의 글, 213면.

56) 이러한 주장의 이면에 도구교과로서의 제한된 성격에만 초점을 맞추는 편향성이 자리잡고 있음을 경계할 필요가 있다. 중세 이래로 읽기(Reading), 쓰기(Writing), 셈하기(Arithmetic)가 모든 학습의 기본이 되는 도구로 인식되어 왔다. 이 글에서 말하는 범교과 학습으로서 국어교육은 도구적 차원을 넘어서서 여러 핵심 역량의 요소를 모두 아우른다는 점에서 차이가 있다.

판적인 점검의 과정이 수행되어야 함은 물론이다. 교육이 학습자의 성장
을 목표로 하는 만큼, 학문적 전통이 해당 교과의 존재 의의와 가치를 담
보할 수 없음은 물론이다.

특히 다음과 같은 듀이(Dewey)의 비판은 교과 교육의 변화와 혁신의 요
구가 오늘날 새롭게 제기되는 것이 아님을 일깨워준다. 한시적인 유행 담
론이 아니라 교과교육의 오랜 과제이며 근본적인 책무에 해당하는 것임
을 확인할 수 있다.

> 교과 그 자체만 가지고는 그것이 교육적이라거나 성장에 도움이 된다거
> 나 하는 평가를 할 수 없다. 학습자가 도달해 있는 성장의 단계와는 무관하
> 게 어떠한 교과가 본래부터 그 속에 교육적 가치를 지니고 있다고 말할 수
> 는 없다. 교과나 교육 방법은 개인의 필요 및 역량에 적합한 것이라야 한다.
> 전통적인 교육은 어떠한 교과나 교육 방법, 또는 특정한 사실이나 진리를
> 아는 것이 그 자체로 본래부터 교육적 가치를 지닌다고 생각하였다.[57]

국어교육학에서도 그동안 교육 내용과 방법에 대한 고민과 문제 제기
가 지속적으로 이루어져 왔고, 특히 최근에는 미래 사회의 변화에 대응하
기 위한 목적에서 다양하게 제기되고 있다. 미래 사회가 요구하는 국어
능력과 국어교육의 목표 설정에 대한 관심과 모색이 여러 학술대회에서
심도깊게 논의된 사실이 이를 뒷받침한다. 국어교육이 목표로 하는 능력
을 사회적 요구의 차원에서 접근하고 분석하려 한 것이다.

이러한 논의를 들춰보면, 미래 사회의 변화와 그에 따른 새로운 교육
요소를 탐색하는 것은 시급한 과제로 요청된다. 그러나 핵심 역량의 요구
에 맞춰 성급하게 국어교육의 내용을 변화시키고 구성하기에 앞서, 국어
교육학의 입장에서 비판적으로 점검하고 수용하는 이론적 성찰의 과정이

---

57) J. Dewey, *Experience and Education*, 엄태동 편, 『경험과 교육』, 원미사, 2001, 64면.

선행될 필요가 있다.58) 이를 위해서는 국어교육학 차원에서 논의된 여러 연구 성과를 바탕으로 하면서도, 교육학 및 교육과정론 등에서 제기되는 보다 거시적 차원의 교육과정 개편의 문제에도 관심을 가져야 한다. 교육학에서 제기하는 핵심 역량의 주장에 대해 국어교육 내부의 변화와 수용에 머무르는 소극적 차원에 그치지 않고, 오히려 국어교육학의 연구 성과가 교육학 연구 담론으로 송환되는 선순환을 도모해야 할 것이다. 논의의 상당 부분이 국어교육의 과제 못지않게 교육과정 담론의 차원에서 전개된 것도 이러한 의도에서 비롯된다. 이 같은 주장이 보다 구체성을 갖기 위해서는 핵심 역량의 교육으로서 국어교육이 갖는 의의와 목표에 대한 치밀한 분석이 뒤따라야 한다. 덧붙여 구체적인 교육 내용의 재구조화 논의를 펼치게 될 때, 더 큰 설득력과 정당성을 가질 수 있음은 물론이다.

이 글이 국어교육의 자기 강화를 위한 강변에 그치지 않고, 국어교육의 본질과 정체성을 새롭게 하고 사회적 책무성을 높이는 데 작은 보탬이 되기를 희망한다.

● 출처 : 「핵심 역량의 관점에 기반한 국어교육의 재구조화 연구」
(『새국어교육』 97, 한국국어교육학회, 2013)

---

58) 물론 여기에는 개인 차원에서 진행되는 연구인 만큼, 범국가 차원의 대규모 조사 방법을 수행하기 어렵다는 현실적인 조건도 있다. 미래 사회의 변화와 그에 따른 교육의 문제를 살핀 연구들로, 박영숙 외, 『한국사회의 미래예측과 교육의 대응전략 모색에 관한 연구』, 교육인적자원부, 2006; 교육혁신위원회, 앞의 책; 이혜영 외, 『교육비전 중장기 계획 연구』, 한국교육개발원, 2007; 박재윤 외, 『미래 교육비전 연구』, 한국교육개발원, 2010; 한국개발연구원, 『미래비전 2040-미래 사회 경제 구조 변화와 국가 발전 전략』, 한국개발연구원, 2010; 최상덕 외 『21세기 창의적 인재 양성을 위한 교육의 미래전략 연구』, 한국교육개발원, 2011; 장주희 외, 『2030 미래의 직업생활 연구』, 한국직업능력개발원, 2011 등을 들 수 있다. 이들은 한국개발연구원, 한국교육개발원, 한국직업능력개발원 등과 같이 정부 출연 연구기관에서 전문가협의회, 델타이 조사 등의 연구 방법을 통해 변화 내용과 교육 설계의 요소 등을 도출해내는 공통된 모습을 보인다. 국어교육 학계 차원에서도 이 같은 문제를 다함께 논의하는 장을 마련해야 할 것이다.

제II부

국어교육을 통한 사고의
재개념화와 재구조화

제3장 비판적 사고

1. 주목하는 까닭과 배경

오늘날 비판적 사고에 대한 강조는 비단 국어교육의 차원에 국한되지 않고 교육 일반 나아가 교과를 넘어 범교과적 차원에서도 중요한 과제로 제기되고 있으며, 필요성과 중요성이 점증되고 있음은 주지의 사실이다. 사고 유형 가운데 비판적 사고만큼 큰 관심을 받은 것이 없을 만큼[1] 비판적 사고는 일찍부터 주목받아 왔고, 심지어 많은 교육자들에게 '플래카드의 말'이 되었다는 언급[2]마저 찾아볼 수 있다. 한 예로 미국의 경우만 보더라도 이미 1983년『위기에 처한 국가』[3]라는 연구보고서에서 '생각하는 능력의 결여'가 중요한 문제로 지적된 이후, 교육과정 전체가 '비판적 사고의 폭발'[4]로 비유될 만큼 대대적인 변화를 겪기도 했다. 이러한 모습은

---

1) Francis Schrag, *Thinking in School and Society*, Routledge, 1988, 26면.

2) R. J. Swartz & D. N. Perkins, *Teaching Thinking: Issues and Approaches*, Midwest Publications, 1990, 38면.

3) National Assessment of Education Progress, *A Nation at Risk : The Imperative for Educational Reforms*, U.S. Government Printing Office, 1983.

4) Kerry S. Walters, "Introduction : Beyond Logicism in Critical Thinking", Kerry S. Walters

최근 핵심 역량이 교육의 새로운 과제와 패러다임으로 대두되면서 전세계적인 현상으로 확대되어 나타나고 있다.

이에 따라 비판적 사고를 전면에 내세운 저서도 이미 그 수를 헤아릴 수 없을 만큼 발간되었고, 연구 또한 지속적으로 이루어지고 있다. 이들은 비판적 사고를 교육의 과제로 불러들이고 실행하는 역할을 자못 진지하게 수행해왔다. 국가 차원의 교육과정에서도 특정 교과를 뛰어넘어 교육의 근본적인 목표이자 정당화의 근거로 제시되는 사실이 이를 방증한다.

이러한 상황에서 보건대, 비판적 사고의 문제를 제기하는 것은 진부하다는 선입견은 물론, 입론 자체에 의구심마저 불러일으키는 것도 사실이다. 그러나 비판적 사고의 중요성이 강조되는 것과 달리, 한편에서는 비판적 사고 능력 자체가 일반적인 지적 능력(지능)과 같은 것으로, 교육이나 학습을 통해 향상된다는 사실에 회의적인 입장 또한 존재한다. 이러한 입장에 따르면, "비판적 사고는 우리가 보통 일반적 학습 능력 또는 지능이라는 말로 의미하는 것과 매우 유사"5)한 것으로, 교육과 지능 간의 상관관계를 설명하기 어려운 것과 마찬가지로, 그 효과를 기대하기 어렵다는 인식으로 수렴된다. 비판적 사고의 중요성이 대두되고 점증되는 것 못지않게 교육의 무용론 또한 설득력을 얻는 게 사실이다.

이 글의 문제의식은 여기서 출발한다. 제7차 교육과정 이래 국어교육에서도 비판적 사고의 문제가 본격적으로 제기되었고, 2015 개정 교육과정에서는 국어 교과의 핵심 역량 중 하나로 '비판적 사고 역량'이 제안되었다.6) 국어 교과의 성격부터 '비판적이고 창의적인 국어 사용'으로 명시하

---

eds., *Re-thinking Reason : New Perspectives in Critical Thinking*, State University of New York Press, 1994, 4면.

5) John E. McPeck, Critical Thinking and the 'Trivial Pursuit' Theory of Knowledge", Kerry S. Walters eds., 앞의 책, 105~106면.

6) 교육부, 『교육부 고시 제2015-74호 2015 국어과 교육과정』, 교육부, 2015.

면서, 다양한 상황이나 자료, 담화를 주체적인 관점에서 해석, 평가하는 능력을 요구하고 있다. 이처럼 비판적 사고가 강조되고 교육적 행위의 근거로 자리하고 있음에도 불구하고, 실제로 국어교육에서 비판적 사고가 타 교과와 구분되는 어떠한 특질과 의의를 갖는지에 대해서는 명확한 대답을 주저하게 된다. 비판적 사고가 국어교육의 이념과 목적 차원에서 추상적·선언적으로 강조될 뿐, 실제로 교실에서의 실천적 영향력을 묻게 되면 문제 상황의 심각성은 더해진다.

　이러한 현상의 근본적인 배경은 국어교육에서 사고가 강조되고 있음에도 불구하고, 그동안 사고에 대한 논의가 교육학이나 논리학에서 다뤄진 틀을 국어교육의 국면에 일괄적으로 적용하는 방식에서 크게 벗어나지 못한 데에 있다.7) 예컨대 국어교육에서 비판적 사고의 교육은 비판적 사고의 내용이 아니라 비판적으로 사고하는 방법과 기능을 가르치는 것으로 규정하면서 21가지 하위 기능 방략을 제시하기도 하였다.8) 이러한 입장은 비판적 사고의 개념, 준거와 같은 이론적 논의보다는 실행 방법, 전략이나 수행 프로그램의 개발에 치중하는 모습에서도 확인된다. 비판적 사고의 대상을 언어와 텍스트에 초점을 맞추고 텍스트 수용 과정을 상세화하면서 비판적 사고를 탐색하는 논의가 간헐적으로 이어지기도 했으나,9) 읽기나 이해의 문제에 초점을 맞추고 거기에 경도된 나머지, 비판적 사고의 문제를 본격적으로 탐색하는 데는 이르지 못한 바 있다. 높은 관심에도 불구하고, 실제로 국어교육의 시각에서 비판적 사고를 정면에 두

---

7) 『국어교육학과 사고(2007)』와 같이 사고를 표제로 내세운 단행본이 있기는 하나, 대부분의 국어교육 개론서나 국어교육 총서에는 사고의 영역이 누락되어 있다. 이는 그동안 국어교육학이 사고의 문제에 대해 얼마나 소홀해왔는가를 단적으로 보여주는 지점이다.

8) 최향임, 「국어교육에서의 비판적 사고 능력 신장에 관한 연구」, 서울대 석사학위논문, 1992.

9) 김미혜, 「비판적 읽기 교육의 내용 연구」, 서울대 석사학위논문, 2000; 김혜정, 「텍스트 이해의 과정과 전략에 관한 연구」, 서울대 박사학위논문, 2002; 김봉순, 「독서교육에서 비판의 성격과 지도내용」, 『독서연구』 19, 한국독서학회, 2008.

고 개념과 의미에 대한 본격적인 이론적 탐색이 충분히 이루어지지 못한 현실과 만나게 된다.10)

이 글에서는 비판적 사고의 개념과 의미를 새롭게 탐색하고 재구조화하는 일이 요청된다는 판단에 따라, 국어교육으로서 비판적 사고의 재구조화 가능성을 이론적으로 탐색하고 규명하는 일을 진행하고자 한다.11) 비판적 사고 교육의 실행과 효용에 대해 회의적인 시각이 대두되는 현실에서, 새롭게 인식하고 관점을 전환하는 계기를 마련하려는 것이다. 이로써 비판적 사고의 교육 내용을 새롭게 구안하고 실천력을 제고하는 데 기여할 수 있기를 기대한다. 나아가 교육학의 연구 성과를 일방적으로 수용하고 적용하는 차원을 넘어 교과교육의 연구가 교육학 일반으로 송환되어 비판적 사고에 대한 새로운 이해를 불러오는 선순환의 촉매가 되기를 희망한다.

2. 비판적 사고에 대한 오해와 쟁점

(1) 논증, 분석 중심의 논리적 성격의 강조와 가치의 간과

> **명제 1**   "비판적 사고 교육은 삼단논법, 형식논리, 그리고 오류에 대한 교육이다."12)

---

10) 오판진, 「비판적 사고교육의 내용 연구 : 가면극을 중심으로」, 『국어교육학연구』16, 국어교육학회, 2003; 오정훈, 「비판적 사고 함양을 위한 시 감상 교육 방법」, 『국어교육학연구』49, 국어교육학회, 2014의 논의를 찾아볼 수 있으나, 이들 역시 연구 자료인 가면극이나 시의 갈래적 특질에 초점을 맞추고 있다. 최근 문학교육의 관점에서 비판적 사고의 문제를 본격적인 탐색을 시도한 연구가 있어 관심을 끈다. 함성민, 「문학현상 수용 과정에서의 비판적 사고 연구」, 동국대 박사학위논문, 2016.

11) 문학교육에서 사고에 주목한 대표적인 논의로는 김대행, 『국어교과학의 지평』, 서울대출판부, 1995; 박인기, 『문학교육과정의 구조와 이론』, 서울대출판부, 1996; 우한용, 『문학교육과 문화론』, 서울대출판부, 1997; 김대행 외, 『문학교육원론』, 서울대출판부, 2000; 김상욱, 『국어교육의 재개념화와 문학교육』, 역락, 2004 등을 들 수 있다. 이들의 논의에서 문제의식과 문제 해결의 실마리를 제공받았다.

비판적 사고의 개념과 의미는 철학과 논리학의 차원에서 탐구되어 온 초창기 연구사의 영향에서 자유롭지 못한 게 사실이다. 이들은 대체로 논리적 규칙과 논증의 측면에 천착하여 판단 혹은 논증의 근거와 타당성의 문제에 초점을 맞춰 왔다. 논증이나 추론은 사고를 통한 판단인 까닭에 비판적 사고를 통한 사정과 검토가 요청되는데, 이러한 과제의 탐색과 해명에 관심을 기울여 왔던 것이다. 이러한 배경에서 비판적 사고는 합리적 사고를 목표로 하는, '논증을 다루는 작업'으로 설명되기에 이른다.13) 잘못된 추론의 수행과 그릇된 판단이나 결정을 통제하는 수단을 마련하는 데 주력한 것이다.

비판적 사고의 기원에 대해서 정확히 알려진 바는 없으나, 대체로 블랙(Black)의 『비판적 사고(Critical Thinking)』, 혹은 그 이전의 스테빙(Stebbing)의 『유목적적 사고(Thinking to Some Purpose)』 등에서 그 흔적을 찾아볼 수 있다. 그런데 이들은 모두 논리학의 가치를 실증적으로 입증하려는 목적과 의도에서 기술된 공통된 역사적 맥락을 갖고 있다. 이러한 역사적 연원은 논리학과 비판적 사고의 친연성을 짐작하게 만든다. 뿐만 아니라 현재에도 비판적 사고가 논리적 사고의 연속선상에서 다뤄지는 모습을 찾아보는 것은 어렵지 않다. 한 예로 미국에서 비판적 사고 강좌의 교재로 코피(Copi)의 『논리학 입문(Introduction to Logic)』이 가장 많이 사용되는 현실은 이 같은 사정을 단적으로 보여준다.14) 여기서 비판적 사고는 명제들간의 관계를 추론하거나 오류를 변별하는 작용 정도로 인식되고 있다. 이 같은 사실에서 보듯, 비판적 사고와 논리적 사고는 동일 범주에서 혼효되기도

---

12) 김광수, 『비판적 사고론』, 철학과현실사, 2012, 26면.
13) 정병훈 외, 『비판적 사고』, 경상대 출판부, 2012; 박유정, 「비판적 사고의 개발에 대한 논의」, 『교양교육연구』 6(3), 한국교양교육학회, 2012.
14) 실제로 이 책은 추론의 논리를 소개하면서 일상생활 속에서 부딪치는 문제와는 거리가 먼 추상적, 논리적 내용들을 다루고 있다.

하고, 상호 대치 가능한 개념으로 이해되기도 한다.15) 비판적 사고가 믿음이나 행위를 뒷받침하는 추리, 논증으로 이해되고, 이때의 추리, 논증은 논리적 사고의 핵심에 해당한다는 견고한 인식이 자리잡고 있는 것이다.

그러나 비판적 사고와 논리적 사고는 구별되어야 하는, 서로 다른 외연의 개념임을 분명히 할 필요가 있다. 논리적 사고가 구체적인 상황이나 맥락을 배제하면서 추상화된 형식논리, 수리논리적인 문제를 과제로 설정하는 데 반해, 비판적 사고는 특정 상황, 맥락 속에서 판단, 추리하는 구체화를 지향하는 차이점을 갖고 있다. 여기에 형식적·비형식적 논리를 사용하여 오류를 발견하는 연습만으로 비판적 사고의 신장을 기대하는 것은 잘못된 일이며, 논리학은 비판적 사고의 필요조건이지만 충분조건은 될 수 없다는 점을 더할 수 있다.16) 심지어 사고력 교육의 장애와 오해의 하나로, 논리적 사고력과 비판적 사고력을 동일한 것으로 인식하는 경향을 지적하는 모습도 찾아볼 수 있다. 현재의 비판적 사고 교육이 논증의 분석과 오류의 탐색에 매달린 탓에 사고의 대상과 과제가 논증에 국한되고 있다는 진단도 만나게 된다.17) 사고력의 문제를 다루는 한 역서의 머리말에 진술되어 있는 아래의 내용은 이러한 문제의식을 보다 명료하게 일깨워준다.

> 사고력 교육 하면 형식논리를 생각하게 되고 형식논리의 교육이 사고력 교육의 전부라고 생각하는 사람들이 많다. (…중략…) 형식논리를 안다고 하는 것은 사고력 교육을 집에 비유한다면 대문에 들어선 정도이다.18)

---

15) 김영정, 「고등사고능력의 7범주」, 『대한토목학회지』 53(6), 대한토목학회, 2005, 107면.
16) John E. McPeck, *Critical Thinking and Education*, 박영환 외 역, 『비판적 사고와 교육』, 배영사, 2003, 13~14면.
17) 김광수, 앞의 책, 33면.
18) Matthew Lipman, *Thinking in Education*, 박진환 외 역, 『고차적 사고력』, 인간사랑, 2005, 8면.

한편, 논증에 대한 집착과 편향성은 비판적 사고에 대해 과도한 객관성을 요구하는 결과를 낳기도 한다. 비판적 사고를 과학적 사고와 동일시하면서 과학적 탐구 절차의 원용과 충족을 강조하는 모습으로 나타나기도 한다. 이로 인해 논증과 분석적 접근이 쉽지 않은 가치의 문제는 비판적 사고의 대상에서 자연스럽게 배제되고, 평가와 판단의 준거로서 가치 또한 객관성이 떨어지고 검증될 수도 없는 부적절한 요소로 인식되기에 이른다.

비판적 사고의 대표적 연구자인 에니스(Ennis)의 연구는 이를 단적으로 확인시켜 준다. 비판적 사고를 "진술에 대한 올바른 평가"로 개념화하면서, 유의해야 할 사항으로 아래와 같이 12가지 측면을 제시한 바 있다.

① 어떤 진술의 의미는 무엇인가?
② 추론과정에 모호한 점이 없는가?
③ 진술들간에 서로 모순되는 점은 없는가?
④ 결론이 타당하게 유도되었는가?
⑤ 진술은 충분히 구체적인가?
⑥ 어떤 진술이 실제로 어떤 특정한 원리를 적용한 것인가?
⑦ 관찰에 의한 진술은 신빙성이 있는가?
⑧ 결론은 귀납적으로 타당한 것인가?
⑨ 문제는 확정되었는가?
⑩ 어떠한 것이 가정인지 알고 있는가?
⑪ 정의는 타당한가?
⑫ 권위에 대한 진술은 수용할 수 있는가?

"가치적 진술에 대한 평가를 제외시켰다"[19]는 언명과 같이, 가치 판단의 문제는 철저히 배제되어 찾아보기 어렵다. 텍스트에 제시된 명제적 진

---

19) R. H. Ennis, A Concept of Critical Thinking, *Harvard Educational Review* 32(1), 1962, 84면.

술만을 정확하고 객관적으로 분석하고 비판하는 기능으로 설정하고 있다. 논증과 분석을 중심으로 객관성을 강조하는 시각을 단적으로 보여주는 장면이다. 이들은 가치가 이성적 판단에서 필연적으로 요구되는 요소로 보는 일반적 인식과는 분명 차이가 있다.

비판적 사고가 그동안 기대만큼의 효과를 거두지 못했던 까닭을 가치와 관련한 요소를 무시한 데서 찾는 입장20)은 비판적 사고와 가치의 문제에 대해 새로운 고민과 탐색을 불러일으킨다. 주장과 관점 속에 내재하는 가치 체계를 이해하고 평가하는 과정 속에 비판적 사고가 관여하고 작용한다는 가능성을 제기하게 된다. 이와 같이 논리학으로의 편향성과 그로 인한 가치의 배제는 새로운 고민을 던져주면서, 이후 가치의 문제에 밀접한 관련성을 갖는 문학에 주목하는 배경이 된다.

(2) 전략, 형식 중심의 기술적 접근과 내용의 배제

명제 2	"이러한(연구자 주 : 비판적 사고) 능력 혹은 능력들은 대개 기술 혹은 기술들이라고 불린다. 이처럼 비판적 사고는 어떤 목표를 전제하고 실천되는 기술의 집합체다."21)

'논리는 주장을 다루지 않는다'는 통념은 비판적 사고 교육이 절차, 전략이나 논증의 유형(연역, 귀납, 유비, 가설추리 등)을 기계적으로 전달하는 데 그치는 결과를 초래하기도 했다. 실제로 비판적 사고의 여러 프로그램들이 내용을 도외시한 채 추론의 과정, 기술, 전략을 중심으로 결과를 산출하는 데에만 치중한 모습도 찾아볼 수 있다. 기능의 향상과 이를 위한 훈

---

20) Matthew Lipman, 박진환 외 역, 앞의 책, 23면.

21) Christoper Winch, *Education, Autonomy and Critical Thinking*, 이병승 외 역, 『교육, 자율성 그리고 비판적 사고』, 공감플러스, 2015, 127면.

련에 주목함으로써, 일반화된 분절적 절차와 전략이 중요한 교육 내용으로 다뤄지고 있는 것이다. "테크닉(technique)이 비판적 사고에 대한 모든 논의와 깊이 관련된 것"[22]으로 여겨지는 사실 역시 이 같은 상황을 방증한다.

이러한 입장에서 비판적 사고는 "주제나 내용 혹은 문제와 상관없이, 사고에 내재해 있는 구조를 파악하고 그 구조에 지적 기준을 부과함으로써 자신의 사고 수준을 향상시키는 사고 방식"[23]으로 규정되기에 이른다. 주제나 내용, 문제를 배제하고 사고에 내재한 일반적인 구조의 파악에 초점을 맞추는 것이다. 이들은 모두 비판적 사고가 특정한 분야, 문제와 독립된 '별개의 기능'으로 전제하면서, 모든 분야에 적용될 수 있는 '일반화된 능력'으로 상정한다. 이에 따르면 사고는 개별 전략과 기능들의 총합으로 이해된다.

그러나 사고가 구성요소들로 분해된다는 것은 사고의 본질을 잘못 이해하는 것이라는 주장[24]을 경청할 필요가 있다. 사고하는 것 자체에 이미 대상이 내재될 수밖에 없고, 그로 인해 특정한 주제, 대상은 사고에 결정적인 영향을 미치게 된다.

> 사고는 항상 어떤 것에 관하여 생각하고 있다는 것을 주목하는 것이 중요하다. 무(nothing)에 관하여 생각하는 것은 개념적으로 불가능하다. 그러나 비록 단순하지만, '나는 사고를 가르친다' 또는 '학생들에게 생각하는 것을 가르친다'와 같은 보통 들을 수 있는 주장들의 의미에 관해 심각한 문제점을 제기한다는 것이다. 사람들은 '무엇에 관하여?'라고 틀림없이 문

---

22) Christoper Winch, 이병승 외 역, 앞의 책, 127면.

23) R. Paul, A. Fisher & G. Nosich, Workshop on Critical Thinking Strategies, *Foundation for Critical Thinking*, Sonoma State University, 1993.

24) A. Snook, Teaching Pupils to Think, *Studies in Philosophy and Education* 8(3), 1974, 154~155면.

의할 것이다. 또한 사람들은 '일반적인 사고', 또는 '모든 것에 관한 사고'가 더 유익할 것이라고는 주장하지 않을 것이다. (…중략…) 다시 말해서, 사고는 항상 X에 관하여 생각하는 것이며, X는 결코 '일반적인 모든 것'일 수 없고 항상 특수한 어떤 것이어야 한다는 개념적 진리의 문제이다.25)

이러한 시각에 유의한다면, 비판적 사고를 일반적·추상적 과정과 절차로 교육하는 것은 분명한 한계를 갖는다. 비판적 사고 교육이 추상적인 능력이나 일반화된 절차를 독립적으로 가르칠 것이 아니라, 각 교과의 영역을 교육하는 과정 속에서 실행되어야 함을 일깨운다. 맥락에 민감해지는 것이 비판적 사고의 특질이라면 민감해질 만한 맥락을 갖고 있는 특별한 내용이 요청되며, 이는 각 교과의 특별한 내용과 만남으로써 가능할 수 있다.26) 비판적 사고의 기술이 항상 주제에 의존하는 것은 아니더라도, 주제에 대한 지식과 독립해서 발휘될 수 없다는 입장27) 또한 마찬가지이다.

사고가 총체적인 정신적 과정이라고 한다면, 파편화된 내용과 맥락을 넘어서 총체적 경험을 제공하는 일이 과제로 요청된다. 이때 총체적이면서 가치있는 경험으로서 문학은 그동안 비판적 사고에서 배제되어 온 '내용'과 '가치' 그리고 '맥락'의 공백을 채울 수 있다는 기대를 불러일으킨다. 전략과 형식 중심의 편향성을 극복할 수 있는 가능성을 찾게 된다.

---

25) John E. McPeck, 박영환 외 역, 앞의 책, 5~7면.
26) Matthew Lipman, 박진환 외 역, 앞의 책, 75면.
27) Christoper Winch, 이병승 외 역, 앞의 책, 29면.

3. 새로운 접근과 재개념화

(1) 비판적 사고의 질료로서 문학에 대한 접근

명제 3	"문학은 사고력의 기반이라 할 수 있는 경험을 구체적 근거로 하면서 이를 가치의 기준에 비추어 보는 비판적 사고를 풍성하게 그리고 공론화하게 만든다."[28]

문학은 인간의 정신적 내부에서 무엇인가를 새롭게 형성·수정하게 하는 만큼, 본질적으로 인간의 성장과 밀접한 관련성을 갖고 있다. 특히 주체가 문학 텍스트를 의미화하는 심리적 과정의 기저에 사고의 작용이 놓여 있어, 성장의 체계화, 풍요화, 심화의 측면에서 문학은 사고력과 교육적 기제를 공유하는 것으로 설명되기도 한다.[29] 문학 활동을 통해 길러질 수 있는 사고 활동의 양상을 '생성적 사고', '형상적 사고', '전이적 사고'로 풀어내는 것[30]도 마찬가지이다.

그러나 한편으로 문학이 의미의 발견과 구성을 통해 인간 삶의 변화를 목표로 하며 이러한 변화를 가져오기 위해 통찰과 반성에 관심을 갖는다는 사실은, 앞서 살펴본 논증과 논거가 강조되는 관점과는 분명 거리가 있다. 실제로 비판적 사고 연구자 중에는 해석 기능의 경우 부수적으로 요청되는 것일 뿐, 비판적 사고의 구성요소가 될 수 없다는 입장을 나타내기도 한다.[31] 이러한 인식들은 문학과 비판적 사고의 관련성을 당위적, 선언적으로 표명할 뿐, 문학교육의 시각에서 비판적 사고의 문제를 본격

---

28) 김대행, 『문학교육틀짜기』, 역락, 2000, 161면.

29) 박인기 외, 『문학을 통한 교육』, 삼지원, 2005, 45면.

30) 김대행 외, 앞의 책, 95~128면. 문학적 사고의 특성으로 '구체적 사고', '상상적 사고', '가치론적 사고'를 들기도 한다. 김상욱, 앞의 책, 190~197면.

31) E. D'Angelo, *The Teaching of Critical Thinking*, B.R. Gruner, 1971.

적으로 탐색하는 데 소홀했음을 반성하게 만든다. 따라서 문학교육과 비판적 사고의 접점을 본격적으로 살펴보고 문학교육으로서 비판적 사고의 가능성을 밝힘으로써, 비판적 사고에 대한 오해와 편향성을 극복할 수 있는 방편을 마련할 필요가 있다.

문학에 대한 전통적인 관점은 '예술 작품(work of art)'으로서 자율적인 의미를 갖고 있으며, 이에 따라 문학을 문학답게 만드는 객관적 요소, 예컨대 텍스트의 미적 질서나 장르적 관습에 주목하는 것이라 할 수 있다. 그러나 문학을 하나의 대상, 혹은 독립적 실재물로 이해하는 '대상론'의 시각 이외에 이와 구별되는 '행위론'의 관점도 눈여겨볼 필요가 있다. 행위론에 따르면 문학은 의도 속에서 표현된 의향적 행위의 하나로, 특정 시점에서 발언자에 의해 생산되어 특정의 수신자들에게 전달되는 발화의 성격을 갖는다.32)

사고의 과제로서 문학에 대한 접근은 예술 작품으로서 독립된 결과물, 혹은 임의적이고 통제되지 않은 상상력의 산물로 보는 관점에서 벗어나, 의미있는 문제를 제기하고 그것을 풀어가는 과정, 즉 문제 해결 과정으로 보는 인식에 바탕을 두고 있다.33) 예술 창조 행위와 과정을 지배하는 원리를 어떤 명확한 목적을 향해 전개되는 문제 해결 과정에서 찾는 것을 말한다. 이처럼 예술 창조를 문제 해결의 차원으로 보는 목적 이론(finalist theory)에 따르면 문학을 포함한 예술은 단순히 느낌이나 감성에 그치는 것이 아니라, 어떤 문제를 설정하고 표현의 매체 속에서 해결하는 과정으로 간주된다. 여기서 감상은 예술가의 문제와 해결방식을 이해하는 과정이고, 그것이 얼마나 가치가 있는지를 평가하는 것이 주된 과제가 된다.34)

---

32) Stein Haugon Olsen, *The Structure of Literary Understanding*, 최상규 역, 『문학 이해의 구조』, 예림기획, 1999, 9~22면.
33) 김한결, 「예술적 창의성과 비판적 독서」, 『독서연구』 15, 한국독서학회, 2006, 82면.
34) 김한결, 앞의 글, 86면.

사실 문학은 본질적으로 있어야 할 것과 있는 것의 대립과 갈등을 통해 인간과 세계의 본질적인 문제를 다루는 영역이라 할 수 있다. 문제 삼고 있는 사태에 이미 작자의 일정한 관점·태도가 응축되어 있는 만큼, 독자에게는 그 문제가 제기되는 맥락과 대안을 살필 것이 요청된다. 문학은 작자의 생각과 관점이 내포된 글쓰기에 해당하고, 이를 이해하고 수용하는 기저에 비판적 사고가 작용하고 기능하는 것이다.

나아가 문학이 현실 세계를 반영한다는 사실은 일상생활로의 전이 측면에서 장점을 갖는다. 그동안 교육에서 다루는 사고력의 문제 상황이 일상에서 부딪히는 문제와 유사하지 않다는 점에서 많은 비판이 제기되기도 하였다.35) 이러한 사실에 비춰본다면, 현실 세계를 반영하는 문학 텍스트는 일상생활의 문제로 전이되는 데 용이하며, 삶을 연계하여 실천성을 강화하는 특질을 갖는다는 데 주목할 필요가 있다. 텍스트의 이해와 수용이 현실 세계로 확장되어 조회하는 과정을 거침으로써 경험적 현실을 다시 비춰보게 하는 역할을 수행하는 것이다.

(2) 문학 활동과 비판적 사고의 활성화

명제 4	"바람직한 국어 교실은 획일성을 강요하지 않는다. 모든 학생들이 똑같은 책에 대해 똑같은 생각을 해야 한다고 요구하지도 않는다. 견해의 차이는 실제로 문학 연구의 미덕이다. 하나의 생각이 다른 생각을 고려하여 확장될 때 사고가 깊어질 수 있기 때문이다."36)

'비판적(critical)'의 용어가 '비평(criticism)', '기준(criteria)'과 동일한 어근을 갖는다는 사실37)은 문학 활동이 의당 비판적 사고에 맞닿아 있음을 일깨

---

35) 박인기 외, 앞의 책, 73면.

36) Joseph Auciello, "Chronicle of a Battle Foretold : Curriculum and Social Change", *English Journal* 89(4), National Council of Teachers of English, March, 2000.

위준다. 비평, 소통으로서 문학 수용의 모습은 비판적 사고의 실제 작용태를 보여주는 대표적인 국면이라 할 수 있다. 그런 만큼 비판적 사고의 질료로서 문학의 가치는 소통을 과제로 하는 문학교육 속에서 더욱 강조될 수 있다. 실제로 비판적 사고 교육에서는 가르칠 내용의 문제 못지않게 어떻게 가르칠 것인가의 문제도 중요하다는 인식에서 암기 위주의 주입식 교육과 구별되는, 토론, 논증, 자유로운 의견 교환 등이 구체적인 방안으로 제시되기도 하였다.38) 이는 문학교육에서 통상적으로 이루어지는 소통 활동이 비판적 사고의 실현에 중요한 기제로 작용할 수 있음을 짐작케한다.

문학은 현실 세계를 반영하되 어디까지나 작자의 세계관에 의해 질서화되고 재구성된 세계이며, 따라서 작자와 독자, 텍스트 세계 사이에는 일정한 소통 관계가 형성된다. 제도와 실체로서의 문학과는 다른 차원의 실천태로서의 문학이 존재하는 것이다.

> 문학 현상을 이루는 작가, 작품, 독자 등의 요소로 이루어지는 문학을 정태적으로 파악하는 것이 아니라, 이러한 요소들이 역동적인 구도를 형성하면서 상호주체적인 실천을 하는 양상으로 파악한다. 문학의 상호주체성을 강조하는 까닭은 문학을 대상적 관점에서 정태적으로 바라보는 방식에서 벗어나고자 하는 데에 있다.39)

그런데 문학과 비판적 사고의 접점은 단순히 문학교육이 학습독자의 소통을 지향한다는 일반론 차원을 넘어서서 문학 활동의 본질이 비판적 사고를 활성화한다는 데서 찾아져야 할 것이다. 텍스트 수용에 대한 아래

---

37) Matthew Lipman, 박진환 외 역, 앞의 책, 21면 참조.
38) 김공하, 앞의 책, 50면.
39) 우한용, 앞의 책, 5면.

의 설명에서 탐색의 실마리를 찾을 수 있다.

> 읽어 나갈 때 우리는 텍스트 내부에서 텍스트(text within text)를 생산하
> 며, 해석할 때는 텍스트 위에서 텍스트(text upon text)를 만들며, 비평할 때
> 는 텍스트에 대항하여 텍스트(text against text)를 생산한다.[40)]

이러한 설명에 비춰본다면, 텍스트 해석과 비평 과정에 작용하는 사고 활동은 비판적 사고 활동과 크게 다르지 않다. '텍스트 내부', '텍스트 위', '텍스트에 대항'한다는 것은 비판적 사고가 작동하는 층위에 대응하는 것이라 할 수 있다. 단순히 내적, 외적 준거에 제한적으로 기대는 것이 아니라, 수용의 과정 속에서 끊임없이 텍스트와 대화하고 소통하며 텍스트에 저항하고 대응하는 사고의 과정이 곧 문학 수용의 본질임을 일깨우는 지점이다. 문학 활동 전 과정에 동원되고 작용하는 비판적 사고의 존재를 확인시켜 준다.

주목할 점은 비판적 사고가 이해와 같은 수렴적 수용에 그치지 않고, 또 다른 텍스트를 산출하는 발산적 · 생산적 활동에 관여한다는 사실이다. 텍스트를 읽고 해석하며 비평하는 가운데, 텍스트의 내부, 위, 그리고 텍스트에 대항하여 새로운 텍스트를 생산하게 된다는 설명이다. 이로써 문학교육으로서 비판적 사고는 창의적 사고로 나아가게 되는데, 이후 논의에서 창의적 사고와의 융합적 실천을 이끌어내는 바탕이 된다.

---

40) Robert E. Scholes, *Textual Power*, 김상욱 역, 『문학이론과 문학교육—텍스트의 위력』, 하우, 1995, 32면.

(3) 비판적 사고의 문학교육적 재개념화

명제 5	"비판적 사고는 그 주장을 깊이있게 이해하고 제대로 파악하기 위해서 이모저모 따지고 되새기는 능동적이고 반성적(또는 성찰적)인 사고이다."41)

① 사고의 재개념화

문학은 현실의 유의미한 문제 사태에 대한 작자의 입장을 담고 있는 만큼, 본질적으로 독자의 비판적 수용을 불러일으킨다. 독자의 소통이 강조되는 문학 활동은 비판적 사고가 활성화되는 대표적인 국면이라 할 수 있다. 이러한 이해는 문학교육과 비판적 사고의 접점과 교직을 보여주면서 동시에 비판적 사고의 실제성과 효과성을 입증하는 지점이 될 수 있다.

그런데 단순히 문학과 문학 활동이 비판적 사고를 요청하고 견인한다는 사실의 확인에 그칠 것이 아니라, 이를 바탕으로 비판적 사고 교육에 대한 새로운 이해와 접근으로 나아갈 필요가 있다. 문학의 본질과 소통 과정에 작용하는 비판적 사고는 기존의 논증과 분석, 전략과 형식 중심의 접근과는 분명 다른 차원의 실현에 해당하는 것으로, 새로운 가능성을 불러온다. 여기서 문학은 비판적 사고의 질료로서 활용되는 소극적, 제한적 차원을 넘어서서 비판적 사고의 교육적 의미 자체를 새롭게 전환하고 재구조화하는 장치가 될 수 있다. 이를 위해 우선 사고의 개념, 의미부터 살피기로 한다.

사고는 어떤 방식으로 통제된 생각의 전개를 가리키는 것으로, 흔히 학습, 기억, 언어, 이해, 의사결정 등과 같이 머리 속에 있는 표상을 조작하는 활동으로 규정된다.42) 인간의 지적 작용을 총괄하는 것이지만, 일반적

---

41) 박은진 외, 『비판적 사고』, 아카넷, 2008, 21면.
42) 김영채, 『사고력 : 이론, 개발과 수업』, 교육과학사, 1997, 9~10면.

으로는 감성의 작용과 구별하여 개념, 판단, 추리 등의 작용을 일컫는 것
으로 이해되기도 한다. 이러한 이해는 일찍이 아리스토텔레스(Aristoteles)
이후 데카르트(Descartes)에 이르기까지 합리주의적 인식 속에서 발전되어
왔으며, 이들에 의해 개념화된 사고에는 감정, 욕망, 의지, 용기 등과 관련
된 주체의 심리적 작용이 배제되어 있음[43]을 보게 된다.

이러한 인식에 따르면, 문학 활동 또한 공통의 약호와 기존 경험에 기
반한 정보처리 규칙에 따라 기호화나 의미화가 이루어지는 과정으로 설
명될 수 있다. 작자의 생산 과정과 독자의 수용 과정을 정보처리적 관점
으로 접근하게 되면, 사고로서 문학 활동이 갖는 의미는 객관화된 의미의
산출과 수용의 문제로 국한되는 제약과 한계를 갖게 된다.

정보 ↔ 통사구조 ↔ 음운구조 → 물리적 운동 →	텍스트 (기표)	→ 시(청)각 → 음운구조 ↔ 통사구조 ↔ 정보
생산 과정		**수용 과정**

[그림 3-1] 정보처리적 관점에서 본 문학의 생산과 수용[44]

그러나 문학의 생산과 수용의 과정에서 이루어지는 사고 작용은 단순
히 기호의 해독이 아니라, 의미의 구성과 해석이 강조된다는 점에서 달리
이해될 필요가 있다. 이때 주체와 대상을 분리하여 인식 주체의 합리성과
고정 법칙을 판단준거로 하는 기존의 사고 개념과 달리, 현상학, 해석학,
유기체철학 등에서는 인식 주체와 대상이 서로 관계를 맺고 상호교섭하

---

43) 이돈희, 『교육정의론』, 교육과학사, 1999.
44) 송문석, 『인지시학』, 푸른사상, 2004, 63면 참조.

는 해석 작용으로 접근한다는 점에 주목할 필요가 있다. 이에 따르면 주
체와 대상이 복잡하게 뒤얽혀 있기 때문에 사고 작용은 인지적 활동이나
정보처리 활동을 넘어서는 측면을 갖는다. 표상의 조작이면서 해석과 의
미를 추구하는 총체적인 정신 과정으로서의 의미역이 마련되는 것이다.[45]
이로써 의미를 만들어가고 구성하는 과정으로서의 접근이 가능해진다. 사
고의 유형을 외부의 사물을 분석, 비교, 선택하는 '판단적 사고(judical
mind)' 이외에 인간 내면에서 구상, 예측, 생성하는 '창의적 사고(creative
mind)'를 별도로 설계하는 것에서도 이러한 흔적을 찾아볼 수 있다.[46] 사
고는 독립적인 인지 작용이 아니라 정서적 공감과 신체적 경험과의 통합
적 작용이며, 여러 요인들이 순환 작용하는 종합적 능력이라는 설명도 보
게 된다.[47]

　나아가 사고가 보는 것[48]이라고 한다면, 문학은 현실을 바라보게 하고
깊이 헤아려 보는 통찰을 가능하게 한다는 점에서 사고 개념에 대한 인식
의 확장을 가져다줄 수 있다. 사고가 대상의 객관적 성질보다는 대상의
의의를 얻는 데 있다는 중국 철학의 설명도 이를 뒷받침한다.[49] 이에 따

45) 김영채, 앞의 책, 10~11면.
46) Alex F. Osborn, *Applied Imagination Principles and Procedures of Creative Problem-solving*, 신세호외 역, 『창의력 개발을 위한 교육』, 교육과학사, 1999, 17면.
47) 원자경, 「문학적 사고의 은유원리를 통한 창의력 교육 연구」, 고려대 박사학위논문, 2012. 실제로 '사고'를 가리키는 불어 pensée는 느낌, 정서, 의지 등도 포함하고 있다. Elisabeth Clement, *Pratique de la philosophie de a á z*, 이정우 역, 『철학사전』 동녘, 1996, 147면.
48) 성일제 외, 『사고력 신장을 위한 프로그램 개발 연구(Ⅱ)』, 한국교육개발원, 1988, 32면. 실제로 사고라는 말에서 '思'는 '숨구멍', '밝음', '세밀함', '바람', '연민' 등의 어원을 갖고 있으며, 여기서 사물을 새롭게 확인하려는 마음의 작용을 볼 수 있다. 윤재근, 「詩와 思」, 『詩論』, 둥지, 1990, 52~65면 참조. 또한 서양에서도 '사고한다'가 '본다'와 결합하여 '통찰력, 예견, 간과, 선지자' 등의 단어를 만들어낸 사실을 찾을 수 있다. '아이디어(idea)'가 '보다'라는 뜻의 그리스어 'dein'에서 유래한 사실(Robert H. McKim, *Thinking Visually*, 김이환 역, 『시각적 사고』, 평민사, 1989, 20면)도 마찬가지이다.
49) 蒙培元, 中國哲學的主體的思惟, 김용섭 역, 『중국철학과 중국인의 사유방식』, 철학과 현실사, 2005, 22~23면.

라 사고는 자료나 정보를 객관적으로 다루는 데 그치지 않고, 주체가 의
미를 구성하고 부여하며 해석하는 행위로 재개념화될 수 있다. 해석과 평
가를 동반하는 주관적인 의미 구성 과정으로서의 의미를 확보하게 된다.

② 비판의 재개념화

비판적 사고를 '비판하는 사고'로 여기는 경향은 교육의 적지않은 걸림
돌로 작용하는바, 이러한 인식을 극복하는 새로운 개념역을 마련하는 일
이 요청된다. 비판적 사고가 달리 이해되고 심지어 왜곡, 변질되는 까닭은
일차적으로 '비판'이라는 용어의 포괄성 내지 모호성과 관계된다. 어떤
인지 작용을 '비판'으로 보아야 할 것인지에 대해 합의나 규정조차 명확하
지 않은 것도 사실이다.50) 본래 비판(criticism)은 '식별할 수 있는'의
'kritikos'와 '선택하다', '분간하다', '결정하다', '논박하다', '평가하다' 등의
뜻을 가진 'krino'에서 유래한 말로, '무엇을 식별하고, 선택하고, 분간하고,
논박하고, 평가하는' 등과 같이 다양한 의미를 복합적으로 지니고 있다.51)
잘못된 편견에 빠지지 않고 올바른 판단에 도달하게 하는 사고 작용을 가
리키는 것이다.

그런데 이러한 의미들이 일상에서는 비난, 혹평, 부정, 반발과 같이 부
정적으로 인식되어, 자신과 상반된 입장을 공격하고 적대적으로 헐뜯는
부정적인 행위나 성향으로 잘못 받아들여지기도 한다. 예컨대 아래의 '지
성의 혼란', '정신 위생학'과 같은 표현의 이면에는 비판적 사고의 역할을
다른 이에 대한 비판과 반대에 두는 인식이 자리하고 있다.

---

50) 박영민, 「비판적 이해에 대한 국어교사의 인식 분석」, 『독서연구』 20, 한국독서학회, 2008,
　　11면.
51) Liddell & Scott's, *Greek-English lexicon*, Oxford Clarendon Press, 1968, 450~451면(정래
　　승, 「비판적 태도의 교육적 의의 및 형성조건에 관한 고찰」, 고려대 석사학위논문, 1986,
　　7면 재인용)

예로부터 논리학은 흔히 비판자의 역할을 수행하지 않을 수 없었는데, 이 점은 우리 세대에 특히 그렇다. 논리학의 비판적 소임은 사람들에게 <u>지성의 혼란이라는 질병에 걸리지 않도록 주의를 환기시키는 정신 위생학으로서의 역할을 다하는 것이다.</u>[52] (밑줄 : 연구자 주)

실제로 비판적 사고를 '약한 의미'와 '강한 의미'의 것으로 구분하기도 하는데, 약한 의미의 비판적 사고는 자신의 주장과 믿음을 옹호하기 위해 다른 사람의 것에 저항하고 그것을 무력화하는 것을 가리킨다.[53] 이러한 입장은 비판적 사고의 생산적인 측면을 약화시키고 문제 해결로서의 긍정적 기능을 원천적으로 차단하는 역작용을 초래하기도 한다.

그러나 문학 활동에서 비판적 사고는 작자의 사고와 경험을 추체험하는 데에서 출발한다는 사실을 눈여겨 볼 필요가 있다. 이는 비판적 사고가 대상에 대한 충분한 이해와 경험을 바탕으로 건전한 회의를 품는 것에서 시작하는 것임을 보여준다. 비판적 사고의 본질은 "주어진 진술, 기존의 규범, 또는 행동양식에 대해 어떤 회의를 품고 있거나 아직 승인을 하고 있지 않"는 데서 찾아야 하며, 이때의 '회의(懷疑)'는 "접하고 있는 문제에 대한 더 만족스러운 해결책, 그 문제 속을 들여다 볼 수 있는 통찰력을 이끌어낼 수 있는 회의"[54]를 가리킨다.

---

52) Rudolf Carnap, "Logic", E. D. Aldrian et al eds., *Factors Determining Human Behavior*, Harvard university press, 1937, 107~118면. 곽강제, 『논리와 철학』, 서광사, 1993, 24면 재인용.

53) '약한 의미'와 '강한 의미'의 비판적 사고에 대해서는 R. Paul, "Teaching Critical Thinking in the Strong Sense : A Focus on Self Deception, World Views and a Dialectical Mode of Analysis", *Informal Logic Newsletter* 4(2), 1982; M. Neil Browne 외, *Asking the Right Questions*, 이명순 역, 『11가지 질문도구의 비판적 사고력 연습』, 돈키호테, 2010, 31~33면을 참조할 수 있다. 참고로 강한 의미의 비판적 사고는 주체의 지식이 특정 사회 문화적 맥락에서 구성된 것이기 때문에, 자신을 포함한 모든 주장에 대해 비판적으로 바라보고 검토할 것을 요구한다. 이러한 비판적 사고는 다양한 주장의 네트워크 및 대화적 접근을 시도하는 것으로, 타당화, 정당화에 기여하는 것으로 이해된다.

특히 문학 활동에서 회의는 무조건 비난, 반대하는 것이 아니라 어떤 문제를 해결하기 위한 생산적인 성격을 갖는 만큼, 비판적 사고의 회의 또한 더 나은 해결 방안을 모색하는 적극적이고 생산적인 작용으로 개념화할 필요가 있다. 이러한 의미역은 비판적 사고의 목적과 특성을 타자에 대한 비난이나 옹호가 아니라 문제의 개선 또는 해결에 둔다는 점에서, 비판적 사고의 본질과 성격에 대한 관점의 전환을 가져오는 지점이 될 수 있다. 그런 만큼, 비판적 사고 또한 단순한 비난이나 무조건적인 회의를 극복하고, 건전한 회의와 진지한 반성을 통한 문제 해결의 과정으로 옮겨질 필요가 있다.

비판적 사고가 건전하고 생산적인 회의에서 출발한다면, 비판적 질문은 이를 실행하는 구체적인 방법이 될 수 있다. 비판적 질문은 비판적 사고에 대한 자극과 방향을 제공함으로써 보다 나은 주장, 결정, 판단을 지향하는 꾸준한 탐구로 나아가게 하는 동력으로 알려져 있다.[55] 비판적 질문을 통해 비판적 사고는 어떤 주장의 잘못된 점을 비난하거나 지적하는 수동적, 맹목적 사고의 한계를 거둬내고 건전하고 생산적인 회의로 실행될 수 있다.

따라서 문학교육에서 비판적 사고는 텍스트를 매개로 작자의 문제 제기를 이해하고 평가하며 가치 판단하는 과정 이외에, 비판적 질문을 통해 새로운 대안과 입장을 마련하는 생산적인 사고 과정을 추가할 수 있다. 여기서 비판적 사고는 주장과 근거, 그리고 그 타당성에 초점을 맞추는 것과 구별되는, 새로운 함의와 가능성을 갖는다. 문학교육에서는 주체의

---

54) 김공하, 『비판적 사고와 교육』, 교육과학사, 1998, 9면. '회의'는 비판의 가장 원초적 개념으로, 대상을 있는 그대로 진실이라 인정하지 않고 판단을 보류하는 판단중지, 그리고 대상에 대해 어떤 확신이 생길 때까지 지속적으로 탐구하는 반성의 과정으로 설명된다. 김봉순, 앞의 글, 110면.

55) M. Neil Browne 외, 이명순 역, 앞의 책, 21면.

주관적인 판단이 사적이나 자의적인 것이 아니라, 다양하고 이질적인 입장과 견해 속에서 최선의 것을 선택하고 구성하는 공동체적 판단이라는 점을 전제하는 것이다. 이런 점에서 비판적 사고는 해석과 평가를 동반하는 의미 구성 행위로서, 건전하고 생산적인 회의를 통해 문제를 해결하는 사고로 재개념화될 수 있다.

4. 비판적 사고의 재구조화

지금까지 문학과 비판적 사고의 접점을 살피고 새로운 개념화를 시도하였다면, 이를 바탕으로 비판적 사고를 재구조화하는 논의로 나아갈 필요가 있다. 이는 앞서 제시한 비판적 사고에 대한 오해와 쟁점을 영점 조정하는 계기가 되면서, 효과적인 교육적 구현을 위해서 반드시 요청되는 일이다. 문학교육을 중심항에 두고 비판적 사고의 성격과 요소를 재구조화하여 새로운 교육의 가능성을 이끌어내려는 것이다.

(1) 가치 중심의 통합적 사고의 국면

명제 6	"'내용'이란 사고의 (어떤 것에 대한) 한 가지 양식(mode)이며, 또는 (무엇을) 이해하거나 해석하는 한 가지 방식이다. 따라서 내용은 '사고의 대상'이며 사고를 통하여 '살아있게' 해야 하며, 또한 '더욱 살아가게' 재구성해야 한다."[56]

비판적 사고 교육의 문제점으로 내용, 맥락을 배제한 추상화된 기능과 일반화된 절차를 지적한 바 있다. 전략과 절차 중심의 기능적 접근은 내

---

56) Gilbert Ryle, "A Puzzling Element in the Notion of Thinking", in P. F. Strawson eds., *Studies in the Philosophy of Thought and Action*, Oxford university press, 1968, 23면.

용과 가치의 배제를 낳고, 이는 비판적 사고를 실제 생활과 무관한 추상적이고 인위적인 사고 능력으로 전락하게 만든 요인이 된다. 실제로 국어 교육에서도 텍스트의 정당성이나 적절성 등을 내적 준거에 따라 판단하는 과정으로 실행되기도 하였다.

이러한 문제에 대해 멕펙(McPeck)으로 대표되는 일련의 연구자들은 특정한 내용과 상관없이 모든 경우에 적용할 수 있는 비판적 사고는 존재할 수 없다는 주장을 피력한 바 있다. 각종 추론 기능은 교과의 사고와 다를 바 없고, 따라서 교과적 접근 방법을 통해 비판적 사고 능력이 신장될 수 있다는 설명이다. 이러한 관점과 인식의 바탕에는 비판적 사고 능력이 학문 분야별 사고 구조를 통해 함양된다는 입장이 자리하고 있다.

앞서 살핀 바대로 비판적 사고가 건전하고 생산적인 회의를 가지고 어떤 활동에 참여하는 성향과 기능이라고 한다면, 이러한 회의를 위해서는 해당 분야에 대한 최소한의 지식과 경험이 요청된다. 대상과 내용에 대한 기본적인 지식과 이해 속에서 건전하고 생산적인 회의가 가능할 수 있고, 더 나은 문제 해결을 위한 생산적인 작용이 될 수 있다.

특히 문학은 구체적인 맥락 속에서 일어나는 특정한 문제 사태를 대상으로 비판적 사고를 작동시키고 활성화한다는 데 주목할 필요가 있다. 그런 만큼 사고의 일반적 유형이나 분절된 전략 대신, 텍스트 세계의 문제 사태를 대상으로 구체적인 내용과 맥락 속에서 사고 활동이 가능할 수 있다. 또한 인간 삶의 문제를 다루는 텍스트 세계를 주된 대상으로 하기 때문에, 본질적으로 내용과 가치의 문제와 밀접한 관련성을 지니는 특질도 갖고 있다. 다루는 문제 사태가 인간의 윤리적 경험과 관계되는 탓에, 필연적으로 가치 판단의 문제가 개입·관여할 수밖에 없기 때문이다.

텍스트는 인간의 욕구에 대한 관계 속에서 존재하는 만큼, 주체의 수용은 자신의 특정한 가치 체계 내에서 텍스트를 받아들이고 나아가 자신의 가치와 실천을 정향짓는 것까지를 포괄한다.[57] 따라서 문학교육에서 비판적 사고는 본질적으로 '가치평가'일 수밖에 없고, 이때의 가치는 신비화된 텍스트나 주체에 내재된 고정적 실체가 아니라 텍스트와 주체의 상호작용 속에서 실현되고 검증되는 개방적인 것이라 할 수 있다.[58] 이처럼 문학 활동에서 비판적 사고는 주체의 가치 체계에 비추어 텍스트의 의미를 이해하고 평가하며 가치를 자기화하고 나아가 새로운 가치를 창출하는 총체적인 과정에 해당하며, 여기서 가치는 비판적 사고의 중요한 준거틀로 작용한다. 그동안 비판적 사고에서 내용과 가치의 배제가 일상생활로의 전이를 어렵게 만드는 장애로 작용하였다면, 텍스트의 문제 사태와 그에 따른 맥락의 강조는 이를 해결하는 효과적인 장치가 될 수 있다.

이상에서 보건대 문학교육에서 비판적 사고는 분절적 기능 중심의 접근과는 구별되는 가치 중심의 통합적 사고를 지향한다. 파편화된 기능과 절차, 혹은 부분과 부분의 물리적 총합을 추구하는 분석적 차원과는 달리, 총체적인 경험 속에서 가치 판단이 이루어지는 특질을 갖기 때문이다. 이로써 텍스트의 적절성을 판단하는 데 그치지 않고, 가치 우열의 문제를 본격적으로 다루는 게 가능해진다. 이처럼 대상에 대한 총체적인 앎과 경험 속에서 가치 문제가 과제로 제기될 때, 현실 세계로의 전이력이 제고될 수 있음은 물론이다.

(2) 상호 교섭의 관계적 사고의 국면

명제 7	"한 작품의 의미는 어떤 시점에서 저자의 마음 속에 있었던 것이 아니며, 단순히 텍스트의 특성이나 독자의 경험도 아니다."[59]

---

57) M. S. Kagan, *Lektsii po marksistskoleninsko éstetike*, 진중권 역, 『미학강의』, 새길, 1998, 93면.
58) 김미혜, 앞의 글, 10~11면.

기존의 비판적 사고는 다분히 추상적이고 논리적인 성격을 지향했던 까닭에, 실제 교육에서도 논증의 절차나 유형, 혹은 전략과 같이 내적 준거 속에서 제한된 실체를 다루는 것으로 귀결됨을 살폈다. 진술의 내용을 평가할 때 논리적 형식과 같은 내적 준거만이 중요한 요소가 되고 있다.

그러나 문학은 작자, 독자, 인물 등 여러 주체와 대상이 관여하는 만큼, 관계적 사고가 강화되고 활성화되는 특질을 갖고 있다. 이때의 관계적 사고는 주체와 대상 사이에 발생하는 사고를 일컫는 것으로, 주체가 타자, 사회, 자연과의 교섭을 통해 단일한 세계 인식에서 벗어나 관계적인 세계 인식을 가능하게 하는 힘을 뜻한다.[60] 문학적 체험을 두고서 문학 속에 드러나는 관계의 양상을 파악하고 그것의 의미를 찾아내는 일로 설명하기도 한다.[61]

이처럼 문학 활동은 관계적 사고 속에서 인간과 세계의 만남을 추구하고 이 과정에서 주체가 자신보다 더 큰 세계의 존재를 깨달아 그 속에서 성숙, 성장하는 것으로 교육적 기제를 설명할 수 있다. 읽으면서 배우는 것은 텍스트만이 아니고, 우리 자신의 삶과 이 세상에 관련된 우리 자신의 '관계'라는 설명도 여기서 가능해진다.[62] 이 같은 관계적 사고 활동에 주목한다면, 문학 활동 속에서 주체는 텍스트 세계, 작자, 현실 세계, 타독자, 다른 텍스트 세계, 심지어 자기 자신에 이르기까지 다양한 관계를 맺고, 이들과 조응하고 길항하는 가운데 비판적 사고가 작동하는 특질이 있다. 사실상 문학에서 비판적 사고의 발현은 이들과의 대화 속에서 이루어진다고 할 수 있다. 아래 그림은 문학 활동이 형성하는 관계적 사고의 작

---

59) Jonathan Culler, *Literary Theory*, 이은경 외 역, 『문학이론』, 동문선, 1999, 109면.
60) 박인기 외, 앞의 책, 80면.
61) 김대행 외, 앞의 책, 118~120면 참조.
62) Daniel Bergez, *Introduction aux methodes critiques pour l'analyse litteraire*, 민혜숙 역, 『문학비평방법론』, 동문선, 1997, 221면.

용 양상과 그 중층적 구조를 도식화하여 나타낸 것이다.

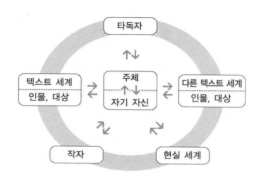

[그림 3-2] 문학 활동의 관계적 사고 양상

이러한 관계 설정은 주어진 텍스트를 평면적으로 이해하는 것과는 분명 차원을 달리한다. 복수의 주체를 설정하고 대응의 양상을 살피며 견주어보는 과정을 포함하는 것이다. 이 과정에서 수반되는 비교와 상호교섭은 관계적 사고에서 중핵적인 기능이면서, 문학교육으로서 비판적 사고의 특질을 대표하는 표지가 된다.

이로써 비판적 사고는 단순히 '타자'를 비난하거나 '외적 대상'에 대한 비판에 그치는 것이 아니라, '자신을 포함한 모든' 주장과 입장에 대해 비판적으로 검토하는 것을 포괄하게 된다. 특히 자신의 것에 대한 반성적 사고의 작동은 비판적 사고의 중요한 과정과 요소가 될 수 있다. 이때의 반성적 사고는 자신이 채택하고 있는 방법과 절차, 그리고 시각과 관점까지도 되돌아보는 것으로, '사고 절차에 대한 사고'이면서 동시에 '사고 내용에 대한 사고'에 해당한다. '회귀적 사고이면서 메타 인지적 사고이며, 자기 수정적 사고로서의 반성적 사고에 주목한다면,[63] 반성적인 특성을

---

63) Matthew Lipman, 박진환 외 역, 앞의 책, 48면.

지닌 비판적 사고 역시 메타 인지적 사고로서 자기 통제적인 사고의 특성을 갖는다고 볼 수 있다.[64] 실제로 미국 델피보고서(The Delphi Report)에서는 비판적 사고를 "훌륭한 생각과는 동의어가 아닌, 설득력 있고 자기 교정적인 인간 현상"[65]으로 규정한 사실을 눈여겨볼 필요가 있다. '자기 규제적인 판단(self-regulatory judgement)'으로 접근하는 이 같은 인식은 사고의 대상을 주어진 자료와 외부 실체로 국한하는 아래 논의와는 분명한 차이점을 갖는다.

> 비판적 사고를 이용한 글 읽기는 주로 글의 내용과 관련된 논의이다. 비판적 사고의 기준으로 제시된 공정성도 글을 읽는 사람의 태도가 아니라, 주어진 글의 내용과 표현이 정확하고 적절한지에 대한 평가이다.[66]

텍스트를 비판하기 위해서는 텍스트의 내·외적 측면을 모두 포괄하여 살피는 접근이 요청되며, 특히 자신의 판단, 행위 등의 적절성 또한 중요한 대상이 되어야 한다.[67] 이처럼 문학 활동에서의 비판적 사고는 주어진 자료를 대상으로 하는 소극적 차원을 넘어서 사고의 주체를 포함하는 입체적인 작용으로 확대될 수 있다. 자기 자신을 대상으로 하는 반성의 과정을 거칠 때 비판적 사고는 선입견, 편견, 자기 기만을 초래하는 요소를 깨닫고 자기 수정과 자기 변화를 가져오는 동력으로 기능할 수 있다.

---

64) 이좌용 외, 『비판적 사고』, 성균관대 출판부, 2015, 17면; 홍병선, 앞의 글, 467면.
65) The American Philosophical Association, *The Delphi Report*, 1990.
66) 박은진 외, 앞의 책, 58면.
67) 김광수, 앞의 책, 33~34면.

(3) 문제 해결을 위한 창의적 사고의 국면

명제 8	"비판적 사고와 창의적 사고는 완전한 별개의 것이 아니다. 훌륭한 비판적 사고는 그 성질상 창의적이며, 훌륭한 창의적 사고에는 항상 진행 중인 산출 (product)을 비판적으로 평정하고 향상시키는 것이 포함된다."[68]

비판적 사고와 창의적 사고의 만남과 연결은 이질적이고 낯선 것으로 여겨질 수 있다. 사고의 유형을 크게 수렴적 사고와 발산적 사고로 나누어 비판적, 논리적 사고를 '수렴적 사고(convergent thinking)'로, 창의적 사고가 '발산적 사고(divergent thinking)'로 구별하는 데서도, 혹은 '수직적 사고(vertical thinking)'와 '수평적 사고(lateral thinking)'로 구분하는 것에서도, 두 사고에 대한 변별적 인식을 찾아볼 수 있다. 이러한 양분법적 인식에서는 두 사고 사이의 접점을 기대하기 어려운 게 사실이다. 비판적 사고가 가설의 평가, 정당화의 영역이라면, 창의적 사고는 새로운 가설의 발견에 해당한다는 점에서 차이가 명료하기 때문이다.

그런데 문학 활동에서는 소통의 맥락 속에 자신의 삶을 대입하고 일상 세계로 전이하는 특별한 과정이 펼쳐진다. 주어진 텍스트 세계, 작자가 생산한 의미를 이해하는 단계를 넘어서서 평가하고 판단하며, 이를 통해 새로운 대안을 마련하는 과정으로 나아가게 된다. 이 과정에서 주체는 완결되지 않는 끊임없는 질문과 모색을 통해 새로운 텍스트 세계를 생산하는 단계에 이른다. 비판적 사고가 텍스트에 대항하여 텍스트를 새롭게 의미화하는 생산 행위를 가능하게 한다는 설명[69]이 이를 가리킨다.

---

68) D. N. Nickerson, Knowledge as Design : Teaching Thinking through Content, J. B. Baron & R. J. Sternberg eds., *Teaching Thinking Skills : Theory and Practice*, W. H. Freemen and Co, 1987, 66면.

69) Roland Barthes, *(Le)Plaisir du texte*, 김희영 역, 『텍스트의 즐거움』, 동문선, 1997.

문학 활동이 의미를 새롭게 구성하고 생산하는 행위까지 포괄한다면, 비판적 사고로서 문학 활동은 작자가 제기한 문제에 대해 독자와 인물, 작자, 나아가 타독자와 자기 자신에 이르기까지 여러 주체가 공동으로 협력하여 새로운 가치를 도출하고 바람직한 문제 해결을 모색하는 적극적인 과정이라 할 수 있다. 이때 여러 주체와의 상호 작용은 기존의 가치를 전복하고 새로운 가치를 생산하는 동인으로 작용한다.

이 지점에 이르면 비판적 사고는 새로운 대안을 마련하는 창의적인 사고와 자연스럽게 연결되고, 비판적 사고와 창의적 사고의 융합적 실행 문제를 제기하게 된다. 앞서 비판적 사고가 해석과 판단의 작용이라면, 이를 토대로 새로운 문제 해결을 시도하는 활동으로 이어진다는 사실에 주목하려는 것이다. 비판적 사고의 궁극적 목적은 특정한 문제 상황에 대한 정확한 분석과 평가를 통해 그 문제 상황을 적절하게 해결하는 데 있다.[70] 여기서 비판적 사고는 기존의 수동적, 맹목적 사고로서의 성격과 달리, 삶과 세계에 대한 합리적인 사고 작용이면서 동시에 문제 해결을 위한 개방적·확산적인 사고 작용을 모두 포함한다.

이러한 측면에서 볼 때, 비판적 사고는 기능 중심적인 이해나 분석을 넘어 새로운 의미를 실현, 생산하는 능력을 포괄하는 것으로 확대될 수 있다. 주어진 문제에 수렴되는 기존의 이해와 달리, 비판적이면서도 대안적인 성격을 동시에 내포하는 것이다. 따라서 문학교육에서의 비판적 사고는 기존의 개념역인 '분석적 이해'에 '창의적 생산'의 요소를 추가할 수 있다. 실제로 형용사인 '비판적'의 의미에는 '조숙한', '상상력이 풍부한', '창의적인', '민감한' 등과 같은 의미를 내포하고 있다는 설명[71]도 이러한 사실을 뒷받침한다. 노시치(Nosich)의 경우에도 폴(Paul)이 제시한 8개의 비

---

70) 이좌용 외, 앞의 책, 26면.
71) John E. McPeck, 박영환 외 역, 앞의 책, 7면.

판적 사고의 요소에다 '맥락(context)', '대안(alternative)'을 추가했는데,[72] 이
또한 비판적 사고가 상이한 시각에서 대안을 마련하는 사고라는 점을 재
차 확인시켜 준다.

이로써 비판적 사고의 목적은 비판과 극복에 머무르지 않으며, 내용에
대한 정확하고 깊이있는 이해, 나아가 문제 사태의 확장과 대안의 생산이
라는 결론에 이를 수 있다. 이는 비판적 사고가 창의적 사고의 출발점이
되고, 창의적 사고의 결과가 다시금 비판적 사고의 대상이 되는 순환으로
설명될 수 있다. 단순히 비판적 사고와 창의적 사고가 관련성을 갖는다거
나 병렬된다는 것과는 차이가 있다.

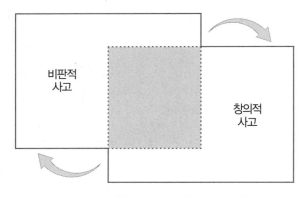

[그림 3-3] 비판적 사고와 창의적 사고의 관계

이러한 논의는 창의적 사고의 측면에서도 유효하다. 창의적 사고는 현
재의 표상에서 벗어나 새 관점에서 사물을 보려는 것인데,[73] 이를 두고서

---

72) Gerald M. Nosich, *Learning to Think Things Through : A Guide to Critical Thinking in the
Curriculum*, Prentice Hall, 2001. 참고로 폴은 비판적 사고의 구성 요소로 목적(purpose),
현안 문제(question at issue), 개념(concept), 가정(assumption), 정보(information), 추론을 통
한 결론(conclusion), 관점(point of view), 결론을 함축한 귀결(consequences)과 같이 8개를
제시한 바 있다.

갑자기 무언가가 생각날 때 탄성을 지르는 '통찰적 사고(insightful thinking)' 정도로 오해되는 경향이 있다. 그러나 창의성의 핵심은 비판적 사고 능력에 있으며, 창의성 교육과 관련될 때는 비판적 사고 교육이 핵심이 되어야 한다는 주장도 찾아볼 수 있다.[74] 이러한 주장은 창의성 또한 기존의 발산적 사고로서의 의미 이외에, 기지(既知)를 특정한 요구조건에 맞거나 유용하도록 변형하거나 조합하는 과정이라는 점에 근거를 둔다. 여기서는 창의적 발상의 핵심이 잡다한 아이디어를 산출해내는 '발산적 사고 능력'에 있는 것이 아니라, 주어진 문제 영역에 대한 포괄적이면서 다각적인 비판적 이해 능력을 토대로 한 '문제 해결력'에 있는 것으로 본다.[75]

이상에서 보듯, 문제 상황을 제대로 이해·분석하고, 문제 상황의 함축과 전제를 파악하며 관련 요소를 종합하고 해결책을 평가하는 능력이 비판적 사고의 핵심이라면, 창의적 발상과 비판적 사고는 일정한 공통분모를 갖는다. 이러한 사실은 고등 사고 능력으로서 비판적 사고가 분석적 사고, 추론적 사고(또는 논증적 사고) 이외에 종합적 사고, 나아가 대안적 사고를 모두 포괄하는 것으로 보는 것[76]과도 관련 깊다. 효과적인 비판적 사고를 위해서는 주어진 내용에 대해 옳고 그름을 판단하는 적대적, 소극적 비판에 그칠 것이 아니라, 다른 가능성이나 방안을 산출하는 상상력과 창의력의 측면 또한 요구되기 때문이다.

이런 점에서 비판적 사고는 일종의 평가적 사고로서 비판과 창의적 요

---

73) S. Ian Robertson, *Types of Thinking*, 이영애 역, 『사고 유형』, 시그마프레스, 2003, 45면.

74) 김영정, 「창의성과 비판적 사고」, 『인지과학』 13(4), 한국인지과학회, 2002, 83면.

75) 김영정, 앞의 글, 83~84면. 가치있는 창의적 산물을 생산하기 위해서는 확산적인 사고(창의성)뿐만 아니라 정돈된 자기비판적 분석(분석적 능력), 그리고 특정한 영역에서 자기 작품의 지위를 향상시키고 관심을 불러 모으는 능력(실용적 능력)까지 요청된다는 주장도 참조할 수 있다. Robert J. Sternberg 외, *Creativity*, 임웅 역, 『창의성 그 잠재력의 실현을 위하여』, 학지사, 2009, 311~312면.

76) 박은진 외, 앞의 책, 21면.

소를 모두 포함하며,77) 추론과 해석, 창조적인 이해를 포함하는 복합적인 사유 양상78)으로 이해할 필요가 있다. 실제로 '느슨한 의미'에서 비판적 사고는 '비판-창의적(critico-creative) 사고'와 동일한 의미가 될 수 있다는 논의는 이를 뒷받침한다.79) 특히 언어적 사고 활동의 여섯 가지 형태가 기술(describe), 비교(compare), 연합(associate), 적용(apply), 분석(analyze), 논란 (argue for against)라고 할 때,80) 비판적 사고가 이 모든 사고 활동을 포괄한 다는 사실에서도 복합적, 입체적 성격을 확인할 수 있다.

5. 과제와 전망

지금까지 문학의 본질을 바탕으로 비판적 사고의 문학교육적 개념화와 재구조화를 도모하였다. 그런데 이 같은 접근이 사고력 교육을 달성하기 위한 도구와 수단의 차원에서 문학을 활용하자는 주장으로 환원되는 것은 아니다. 오히려 비판적 사고가 문학이 갖는 여러 잠재적 가치, 교육적 가치를 외현화하는 효과적인 통로로 기능할 수 있다는 가능성을 이끌어 내려는 것이다. 또한 문학은 비판적 사고의 교육적 본질을 탐색하는 유효한 경로라는 판단도 가져온다.

기존의 문학교육이 문학 그 자체를 교육의 대상이나 내용으로 한다면, 여기서는 비판적 사고의 신장이라는 교육적 과제를 달성하기 위해 문학의 자질과 문학 소통의 특질에 주목하려 하였다. 이는 기존의 장르론, 제

---

77) Alec Fisher, *Critical Thinking*, 최원배 역, 『피셔의 비판적 사고』, 서광사, 2010, 28면.
78) 김봉순, 앞의 글, 168면.
79) 김영정, 「고등사고능력의 7범주」, 『대한토목학회지』 53(6), 대한토목학회, 2005; Alec Fisher, 최원배 역, 앞의 책 참조
80) Elizabeth Cowan, *Writing* Scott, Foresman and Company, 1983.

재 중심의 구조시학적 관점에서 소통론적, 실천적 관점의 강조로 전환하려는 것이다. 기존의 문학교육이 교과의 내적 구도 속에서 아래와 같은 인식태로 고착되는 것에 대한 반성이자 문제 제기인 것이다.

① 문화적으로 제도화된 장르 체계(시/소설/극) 하에서만 교육의 내용을 조직한다.
② '교과는 곧 그 학문'이며 동시에 '교과는 학문의 경계'라는 교과관에서 출발한다.
③ 구조적 완결성을 갖춘 '작품으로서의 문학'을 교재의 중핵으로 삼는다.
④ 예술의 하위 영역으로 미술, 음악 등과 같은 반열에서 그 위상을 인식하려 한다.
⑤ 전통적 장르론이나 구조시학적 이론이 문학 교과를 구성하는 핵심 토대가 된다고 본다.
⑥ 문학이 언어로 되어 있다는 질료적인 면만을 강조하여 국어과목의 하위영역으로만 본다.
⑦ 문학 작품의 이해와 감상을 철저히 문학 내적인 맥락으로만 제한한다.
⑧ 문학만의 고유성과 문학 이론의 전문성을 교육의 내용으로 강조한다.
⑨ 문학인 것과 문학 아닌 것에 대한 구분을 강조한다.
⑩ 다른 교과(또는 삶 자체)와의 교육적 연계에 실사구시(實事求是)적 발상이 약하다.[81]

이러한 전통적인 교과주의적 인식태에서 벗어나 문학을 매개로 비판적 사고로의 전환과 확대를 꾀하고자 한 것이다. 비록 전통적인 문학교육론과는 거리가 있으나, 이 또한 문학 현상의 하나이며 문학교육의 중요한 내용이 되어야 한다는 생각이 이러한 접근을 제안하게 된 배경이 된다.

다음의 말로 이 글의 문제의식과 목표로 했던 지점을 대신하고자 한다.

---

81) 박인기 외, 앞의 책, 26~27면.

학생들은 비판적으로 사고하는 방법을 교육받을 도덕적 권리를 가지고 있다.[82]

●출처 : 「문학교육을 통한 비판적 사고의 재구조화 연구」
(『국어문학』 62, 국어문학회, 2016)

---

82) Stephen P. Norris, "Synthesis of Research on Critical Thinking", *Educational Leadership* 42, 1985, 김광수, 앞의 책, 22면 재인용.

제4장 창의적 사고

1. 주목하는 까닭과 배경

창의성은 "우리 모두가 이해하고 실행해야 할 대상이며, 어떤 경우에는 떠받들기까지 해야 할 대상"[1]으로 자리매김하면서, 교육목표,[2] 교육내용, 교수·학습 방법, 평가, 심지어 교과서에 이르기까지 교육의 각 국면에서 빠지지 않고 등장하고 있다. 우리나라 교육의 문제점을 지적할 때도, 혹은 개선 방안을 제안할 때도 창의적 사고는 어김없이 중요한 요소로 다뤄지고 있다. 창의적 사고가 측정하기 어려운 것임에도 불구하고, '창의 서술형 평가'와 같이 평가의 국면에서 실현되기를 기대하고 있으며, 한때 교과서 검정기준의 6개 심사 영역 중의 하나로 설정되면서 교과서 차원에서도 구현되어야 할 중요한 과제로 요구받기도 했다.[3]

---

1) 임선하, 『창의성에의 초대』, 교보문고, 1998, 5면.
2) 2015 개정 국어과 교육과정 중 '성격' 부분에 '비판적·창의적 사고 역량', '창의적'과 같은 용어가 반복하여 등장하는 사실은 창의적 사고에 대한 높은 관심을 보여주는 대표적 장면이라 할 수 있다. 교육부, 『교육부 고시 제2015-74호 2015 국어과 교육과정』, 교육부, 2015 참조.
3) 교육과학기술부, 『검정도서 편찬 및 검정기준』, 교육과학기술부, 2009.

이처럼 창의적 사고는 '교육'의 실체만큼이나 당연하고 의심의 여지가 없는 것으로 인식되면서, 관심은 이제 교육의 수행에 직접적으로 기여할 수 있는 실천 담론으로 모아지고 있다. 이러한 상황에서 창의적 사고에 대한 개념적 탐색은 한편으로는 시의성을 잃은 것이면서, 개인의 지적 호기심 정도로 오해될 수 있는 위험성마저 갖는다. 그럼에도 불구하고 이 문제를 새롭게 제기하는 까닭은 다음과 같은 문제의식에서 비롯된다.

첫째, 창의적 사고의 교육적 의미에 대한 탐색이 제대로 이루어지지 못한 채 여러 국면에서 선언적, 추상적 차원으로 강조되고 있다는 점, 둘째 개념과 의미에 대한 이론적 천착 없이 이들의 신장을 위한 실천적 담론 등이 양산되면서 창의적 사고가 기법이나 기술 차원의 것으로 오해되고 있다는 점, 셋째 창의적 사고에 대한 이해와 시각이 확장되지 못하고 기존의 관점과 인식을 반복 재생산하고 있다는 점에 있다. 이들은 모두 창의적 사고의 중요성에 주목하면서 교육의 국면에서 그 필요성을 강조하고 있지만, 개념과 의미에 대해서는 새로운 인식과 접근이 이루어지지 못한 채 기존의 논의를 답습하는 데 머무르고 있다는 공통점을 갖고 있다. 한 예로, 창의성 여부를 판단하겠다는 평가만을 앞세울 경우 오히려 산출물의 창의성과 유용성이 떨어진다는 연구 결과가 보여주듯,[4] 개념과 의미에 대한 천착 없이 교육적 수행만을 앞세우는 것은 자칫 부정적인 결과를 초래할 수도 있다.

물론 국어교육이 과제로 하는 창의적 사고의 개념과 특질에 대한 규명이 이미 여러 차례 시도된 바 있다.[5] 창의성 일반과는 구별되는 국어교육으로서의 창의성을 이른바 '국어과 창의성', '국어적 창의성', '언어적 창

---

4) 아마바일(Amabile) 등으로 대표되는 국외 연구 및 조사에 대한 설명은 James C. Kaufman, *Creativity 101*, 김정희 역, 『창의성 101』, 시그마프레스, 2010, 157면으로 미루기로 한다.

5) 국어교육의 차원에서 이루어진 연구에 대해서는 신명선, 「국어적 창의성의 개념 정립에 대한 연구」, 『국어교육학연구』 35, 국어교육학회, 2009, 301~329면을 참조할 수 있다.

의성', '창의적 국어 능력' 등으로 개념화하면서,[6] 국어교육의 차원에서 창의성의 문제를 본격적으로 탐색하기도 했다. "국어적 창의성의 개념 자체가 불분명한 상태에서 국어적 창의성을 신장시키기 위한 실천적 담론을 개발하는 것은 일정 부분 공허할 수밖에 없다"[7]는 문제의식에서, 창의성 일반과의 변별점을 확보하려는 개념화 작업이 시도되기도 했다. 그러나 여러 탐색에도 불구하고 국어교육에서의 창의적 사고가 다른 창의적 사고와 구별되는 지점은 무엇이며, 어떠한 점을 고려하여 접근해야 하는지, 나아가 이를 신장시키기 위해 제공해야 할 원리나 갖추어야 할 준거는 무엇인지와 같은 물음과 요구에 대해서는 여전히 명확한 답변을 내놓지 못하고 있다.

국어교육적 관점에서 접근하는 연구들은 대체로 창의적 사고 일반과의 차별성이나 변별점을 확보하려는 의도에서 창의적 사고의 명칭 앞에 위치하는 '국어적', '국어과', '국어 능력'과 같이 '국어교육적' 특질에만 초점을 맞추는 공통된 특징을 보인다. 그러다보니 정작 연구 대상이 되는 창의적 사고 그 자체에 대해서는 교육학 또는 심리학에서의 연구 관점을 준용하는 데 그침으로써, 제한된 시각과 관점이 상존하게 되는 결과를 야기하게 되는 원인이 되고 있다. 창의적 사고 자체에 대한 충분한 천착이 이루어지지 못한 채, 국어교육 속에서의 특수성만을 강조하는 공통된 연구 경향을 보이는 것이다. 이러한 현실을 비판하면서 "국어과 창의성 교육을 설계할 때에는 창의성을 확실하게 국어과 교육의 그물망으로 끌어들여, 철저하게 국어과 교육의 옷을 입히는 재구성의 절차를 거쳐야 한다"는 주장은, 창의성 자체에 대한 국어교육적 탐색의 필요성을 일깨운

---

6) 이러한 개념들은 주목하는 부분과 맥락에 따라 의미상의 차이점을 갖고 있다. 더불어 'creativity'의 번역어로도 '창의성', '창의력', '창조성', '창조력' 등이 혼재되어 사용되고 있다.

7) 신명선, 앞의 글, 302면.

다.8) 국어교육에서의 창의적 사고에 대한 개념 정립을 위해서는 '국어적' 과 '창의적 사고'를 별개로 볼 것이 아니라, 창의적 사고 자체를 국어교육 의 관점에서 바라보고 새롭게 접근해야 함을 말한다. 이에 따라 창의적 사고에 대한 국어교육적 탐색과 그에 따른 재조명이 이 글의 일차적인 과제가 된다.

또한 이 글은 창의적 사고 일반에 대한 폭넓은 접근을 통해 이해 지평의 확대를 도모하는 목적도 갖는다. 수많은 교육학적, 심리학적 연구와 논의에도 불구하고 창의적 사고의 개념과 의미 자체는 여전히 모호하고 불명확한 채로 자리하고 있기 때문이다. "창의성이란 용어는 '우산과 같은 용어'라서 그 밑에 모든 것들이 다 들어올 수 있지만 정작 그 밑에는 아무것도 없다"9)는 골드만(Goldman)의 말은, 현재 연구의 모습과 그 한계를 단적으로 보여주는 것이라 할 수 있다. 교육적 수행과 실천에 대한 조급함 때문에 정작 창의적 사고의 본질에 대한 깊이있는 탐색이 이루어지지 못했다는 인식에서, 논의를 시작하기로 한다.

2. 창의성에 대한 오해와 쟁점

(1) 불명확성과 개인 차원의 신비적 접근 문제

서양에서 '창의'라는 개념 자체가 신에 의한 인간의 창조와 동일한 것으로 간주됨으로써, 창의성이나 창의적 사고는 인간이 신의 권능에 도전

---

8) 김은성, 「국어과 창의성 교육의 관점」, 『국어교육학연구』, 18, 국어교육학회, 2003, 67면. "국어과에서 창의성을 제대로 다루려면 창의성 교육의 연구 흐름은 반드시 꿰뚫고 있어야 하며, 이러한 안목 하에서 구체적인 국어과 창의성 교육을 설계해야" 한다는 점을 덧붙이고 있다.
9) 임선하, 앞의 책, 26면.

하는 것으로 받아들여진 특별한 역사적 배경으로 갖고 있다. 게다가 근대
화 이후에는 과학적 사고와 합리주의적 관점이 강조됨에 따라 논리를 벗
어난 비과학적이고 신비스러운 것으로까지 여겨지기도 하였다. 창의적인
사람을 영감으로 가득 채워지는 신비스러운 '빈 배'로 보고, '세상의 것이
아닌(unearthly)' 결과물을 산출해내는 자로 여긴 것이 대표적인 초창기 인
식에 해당한다.10) 이러한 신비주의적 접근(mystical approach)은 창의적 사고
의 문제를 '영적인 과정(spiritual process)'으로 가정함으로써 과학적 탐구 대
상으로 다루어지고 논의되는 것을 어렵게 한 주요 요인이 되었다.

이 같은 역사적 배경으로 인해 창의적 사고에 대한 관심은 비교적 늦게
출현할 수밖에 없었으며, 현재까지도 "일반적으로 명백하고 분명하며 널
리 받아들여질 수 있는 창의성의 정의는 없다"11)는 의견마저 개진되는 실
정이다. 창의적 사고 자체는 인간의 여러 인지적 능력이 결합된 복합체인
탓에, 여러 가지 관점으로 접근할 수밖에 없다는 근본적인 특성을 갖고
있다. 인간의 인지 구조와 능력을 이해하기 위한 일종의 심리적 구인
(construct)으로서 명확하게 합의할 수 있는 개념이기 어렵다는 의견도 이러
한 특성에서 연유한다.12) 다음과 같은 말은 창의성의 실체와 본질이 명확
하게 밝혀지지 못한 현실을 단적으로 보여준다.

중요한 것은 우리가 창의성이 있다고 하는 사람이라도 자기 자신의 창
의성을 설명하지 못하고, 또 창의성이 어디에서 나오는지를 말할 수 없다
는 점이다.13)

---

10) Robert J. Sternberg, *Thinking and Problem Solving*, 김경옥 외 역, 『인지학습과 문제해
결』, 상조사, 1997, 336면.
11) D. P. Keating, Four faces of Creativity, *Gifted Child Quarterly* 24, 1980, 56~61면.
12) 이동원, 『창의성 교육의 실천적 접근』, 교육과학사, 2009, 10면.
13) Best D., Can Creativity be taught?, *British Journal of Educational Studies* 30(3), 1982.

이처럼 창의적 사고는 연구 대상 자체가 모호하고 불명확하다는 특질을 갖고 있으며, 이는 연구 수행의 어려움을 야기하는 첫 번째 요소로 작용한다. 그러나 더 큰 문제는 이들 실체와 기제가 충분히 규명되지 못한 탓에, 창의적 사고의 교육적 신장 가능성이 부정되면서 교육 무용론마저 제기된다는 데 있다. 예컨대 교육 방법과 관련하여 '무방법이 방법이다(No method is a method)'와 같이, 창의적 사고는 교육할 수 있는 것이 아니고 역사나 야구처럼 시범을 보일 수 있는 교과나 기술도 아니라고 보면서, 소수의 천부적 영재만이 갖는 비범한 능력14)으로 보는 입장도 여전히 존재한다. 최근까지도 창의적 사고는 특별한 사람만이 갖는 선천적인 재능과 능력으로 간주되는 일이 빈번하다. "창의적인 사람들이 가지고 있는 특성" 정도로 생각하여 창의적인 사람의 정신 과정이나 특성을 밝히는 것으로 연구하는 태도가 대표적이다.15)

실제로 창의의 문제에 대한 탐구는 '천재'와의 연관성 속에서 연구되었고, 이에 따른 오해는 다음과 같은 네 가지로 유형화될 수 있다. 첫째, 창의적 사고란 특별한 사람만이 가질 수 있는 선천적인 기능이나 특별한 성격, 특성으로 보는 것, 둘째 특별하게 행동하거나 남들과 다른 것만을 창의적 사고로 보는 것, 셋째 특별한 과제, 특별한 사람에게만 필요한 것으로 보는 것, 넷째 반대나 반발만을 창의적인 것으로 보는 것이 이에 해당한다.16) 이처럼 '개인 특성' 차원의 재능과 능력에 초점을 맞춘 관점은 창의적 사고의 문제를 개인 내적 차원의 것으로 국한하는 결과를 초래하였고, 이로써 창의적 사고를 새로움에 이르게 하는 사고 관련 특성이나 새롭고 적절한 것을 생성해낼 수 있는 '개인' 차원의 능력으로 정의하기에

---

14) 이동원, 앞의 책, 65면.
15) 조연순 외, 『창의성 교육』, 이화여대 출판부, 2008, 18면.
16) 김영채, 『사고력 : 이론 개발과 수업』, 교육과학사, 1998, 307면.

이르렀다.

신비성과 개인 차원의 강조는 다음과 같은 문제점을 갖는다. 일차적으로 창의적 사고에 대한 과학적 탐구와 분석 자체를 어렵게 함으로써 그 기제와 절차에 대한 정치한 규명을 어렵게 하는 요인으로 작용한다. 나아가 창의적 사고 능력이 일부 선택받은 자만이 지닌 선천적인 천재성과 신비성으로 오인되면서, 창의적 사고 교육의 목표나 내용을 설정하는 데에 회의적인 입장과 태도를 낳기도 한다. 여기에는 창의적 사고의 기제가 여전히 규명되지 않았다는 현실적인 이유와 더불어 앞으로도 규명될 수 없다는 비관적 예측이 기저에 자리잡고 있다. 무엇보다 창의적 사고의 문제가 어디까지나 개인 차원의 신비적 능력과 특질이라는 관점은 사회 문화적 영향 등 다양한 접근을 원천적으로 차단하고, '결과물'이 갖는 독창성만을 평가하는 '결과와 평가' 위주의 경직된 관점을 초래하는 근본 원인이 된다. 새로운 관점과 접근이 요청되는 중요한 까닭과 배경이 여기에 있다.

(2) 독창성의 기원과 전통과의 연관성 문제

'창의(創意)'에 대한 어휘적, 사전적 풀이를 시도하면, 먼저 '창(創)'은 '비로소 창[始也]'이면서 동시에 '날에 다칠 창[刀所傷]'이라는 두 가지 의미를 갖고 있다.17) 여기서 후자의 의미인 '칼로 상처를 입는다'는 것은 '새살이 돋아나다'를 내포하는데,18) 이 모두 '처음'과 '시작'의 의미를 함의한다는 점에서 새로움, 참신성 등의 의미를 나타낸다고 볼 수 있다. 이처럼 창의가 '새로움'이나 '기발함'을 뜻하는 것으로 간주되면서, 독창성(originality)

---

17) 張三植 編, 『大漢韓辭典』, 성문사, 1969, 176면.
18) 이동원, 앞의 책, 11면.

은 그 어떤 요소보다도 중핵적인 개념으로서 강조되고 있는 게 사실이다. 그러나 창의성이 독창성과 관련 있지만 독창성의 한 종류임을 의미하는 것은 아니며, 독창성은 창의성의 필요조건이지 충분조건은 아니라는 점19) 을 분명히 할 필요가 있다.

오히려 창의성이 갖는 이러한 본질, 즉 새로움에 주목하면서도 그 기원과 관련해서는 다음과 같은 상반된 견해가 맞서고 있다. 새로움이 곧 '처음으로 만들어내다'라는 '독창(獨創)'의 의미로 등가되면서 과거와의 연관성 문제를 어떻게 보아야 하는가의 문제가 제기되는 것이다.

> 태양 아래에는 새로운 것이 존재하지 않듯이 진정한 의미에서 창조적인 작품이란 존재하지 않는다. 주어진 어느 한 작품은 그 이전에 쓰여진 다른 작품에서 직접적 또는 간접적으로 많은 영향을 받고 있다.20)

> 창의성을 이야기할 때 많은 사람들은 창의성이 과거로부터 연장인가 아니면 과거와의 단절 또는 파괴인가에 대해 생각하게 된다. 그러나 창의적인 작업은 과거의 연속이나 확장이 아니라 과거와의 단절이나 과거의 급진적인 파괴이다.21)

창의에 대한 일반적인 인식이 '온고지신(溫故知新)' 혹은 '법고창신(法古創新)' 등으로 대표되는, 과거 혹은 전통과의 연속과 발전인 것에 비추어본다면, 후자의 견해는 낯설고 급진적인 것으로까지 여겨질 수 있다. 그러나 창의가 과거와의 단절에서 오는 독창적인 것이라는 주장은 여러 곳에서 손쉽게 접할 수 있다.

---

19) Robert J. Sternberg, Grigorenko E. L., Singer J. L., *Creativity*, 임웅 역, 『창의성』, 학지사, 2009, 39면.
20) 김욱동, 「포스트 모더니즘과 문학」, 『새교육』 통권 444, 1991.
21) S. Bailin, *Achieving Extraordinary Ends : An Essay on Creativity*, Kluwer Academic publishers, 1988, 7면.

먼저 창안된 대상물들은 새롭고 전례가 없으며 예상치 못했던 복잡한 구조를 나타낸다는 것이 명백해야 한다. 창안된 대상물들은 그 이전의 것과 현재 활용 가능한 지식으로는 설명할 수 없는 것으로 보이고, 따라서 그것의 과거와 연결되지 않는다. 이런 의미에서 창안물은 불연속의 와중에서 생긴다.22)

이 역시 창의의 문제가 과거의 부정 혹은 단절이라는 창안자의 의식에서 비롯된다고 보고 있다. "창의성이 과거와의 단절에서부터 오는 것이라는 주장이 더 많은 것 같다"23)는 한 연구자의 말에서 보듯, 이 같은 인식이 상당한 설득력을 갖고서 보편적인 지위를 차지하고 있음을 짐작하게 된다. 서로 다른 인식과 상반된 견해를 확인케 하는 지점이다.

사실 창의가 과거와의 단절이냐 혹은 연속이냐와 같은 물음들은 이미 설진된 논의로, 진부한 인상마저 가져다준다. 그럼에도 불구하고 이 같은 물음과 문제를 던지는 것은 여전히 창의적 사고의 문제가 잘못 이해되고 있으며, 오해와 편견이 교육의 실행을 잘못된 방향으로 이끌거나 교육의 수행 자체를 가로막는 장애가 되는 현실이 눈 앞에 펼쳐지고 있기 때문이다. 독창성의 기원이나 과거와의 연관성 문제에 대한 깊이있는 탐구가 요청되는 까닭이 여기에 있다. 독창성이 과거와의 단절에서 연유하는 것으로 보는 것이 대체로 서양의 특정한 관점이라면, 이와는 다른 차원에서 이 문제를 면밀히 새롭게 살펴볼 필요성을 깨닫게 된다. 새로움의 판정에는 그 판정 대상 아이디어를 산출한 사람이 속한 집단의 시간적, 공간적 한계 범위가 고려되어야 한다는 주장24)에 경청하면서, 창의적 사고의 문제에 대한 편협한 인식을 점검하고 이해 지평의 확대를 도모하는 자리를

---

22) Carl Hausman, *Discourse on Novelty and Creation*, SUNY Press, 1984.
23) 임선하, 앞의 책, 36면.
24) 임선하, 앞의 책, 27면.

마련하려는 것이다.

3. 관점의 전환과 이해 지평의 확장

(1) 사회 문화적 환경의 관여에 따른 공간적 지평의 확대

창의적 사고에 대한 이해를 넓히기 위해서는 무엇보다 개인의 내적 차원에 국한된 신비적 접근 관점을 전환하는 것이 요청된다. 창의적 사고가 개인의 문제를 넘어서는 것이라는 인식에 따라 환경과 배경의 관여에 주목함으로써 공간적 측면에서 이해의 확장을 시도하려는 것이다.

이처럼 창의적 사고의 문제를 개인을 넘어서는 관점에서 살펴본 것으로는 칙센트미하이(Csikszentmihalyi)의 논의가 대표적이다.25) 그에 따르면, 창의는 인간 주체 이외에 상징적인 규칙을 포함하는 '문화'와 '현장' 등 세 가지 요소로 구성되는 체계의 상호 작용으로 설명된다. 개인의 특성과 그 개인을 둘러싼 사건, 사람, 자료, 자기 생활사의 어떤 상황 등에서 생성되는 과정으로 보는 로저스(Rogers)의 견해 역시 마찬가지이다. 이러한 관점의 변화에 따라 최근에는 창의의 문제를 인간(Person), 환경(Press), 과정(Process), 산물(Product) 사이의 역동적 상호 작용으로 보면서, '생태학적 상호 작용 모형' 혹은 '4P 모형'으로 이론화하기도 하였다.26) 이들 주장에 따른다면, 개인의 능력은 창의적 사고의 일부분에 불과하며, 오히려 주변 환경과의 상호 작용이 중요한 과제가 된다.27) 이러한 인식은 사고를 개인

---

25) Csikswentmihayi, *Creativity*, 노혜숙 역, 『창의성의 즐거움』, 북로드, 2003.

26) 그밖에도 창의적인 사람이 다른 사람들의 사고 방식에 영향을 준다는 논리에 따라 '설득(persuasion)'을 제안하기도 하고, '잠재력(potential)'이 그 하나로 포함되어야 한다는 주장도 있다. James C. Kaufman, 김정희 역, 앞의 책, 42~43면 참조.

차원의 활동으로 보면서, "창의적 사고는 그것이 어떤 문제 상황에서 요구되는 것이든 간에 개인의 문제"[28]라는 입장과는 분명한 차이점을 갖는다. 이처럼 개인을 넘어선 환경과 문화의 측면으로 시각을 확장하고 관점을 전환할 때 새로운 이해와 접근이 가능할 수 있다.

인식의 공간적 확대는 사회 문화적 환경의 중요성을 일깨우면서, 문화에 따라 창의적 사고의 문제에 대한 관점과 인식이 상이할 수 있음을 새롭게 제기한다. 실제로 창의의 문제가 동·서양의 문화에서 어떠한 공통점과 차이점을 갖는지에 대해서는 이미 여러 차례 조사와 탐구가 이루어진 바 있다. 주목하는 부분과 관점에 따라 이질적인 모습으로 나타나기도 하고, 여러 문화권에서 공유되는 현상으로도 확인되는 상반된 결과를 볼 수 있다.[29] 이들 연구가 대체로 결과나 산출물을 대상으로 실험을 통해 확인하는 귀납적인 방법론 차원에서 수행되었다면, 여기서는 사회 문화적 환경과 배경의 관여에 대한 접근 시각과 담론부터 점검하고 검토하려는 것이다. 사회 문화적 배경에 따라 창의적 사고에 대한 이해와 인식이 어떻게 달라지는지에 대한 면밀한 분석을 시도하는 것이다. 이는 곧 공간의 측면에서 창의적 사고에 대한 시각과 관점의 확대와 전환을 이끄는 일이 된다.

우선 창의의 문제에 대한 지금까지의 지배적인 이해가 서구 중심적인 것이었다는 반성에서, 동양적 사유의 전통 속에서의 이해를 촉구한 여러 연구를 출발점으로 삼을 수 있다.[30] 일반적으로 동양적 사유의 전통과 특

---

27) 이동원. 앞의 책, 2009, 19면.
28) 임선하, 「교육 내용으로서의 창의적 사고」, 『교육 개발』 11(6), 한국교육개발원, 1989, 5면.
29) 전자에 해당하는 연구로 Niu & Sternberg(2002), Runco & Johnson(2002) 등을 들 수 있으며, Lim & Plucker(2001) 등은 후자의 논의를 대표하는 것으로 알려져 있다. 이들 논의에 대한 자세한 설명은 James C. Kaufman, 김정희 역, 앞의 책, 109면을 참조하기로 한다.
30) 임선하, 『창의성에의 초대』, 교보문고, 1998, 59면. 이하 동서양의 규정과 인식 차이는 이 책의 논의에 따른다.

징은 '논리적이고 사변적인 것보다는, 직관적이고 경험적인 것을 선호하는 것'으로 규정되곤 한다. 창의의 문제 또한 마찬가지로, '창의에 관련된 특정한 기능들이 완전히 통달된 후에 나타난다는 것'과 '새로운 입장에 도달하기 위해서는 현재의 입장을 버려야 하는 것'과 같이 정리되기도 한다. 사물의 이치를 깨달을 때 비로소 자유로움을 얻을 수 있다는 것으로, 서양의 인식과 구별지을 수 있다.

이러한 관점에 따라 동양에서 창의의 문제는 학습자로 하여금 특정한 영역에서 최하위 수준부터 훈련 또는 경험을 거치게 하여 일정한 수준에 도달하게 한 다음, 자유로운 상태에 이르면 비로소 그 원천이 갖춰지는 것으로 설명되기도 한다.[31] 이는 창의적 아이디어가 산출될 수 있도록 주변 환경과 분위기를 조성한 다음, 별도의 훈련 없이 주어진 과제에 대해 가능한 한 많은 양의 아이디어를 생산하도록 유도하는 서양의 관점과는 분명 차이가 있다.

그런데 이러한 특징은 창의에 대한 동서양의 차이를 부각시키고 선명하게 한다는 점에서는 의의가 있으나, 이러한 규정의 배경과 근거가 충분히 제시되지 못한 탓에 직관적 판단과 선험적 인식의 결과라는 오해를 야기할 수도 있다. 또한 창의적 사고의 기제를 밝히거나 교육적 수행을 규명하는 이론화 작업에 기여하지 못하고 표면적·현상적 차이만을 부분적·선언적으로 강조하는 데 그치는 한계점도 갖는다.

오히려 동양적 의미에서 창의는 자기, 대상 또는 사상(event)의 진정한 성질을 '보도록' 하는 데 있으며, 따라서 '중재(mediation)'의 성격을 갖는다는 설명[32]을 눈여겨볼 필요가 있다. 서양에서 창의가 혁신적인 산출물에 초점을 맞춘다면, 동양에서는 '개인적인 충만의 상태', '근원적 영역과의

---

31) 임선하, 「교육 내용으로서의 창의적 사고」, 『교육 개발』 11(6), 한국교육개발원, 1989, 6면.
32) 한순미 외, 『창의성』, 학지사, 2004, 324~325면.

연관성', '내적 본질 또는 궁극적 실재의 표현'을 포함하는 것으로 구체화
될 수 있다. 이는 사고 자체를 '보는 것'[33]으로 규정하는 관점의 연장선상
에서 살펴볼 수 있다. 물론 이때 '보는 것'의 의미는 단순히 보이는 것을
넘어서서 깊이 헤아려 꿰뚫어 보는 것[洞察]을 가리킨다.[34] 사고라는 말에
서 '思'가 '숨구멍', '밝음', '세밀함', '바람', '연민' 등의 어원을 갖고 있
으며, 사물을 새롭게 확인하려는 마음의 작용에 해당한다는 설명[35]이 이
를 뒷받침한다.

사고에 대한 이러한 사회 문화적 인식을 염두에 둔다면, 창의적 사고의
문제는 대상을 달리 볼 수 있는 가능성, 대상에 대한 이해를 넓히면서 존
재의 의미에 다가가는 의식 활동으로 새롭게 규정할 필요가 있다. 결국
새로움이란 앎의 지평을 열어가는 데서 가능할 수 있으며, 존재의 참된
의미에 다가가는 노력에 뒤따르는, 대상과의 새로운 만남에서 비롯된다고
볼 수 있다. 이러한 인식의 기저에는 서양의 개인주의적, 독립성과는 구별
되는 상호의존적인 문화가 자리잡고 있다.[36] 상호의존적인 문화에서는 자
신이 타자와 연결되어 있다는 의식에서, 타자와의 관련과 맥락에 의존하
여 대상과 자신을 조망하는 경향성을 갖는다. 서양이 산출물의 신기성에
더 많은 가치를 부여하는 데 반해, 동양은 주체의 가치관과 신념을 나타
내는 진정성에 더 많은 관심을 둔다는 사실도 이 같은 재개념화의 타당성
을 뒷받침한다. '중재'로서의 의미에 천착하는 이유가 여기에 있다.

---

33) 성일제 외, 『사고력 신장을 위한 프로그램 개발 연구 Ⅱ』, 한국교육개발원, 1988, 32면.
　　이러한 사고의 의미에 대해서는 이미 비판적 사고를 다루면서 자세히 살핀 바 있다.
34) 졸저, 『성찰적 사고와 문학교육론』, 지식산업사, 2012, 63면.
35) 윤재근, 『詩와 思』, 『詩論』, 둥지, 1990, 52~65면.
36) James C. Kaufman, 김정희 역, 앞의 책, 233면.

(2) 과거 전통의 관여에 따른 시간적 지평 확대

앞서 제기한 독창성의 연원을 둘러싼 쟁점으로 시선을 다시 옮겨가 보자. 창의의 수평적 전통과 수직적 전통을 구별하면서 동양의 수직적 전통을 과거에 '제한'되고 '수렴'되는 것으로, 서양의 수평적 전통을 기존의 구조의 변화와 수정으로 구별짓기도 한다. 그밖에도 동양적 관점이 전통적 아이디어에 대한 '재해석'으로서 새로운 관점의 발견에 초점을 맞춘다면, 서양적 접근에서는 전통의 '깨뜨림'을 강조하면서 이 둘을 이원화하여 상반된 것으로 설명하기도 한다.37) 이러한 인식들은 여전히 창의적 사고를 획득하기 위해서는 기존의 것에서 벗어나야 한다는 단절 의식을 바탕에 두고 있다. 독창성의 기원과 전통과의 연관성 문제를 다시금 제기하게 만드는 지점이다.

유협(劉勰)이 편찬한 『문심조룡(文心雕龍)』은 과거 전통이 창의에 어떻게 관여하는지의 문제를 다루고 있어 문제를 살피는 데 유용한 자료가 된다. 특히 「통변(通變)」편은 전통의 계승과 창신의 문제를 살피고 있는데, 여기서는 과거의 유산을 계승하고 새롭게 창조하는 변증법적 과정을 통해 문학이 변화하고 발전해 간다는 논의를 전개하고 있다.38) 그 핵심이 바로 '통변'의 개념 속에 담겨 있다.

> 窮則變 變則通 通則久 (『周易』, 「繫辭傳 下」)

'통변'은 원래 『주역(周易)』에 나오는 말로, 궁하면 변화하게 되고 변화하면 통하게 되며 통하면 오래갈 수 있게 된다는 의미를 갖고 있다. 객관 사물의 운동 법칙을 '궁(窮)'함에서 '구(久)'하게 되는 과정으로 설명하는

---

37) 한순미 외, 앞의 책, 325면.
38) 이병한, 『중국 고전시학의 이해』, 문학과지성사, 1992, 39면.

것이다. 여기서 '변(變)'은 불가피한 것이고 '통(通)'은 '변(變)'의 결과에 해당하는 만큼, '통'이 발전 과정 중의 계승적 측면, '변'이 새롭게 변화하는 혁신적 측면을 나타내는 것으로 이해할 수 있다. 그런데 '文辭氣力, 通變則久', '可與言通變矣, 通變之數也', '變則可久, 通則不乏' 등의 기술이 함의하듯, '통(通)'과 '변(變)'은 대립적인 개념이 아니라 상호 보완적인 관계를 지향한다. 특히 '변(變)' 다시 말해 창신은 『주역』에서와 마찬가지로, 선택하는 것이 아니라 필연적인 것이며, '통(通)' 역시 단순한 계승이 아니라 변혁 방법의 하나로 설명된다.[39] "결국 변화란 반드시 뒤섞여 있는 것이며, 어떤 것이 계승되고 어떤 것이 변화되었는가 하는 점이 바로 전통과 새로움의 실체"[40]라는 결론에 도달하게 된다. 이처럼 통변(通變)은 전통을 계승한 창신의 문제를 규명하고 있다.

청대의 섭섭(葉燮) 또한 계승과 변화의 문제를 제기하였다는 점에서 자세히 살펴볼 필요가 있다. '연(沿, 답습)', '혁(革, 혁신)', '인(因, 계승)', '창(創, 창신)'의 개념이 이를 대표한다. 이것은 이전의 것을 계승하면서 새로운 것을 창조하는 작업을 끊임없이 계속할 때 비로소 자성일가(自成一家)하여 개성적인 목소리를 갖게 되는 것으로 풀이된다. '작품은 각기 계승하는 바를 가진다(各有所因)'는 주장과 더불어 '묵은 것을 배제하고 새로운 것을 나타낸다(推陳出新)'는 원칙이 이 속에서 배태된다.[41]

창의에 대한 서양의 이론에서도 기존의 것에 대한 변용의 관점을 접할수 있다. 예컨대 창의를 설명하는 이론 중 하나인 '추진력 이론'은 두 개의 큰 범주 속에서 8개의 구체적인 창의성 공헌 방식을 제안하고 있는데, 이때 첫 4가지 방식은 모두 기존의 패러다임 틀 속에서의 성취를 가리키

---

39) 서윤석, 『문심조룡 연구 : 이론의 체계와 특징을 중심으로』, 서울대 박사학위논문, 1994, 163면.
40) 劉勰, 『文心雕龍』, 최동호 역편, 『문심조룡』, 민음사, 1994, 363면.
41) 이병한, 앞의 책, 41면.

는 것으로 묶여 있다.42) 먼저 '반복(replication)'은 현상을 유지하는 것으로 과거의 작업을 재생산하는 것에 해당하고, '재정의(redefinition)'는 기존의 영역에서 새로운 모습을 찾는 것을 말한다. 다음으로 '전진 증강(forward incrementation)'은 기존의 것을 조금 더 앞으로 추진시키는 것으로, 기존의 것이 나아가는 방향과 동일한 방향으로 전진하는 것을 뜻한다. 끝으로, '선전진 증강(advance forward incrementation)'은 기존의 것을 한 걸음이 아니라 두 걸음 앞으로 추진시키는 것이라는 점에서 '전진 증강'과 구별된다. 이들은 모두 기존의 패러다임을 인정하고 존중하는 가운데 그 자장 속에서 변화를 추구한다는 공통분모를 갖고 있다.

'용사(用事)'와 '신의(新意)'의 문제 또한 창의와 맞닿아 있다. 이들은 창의가 단순히 이전에 없었던 새로운 것을 만들어내는 것이 아니라, 기존의 관습과 문화를 변형하여 적절히 참신하면서도 설득력있고 공감가능한 발상을 하는 것으로 보고 있다.43) '옛 것을 근거로 하여 변화를 파악한다'는 '법고지변(法古知變)'과 '새로운 것을 창안하여 그것이 법도에 들어맞게 한다'는 '창신능전(創新能典)'으로 대표되는 '법고창신(法古創新)' 역시 마찬가지이다. 이들 모두 선행 텍스트를 본받되 현대에 맞게 변용시켜야 한다는 공통된 입장을 바탕으로, 옛것과 새로움의 관계를 배타 혹은 선택이 아닌 양자의 통일성에 무게 중심을 두고 있다. 선행 텍스트의 다양한 변형을 통해 새로운 텍스트의 생성 과정을 살펴본 여러 연구는 이러한 주장의 구체적, 실제적 입증이라 할 수 있다.44) 그렇다면 창의는 이제 과거와 현재

---

42) James C. Kaufman, 김정희 역, 앞의 책, 52~53면.

43) 정대림, 「신의와 용사」, 장덕순 외, 『한국문학사의 쟁점』, 집문당, 1986; 서명희, 『用事의 언어 문화론적 연구』, 서울대 석사학위논문, 1999.

44) 김성룡, 「典範 학습과 중세의 문학교육」, 『문학교육학』 1, 한국문학교육학회, 1997. 창의적 글쓰기와 전범 텍스트의 관계를 다룬 연구(조희정, 「창의적 글쓰기와 전범 텍스트 학습의 상관성」, 『국어교육』 100, 한국어교육학회, 1999)나, 관습과 창의성의 관계를 다룬 논의(김성진, 「법고창신의 글쓰기론」, 『문학교육론의 쟁점과 전망』, 삼지원, 2004)도 이러

의 긴장과 길항 속에서 새로움과 적절성이 배태될 때 발현되고 구체화되는 것으로 이해될 수 있다. 관여 정도의 차이가 있을지언정 과거의 영향 속에서 창의적 사고가 발현된다는 점을 확인하게 된다. 이것이 창의적 사고에 대한 시간적 지평의 확대를 도모해야 하는 이유인 것이다.

(3) 위계 및 수준 설계에 따른 교육적 지평 확대

일반적으로 창의적 사고의 두 요건은 '새로움'과 '적절성'으로 설명된다. 어떤 것이 창의적인 것으로 평가받기 위해서는 새롭고 기발한 것 이외에도, 유용하고 적절해야 한다는 판단에서 '적절성'이 추가되어 왔다.

그러나 새로움과 적절성만으로 평가한다면, '수준 높은' 산출물만이 창의적인 것으로 판단되고 규정될 우려가 있다. 이러한 우려에 따라 창의성 신장을 목표로 하는 교육의 국면에서는 당사자인 '개인의 차원'에서 새로운 경험을 산출하는 것으로 창의성 평가의 방향이 수정되어야 한다는 주장이 제기되기도 했다.[45] 비록 사회 전체의 시각에서 볼 때는 새롭지 못하다 하더라도 개인의 차원에서 이전과 구별되는 내용의 산출은 그 주체에게 의미있는 창의적 사고로 평가될 수 있다는 판단에 따른 것이다.

따라서 교육의 국면에서는 창의의 질에 대한 판단이 집단이나 사회 구성원과 같은 사회 문화적 차원이 아니라, 당사자인 개인의 경험을 기준과 잣대로 하여 바람직한 방향으로의 성장과 변화에 어떠한 기여와 공헌을 했는가의 문제로 달리 접근할 필요가 있다. 실제로 '역사적 창의성(Historical Creativity)'과 '개인적 창의성(Psychological Creativity)'의 구별에서 이러한 가능성을 엿볼 수 있다. 역사적 창의성이 역사상 완전히 새로운 것

한 관점을 실제적으로 입증한 사례에 해당한다.
45) 이에 대해서는 이후 Ⅲ부에서 보다 자세히 다룰 예정이다.

으로서의 창의성을 함의하는 것이라면, 개인적 창의성은 비록 사회 역사적 기준에서 진부하고 구태의연한 것일지라도 한 개인의 차원에서 그동안 갖지 못했던 새로운 아이디어나 산출물을 생산한 것도 창의적인 것으로 평가한다.46)

창의적인 사람을 '새롭고 독창적인 방식으로 세상을 경험하는 사람'과 '사회 문화에 의미있는 변화를 주는 사람'47)으로 구분할 수 있다면, 교육은 후자를 궁극적인 목표점으로 하면서도 전자를 대상으로 구체적인 교육 내용과 방법을 설계·시행하는 것이라 할 수 있다. 다음과 같은 말은 개인적 창의성이 갖는 의의를 가리키면서, 역사적 창의성과의 간격 또한 그리 멀지 않음을 보여준다.

> 나는 이미 많은 사람들이 알았던 멋진 생각과 이전에 아무도 생각지 못했던 멋진 생각 사이에 별 차이가 없다고 생각한다. 아이가 사물을 보고 그것에 도달하는 협응을 처음 만드는 것이나 천문학자가 우주의 창조에 대해 새 이론을 발달시키는 것이나 창의적 지적 행동의 본질은 같다고 할 수 있다. 각 경우 모두 이미 숙지된 사물들 사이에 새로운 연결을 만드는 문제라고 할 수 있다.48)

이러한 입장에서 본다면, 산출물의 독창성 못지않게 산출물이 갖는 효과성에도 주목할 필요가 있다. 여기서 '효과성'이란 진정한 창의성을 '사이비' 혹은 '외견적' 창의성과 구별하기 위해, 유용한 결과를 담보하여야

---

46) M. Boden, *The Creative Mind : Myths and Mechanisms*, Basic Books, 1992. 수준과 정도에 따라 '개인적 신기성(private novelty)'과 '공공적 신기성(public novelty)' 등으로 구분하는 것(조석희, 「창의성의 파라독스」, 『인지와 창의성의 심리학』, 창지사, 1996)도 개인적 창의성과 역사적 창의성을 구분짓는 관점도 유사하다.

47) 이동원, 앞의 책, 45면.

48) Stanley & Lawrence, 한순미 외, 앞의 책, 11면 재인용.

한다는 조건을 나타내는 개념으로 제안된 바 있다.[49] 이 경우에도 효과성
이나 유용성의 판단 기준은 어디까지나 수행 당사자에 맞춰져야 함은 물
론이다. 이 같은 관심은 교육의 국면에서 창의적 사고가 독창성의 요건
이외에 개인의 성장에 기여할 수 있는 의미있는 인식과 사고 활동으로 구
성되어야 한다는 판단에서 비롯된다. 교육과 창의적 사고가 교섭하여 서
로의 개념과 방향에 영향을 끼치는 지점이라 할 수 있다.

역사적 창의성과 개인적 창의성이 창의적 사고 교육의 목표 설정에 의
미있는 관점을 제공하였다면, 실제 교육의 수행과 실천을 위해서는 그 수
준과 위계를 보다 세분화·계열화하는 작업이 요구된다. 창의적 사고의
교육 효과가 부정되거나 천재성 교육으로 오해되는 것을 막기 위해서는
그 정도와 수준을 보다 구체화하는 작업이 뒤따라야 한다. 한 개인의 삶
속에서 창의성의 발달 궤적을 나타내는 이른바 '4C 모델'은 이러한 일을
풀어나가는 실마리가 될 수 있다. 이른바 '4C 모델(Four C Model)'은 한 개
인의 창의성 발달 궤적을 '미니 C', '리틀 C', '프로 C', '빅 C'의 네 단계
로 구분한 것[50]으로, 수준과 발달 과정에 대한 단계화, 이론화를 시도하
고 있다. 여기서 학습자의 '수준'에 부합하면서 성장에 기여할 수 있는
'단계' 설정의 이론적 근거를 제공받을 수 있다.

'객관적 창의성'과 '주관적 창의성'으로 구분한 리튼(Lytton)의 연구도
참조 자료가 될 수 있다. '객관적 창의성(objective creativity)'이 한 개인의 창
의적 사고 결과가 다른 사람들이 수긍하는 준거에 부합하는 것을 뜻하는
것이라면, '주관적 창의성(subjective creativity)'은 다른 사람에게 어떠한 영향
을 주게 되는지를 고려하지 않고 자기만의 독특한 방식으로 사물들과 관

---

49) Arthur J. Cropley, *Kreativitaet und Erziehung*, 김선 역, 『교육과 창의성』, 집문당, 1996,
36~37면.
50) James C. Kaufman, 김정희 역, 앞의 책, 80~81면.

련을 맺음으로써 창의성을 발휘하는 것으로 구별된다.51) 일반적으로 창의
성에 대한 판단이 사회적 합의 속에서 이루어지는 사실에 비춰본다면, 교
육의 국면에서는 오히려 당사자인 개인의 성장과 발전에 초점을 맞추어
창의성을 이끌어내야 한다는 점에서 달리 접근될 필요가 있다. 그밖에도
'외적(outer) 창의성'과 '내적(inner) 창의성' 등으로 구별하는 논의들도 창의
적인 최종 산출물 대신 개인적인 경험에 초점을 맞추고 있다는 점에서,
창의적 사고 교육의 수준 설계에 의미있는 관점과 방법론을 제공해준다.
이로써 교육의 국면에서는 창의적 사고의 문제가 사회적 판단 기준이 아
닌, 당사자 개인에 맞춰져야 한다는 결론에 도달하게 된다.

4. 창의적 사고의 재조명

지금까지 이 글은 창의적 사고에 대한 관점의 전환과 확장을 통해 새로
운 방향성을 제안하고 촉구하는 과정으로 진행되어 왔다. 이러한 논의 과
정은 국어교육에서 창의적 사고를 조명하기 위해서는 이전과는 다른 차
원에서 새롭게 접근하고 살펴볼 필요가 있다는 판단에 따른 것이다. 국어
교육이라는 교과적 특수성만을 앞세워 기존의 창의적 사고에다 국어교육
을 단순히 물리적으로 결합하여 덮어씌우기보다는, 연구 대상이 되는 창
의성의 문제부터 국어교육의 시각에서 새롭게 접근하여 규명하는 일이
필요했기 때문이다.

이처럼 기존의 획일적인 규정과 접근을 비판하면서 시간적, 공간적, 교
육적으로 이해 지평의 확장을 제안함으로써 국어교육에서 창의적 사고에

---

51) 임선하, 『창의성에의 초대』, 교보문고, 1998, 38~39면.

대한 시각의 조정과 전환을 이끌어내고자 하였다. 이러한 목표를 염두에
두고, 이제 국어교육에서 창의적 사고의 문제를 본격적으로 살펴보고 새
롭게 조명하기로 하자.

국어 능력과 창의성이 일대일로 대응하지 않음은 주지의 사실이다. 국
어교육에서 창의성은 일반적으로 '언어 텍스트의 이해와 표현 과정에 관
련되는 창의성'으로 제한되고, 이때의 조건은 언어 텍스트와 이해 및 표
현 과정으로 규정된다.[52] 흔히 국어적 창의성은 '언어 텍스트'라는 대상
과 '이해와 표현 과정'이라는 조건 속에서 제한적으로 이해되고 있다. 물
론 이러한 규정은 창의적 사고 일반과 구별되는, 국어교육에서의 창의적
사고에 대한 유의미한 종차를 마련해준다. 그러나 '창의적인 이해'와 '창
의적인 표현'의 실체에 대해서는 여전히 새로움과 적절성이라는 창의적
사고 일반의 속성을 언어 이해와 표현이라는 국어활동과 단순 결합시키
는 차원을 넘어서지 못하고 있는 게 사실이다. 새롭고도 적절한 것이라는
창의성 개념 일반의 요소를 언어 이해와 표현에 투입·적용하는 방식으
로는 이 문제에 대한 적합한 해답을 마련하는 데 한계가 있다.

창의성의 문제에 대한 시·공간적 지평의 확대는 국어교육에서 창의적
사고의 문제를 어떻게 바라보아야 하는가의 문제를 새롭게 제기하면서
접근 방향의 전환을 일깨운다. 특히 창의적 사고가 자기와 대상 또는 사
상의 진정한 성질을 보게 하면서 자기와 관련짓는 중재로서의 성격을 갖
는다는 사실은, 국어교육에서 창의적 사고의 개념과 속성 탐색에 시사하
는 바가 크다. 언어 표현과 이해의 국면에서 창의적 사고를 단순히 기발
함이나 신기함만으로 인식할 것이 아니라, 이들 외에 문제의 본질과 궁극
적 실재를 깊이 헤아려 꿰뚫어보면서 '자기 자신과 연계'하는 것으로 새

---

52) 김창원, 『국어교육론-관점과 체제』, 삼지원, 2007, 89면.

롭게 전환할 필요가 있다.

사회적 합의와 약호를 바탕으로 특정한 맥락과 의도 속에서 이루어지는 언어활동의 국면에서는 '터무니없는 기발함'보다 오히려 대상을 '달리 보면서' 동시에 '깊이 보는' 것이 더 중요한 과제가 될 수 있다. 이는 대상에 대한 이해를 넓히면서 그 본질에 다가가는 과정 속에서 가능할 수 있다. 따라서 국어교육에서 창의적 사고는 인간과 세계에 대한 거시적 통찰 속에서 뒤따르게 되는 대상(세계)과의 새로운 만남에서 발현된다고 볼 수 있다. 이때의 만남이란 대상과 자신을 새롭게 조망하는 과정에서 이전과는 다른 관계 맺음이 이루어지는 것을 뜻하며, 중재로서 창의적 사고가 갖는 의의가 여기에 있다.

예컨대 텍스트 이해 과정에서 독자는 텍스트의 서술 체계와 진술 방식을 따르게 되는데, 이 경우 텍스트 세계가 선택한 방식과 방향으로 이해가 강요됨으로써 문제 사태에 대한 다양한 접근이 제한될 수 있다. 텍스트는 특정 방식으로 문제 사태에 접근하고 대응하는 고유성과 특수성을 갖고 있으며, 이는 곧 문제 사태 중 일부에 대한 선택인 동시에 그렇지 못한 부분의 배제, 은폐와 같다. 따라서 인간과 세계에 대한 통찰과 인식 속에서 독자는 끊임없이 텍스트와의 새로운 관계 맺음을 시도해야 하고, 이 과정에서 기존과는 다른 이해와 인식이 가능할 수 있다. 하나의 가치 체계이자 규범으로 굳어진 기존의 이해를 넘어설 때 창의적 사고가 발현될 수 있다.

'달리 보기' 이외에 '깊이 보기'에 대한 요구는 창의적 사고의 문제가 과거 전통과 깊은 연관성을 갖는다는 점에 바탕을 둔다. 대상에 대한 천착과 이를 통해 통찰에 이르는 과정은 대상의 모든 관계 맺음에 대한 '깊이 보기'를 요구한다. 이는 그것이 맺는 관계에 대한 통시적인 고찰을 뜻하는 것으로, 여기에는 필연적으로 과거 전통과의 연관성이 뒤따르기 마련이다. 가령, 독자는 기존의 해석적 관습과 양식 속에서 작품 세계를 바라보게 된다. 장르, 시대적 배경, 작자에 대한 전기사적 지식 등으로 구성된 선지식에 따라 텍스트 속 정보를 수용하는 과정을 밟는다. 이러한 이해를 바탕으로 한 깊이 보기를 통해, 기존의 이해와 현재 자신의 경험이 서로 병치되는 이중화된 맥락을 발견할 수 있고, 이 과정에서의 충돌과 길항은 창의적인 이해와 표현을 만들어내는 중요한 원동력이 된다. 이러한 관점을 견지하게 되면, 이제 창의적 사고는 전에 없던 완전히 새로운 것을 어느 순간 갑자기 발견, 발명하는 것이라기보다는, 오히려 보편적인 것, 기존의 것을 바탕으로 그 속에서 새로운 의미를 찾는 것에 가깝다고 할 수 있다. 이처럼 창의적 사고가 기존 것과의 관련 속에서 배태되는 것이라면, 개인을 둘러싼 시공간적 측면에서 과거의 전통과 끊임없이 상호교섭하는 가운데 생성될 수 있음을 재차 확인하게 된다.[53]

다음으로 교육적 지평의 문제는 창의적 사고에 대한 국어교육의 목표와 지향점, 교수·학습 과정의 구체화와 방향 조정에 의미있는 시사점을 제공한다. 우선 목표와 관련해서는 역사적 창의성을 궁극적인 목표로 하되, 교육의 국면에서는 학습자 개인의 창의적 사고 능력의 신장을 도모하는 것으로 설계할 것이 요구된다. 또한 실천과 실행의 국면에서는 사고 교육의 방법과 과정 차원에서 학습자의 경험 수준과 위계에 부합하는 세분화된 단계 설정을 필요로 한다. 창의적 사고 또한 학습자 개인이 주체가 되어야 하고 그들의 성장과 발전을 가져올 수 있을 때 교육적으로 정당화될 수 있음은 물론이다. 이런 점에서 본다면 교육적 의의 또한 창의

---

53) 가다머(Gadamer) 등으로 대표되는 철학적 해석학 역시 주체가 이미 전통 속에 놓여진 존재이며, 따라서 전통이 주체의 정체성을 형성한다고 보는 입장에서(Hans Georg Gadamer, *Truth and Method*, 이길우 외 역, 『진리와 방법(1)』, 문학동네, 2000; Georgia Warnke, *Gadamer : Hermeneutics, Tradition and Reason*, 이한우 역, 『가다머 : 해석학, 전통 그리고 이성』, 민음사, 1999) 이 글과 맥을 같이 한다.

적인 산출물보다는 창의적 사고의 과정을 통해 주체의 관점이 전환·확장됨으로써 어떤 의미있는 경험을 형성하게 되었는가에서 찾아져야 할 것이다. 나아가 효과성이나 유용성은 기존의 새로움이나 적절성 이외에 언어 표현과 이해에서 창의적 사고가 갖추어야 할 중요한 준거로서 새롭게 추가되어야 할 것들이라 할 수 있다.

5. 과제와 전망

일찍이 첵센하이머(Csikszenmihalyi)는 창의성에 대한 거부도 문제이지만, 창의성을 무비판적으로 수용하는 것도 바람직하지 않다고 주장한 바 있다.54) 창의에 대한 올바른 이해와 인식이 실천과 수행에 선행해야 함을 일깨우면서, 동시에 깊이 있는 천착이 이루어지지 못한 우리의 현실을 되짚어보게 하는 장면이다. 이 글의 문제의식 또한 여기서 출발한다.

창의 자체가 간단하게 몇 마디로 정의될 수 없는, 매우 얽혀 있고 고도로 상황적인 개념이라는 점55)은 규명의 어려움으로 작용한다. 그러나 이는 동시에 다양한 관점에서 이전과는 다른 접근을 가능케 하면서 새로운 방법론을 끊임없이 요구하는 지점으로도 해석할 수 있다. 창의성 연구가 심리학, 교육학, 경영학, 역사학, 과학사, 사회학, 정치학 등과 같이 다학문적이며, 동일한 현상을 두고서도 초점과 접근을 달리 함으로써 다른 의미를 탐구할 수 있다는 의견56)도 이러한 특질을 가리키고 있다. 여기서

---

54) Csikswentmihayi, 노혜숙 역, 앞의 책, 385면.
55) James C. Kaufman, 김정희 역, 앞의 책, 87~88면.
56) 김영채, 『사고력 : 이론 개발과 수업』, 교육과학사, 1998, 336~337면. 교육학, 심리학에서는 '창의성'이라는 용어를 통해 개인의 수준에 초점을 맞추는 데 반해, 경영학에서는 '혁신(innovation)'이라는 용어를 사용하면서 조직 차원에 주목하는 것도 하나의 사례가 될 수

이 글의 궁극적인 목표점과 의도가 드러난다. 이 글은 국어교육에서 창의적 사고의 수용과 적용을 과제로 하여 창의적 사고의 개념 정립의 단초를 마련하는 데 목표를 두고 있다.

국어교육 외연의 확장을 차치하고서도 국어교육학이 문학과 어학 이외에 다양한 학문을 수용하고 이를 기반으로 체계화와 내실화를 도모해야 함은 이론의 여지가 없다. 다만 국어교육이 제학문의 수용과 적용의 장에 그칠 것이 아니라, "해당 학문이 미처 관심을 못 가진 새로운 세계를 발견해" 나가도록 견인해야 할 것이며, 이로써 "기저 학문들에 새로운 영역과 이론의 창출을 유도하고 이루어내"[57)야 한다. 창의적 사고의 새로운 지평을 개척함으로써 창의적 사고를 과제로 하는 여러 학문에 기여할 수 있기를 꿈꾸는 것이다.

선순환에 대한 욕심과 새로운 접근이라는 당위를 앞세운 나머지, 기존 개념과 인식에 대한 곡해와 아전인수식 해석 또한 적지 않으리라 생각된다. 창의성의 연구가 '장님 코끼리 만지기'에 비유될 만큼,[58)] 일관되지 않은 틀 속에서 각각이 주목하는 부분에만 초점을 맞추고 있다는 위험성에도 귀 기울여야 할 것이다. 국어교육에서 창의적 사고의 실체를 개념적으로 규명하는 작업에 그칠 것이 아니라, 여러 학문에 파급되는 결과로 이어지기 위해서는 수많은 현실적 과제도 해결해야 한다. 이 글은 그 출발점에 서 있다.

● 출처 : 「창의성에 대한 이해 지평의 확대와 국어교육적 재조명」
(『새국어교육』 89, 한국국어교육학회, 2011)

있다.

57) 김대행, 『국어교과학의 지평』, 서울대 출판부, 1995, 136면.
58) Wehner, Csikswentmihayi & Magyari Beck, 한순미 외, 앞의 책, 12면 재인용.

제5장 문제 해결적 사고

1. 주목하는 까닭과 배경

급변하는 사회 속에서 문제 해결 능력의 중요성은 강조되고 있으며, 문제 해결적 사고와 관련한 사회적 요구 또한 증가하고 있다. 이에 따라 문제 해결 능력은 교육의 중요한 목표이면서, 여러 교육적 행위를 정당화하는 근거로 인식되고 있다. 탐구의 과정을 강조하는 수학, 과학 교과는 물론이거니와 국어 교과에서도 언어활동을 통한 문제 해결은 교육의 본질이면서 중요한 과제로 요청되고 있다. 몇 개의 국어교육학 개론서에서 문제 해결의 측면을 언급하고 있는 부분을 제시하면 다음과 같다.

국어 교과를 통하여 길러주고자 하는 표현 능력과 이해 능력은 모든 학습의 기초가 되는 의사소통 능력임과 동시에 창의적이고 논리적인 사고력과 <u>문제해결력을 전제로 하는 고등 사고 능력</u>이다.[1] (밑줄 : 연구자 주)

국어교육에서 문식성에까지 관심을 가져야 하는 이유는 21세기 지식정

---

1) 박영목 외, 『국어교육학원론(제2판)』, 박이정, 2003, 35면.

보화 사회의 특성에서 기인한다. 즉, 지식정보화 사회에서는 새로운 형식
의 의사소통과 <u>문제해결 상황에 능숙하게 대처할 수 있는 새로운 능력이
요구된다.</u>2) (밑줄 : 연구자 주)

이들 모두 국어교육의 목표를 사고력에 두면서, 문제 해결 능력의 중요
성을 지적하고 있다. 일찍이 제2차, 제3차 국어과 교육과정상의 목표에
'문제 해결'이 등장하는 사실은 문제 해결에 대한 국어교육적 관심이 오
랜 역사적 연원을 갖고 있음을 보여준다.

> (2) 국어 생활을 효과적으로 할 수 있는 말하기, 듣기, 읽기, 쓰기의 기능
> 을 길러 문제를 해결하도록 한다. (제2차 국어과 교육과정-초등학교)3)

> (나) 국어를 통하여 지식을 넓히고 문제를 해결하는 힘을 길러서, 발전
> 하는 사회에 적응하게 하고, 앞길을 개척해 나가는 바탕을 마련하게 한다.
> (제3차 국어과 교육과정-초등학교)

> 3. 국어를 통하여 지식과 경험을 넓히고 문제를 발견, 해결하는 힘을 길
> 러서, 스스로 자기의 앞길을 개척하고, 사회 발전에 적응하며, 나아가 이
> 를 선도하는 데 참여하게 한다. (제3차 국어과 교육과정-고등학교)

그런데 문제 해결에 대한 이 같은 높은 관심과 요구에도 불구하고,4) 실
제 교육에서는 일부 특정 영역을 대상으로 제한된 국면에서 편향된 채 다

---

2) 이삼형 외, 『국어교육학과 사고』, 역락, 2007, 19면.
3) 문제 해결에 대한 관심을 두고서 "언어 교섭으로 자신의 문제를, 또는 문제 내용을 해결할
  수 있는 힘을 기르도록 했으며, 사물을 바르게 보고 정곡을 찔러서 판단 평가하는 데 언어
  가 가지는 기능을 잘 이해하도록 설계한 것"(박붕배, 『한국국어교육전사』中, 대한교과서주
  식회사, 1997, 660면)으로 해설하는 것도 찾아볼 수 있다.
4) 이러한 문제 해결을 두고서 "국어교육의 목표에서는 벗어난 주변 요인"(김수업, 『국어교육
  의 길』, 나라말, 1998, 101면)으로 보는 관점도 존재한다.

루어져 왔다. 여기에는 일반적인 문제 해결 전략을 언어활동에 단순 대입·적용하여 수행함으로써, 문제를 직접 해결해보는 것으로 간주하는 인식이 자리하고 있다. 보다 구체적으로 살펴본다면, 인지이론을 기반으로 글쓰기를 일련의 목표 지향적인 문제 해결 과정으로 규정하면서 고차원적인 문제 해결 전략을 사용하는 것으로 보는 관점이 대표적이다.[5] 이 같은 관점에서는 문제 해결 전략을 쓰기 단계별로 계획하기, 내용 창안하기, 내용 조직하기, 표현하기, 고쳐쓰기 등과 같이 나누어 제시하고, 학습자가 이를 익혀 적절하게 활용할 때 효과적인 글쓰기 지도가 이루어진다고 본다.[6] 쓰기를 곧 문제 해결 과정으로 인식하면서, 각 단계별로 요구되는 적절한 문제 해결 전략을 강조하는 것이다. 예컨대 '계획하기' 단계의 문제 해결 전략을 살펴보면 아래와 같다.

- 자신이 생각하는 문제의 이미지를 관찰하라.
- 스스로에게 과제를 설명해 보라.
- 해야 할 일들에 대한 계획과 무엇을 말할 것인지에 대한 계획을 세워라.
- 목표를 보다 실행 가능한 것이 되도록 만들어라.
  (…중략…)
- 내용 중심 계획으로부터 시행 중심 계획으로 관점을 전환시켜라.[7]

---

5) 쓰기를 문제 해결 과정으로 보는 관점은 쓰기 교육에 큰 영향을 주었으며, 플라워(Flower)와 헤이즈(Hayes)의 '인지적 쓰기 모형' 또는 '문제 해결 모형'은 이를 설명하는 대표적인 모형으로 평가받고 있다. 노명완 외, 『국어과 교육론』, 갑을출판사, 1998, 316~320면.

6) 박영목, 『작문교육론』, 역락, 2008, 26~27면.

7) Linda Flower, *Problem-solving Strategies for Writing*, 원진숙 외 역, 『글쓰기의 문제해결 전략』, 동문선, 1998, 150~226면. 쓰기에 고차원적인 문제 해결 전략이 요청된다고 보면서 그 과정을 '생각꺼내기', '생각묶기', '짧게 쓰기', '다듬기', '평가하기', '작품화하기'의 여섯 단계로 구분하기도 한다. 이들 단계들은 다시 하위 과정들로 세분될 수 있고, 학습자가 각 단계에 적절한 문제 해결 전략을 사용할 때 주어진 문제를 보다 효과적으로 해결하게 된다고 본다. 최현섭 외, 『국어교육학개론(제2증보판)』, 삼지원, 2005, 398~399면.

국어교육에서 문제 해결이 쓰기라는 특정 영역의 전략과 과정에 국한된 것인가에 대한 물음에서 이 글은 출발한다. 문제 해결적 사고는 모든 교과에서 강조되고 있으며 사고의 중요성을 제기하는 국어교육의 여러 연구에서도 거듭 논의되고 있음에도 불구하고, 정작 국어교육에서 실현되는 맥락과 내용을 살펴보면 쓰기라는 특정 영역에 국한되어 있음을 확인하게 된다. 이는 국어교육에서 문제 해결적 사고가 무엇이고, 어떻게 실현되는가에 대한 충분한 이론적 탐구가 이루어지지 못한 데에서 연유한다. 기존의 국어과 교육과정에서도 특정 영역의 언어활동을 문제 해결의 과정으로 간주하면서, 제한적으로 접근하고 있음을 확인할 수 있다.

[표 5-1] 2007 개정 국어과 교육과정 중 문제 해결 관련 성취기준

영역	성취 기준	내용 요소의 예
말하기	문제 해결을 목적으로 전문가를 선정하여 면담한다. (말하기-9-(1))	• 알맞은 전문가 선정하기 • 정보를 얻는 데 적합한 질문 준비하기 • 수집한 정보를 재구성하여 문제 해결하기
쓰기	문제에 대한 자신의 관점과 해결 방안이 잘 드러나게 연설문을 쓴다.(쓰기-6-(2))	• 연설문의 특성 이해하기 • 문제와 해결의 짜임으로 내용 정리하기 • 청중을 고려하여 쓰기 • 연설문을 바탕으로 연설하기
	문제 해결 방안이나 요구 사항을 담아 건의하는 글을 쓴다.(쓰기-7-(3))	• 건의하는 글의 특성 이해하기 • 문제 및 해결 방안을 중심으로 쓸 내용 정리하기 • 간결하고 명확하며 진지하게 표현하기 • 건의하는 글이 소통되는 일반적인 맥락 이해하기

[표 5-2] 2015 개정 국어과 교육과정 중 공통교육과정 내 문제 해결 관련 성취기준

영역	성취기준
듣기·말하기	[9국01-04] 토의에서 의견을 교환하여 합리적으로 문제를 해결한다.
읽기	[9국02-01] 읽기는 글에 나타난 정보와 독자의 배경지식을 활용하여 문제를 해결하는 과정임을 이해하고 글을 읽는다.
	[10국02-03] 삶의 문제에 대한 해결 방안이나 필자의 생각에 대한 대안을 찾으며 읽는다.
쓰기	[9국03-01] 쓰기는 주제, 목적, 독자, 매체 등을 고려한 문제 해결 과정임을 이해하고 글을 쓴다.

이전 교육과정과 비교해볼 때 2015 개정 교육과정에서는 듣기·말하기, 쓰기 이외에 읽기 또한 문제 해결 과정임을 명시하고, 그에 따라 독자의 입장에서 새로운 대안을 찾는 목표를 제시한 것은 주목할 만한 변화이다. 그러나 문학 영역에서는 여전히 독자의 참여를 강조하면서도, 문제 해결의 시각으로 접근하는 모습을 찾아보기는 쉽지 않다.

이처럼 문제 해결적 사고의 중요성에도 불구하고 특정 영역에서의 전략과 과정 차원으로 접근하는 기존 논의의 한계를 인식하고, 다양한 국면에서 문제 해결적 사고가 실현됨을 입증하는 데에 이 글의 목표를 둔다. 보다 구체적으로 문학이야말로 문제 해결적 사고가 가장 두드러질 수 있는 영역이면서, 이를 실현하는 효과적인 질료가 될 수 있음을 밝히고자 한다. 문제 해결적 사고를 텍스트의 생산 과정에서 실현된다고 보는 제한된 인식에서 벗어나, 텍스트 이해의 과정에서 중요한 사고 과정과 행위로 작용할 수 있다는 판단에 따른 것이다. 이를 위해서는 문제 해결적 사고의 개념과 의미를 재정립하고, 문학 감상 과정이 문제 해결적 사고와 어떠한 관련성을 갖는지를 고찰하는 것이 요청된다.

이러한 과정을 통해 문제 해결적 사고로서 문학 감상의 특질이 구명될

수 있을 것으로 기대된다. 문제 해결적 사고로서 문학 감상 행위에 대한 탐구는 문학, 사고, 국어교육의 교직을 명확히 드러내면서, 문학교육과 문제 해결적 사고, 그리고 국어교육이 어떠한 방향으로 나아가야 하는지에 대한 지향점을 밝히는 일이기도 하다. 문학교육이나 국어교육뿐만 아니라 사고 교육의 측면에서도 문제 해결적 사고를 재개념화하고 실제 교육 내용을 새롭게 구안하는 계기를 마련한다는 점에서 의의가 있다.

2. 문제 해결적 사고에 대한 오해와 쟁점

일반적으로 문제 해결적 사고는 문제를 명료화하고 가능한 방안들을 탐색하여 창안함으로써 문제 해결을 구체화하고 그 타당성을 평가하는 일련의 사고 과정을 의미한다. 문제 해결적 사고를 위한 교육 또한 문제 사태에 직면한 학습자가 실질적으로 문제를 해결할 수 있는 능력을 신장시키는 데 목표를 둔다. 사고가 문제 상황에 직면하여 문제를 해결하는 과정에서 나타나는 지적 활동이며, 사고력 교육이 문제 해결 능력을 포함한 고등 정신 능력을 육성하려는 의도적이고 체계적인 활동[8]으로 정의되는 것에서 보듯, 문제 해결은 사고의 중핵적 기능과 목표로 인식되기까지 한다. 이러한 문제 해결적 사고의 구체적 절차로는 '문제의 발견(I : Identifying problems)-문제의 정의(D : Defining problems)-해결 대안의 탐색(E : Exploring alternative approach)-계획의 실행(A : Acting on a plan)-효과의 확인(L : Looking at the effects)'과 같은 'IDEAL 모형'이 대표적이다.[9]

---

[8] 허경철, 「사고력의 개념화」, 『사고력 교육과 평가』, 중앙교육평가원, 1990, 19면.

[9] John. D. Bransford 외, *The IDEAL Problem Solver*, 김신주 역, 『사고 기능의 교육』, 문음사, 1993. 문제 해결에는 일정한 단계와 절차가 있다는 점에서, 단계와 절차에 대한 연구가 다수 이루어졌다. IDEAL 모형 이외에도, Wallas(1926)는 준비, 부화, 해결 및 확인의 4단계

이러한 절차가 문제 해결적 사고의 대표적인 모형으로 자리잡게 되면서 이후 각 교과교육학의 교수·학습 방법으로 수용되어 현재에 이르고 있다. '문제 해결 학습 모형' 혹은 '탐구 학습법' 등은 바로 이 모형과 절차에 기반하여 개발된 대표적인 교수·학습 방법에 해당한다. 이들은 주로 사회과나 과학과 수업에서 문제를 제시하고 학습자가 이를 해결해가는 과정을 중시하는 방법이었으나, 현재는 여러 교과 내용이 제기하는 문제를 해결해 가는 탐구 방법으로 널리 활용되면서 국어과에서도 교수·학습 방법의 하나로 제안되고 있다.

먼저 문제 해결 학습 모형의 경우, 해결해야 할 문제를 확인하고 문제 해결 방법을 찾아 문제를 해결하며 이를 일반화하는 활동을 강조하는 학습자 중심의 모형으로 알려져 있다. 최대한 학습자 스스로 문제 해결 방법을 찾아 문제를 해결하게 함으로써 자발적인 학습 참여를 유도하고 학습자의 탐구력을 신장시키는 장점을 갖고 있다. 다음에 제시되는 절차와 활동 등에서 이를 살필 수 있다.10)

를, Polya(1957)는 문제의 이해, 계획의 궁리, 계획의 실행 및 되돌아보는 것의 4단계를, Wessels(1992)는 문제의 정의, 전략의 궁리, 전략의 수행 및 목표를 향한 진도의 평가 4단계를 각각 제안한 바 있다. 이들 내용에 대해서는 김영채, 『사고력 : 이론, 개발과 수업』, 교육과학사, 1998을 참조할 수 있다. 한편, 과학적 문제 해결의 절차에서는 해결 방안의 탐색 부분이 '가설의 생성-검증-평가'로 보다 정교화되는 차이가 있다.

10) 최미숙 외, 『국어교육의 이해』, 사회평론, 2008, 90~91면. 문제 해결 모형의 절차는 문제 확인, 문제 표현, 전략 선택, 전략 이행, 결과 평가, 과정 분석 등으로 달리 제안되기도 한다. P. D. Eggen 외, *Strategies for Teacher*, 임청환 외 역, 『교사를 위한 수업 전략』, 시그마프레스, 2006, 314면.

[표 5-3] 문제 해결 학습 모형의 절차

과정	주요 활동
문제 확인하기	문제 진단 및 확인 문제 요인 분석
해결 방법 찾기	문제 해결에 동원되는 지식(전략) 문제 해결을 위한 학습 절차 확인
문제 해결하기	언어적 문제 해결 활동 원리 터득/전략 습득 여부 확인
일반화하기	문제 해결의 과정 되돌아보기 적용상의 문제점 추출 및 대안 제시

둘째, 탐구 학습법의 경우 문제 상황을 설정하고 학생들 스스로 문제 해결을 위한 계획을 세워 문제를 풀어나가는 과정에서 어떤 사실이나 개념, 문제 해결 방법 등을 발견해 나가는 방법을 일컫는다. 탐구 학습법의 일반적 절차는 다음과 같이 구체화된다.[11]

[표 5-4] 탐구 학습법의 절차

과정	주요 활동	
문제 확인하기	• 탐구 분위기 조성하기 • 학습 과제 확인하기 • 문제 상황 제시	• 학습 절차 확인하기 • 관련 지식 및 개념 익히기/선수 학습 확인 • 문제 진단 및 발견하기
문제 탐구하기	• 문제 분석하기	• 가설 설정하기 / 가설 진술하기
문제 해결하기	• 문제 해결 방법 탐색하기 • 자료 분석, 평가하기 • 해결 과정에 대한 설명하기/토의하기	• 필요한 자료 모으기 • 가설 검증하기/규칙성 발견하기
적용하기	• 유사한 상황에 적용하기 • 일반화하기 • 학습 활동 평가 및 정리하기	• 일반화 가능성 탐색하기 • 일상의 언어 상황에 적용하기

---

11) 최미숙 외, 앞의 책, 101~102면. 탐구 학습법의 절차 역시 ①질문 확인하기, ②가설 만들기, ③자료 수집하기, ④가설 평가하기, ⑤일반화, ⑥탐구 과정의 분석 등으로 달리 제안되기도 한다. P. D. Eggen 외, 임청환 외 역, 앞의 책, 326면.

이들 교수·학습 방법은 세부 절차에서는 약간의 차이가 있으나, 대체로 '문제 확인'-'문제 탐구 또는 문제 해결'-'적용 또는 일반화'로 정리될 수 있다. 표면적인 차이에도 불구하고 '문제 발견'-'문제 정의'-'해결 대안 탐색'-'실행'-'확인'이라는 문제 해결의 일반적 절차에 공통적인 바탕을 두고 있다. 이처럼 국어교육에서 문제 해결적 사고 또한 이러한 학습의 방법과 전략 차원에서 문제 해결의 일반적 절차를 교수·학습 방법으로 차용하는 형태로 다루어져 왔다. 문제 해결적 사고에 대한 편향된 시선과 제한된 접근을 확인하게 되는 지점이다.

3. 새로운 접근과 가능성

(1) 과학적 탐구에의 맹신과 사고 교육의 새로운 가능성

국어교육에서 문제 해결적 사고는 쓰기와 같은 특정 영역의 차원 혹은 문제 해결 학습 모형, 탐구 학습법 등과 같은 교수·학습 방법의 차원에서 제한적으로 다루어지고 있음을 확인하였다. 이 같은 인식은 모두 문제 해결적 사고를 습득해야 할 '전략'과 '기능'으로 바라볼 뿐, '어떠한' 사고를 해야 하는가와 같은 사고 '내용'과 '방향성'에 대해서는 관심을 기울이지 않는 공통된 태도를 갖고 있다. '무엇을 사고해야 할 것인가'와 같이, 사고의 내용과 대상에 대한 충분한 관심과 고민이 뒤따르지 못한 것이다.

사고에 대한 인식과 관점의 전환과 관련하여 멕펙(McPeck)의 주장을 눈여겨 볼 필요가 있다. 그동안 사고 교육의 프로그램과 접근 방법들이 '사고의 내용'보다는 '추론의 과정'에만 주목한 결과, 사고 기능들을 향상시키고 훈련시키는 전략과 방법에만 초점을 맞추는 결과를 초래하였다는 비판과 반성에서 출발하고 있다. 맥펙에 따르면, 사고는 항상 어떤 것에 관하여 생각하는 것이며, 이때 어떤 것은 결코 '일반적인 모든 것'일 수 없고 항상 어떤 특수한 것일 수밖에 없다. 이처럼 사고는 특정한 분야 또는 문제 영역과는 독립된 일반적 기능으로 볼 수 없고, 따라서 모든 주제에 적용될 수 있는 일반적인 기능 차원에서 교육하는 것은 한계가 있다는 지적이다.12) 사고는 문제, 활동 또는 교과 분야 등과 같이 항상 '대상'과 관련되어 있으며, 결코 고립되어 있지 않다는 결론에 이르게 된다.13)

이러한 측면에서 본다면, 사고 교육은 모든 내용과 영역에 적용될 수 있는 일반적・보편적인 기능 차원에서 접근하기보다는 특정한 영역, 즉 교과 내용으로 구체화할 필요가 있다. 문제 해결적 사고 역시 사고 일반의 차원에서 국어교육에 단순 대입하는 수준에서 벗어나, 국어라는 고유의 교육 내용 및 영역과 문제 해결적 사고의 접점을 찾고 그 본질과 특수성을 고려하여 교육 내용을 개발하고 실행하는 방향으로 전환될 필요가 있다.

이러한 인식에 따라 문학에 관심을 갖게 되는 것은 당연한 귀결일 수 있다. 문학은 현실에 있을법한 문제 사태를 대상으로 고유의 문제 해결 과정과 방법을 갖고 있을 뿐만 아니라, 감상의 과정에서 독자에게 의미있는 문제 해결의 경험을 형성하게 하기 때문이다. 그럼에도 불구하고 문학과 문제 해결적 사고의 교집합에 대해 관심이 부족한 데에는 문제 해결적 사고에 대한 편향된 역사적 이력에서 근본적인 원인을 찾을 수 있다.

일찍이 문제 해결의 패러다임을 탐구하던 인지심리학에서 듀이(Dewey)의 사고 모델을 채택하게 되는데, 문제는 듀이가 고전적 인문주의에 대한

---

12) J. E. McPeck, *Critical Thinking and Education*, 박영환 외 역, 『비판적 사고와 교육』, 배영사, 2003.

13) 김공하, 『McPeck 비판적 사고와 교육』, 교육과학사, 1998, 8면.

반발에서 과학에 대한 충성심을 철회해본 적이 없는 편향된 태도와 인식
을 갖고 있었다는 점이다.[14) 과학적인 탐구야말로 탐구의 일반이며 탐구
주의를 따라 교육 전반을 재건하는 것이 가장 바람직한 것이라고 생각했
기 때문에, 문학으로 대표되는 인문학은 사고와 관련성을 갖지 못한다는
인식이 대표적이다. 정밀하고 객관적인 실증·검증의 과학적 탐구 영역
과, 실제 사실과는 무관한 가공적 사유를 구별하고, 이상(理想)과 같은 후
자의 영역에 대해 부정적 입장을 피력함으로써 사고의 문제는 오직 현실
개선에 도움이 되는 과학적 사고로만 국한되는 결과가 야기된 것이다. 가
령, 구름을 보고서 폭풍우를 생각하는 것, 이는 인과적 관계와 그 실현 가
능성에 의해 반성적 고찰이 요구되는 사유가 되지만, 구름을 보고서 다른
사람의 모습과 얼굴을 상기하는 것은 대상과 암시된 사유 간에 인과 관계
가 성립하지 않고 관찰과 실험에 의해 검증될 수도 없다는 점에서, 사고
의 영역과 범위에 벗어난 것이 된다. 이처럼 대상과 의미 사이의 관련성
과 그 실현 및 검증 가능성이 '사고'와 '상상'을 변별하는 주요한 기준과
준거가 되면서, 문학이 사고의 대상과 질료로 기능하는 것은 원천적으로
불가능하게 되어 버렸다.

  그러나 사고 교육에서 요청되는 것은 일반적인 원리나 방법을 가르치
는 것 못지않게 사고의 질과 방향, 즉 올바르게 사고하도록 교육하는 것
이라는 지적[15)에 주목할 필요가 있다. 이때 '올바르게 사고한다'는 것은
특정한 사고 기능을 습득하도록 하는 것 이외에도, '인간됨'의 모습에 눈
을 뜨도록 하는 것을 포함한다. 이러한 관점에 따른다면 사고 교육은 사
고에 관해 단순하고 기계적인 기능의 습득이 아니라, 인간의 가치를 드높

---

14) Matthew Lipman, *Thinking in Education*, 박진환 외 역, 『고차적 사고력 교육』, 인간사랑, 2005, 58~59면.

15) R. S. Nickerson, Why Teach Thinking, J. B. Baron & R. J. Sternberg eds., *Teaching Thinking Skills : Theory and Practice*, W. H. Freemen and Co, 1987, 30~37면.

이는 데 기여할 수 있는 것이어야 한다.16) 여기서 문학과 문제 해결적 사고의 접점이 확인된다.

문학은 단순히 인간의 문제 사태를 대상으로 한다는 '소재론적 공통성' 이외에도, '인간적 가치'의 문제를 제기하고 그 해답의 탐색을 요청한다는 본질적 측면에서 사고 교육에 중요한 기능과 역할을 담당할 수 있으리라 기대할 수 있다. 사고는 정보 하나하나를 기계적으로 축적해서 한 줄에 꿰어 만든 단순한 과정이 아니라 '인간'이 개입되는 과정이며,17) 문학이야말로 인간됨의 문제에 대해 고민하고 성찰하는 영역이라는 점에서 더욱 그러하다. 사고 교육에 대한 새로운 접근으로서 문학에 주목하는 배경이 여기에 있다.

(2) 문학 교육내용적 접근

앞서 살펴본 바와 같이 문제 해결적 사고는 여러 국면에서 다양한 의미로 사용되고 있으며, 관점에 따라 강조되는 부분과 다뤄지는 방식에 차이가 있다. 문제 해결과 관련한 교육적 접근은 크게 '교수・학습 방법적 차원'과 '교육과정적 차원'으로 구분할 수 있는데, 각각은 문제 해결의 절차를 교수・학습 방법 차원으로 반영하는 것과 교육내용으로 구성하는 것으로 나뉜다.18) 다만, '교육과정적 접근'이라는 표현이 함의하는 포괄성으로 인해,19) 이 글에서는 '교육내용적 접근'으로 대체하고 이를 기반으로 살펴보기로 한다. 교수・학습 방법과 교육내용이라는 접근 방식의 차이가

---

16) 곽병선, 「사고와 교육」, 성일제 외, 『사고와 교육』, 한국교육개발원, 1988, 24면.

17) H. S. Broudy, Tacit Knowing as a Rationale for Liberal Education, *Teachers College Record* 80(3), 1979.

18) 조연순, 『문제중심학습의 이론과 실제』, 학지사, 2006, 15~16면.

19) 오늘날 '교육과정(curriculum)'은 학습자가 배워야 할 내용뿐만 아니라 교육 행위의 과정과 결과 전체를 포괄하는 광범위한 의미역으로 사용되는 일이 빈번하기 때문이다.

문제 해결적 사고의 실제 구현 방식과 내용을 결정하는 틀로 작용하는 것
이다.

이 같은 관점에 비추어 본다면, 문학과 문제 해결 능력의 접점 또한 다
음과 같은 두 가지 양상으로 구분될 수 있다. 첫째, '문학 텍스트'를 학습
독자가 해석해야 할 '문제' 차원에서 접근할 수 있다. 이때 문학 텍스트는
자연과학에서의 탐구 대상과 마찬가지로, 그 의미를 탐구하고 파악해야
할 하나의 '과제'가 된다. 텍스트는 독자에게 의미의 파악이라는 과제를
던지고, 독자는 해석이라는 일정한 목적 아래 그 문제를 풀어 나가는 것
을 말한다. 따라서 학습 독자는 텍스트의 의미를 이해하고 해석하기 위하
여 자기 스스로 문제를 해결해 가는 학습 전략의 수립이 요청되며, 문제
해결 과정의 일반적 절차나 탐구 학습 모형 등은 그 전략과 방법에 해당
한다. 예컨대 시 창작을 문제 해결 과정으로 보면서 일련의 문제 해결 전
략을 시 창작 과정에 적용하려 한 것[20]에서 이러한 모습을 찾을 수 있다.

둘째, 문학 텍스트에 등장하는 문제 사태와 이에 대한 인물의 대응 방
식을 문학 감상의 주요 '내용'과 '대상'으로 접근하는 태도가 있다. 텍스
트가 제기하는 문제 사태와 텍스트 속 문제 해결 과정이 독자가 감상하고
경험해야 할 '문제'가 되는 것이다. 작자가 등장인물이나 사물을 통해 문
제 사태를 구체화하고 그에 대한 해결을 시도한다면, 독자는 텍스트를 통
해 작자가 제기한 문제와 해결 과정을 이해하고 파악하는 과정을 밟게 된
다. 그런데 문학 감상 과정에서 이러한 문제 사태와 해결 과정은 단순히
이해의 대상에 그치는 것이 아니라, 독자의 가치 판단은 물론, 새로운 해
결 방안을 적극적으로 모색·탐구하게 만든다는 데 유의할 필요가 있다.
텍스트 속 문제를 발견하고 그 해결 과정을 이해하면서 동시에 새로운 해

---

20) 차호일, 「문제해결 중심의 시창작 전략」, 『한국언어문학』 60, 한국언어문학회, 2007.

결 방안을 탐색하는 것을 말한다. 이 글에서 말하는 문제 해결적 사고에 대한 문학교육적 접근은 바로 이러한 측면에 주목하는 것이다.

이 글에서는 문제 해결적 사고가 '교수·학습 방법적 차원'이 아닌 '교육내용적 차원'에서 새롭게 접근될 필요가 있다는 입장을 취한다. 기존의 문제 해결적 사고가 학습을 위한 '도구'와 '전략'의 차원에서 활용되는 것이라면, 교육내용적 접근이라 함은 사고할 '대상'과 '문제'에 주목하여 어떤 문제 사태에 대한 해결 과정과 결과를 경험하고 수행하는 것을 교육 내용으로 구성하는 것이다. 따라서 문학교육에서 문제 해결적 사고는 텍스트가 제기하는 문제 사태를 발견, 인식하고 이를 자기 자신과 조응함으로써 문제 해결을 수행하는 사고 활동으로 규정할 수 있다. 텍스트 속 문제 사태와 해결 과정을 경험하고 판단하는 과정과 활동을 통해 문제 해결 능력이 신장될 수 있다고 보는 것이다. 이러한 재개념화는 문학에서 문제 해결의 궁극적 목표가 '텍스트의 이해'에 있는 것이 아니라, 텍스트 속 문제 사태의 발견과 구성을 통해 궁극적으로 '인간다움'의 문제를 경험·해결하고, 반성하는 과정에 있음을 보다 명료하게 밝혀준다.

4. 문제 해결적 사고의 단계와 재구조화

문학교육과 문제 해결적 사고는 쌍방향성을 갖는다. 문제 해결의 관점은 문학교육의 의미있는 실행을 가능하게 하는 동력이 되고, 문학교육에서 문제 해결의 실행은 문제 해결적 사고의 본질을 새롭게 하면서 교육적 효과와 의의를 극대화하는 일이 된다. 그렇다면 여타의 분야와 구별되는 문학교육에서의 문제 해결이 어떠한 특질과 구조를 갖는지에 대해 보다 자세히 살펴볼 필요가 있다. 이러한 해명은 문학교육과 문제 해결적 사고

의 접접을 분명히 하면서, 교육적 의의와 가치에 대한 확인을 가능하게
할 것이다. 이를 위해 문제 해결적 사고를 텍스트 속에서 단순히 도출하
고 분석하는 기술적 접근 대신, 문학에서 문제 해결이 어떠한 구조적 특
질을 갖고 있는지를 탐색하기로 한다. 이러한 작업은 문학 감상의 과정을
문제 해결적 사고의 일반적 절차에 따라 재구조화하는 일로 구체화될 것
이다.

(1) '문제 발견 및 인식'의 차원

① '문제거리'에 따른 문제 발견과 인식

일반적으로 문제란 어떤 아이디어, 힘 또는 목적이 역의 아이디어, 힘,
또는 목적의 반대를 받아 갈등을 일으키는 것으로 정의된다. 두 가지 반
대되는 요인이 지속되어 팽팽히 맞설 경우 문제가 계속되는 것이고, 어느
한 쪽이 더 강해지거나 이길 경우 문제는 사라지게 된다.21) 문제 해결적
사고는 그 용어가 나타내듯, 이 같은 '문제'에 대한 해결을 주요 목적 및
과제로 한다. 이미 살펴본 바와 같이, 표준이 되는 문제 해결 방식을 배우
고 그 접근법을 활용하여 교사가 제공하는 일정한 패러다임의 문제를 풀
어보는 것으로 일반화되는 것도 이 같은 개념과 인식에서 비롯된다.

그런데 사고가 문제 해결을 목적으로 하는 목적 지향적인 정신 활동
(mental activity purposeful thinking)이라 할 때, 이때의 '문제'가 명확히 정의된
범위를 갖는 것은 아니라는 사실에 유의할 필요가 있다.22) 문제를 크게
'정의가 잘 된 문제(well-defined)'와 '정의가 제대로 안된 문제(ill-defined
problem)'로 구분하기도 하는데,23) 후자는 문제의 시초 상태, 목표 상태,

---

21) 김영채, 『사고력 : 이론, 개발과 수업』, 교육과학사, 1998, 238면.
22) Francis Schrag, *Thinking in School and Society*, Routledge, 1988, 7면.

조작자 및 조작자 제한에 관한 정보가 적게 주어지거나 아예 주어져 있지 않은 경우를 말한다.[24] 이런 분류에 따른다면, 문학에서 문제 사태는 정의가 제대로 안된 문제 혹은 비구조화된 문제의 성격에 가깝다.

문학이 제기하는 '문제'의 경우, 현실과 이상의 차이에 따른 불만족으로 인해 좌절과 투쟁을 야기하는 데서 시작된다.[25] 문학의 문제 사태가 현실과 이상의 괴리라는 인간의 존재론적 한계에서 연유한다는 것으로, '문제해결'보다 '문제거리(problematic)'[26]로서 문학에 주목해야 하는 이유가 여기에 있다. 문학 텍스트가 제기하는 문제 사태는 외부에서 주어진 인위적인 것, 하나의 정답만이 존재하는 것이라기보다는, 확실하지 않으며 실제 삶의 장면에서 부딪힐 수 있는 복합적인 성격을 갖고 있다. 심지어 문제 자체가 숨겨져 있으며 불확실한 상태에서 가치관 및 이해(interest)와 관련되는 중층적인 구조를 갖기까지 한다. 그에 따라 독자마다 발견하는 문제가 다양할 수밖에 없고, 동일한 독자라 하더라도 텍스트를 통해 발견하는 문제는 변화를 거듭할 수밖에 없다는 특질이 있다.

문제 해결과 문제 발견의 차이는 과학교육과 인문교육의 근본적인 차이를 드러내는 대표적인 표지로 설명되면서,[27] 한편으로 문제 해결과 문학의 관련성을 약화시키는 주요 근거가 되기도 하였다. 그러나 사고 교육

---

23) 연구자에 따라 '잘 구조화된 상황(well-structured)'과 '비구조화된(ill-structured) 상황'으로 규정하기도 하고(N. Frederikson, Implications of Cognitive Theory for Instruction in Problem Solving, *Review of Education Research* 54(3), 1984; Francis Schrag, 앞의 책, 33~36면), '잘 구조화된(well-structured)', '중간 수준으로 구조화된(moderately structured)', '비구조화된(ill-structured)'의 세 가지로 구분하기도 한다(J. T. Dillon, Problem Finding and Solving, *Journal of Creative Behaviour* 16(2), 1982).

24) 김영채, 앞의 책, 103면.

25) VanGundy, *Techniques of Structured Problem Solving*, 박병채, 「창의적 문제 해결의 교육적 이해」, 『교육심리연구』 15(1), 교육심리학회, 2000, 61면 재인용.

26) Matthew Lipman, 박진환 외 역, 앞의 책, 96면.

27) Matthew Lipman, 박진환 외 역, 앞의 책, 96면.

으로서 문학이 의의를 갖는 것은 사고 교육의 지향점을 '문제 해결'이 아닌 '문제 발견'에 두어야 하는 데 있다. 문학교육에서 문제 해결적 사고는 문제 해결의 방안을 마련하는 것 외에 텍스트가 제기하는 인간 존재의 근원적인 문제 사태를 발견하고 인식하는 데에도 초점을 맞출 필요가 있다. 오늘날 학습자에게 요청되는 문제 해결적 사고는 인간 삶 속에서 인간 존재의 근본적인 문제를 '찾고' 이를 '성찰'하는 것이라 할 수 있다.

② 텍스트가 제기하는 문제 사태의 가치와 보편성

기존의 문제 해결적 사고와 관련하여 제기되는 주요 비판은 교실이나 실험실에서 다루는 문제 대상 자체가 일상의 것과 차이가 크다는 점으로 수렴될 수 있다.[28] 이러한 문제 사태의 고립성과 비전이성은 문제 해결적 사고의 교육 효과에 대한 의문과 불신으로 연결된다. 그동안 사고 기술을 위해 설계된 특별한 프로그램들이 실패할 수밖에 없었던 이유가 실제 생활과 관련성을 갖지 못한 채 이론적이고 가공적인 문제 사태만을 대상으로 한 데 있다는 비판 역시 이를 가리킨다. 기존 사고 교육에서 다루는 문제 상황이 실제 생활에서 일상적으로 접하는 문제와 관련성이 떨어진다는 점은 부정하기 어렵다.[29]

이처럼 실생활에서의 문제를 잘 이해하고 해결하는 데 목표를 둔다면, 문학교육에서 문제 해결적 사고 역시 이 같은 비판에서 자유로울 수 없다. 문학은 자족적·예술적 세계로서 사실이 아닌 허구라는 본질로 인해 현실과는 동떨어진 미적인 예술의 차원으로만 이해될 우려가 있기 때문

---

28) 실험실에서의 문제들이 대체로 전형적으로 잘 정의된 것이고 해결에 필요한 모든 정보들이 제공되는 데 반해, 일상생활에서 접하게 되는 문제들은 잘 정의되지 않고 필요한 정보가 부족하며, 많은 경우 정답 혹은 최선이라고 알려진 해결책마저 없다는 특징이 있다.
29) 박인기 외, 『문학을 통한 교육』, 삼지원, 2005, 73면.

이다. 문학은 분명 현실이 아닌 예술의 세계를 그리고 있는데, 이는 곧 현실의 여러 문제를 곧바로 해결하지는 못한다는 것이다. 문학의 세계는 허구·가공의 '언어적 세계'[30]로 텍스트의 세계와 현실의 세계가 별개의 것이라는 구별은 자칫 현실의 문제 해결과 관련하여 문학이 기여하는 바에 대해 의구심을 갖게 만들 수 있다. 그동안 문학교육에서 문제 해결적 사고가 다뤄지기 어려웠던 것도 이 같은 인식과 관련깊다.

그런데 문학이 의미있는 '문제거리'로 간주될 수 있는 것은, 일차적으로 문제 사태의 다양성과 포괄성에서 그 이유를 찾을 수 있다. 문학의 대상이 '물태인정(物態人情)', 곧 사물과 인간의 모든 세계를 포괄하는 것으로 표현되듯이, 문학이 대상으로 하는 문제 사태의 범위에는 제한이 없다. 이는 곧 문제 해결적 사고의 대상과 질료를 제공하는 역할로서 문학의 의의와 가치를 방증하는 것이기도 하다.

문학의 '문제'가 갖는 보다 큰 의의는 문제 사태의 가치와 보편성에서 찾을 수 있다. 문학의 정의에서 빠지지 않는 '가치있는 체험'이라는 말이 함의하듯, 문학은 삼라만상 모든 것을 대상으로 하면서도 문제 사태의 가치성 역시 중요하게 고려한다. 주지하다시피 문학이 제기하는 문제 사태는 단순히 인간으로서 '겪어봄직한' 일상의 경험 차원을 그대로 재현하는 데 그치지 않는다. 사물과 현상을 있는 그대로 모방하여 제시하는 것이 아니라, 사물의 은폐된 참모습의 재현으로 문학을 설명하는 해석학은 이 같은 문학의 본질에 특히 주목하는 관점이라 할 수 있다. 겪어야만 하는, 겪을 수밖에 없는 근원적인 문제 사태에 대한 반성과 성찰을 가져오는 것이 문학교육에서 문제 해결이 갖는 중요한 특질이라 할 수 있다.

---

30) 말을 통하여 도달하는 세계를 '언어적 세계'라 명명하면서 이를 '외재적 세계(外在的 世界)'와 구별하기도 한다. S. I. Hayakawa, *Language in Thought and Action*, 김영준 역, 『의미론』, 민중서관, 1977, 28~29면. 언어적 세계와 외재적 세계는 흔히 지도와 실제 땅의 관계에 비유될 수 있다.

예컨대 고려가요 <청산별곡>이 오늘날에도 여전히 의의를 갖는 것도, 인간의 피안지향성이라는 존재론적 욕망을 문제 사태로 다루는 데서 찾을 수 있다.[31] <황조가>에서 <진달래꽃> 등으로 이어지는 일련의 이별 시가들 또한 만남과 이별이라는 문제 사태를 통해 인간 존재의 유한성과 한계에 대한 존재론적 물음을 제기하는 것이라 할 수 있다. 특히 개인 경험이 갖는 단편성, 일회성, 제한성 등의 특성과 견주어볼 때 문학의 문제가 갖는 보편성과 항구성, 근원성의 가치는 더욱 분명해진다.

이처럼 문제 해결적 사고와 문학 감상은 모두 문제 사태의 발견과 인식이라는 공통된 요인을 가지며, 문학 텍스트의 문제 사태에는 보편성과 근원성이 내재되어 있다는 특징이 있다. 문제 해결적 사고가 일상적 문제의 차원을 넘어서서 "가난, 범죄, 환경 파괴, 전쟁, 불안감 등과 같이 보다 큰 문제를 다루는 능력"[32]과 관계되는 것이라면, 문학을 통한 접근은 이러한 인간 존재의 근본적인 문제에 대한 인식과 통찰을 가져오는 효과적인 방안이 될 수 있다.

(2) '문제 해결 과정'의 차원

① 여러 주체의 중층적 개입과 관여

문학에는 여러 주체가 관여한다. 실제 작가, 내포작가, 서술자, 피화자, 내포독자, 실제 독자 등의 존재에서 보듯 문학의 의사소통 체계는 중층적으로 구성되며, 이들은 텍스트의 생산과 수용, 구성과 전개 과정에 끊임없이 관여하고 개입한다. 이러한 특수성으로 인해 문학 텍스트에서 문제 해

---

31) 김대행, 『시와 문학의 탐구』, 역락, 1999.
32) Robert J. Sternberg, *Thinking and Problem Solving* 김경옥 외 역, 『인지학습과 문제해결』, 상조사, 1997, 442면.

결적 사고는 여타의 영역과 달리 개별 주체의 독립된 형태로만 작용할 수 없고, 작자, 등장인물 등의 사고와 복합적으로 뒤얽히는 특징을 갖는다. 즉 텍스트에서 등장인물이 수행하는 문제 해결을 보면서 독자는 이를 판단·평가하는 과정을 거치게 되고, 이 속에서 독자만의 새로운 문제 해결 방안이 이루어질 수 있다. 문제 해결 과정에서 여러 주체가 개입하고 관여하는 이러한 입체성은 문학의 본질에서 비롯되는 주요한 특징이라 할 수 있다.

문제 대응 방식의 특이성은 현실과 구별되는 문학 자체의 본질적 특성에서도 연유하지만, 작자의 세계관이나 문화적 맥락의 개입 및 관여와도 관련깊다. 예를 든다면, 강호가도(江湖歌道) 작품에서 드러나는 세계와 나의 관계 맺음은 오늘날의 양상과는 상당한 차이를 갖고 있다. 권호문의 <한거십팔곡(閑居十八曲)>에서 발견되는 출처(出處)의 갈등은 표면적으로는 오늘날과 사뭇 다른 문제 제기이며, 강호에 대한 인식의 심화를 통해 이를 해결해가는 문제 해결의 과정 또한 이질적인 것으로 여겨질 수 있다. 이러한 이질성은 일차적으로 텍스트와 독자의 심리적 거리를 확대시킴으로써 이해의 어려움과 수용의 불편함으로 작용할 수 있지만, 문제 해결의 관점에서 본다면 현재와는 다른 문제 인식과 해결 방식을 보여준다는 점에서 독자의 인식 확장에 기여하는 적극적인 역할을 하는 것으로 평가할 수 있다. 즉 자연을 비롯한 외부 환경은 인간 삶의 바깥에서 독자적으로 이루어지는 하나의 객관적인 실체에 지나지 않는 것이 아니라는 점, 인간은 자연적 질서의 한 부분으로 인간 스스로 자연의 전체적 질서를 이해하고 그것에 봉사하며 헌신하여 우주의 질서와 조화를 완성시켜 나가는 모습 등이 바로 그것이다. 작품 속 등장인물, 화자의 시각과 태도를 통해 오늘날과는 다른 차원의 문제 제기와 해결 방식의 경험이 가능해진다. 이처럼 작자, 등장인물, 화자 등 여러 주체가 텍스트의 문제 사태에 관여하고,

여기에 현재와는 다른 사회 문화적 환경이 개입함에 따라 다양하면서도 이질적인 문제 해결이 이루어지게 되는데, 이 과정에서 독자의 인식 지평 확장을 기대할 수 있다.

서로 다른 상황에 처해있는 작자와 독자가 텍스트를 통해 만남으로써 이루어지는 지평 융합은 흔히 문학의 본질이면서 존재 의의로 설명된다.[33] 그런데 문제 해결적 사고의 측면에서 본다면, 이는 작자, 등장인물, 화자 등 다양한 주체의 문제 대응 방식이 갖는 특이성에다 그 대응 방식마저 상당히 이질적인 데서 비롯되는 것으로 볼 수 있다. 타자의 대응 방식, 특히 그것이 이질적인 것일 때 문제에 대한 폭넓은 안목을 가져다주는 원천으로, 자신과 자신을 둘러싼 세계를 새롭게 되돌아보게 하는 계기로 작용할 수 있다. 독자 자신의 경험이 갖는 폐쇄성과 유한성을 극복하고, 미처 발견·인식하지 못한 문제 해결을 가능하게 하는 것이다.

② 창의적 문제 해결 과정

문제의 해결은 문제의 유형에 따라 상이한 길을 따르기 마련인데, 이때 문제의 유형은 '연산적(algorithmic) 해결'이 필요한 문제와 '발견적(heuristic) 해결'이 필요한 문제로 크게 구분된다.[34] 전자가 대개 정해진 정답이 존재하는 경우로 일정한 사고의 절차를 따라 문제가 해결되는 것이라면, 후자는 정답이 하나만 존재한다고 확정하기 어려운 경우로 사고의 절차가 고정되고 유형화되기 어려운 것들이라 할 수 있다. 쉽게 말해 이들은 학교안의 문제와 학교밖의 문제로 구분될 수 있으며, 이러한 문제 유형의 차이는 곧 문제 해결 과정의 차이로 직결된다.

---

33) Richard E. Palmer, *Hermeneutics*, 이한우 역, 『해석학이란 무엇인가』, 문예출판사, 2001.
34) 김영채, 『사고와 문제 해결 심리학』, 박영사, 1995, 370~371면.

그런데 문학의 문제 해결은 '발견적 해결'의 성격을 가지면서도 '창의적 해결'의 성격도 아울러 갖는다는 점에 유의할 필요가 있다. 여기서 창의적 문제 해결은 "문제를 문제시하면서 그것을 벗어날 것을 강조할 뿐만 아니라, '없었던' 문제의 창조까지도 포괄"[35]한다. 문제는 있으나 문제 상황의 재구조화가 요구될 때, 또는 문제를 해결하는 과정에서 새로운 체험의 기회를 갖고자 할 때 창의적 문제 해결이 요청되는데,[36] 문학의 감상 과정이야말로 이러한 요구에 맞아 떨어지는 것이라 할 수 있다. 독자는 텍스트 속 문제 사태를 바탕으로 자신의 삶에서 새로운 문제를 발견·구성하게 되고, 이 과정에서 '새로운' 해결의 체험이 이루어지기 때문이다. 바라보는 관점과 시각에 따라 텍스트 세계와는 다른 입장을 가질 수도 있고, 학습자의 수준이나 노력 역시 다양한 해석과 결론 도출을 가져오는 요인이 되기도 한다.

문학에서 문제 해결이 텍스트 속 문제 사태와 관련된다는 점을 강조하다보면, 자칫 텍스트에 제시되는 해결 방식을 추수적으로 쫓아가서 수용하는 것으로 오해될 수 있다. 그러나 문학 감상은 텍스트에 제시된 해결 방식을 독자에게 주입하거나 강요하지 않는다는 점에 유의할 필요가 있다. 독자에게 요구되는 것은 오히려 텍스트가 제안하는 문제 해결 방식에 대한 적극적인 가치 판단이며, 이것이 곧 감상의 본질에 해당한다. 텍스트의 문제 해결 방식을 평가하고, 이를 통해 새로운 문제 해결 방식을 모색

---

35) 박병채, 앞의 글, 63면.
36) 창의적 문제 해결 모형과 관련해서는 오스본(Osborn)의 '사실 발견-아이디어 발견-해결안 발견'의 단계적 모형과 이를 발전시킨 파네스(Parnes)의 '사실 발견-문제 발견-아이디어 발견-해결안 발견-수용 발견' 등이 대표적이다. A. Osborn, *Applied Imagination*, 신세호 외 역, 『창의력 개발을 위한 교육』, 교육과학사, 1981; S. G. Isackson 외, *Creative Problem Solving: The Basic Course*, Bearly, 1985 참조. 그러나 이들은 창의적인 문제 해결 일반의 전체적·일반적인 틀을 제시하고 있다는 점에서, 문학의 창의적 문제 해결이 갖는 고유한 특질을 충분히 담아내지는 못한다.

하는 것은 여타의 문제 해결적 사고와는 구별되는 문학 감상 고유의 과정 및 절차라 할 수 있으며, 여기서 창의적 문제 해결이 이루어질 수 있다. 텍스트를 읽고 난 후 '등장인물의 대응 방식에 동의, 반대 혹은 공감할 수 있는가?', '너라면 어떻게 행동하겠는가?' 등의 질문들이나, '등장인물에게 편지쓰기', '또 다른 인물 등장시키기' 등의 여러 활동은 문제 해결 과정으로서 이 같은 특징을 단적으로 보여준다. 이들은 모두 수용자의 적극적인 감상을 이끌어내는 활동 차원에서 제안되는 것으로, 여기서도 문제 해결적 사고로서 문학 감상이 갖는 교육적 의의를 재차 확인할 수 있다. 인지심리학에서 규정하는 문제 해결의 과정, 즉 "주어진 과제를 정보나 지식을 최대한으로 활용하고 엄밀한 논리조작적 과정을 거쳐 객관적으로 검증될 수 있는 하나의 정답이나 최선의 대안에 이르는 지적 조작 과정"37)과는 분명한 차이를 나타낸다.

이처럼 텍스트 속 문제 사태와 해결 방식의 파악은 감상의 일차적 대상과 절차이면서, 또한 독자의 적극적인 문제 해결을 이끌어내는 바탕이 된다. 동시에 텍스트 속 문제 사태와 해결 방식의 파악에 머무르지 않고 독자의 판단과 그에 따른 새로운 해결 방식의 탐색이 이루어진다는 특질이 있다. 문학에서 문제 해결적 사고는 텍스트가 전개하는 문제 해결 방식에 대해 독자가 판단하고 평가하는 과정을 통해 새로운 해결 방식을 모색하는 것이라 할 수 있다.

---

37) 이삼형 외, 앞의 책, 369면.

(3) '발전' 및 '전이'의 차원

① 소통을 통한 문제 해결의 수정 및 변화

문학에서 문제 해결이 갖는 또 다른 특질은 텍스트 소통 과정에서 문제 해결의 수정 및 변화가 이루어진다는 점이다. 문학 감상은 개인 차원의 이해와 해석에 머무르지 않고 타독자와의 소통을 통해 의미를 확장하고 발전시켜 나가게 되는데, 여기서 자신의 판단과 의견을 수정하는 과정을 거치게 된다. 문학 감상의 과정에서 문제의 발견과 해결 방안의 모색은 자신의 개인적 경험 지평 속에서 이루어지는 탓에 불완전할 수밖에 없다. 이때 타독자 및 집단과의 소통은 자신의 관점과 시각을 되돌아보게 하고, 해결 방안을 수정하는 계기로 작용할 수 있다. 자신이 갖고 있는 기존의 경험과 지식, 새롭게 깨닫게 된 사실과 인식 등을 타독자들과 소통·공유하는 과정이 자신의 사고를 수정하고 발전시키는 계기로 기능하는 것을 말한다. 여기서 텍스트를 넘어선 새로운 문제 인식과 해결 방식의 모색 또한 가능해진다. 따라서 문학의 문제 해결 과정 및 절차는 단순히 텍스트 내부에 국한되거나 자신만의 문제 해결 방식을 수립한 것으로 완료되지 않는다. 타독자와의 소통 과정을 통해 문제 해결 방식이 수정되고 발전되는 단계까지 포괄하는 것이다.

이처럼 문학은 인간 존재의 다양한 대응 방식과 사고 모습을 제공한다는 점에서 의의를 갖는데, 앞서 살펴본 작자나 텍스트의 등장인물 이외에도 타독자 또한 중요한 역할과 기능을 담당한다. 의미의 생성은 본질적으로 타자와의 타협 및 상호 작용의 과정이자 산물이다. 자신의 경험이 갖는 의미에 대해 생각하고 수정하는 일련의 과정은 명시적이건 암묵적이건 타인과의 상호 작용하는 과정이거나 그 과정의 연장선으로 설명된다.38) 문학의 문제 해결은 이러한 과정을 제도화하고 있는 것이다. 이처

럼 문학에는 유아론적 문제 해결 방식에서 벗어나 적절성, 타당성을 제고
할 수 있는 장치가 마련되어 있다.

② 문제 해결 방식의 확장과 전이

텍스트에서 문제 해결의 수행은 등장인물을 통해 이루어진다. 감상의
과정은 독자가 등장인물을 지켜보면서 문제 사태 및 해결 과정을 대리 경
험하는 것이라 할 수 있다. 이는 문학에서의 문제 해결이 갖는 장점이면
서 한계이기도 하다. 무엇보다 작품과 현실 사이의 거리-'문제 사태에 직
면한 것은 등장인물이며 자신은 안전하다'-가 보장하는 심리적 안정감은
죽음, 이별 등과 같이 직접 마주하기 어려운 문제들을 안전하게 경험하고
해결하는 기회를 제공하는 장점을 갖고 있다. 동시에 이러한 문제는 어디
까지나 문학 속의 문제이며, 현실 그대로의 것이 아니라는 점은 분명한
한계이기도 하다.

그러나 문학은 앞서 살펴본 바와 같이 총체적인 삶의 모습을 대상으로
하는 만큼 해결 방식의 확장과 전이성 측면에서 장점을 갖는다. 다양한
인간 삶의 모습을 내용으로 하는 탓에, 텍스트 속 인물과 인물의 관계, 텍
스트와 현실 세계 사이에는 필연적으로 긴밀한 관계와 긴장이 존재하기
마련이다. 텍스트가 제기하는 문제 사태 자체가 현실 세계를 살아가면서
겪게 되는 중요한 문제를 대상으로 하고 있다. 문학과 현실 세계의 이러
한 긴밀성과 긴장은 텍스트 속 문제 사태의 유의미성을 담보하며, 이에
따라 문학 텍스트 속에서 문제 발견과 해결의 경험은 현실의 문제 인식으
로 자연스럽게 이어질 수 있다.

이처럼 문학은 텍스트 속 문제 사태가 인간 삶의 전반적인 문제와 어떻

---

38) 손민호, 『구성주의와 학습의 사회 이론』, 문음사, 2005, 70~71면.

게 관련되는지를 고민하게 만드는 반영성의 측면을 갖고 있다.[39] 이러한 성격으로 인해, 독자는 텍스트 내부로의 이입과 외부 세계로의 회귀를 끊임없이 반복하는 과정을 수행하게 되는 것이다. 텍스트 속으로 들어가서 '나라면 어떠했을까'를 겪어보는 일인칭의 경험과 더불어 텍스트 세계와의 거리두기를 통해 텍스트 세계를 비판적으로 바라보고 현실 세계를 조망하는 거리두기는 문학 경험을 형성하는 주요 기제이면서 문제 해결을 전이하게 하는 기반이 된다.[40] 텍스트 세계에 몰입하여 그것을 경험한 뒤에 그 경험을 반추하는 행위가 이루어지며, 이러한 반추는 텍스트 바깥에 존재하는 자아의 현실을 되비추어봄으로써 가능해진다. 텍스트 세계에 몰입된 독자가 현실의 자아로 회귀하는 과정에서 텍스트 세계와 현실 세계를 조응하고 비판적으로 인식하는 과정이 뒤따르게 되는 것을 말한다. 텍스트에 '빠져들기'와 '빠져나오기'의 반복은 일차적으로 텍스트 속 문제 사태를 겪어보고 해결 과정을 살펴보게 하면서 궁극적으로는 텍스트 외부 세계에 대한 새로운 문제 발견과 인식을 가져오는 일이 될 수 있다. 가령, <제망매가(祭亡妹歌)>에서 제기된 죽음의 문제와 종교적 승화의 해결 방식을 경험하면서, 동시에 현실 세계에서 이 같은 죽음과 그에 따른 사별의 슬픔을 어떻게 극복할 수 있는지에 대해 모색하고 성찰하게 되는 것을 말한다.

사고력 교육의 효율성을 평가하는 잣대 중의 하나가 바로 일상생활로의 전이성이라 할 때,[41] 문학은 제기하는 문제 사태 자체가 보편성과 근

---

39) 문학의 경험은 총체성을 갖고 있으며 삶의 과정을 이해하고 그 방향성을 부여하는 중요한 의미를 내포하며, 삶의 내밀한 질서를 발견하는 통로의 기능을 수행한다는 데서 문학교육의 의의를 찾고 있는 논의(구인환 외, 『문학교육론(제2판)』, 삼지원, 1996, 79면)는 이 글에 시사하는 바가 크다.

40) 졸저, 『고전문학 경험교육론』, 역락, 2015, 16~52면 참조.

41) 박인기 외, 앞의 책, 73면.

원성을 갖고 있으며 독자에게 텍스트 문제 사태로의 이입과 현실로의 회귀를 끊임없이 요구하는 구조를 갖는다는 점에서 장점을 갖고 있다. 문학 감상의 여러 과정과 활동 자체가 꾸며진 가상의 세계와 현실의 실제 세계를 연결짓고 그 속에서 의미를 탐구하는 것이라 할 수 있으며, 이는 실생활로의 전이를 통해 실천성이 극대화될 수 있는 원천이 된다.

5. 과제와 전망

현재의 문제 해결적 사고 교육이 문제 해결의 일반적 절차와 방법의 전달에 치중한 나머지, 정작 무엇이 왜 문제인가에 대해서 관심을 갖지 못하고 있다는 문제의식에서 이 글은 출발한다. 중요한 것은 문제를 기계적으로 처리하는 방법의 숙달이 아니라, 문제를 발견하고 해결하는 과정이며, 이것이 인간다움의 고양으로 이어질 수 있어야 한다는 점이다. "사고를 잘 한다는 것이 어떤 의미인지, 사고 능력을 높이려는 노력의 구체적인 목표가 어떠해야 하는지에 대해 계속해서 숙고하고 토의할 필요가 있다"[42]는 지적에서 보듯, 사고의 본질과 그 교육적 의의 및 방향성에 대해서 끊임없는 탐색과 반성이 요청된다.

더 많이 안다는 것과 더 잘 사고한다는 것이 다르다는 것은 주지의 사실이다. 문제 해결적 사고를 가르치는 목적은 다른 사람들처럼 생각하게 만들기 위해서가 아니라 보다 더 반성적이고 합리적으로 판단하고 사고할 수 있게 하는 데에 있다. 그렇기 때문에 진정한 의미의 문제 해결 능력을 신장시키기 위해서는 일정한 절차와 전략을 습득하는 것도 중요하

---

42) Robert J. Sternberg, 김경옥 외 역, 앞의 책, 445면.

지만, 무엇이 문제이며 그것이 왜 문제가 되는가에 대한 근본적인 탐색에서 출발할 필요가 있다. 이러한 문제 인식에 따라 문제 해결적 사고 교육을 위한 가장 효과적인 제재와 대상이 문학이라는 점에 주목하고 이를 입증하려 하였다.

다만, 문학교육과 문제 해결 모두 이론적 담론 차원의 설명 이외에 교육 현장에서의 실행을 위한 수행적 담론을 필요로 하는 과제들이다. 문학교육에서 문제 해결적 사고가 제대로 다루어지기 위해서는 사고의 조작이나 과정을 기본 요소로 밝히고 그 구조와 절차를 밝히는 작업이 뒤따라야 한다. 예컨대 과학-과정 접근(Science-a Process Approach; SAPA)에서는 과학의 기본적 인지 과정이라고 할 수 있는 관찰하기, 시공간의 관계 이용하기, 숫자 사용하기, 측정하기, 분류하기, 전달하기, 예측하기, 추론하기에 초점을 두고서 인지활동의 구조와 절차 및 전략 등을 밝히고 이를 프로그램화하는 시도를 한 바 있다.43) 문학교육에서도 문제 해결적 사고로서 문학 감상의 과정과 구조가 보다 정치하게 탐색되어야 한다. 다만, 이 경우에도 '왜', '무엇을' 사고해야 하는가에 대한 근본적인 성찰이 뒤따르지 않는 방법론적 경도를 경계하고자 한다.

문학교육에서 문제 해결적 사고가 의미있게 구현되기 위한 필요조건으로 수행되어야 할 수많은 과제를 남긴다.

●출처 :「문제 해결적 사고에 대한 문학교육적 탐색」
(『국어교육연구』 26, 서울대 국어교육연구소, 2010)

---

43) Robert J. Sternberg, 김경옥 외 역, 앞의 책, 425면.

제6장 성찰적 사고*

1. 주목하는 까닭과 배경

이 글에서는 성찰적 사고의 문제를 제기하고, 문학교육으로서의 이론화·구조화의 가능성을 탐색하고자 한다. '대상을 통한 자기 이해'라는 성찰적 사고의 문제는 다음과 같은 문제의식에서 출발한다.

첫째, '자기 이해'의 문제를 새삼 제기하는 까닭은 인간 소외로 대표되는 인간의 물화(物化), 대상화 현상에 대한 위기의식, 그리고 진정한 인간성 회복의 문제에 대한 교육적 대응을 모색하려는 데에 있다. 현대 사회에서는 언제나 자기를 중심에 두고 있지만, 정작 자기가 무엇이며 누구인지 명확히 모르는 모순을 갖고 있다. 그래서 현대를 돌이킬 수 없는 자아 상실감과 함께 자기내면화의 의지가 함께 하는 역설의 시대[1]로 규정하기

---

* 성찰적 사고에 대한 자세한 논의는 졸저, 『성찰적 사고와 문학교육론』, 지식산업사, 2012를 참조할 수 있다. 이 글은 성찰적 사고에 대한 입론이자 이론화 가능성에 대한 탐색의 일환으로, 학술대회에서 발표하고 학회지에 수록한 논문을 수정·보완한 것이다. 성찰적 사고의 유형과 국어교육에서의 실현 방법에 대해서는 위의 책에서 자세하게 다룬 바 있다.
1) Luc Ferry, *Homo Aestheticus*, 방미경 역, 『미학적 인간』, 고려원, 1994, 4면.

도 한다. "그 어느 시기도 오늘날처럼 인간에 관해서 그렇게 많은 것을, 그리고 그렇게 다양한 것을 안 적이 없었음에도, 또한 오늘날처럼 인간이 무엇인가에 대해서 무지한 적도 없었다"2)는 하이데거(Heidegger)의 지적은 인간이 소외되고 인간성 상실이 문제되는 상황을 단적으로 보여준다. "사유를 요구하는 우리들 시대에 가장 깊은 사유를 요구하는 것은 아직도 우리가 사유하지 않고 있다는 점이다"3)는 주장은 오늘날 사고와 관련하여 문제를 역설적으로 드러내는 말이기도 하다.

이처럼 인간은 더 이상 스스로에 대한 물음을 던질 수 없을 뿐더러, 이러한 위기상황이 자기 이해의 위기에서 비롯되는 것조차 깨닫지 못하고 있다.4) 이러한 현실에서 자기 이해는 교육이 해결해야 할 중요한 과제가 되는데, 성찰적 사고야말로 이 같은 문제를 정면으로 제기하는 것이라 할 수 있다.

둘째, 자기 이해를 사고의 관점에서 접근함으로써 사고 교육에 새로운 방향성을 제안하는 의도와 목적도 갖는다. 교육에서 사고의 중요성이 지속적으로 강조되고 있음에도, 정작 '어떠한 사고를 해야 하는가'라는 질문에는 여전히 명쾌하게 답하지 못하고 있다. 이는 사고의 가치와 방향 문제에 대한 근원적인 고민이 충분히 이루어지지 못했음을 의미한다. 사고는 인간의 생활에 개입하고 요구되는 문제이기에, 분명 사회 속에서 '무의식적', '무의도적'으로 습득되는 면이 있다. 그러나 사고의 교육적 필요성은 사고가 자연적으로 '습득되는 것'이 아니라 교육의 국면에서 의도적으로 '학습해야 할' 정신적 자질이라는 점에 유의할 필요가 있다. 사

2) Martin Heidegger, *Kant und das Problem der Metaphysik*, 정혜영, 『교육인간학』, 학지사, 2005, 36~37면 재인용.
3) Martin Heidegger, *Was heisst Denken?*, 권순홍 역, 『사유란 무엇인가』, 고려원, 1993, 15면
4) Calvin O. Schrag, *Radical Reflection and the Origin of the Human Science*, 문정복 외 역, 『근원적 반성과 인간 과학의 기원』, 형설출판사, 1997, 24면.

고를 가르친다는 것은 학습자의 정신세계에 끼어든다는 것으로, 구체적으로 학습자가 무엇을 어떻게 사고하고, 그 결과 어떤 경험과 태도를 갖게 되는가의 문제에 관여하는 것이다. 이것은 곧 교육이 어떤 인간을 길러내야 하는가라는 근본적인 질문과 맞닿아 있다. '호모 사피엔스'라는 말이 가리키듯, 인간의 존재론적 특성은 사고에서 찾을 수 있으며, 인간다운 삶은 사고 활동 속에서 비로소 가능할 수 있다.5) 사고는 정보 하나하나를 기계적으로 축적해서 한 줄로 꼬아 만든 단순한 과정이 아니고, '인간'이 개입하는 과정이라는 의미를 갖기 때문이다.6) 이런 점에서 본다면, 성찰적 사고는 올바르게 대상을 파악하고 그 속에서 참된 의미를 깨달아 자신을 이해하고 바람직한 가치와 태도를 갖는 것으로 사고의 관점을 전환하고 확장하는 계기를 제공해 준다.

끝으로, 문학교육의 측면에서 본다면, 대상을 통한 자기 발견과 이해는 문학의 존재 가치이면서 본질에 해당한다.7) 문학은 근본적으로 인간다움을 추구하는데, 이러한 본질은 '유리창'과 '거울'이라는 비유로 설명될 수 있다. '유리창'이 타자의 다양한 삶을 관조하는 안목을 갖게 한다는 뜻이라면, '거울'은 독자 자신의 삶을 더 명확하게 볼 수 있도록 도와주는 것을 나타낸다.8) 이처럼 문학은 주체와 세계가 만나는 공간으로서, 의미있

---

5) 이와 관련하여 사고를 교육해야 하는 까닭은 현실적인 보상, 시민성, 개인의 행복으로 설명될 수 없고, 인간 존재가 의미하는 바의 핵심이기 때문에 사고 그 자체가 목적인 데서 찾을 수 있다. R. S. Nickerson, Why teach Thinking, J. B. Baron & R. J. Sternberg eds., *Teaching Thinking Skills : Theory and Practice*, W. H. Freemen and Co, 1987, 30~32면.

6) H. S. Broudy, "Tatic Knowing and Aesthetic Education", R. Smith eds., *Aesthetic Concept and Education*, 한명희, 『교육의 미학적 탐구』, 집문당, 2002, 190면 재인용.

7) 김대행, 『문학이란 무엇인가』, 문학사상사, 1992, 51면.

8) Lee Galda, "Mirrors and Windows : Reading as Transformation", T. T. Raphael 외 eds., *Literature-Based Instruction : Reshaping the Curriculum, Christopher*, Gordon Publishers Inc., 1998 참조. 한 저서의 서문에서도 이와 비슷한 설명을 볼 수 있다. "문학을 하는 목적이 무엇보다도 인간의 부단한 자기성찰 및 자기경신에 있어야 한다는 내 오랜 믿음이 이 책 속에서 조금이나마 비쳤다면 나로서는 더 바랄 것이 없겠다." 이상옥, 『문학과 자기성찰-

는 문제 사태를 통해 주체의 세계 인식과 자기 이해의 문제를 본질적인 과제로 한다.

그런데 문학교육에서 이러한 문제는 그동안 중요하게 다루어지지 못한 게 사실이다. 텍스트 자체에 대한 앎을 강조하거나, 통시적 실재성이나 분류의 체계에만 기계적으로 매달린 결과, 정작 문학의 본질이라 할 수 있는 자기 이해의 문제를 놓치고 만 것이다. 이에 따라 대상을 통한 자기 이해가 과연 어떤 과정을 거쳐서 이루어지는지, 그 구조와 수행 절차에 대해서 명쾌하게 밝히지 못하였음은 물론이다. 이른바 문학의 위기 속에서 문학의 존재 가치와 효용성을 모색하는 논의가 여러 방면에 걸쳐 이루어졌지만, 문학을 통한 자기 이해의 문제에는 여전히 다가서지 못하고 있다. 이런 점에서 본다면, 성찰적 사고는 문학의 존재 가치이면서 문학교육이 지향해야 할 본질에 해당한다고 할 수 있다.

이상과 같이 성찰적 사고의 문제를 제기하는 바탕에는 공통적으로 인간은 끊임없이 무엇인가를 추구하는 존재라는 점이 자리하고 있다. 인간은 자신을 둘러싼 대상과의 상호 작용 속에서 의미를 탐색하고 그 속에서 자기를 실현하는 존재라는 사실에 주목한다. 성찰적 사고에 대한 관심은 이처럼 인간을 중심에 두고 의미와 가치의 문제를 다룬다는 점에서, 문제 해결 중심의 사고력 함양을 목표로 하는 기존의 관점과는 분명 차이점이 있다. 이는 곧 국어교육에서 다루는 사고의 성격 문제를 불러온다.

국어교육에서 사고력이 강조되는 바탕에는 언어가 갖는 도구적 기능, 즉 사고의 도구로서 언어에 대한 인식이 전제되어 있다. 듣기・말하기, 읽기, 쓰기와 같은 의사소통 도구로서의 언어를 강조하면서 이른바 언어 사용 기능에 초점을 두는 관점을 말한다. 그러나 정작 중요한 것은 무엇

열린 문학을 위하여』, 서울대출판부, 1986, 머리말 ⅲ면.

을 주고받을 것인가의 문제이며, 따라서 말에 담긴 삶, 삶을 담은 말이 국
어교육에서 챙겨야 할 주고받기의 알맹이⁹⁾인 것이다. 여기서 성찰적 사고
가 지향하는 바가 분명해진다. 소통과 인식의 차원에 그칠 것이 아니라
그 내용이 담고 있는 의미와 가치의 문제를 다룸으로써 궁극적으로 주체
의 성장과 변화를 도모해야 하는 것이다. 이 같은 관점을 견지하면, 텍스
트가 담고 있는 내용과 그것을 다루는 주체가 과제의 중심에 서게 된다.
문학이 성찰적 사고의 질료로서 유용한 까닭도 문학이 인간됨에 대한 끊
임없는 물음과 모색의 문제인 것에 있다. 이 물음과 모색을 접하면서 독
자는 작품과 더불어 묻고 그 해답을 찾아가는 과정을 수행하게 되는데,
이것이 성찰적 사고의 본질이면서 실행 과정이 된다.

　이에 따라 이 글에서는 성찰적 사고의 개념을 설정하고 일련의 관계 구
조를 밝히며, 문학교육으로서 이론화와 구조화의 가능성을 탐색하기로 한
다. 성찰적 사고가 대상을 통한 자기 이해의 문제를 다루는 만큼 기존의
국어교육에서 다루는 사고와는 분명 다른 성격을 갖고 있다. 따라서 국어
교육에서 사고에 대한 인식의 확장을 가져올 것으로 기대된다. 나아가 문
학 텍스트가 성찰적 사고의 효과적인 대상이 될 수 있다는 점에서, 사고
교육의 가능성 이외에도 문학교육의 의의와 목표를 구현하는 내용과 방
법으로서의 역할도 기대할 수 있다.

---

9) 김수업, 『국어교육의 바탕과 속살』, 나라말, 2005, 18~19면 참조.

2. 성찰적 사고의 개념과 위상

(1) 성찰적 사고의 개념

인간의 사고는 어떤 대상과의 관계 속에서 발생한다. 사고는 알고자 하는 대상으로서 '무엇'과 그것을 알고자 하는 주체로서 나와의 관계 속에서 이루어진다. 주체인 '나'는 무엇인가를 알고자 함으로써 의식 활동을 시작하는데, 이때 나의 의식은 밖에 있는 일정한 대상을 향하게 되어 내 안에 머무르지 않는다.[10] 이처럼 사고는 언제나 '무엇'인가를 생각한다는 것으로, 후설(Husserl)은 이를 두고서 '모든 의식은 무엇인가에 관한 의식 (toute conscience est de conscience de quelque chose)을 가리킨다'는 지향성으로 설명하기도 한다.[11] 이에 따르면, 사고는 외부의 어떤 대상을 향하여 '달려 나가는 것'이 된다. 여기서 사고를 한다는 것은 근본적으로 인식 주체와 인식 대상이 존재하고, 하나의 관계적 상황 속에서 이들이 상호 작용한다는 것임을 확인할 수 있다.

그런데 인간 경험에 개입하는 사고는 무엇인가를 향해 대상으로 나아가면서 동시에 주체인 자기[12]에게 되돌아온다는 데 주목할 필요가 있다. 어떤 것을 사고할 때 사고는 그 대상을 향해 나아가지만 동시에 그것은 나에게로 다시 되돌아온다.

> 생각은 언제나 메아리 되울림을 갖는다. 내가 어떤 것을 생각할 때 생각
> 은 생각되는 것을 향해 나아가지만 동시에 그것은 다시 나에게 생각되어

---

10) 박해용, 『철학용례사전』, 돌기둥 출판사, 2004, 160면 참조.

11) 후설(Husserl)은 자아의 모든 정신 작용들이 대상으로 뻗치는 지향성을 지니고 있다고 주장한다. 한전숙, 『현상학』, 민음사, 1996 참조.

12) 동서양의 '자기', '자아'의 개념과 의미에 대해서는 이만갑, 『자기와 자기의식』, 소화, 2004, 를 참조할 수 있다.

있다. 이런 의미에서 모든 생각은 무엇인가를 향해 나아가면서 동시에 자기에게 되돌아온다. 지향성은 곧 반성이요, 생각함은 돌이켜 생각함이다.[13]

'반성'이라는 용어는 '되비추임(reflexion)'이라는 어원적 의미를 함축하고 있으며, 대상을 향함과 동시에 그 대상 세계에서 다시 자기 자신에게로 향하는 또 다른 방향성의 의미를 갖고 있다. 이러한 반성으로 인해 '나는 나의 의식 행위를 마치 그것이 내 앞에 있는 것처럼 포착하게 되고, 따라서 나는 타자처럼 되고, 내가 그에 대해 말하며, 그를 판단할 수 있게 되는 것'[14]이다.

그렇다면 인간의 사고는 주체가 대상을 발견·인식하고 그 의미를 파악하는 지향성과, 그 대상에 의해 자기를 발견하고 이해하게 되는 반성으로 이루어진다고 볼 수 있다. 즉, 대상을 통해 자기를 발견하고 그 이해의 폭을 확장하게 되는 것을 말한다. 이처럼 대상을 통해 자기를 이해하는 일련의 인간 사고 행위에 주목하여, 이를 성찰적 사고로 규정하기로 한다. 객관적 경물을 대상으로 그 의미를 탐색하는 과정을 통해 자신을 되돌아보고 새롭게 발견·이해함으로써, 세계와 자신의 삶에 대한 가치와 태도를 형성하는 일련의 의식 활동을 말한다. 이처럼 주체와 대상의 관계 속에서 이루어지는 성찰적 사고는 '지향성'에 의한 대상 관계와, 그 관계 속에서 주체가 의미를 생산하고 자기를 이해하는 '반성'의 자기 관계로 구성되며, 이러한 지향성과 반성의 길항 작용에 의해 성찰적 사고는 실행된다.

지향성과 반성은 지속적으로 서로 간섭하고 영향을 끼친다. 대상 A와 주체 B는 그 관계 맺음에 따라 각각 A'와 B'로 바뀌게 되고, 변화된 대상

---

13) 김상봉, 「생각」, 우리사상연구소 편, 『우리말 철학사전』, 지식산업사, 2001, 291면.
14) Frédéric Laupies, *Premières leçons de philosophie*, 공나리 역, 『철학기초강의』, 동문선, 2003, 122면.

A'와 주체 B'는 이전과는 다른 의미의 지평을 구성하여 또 다시 A"와 B" 라는 의미로 끊임없이 전이된다. 이처럼 대상과 주체가 발견과 만남의 과 정을 통해 의미를 형성·변화하는 일련의 상호 작용과 그 과정이 바로 성 찰적 사고인 것이다.

대상의 의미가 끝없이 유동적이고 가변적일 수밖에 없고, 그에 따라 대 상을 통한 자기 이해의 사고 결과 역시 고착되는 것이 아니라 끊임없이 변동하고 새롭게 재구성되는 과정을 겪는다. 이 과정에서 주체와 대상의 지평은 끊임없이 변화하면서 의미화가 이루어지고, 이를 통해 주체는 자 기 자신을 새롭게 이해하게 된다. 성찰적 사고 과정을 거치면서 하나의 경험은 유의미한 것으로 발전되고, 경험의 심화 속에서 인간은 성장하게 된다.

성찰적 사고의 관점에서 본다면, 대상의 의미를 정확하고 객관적으로 파악하는 것은 중요하지 않다. 대상의 의미는 한결같지 않고 끊임없이 변 화하기에, 존재의 항구성이란 사실 환영에 불과한 것일 수 있다. 인간은 결코 하나의 유일한 의미 세계에 살지 않으며, 의미의 다의성은 우리에게 주어진 철학적 사실인 것이다.15) 따라서 대상을 있는 그대로 수동적으로 받아들이기보다는, 오히려 대상에 대해 끊임없이 의심하고 모색하는 과정 이 요청된다. 그렇기 때문에 성찰적 사고는 단순히 인식 작용에 그치는 것이 아니라, 대상의 의미를 탐색하는 과정을 통해 궁극적으로 내 존재 전체를 돌이키는 데 목표를 둔다. 이에 따라 성찰적 사고는 대상의 의미 와 주체의 자기 이해가 서로 연결되는 것을 전제로 한다. 이 같은 점에서 본다면, 시조의 초-중-종장의 형식을 이른바 'ORM 구조'로 개념화할 수 있는 것도, 시조 형식 자체가 대상으로부터 그것이 내게 주는 의미를 발

---

15) 김종걸, 『리쾨르의 해석학적 철학』, 한들출판사, 2003, 18~19면.

견하는 사고 구조를 구현하기 때문이다.16) 시조의 초, 중장이 대상을 향하면서 대상의 문제를 주로 다루는 데 반해, 종장에서는 자기 자신의 문제로 되돌아오면서 자기 이해의 내용을 담고 있다.

그런데 리쾨르(Ricœur)는 주체의 자기 파악이나 자기 이해가 더 이상 매개를 거치지 않는 직접적인 것이 아니라, 주체 자신을 드러낸 언어적 표현물과 그에 대한 해석을 통해 이루어져야 한다는 입장을 피력한 바 있다. 직접적인 코키토를 비판하면서, 언어적 표현물에 의해 '매개된 주체 (sujet médiatisé)'와 그 표현물들에 대한 해석을 통해 '일깨워진 자기(soi instruit)'의 문제를 제기한 것이다. 더 이상 직접적인 자기 이해란 무의미하며, 타자의 이해를 통한 자기 이해와 자기 이해를 통한 타자의 이해를 강조한다. 이를 위한 매개로 지목된 것이 바로 언어, 곧 텍스트이다. '텍스트에 의해 매개되지 않는 자기 이해란 없'으며, '텍스트를 통한 자기 이해가 다른 매개물을 통한 것보다 특권적'이라는 리쾨르의 주장17)은 성찰적 사고와 문학 텍스트의 접점을 만들어낸다.

자기화의 상대자는 가다머가 말하는 '텍스트 세계', 내가 말하는 '작품의 세계'이다. 결국 내가 내 자신의 것으로 만드는 것은 세계의 명제(제안된 세계)이다. 세계의 제안은, 텍스트가 은폐되어 있는 의도인 것과 같이 텍스트의 배후에 있는 것이 아니라, 작품이 전개하고, 발견하고, 나타내는 것과 같이 텍스트 '앞'에 있다. 따라서 이해한다는 것은 '텍스트 앞에서 자기 자신을 이해하는 것'이다. 텍스트에 자기 자신의 유한한 이해 능력을 부과하는 것이 아니라, 텍스트에 자신을 드러내고 텍스트로부터 더 넓은 자기 자신, 세계의 명제(제안된 세계)에 가장 적합한 방식으로 응답하는

16) 김대행, 「이곡의 차마설과 사고의 틀」, 『국어교과학의 지평』, 서울대 출판부, 1995; 김대행, 「손가락과 달의 문학교육론」, 『문학교육틀짜기』, 역락, 2000.
17) Paul Ricoeur, *Soi-même comme un autre*, Seuil, 1990, 138면, 윤성우, 『폴 리쾨르의 철학』, 철학과현실사, 2004, 89면 재인용.

실존의 명제(제안된 실존)인 자기 자신을 받아들이는 것이다. (…중략…)
이런 관점에서 보면, '자기'는 '텍스트 세계'에 의해서 구성된다고 말하는
것이 좀 더 정확할 것이다.[18]

인간 경험이 표출한 외부적 상징을 해석함으로써 주체의 자기 이해가
실현될 수 있다는 설명이다. 이 같은 설명에 따라 성찰적 사고에서 자기
이해를 가져오는 대상은 텍스트, 더 구체적으로 성찰적 사고가 전개되고
있는 '텍스트 세계'가 된다.

문학을 감상하고 자기를 이해하는 것은 주체의 주관적인 활동이기는
하지만, 사실 '자기 이해는 자기화만큼이나 탈자기화의 작업'[19]에 해당하
는 일이기도 하다. 독자가 수용해야 할 것은 작품의 의미뿐 아니라, 텍스
트 의미를 둘러싼 텍스트의 지시, 텍스트가 언표한 경험 그리고 텍스트가
펼친 세계가 되며, 궁극적으로는 독자와 텍스트를 둘러싼 당대와 현재의
세계까지도 포함된다. 그렇기 때문에 독자가 자기화해야 할 대상은 바로
텍스트 세계의 제안이다. 리쾨르에 따르면, 텍스트 세계의 제안은 숨겨진
(저자의) 의도처럼, 텍스트 뒤에(derrière le texte) 있는 것이 아니라, 작품이
발견해내고 드러내는 것으로서 텍스트 앞에(devant le texte) 있다고 한다. 그
렇기 때문에 성찰적 사고란 주체의 주관과 의지에 따라 텍스트의 의미를
재단하고 결정하는 것에서 벗어나, 텍스트에 자신을 개방시키고 노출하면
서 그것으로부터 새로운 자기를 수용하는 일이 된다.

문학의 측면에서 본다면, 문학의 본질 또한 대상을 통한 주체의 자기
발견과 이해에 있고, 이를 통해 주체의 성장을 도모하는 것은 문학의 존

---

18) Paul Ricoeur; 박병수 외 편역, 앞의 책, 132~133면.
19) Paul Ricoeur, 박병수 외 편역, 앞의 책, 117면. 리쾨르(Ricoeur)는 '나를 찾으려면 자기를
   버려야 한다'는 주장을 거듭 피력하고 있다. Paul Ricoeur, *Le Conflit des Interprétations*, 양
   명수 역, 『해석의 갈등』, 아카넷, 2003, 25면 참조.

재 가치이면서 문학교육의 목표이다. '대상을 통해서 자기를 발견하고 확인하는 것이 우리 인간이고 문학은 그러한 인간의 삶을 언어화한 것'[20]이기에, 문학을 통해 자기를 발견하고 타자를 이해하며 궁극적으로 인간 이해에 도달하는 것이야말로 문학과 문학교육의 지향점이 될 수 있다. 이와 같이 성찰적 사고는 문학과 문학교육의 본질에 맞닿아 있다. 문학의 존재가 성찰적 사고에 토대를 두고 있으며, 인간 성장을 도모하는 문학교육은 바로 이러한 성찰적 사고를 통해서 구체화되고 실현될 수 있다. 이 모두 인간다움의 지향과 모색이라는 연결고리를 공유하고 있기 때문이다.

(2) 성찰적 사고의 교육적 위상

일반적으로 '사고란 어떤 방식으로 통제된 생각의 전개를 가리키는 말'이다. 대상을 찾고 그에 대한 심리적 상태를 변화시키는 정신 작용을 의미하는 것으로, 이러한 정신 작용을 운용할 수 있는 힘을 사고력[21]으로 규정하기도 한다. 그런데 사고력 신장을 교육 목표로 설정하고 이를 내용으로 구성할 때 사고는 문제 해결 과정과 동일한 것으로 간주되는 게 일반적이다. 사고의 문제는 문제 해결력을 중심으로 이해되어 왔다는 지적[22]이 이 같은 사실을 뒷받침한다. 이는 인지심리학과 교육학의 논의에

---

20) 김대행, 『문학이란 무엇인가』, 문학사상사, 1992, 44면.
21) 이돈희, 「사고와 사고력의 교육적 가치」, 성일제 외, 『사고와 교육』, 한국교육개발원, 1988, 14면; 서울대 국어교육연구소, 『국어교육학사전』, 대교, 1999 참조.
22) 한명희, 「미학에 있어서의 사고의 구조와 교육」, 성일제 외, 앞의 책, 215면. 사고를 문제 해결의 측면에서 고찰한 대표적인 것으로 김영채, 『사고와 문제 해결 심리학』, 박영사, 1995가 있다. 사전상의 정의와 관련해서는 '우리가 과제 해결이 요구되는 상황에 당면하여 그것을 습관적 수단으로 해결할 수 없는 경우에 수단의 탐구가 행해지고, 그 변형이 일어나며 또는 수단 체계의 새로운 구성이 일어난다. 이와 같이 과제 상황에 대처하는 정신 기능을 사고라고 한다'로 규정한 것이 대표적이다. 『세계철학사전』, 교육출판공사, 1985, 472면.

기반을 두고 있으며, 그 연원은 듀이(Dewey)에게로 거슬러 올라간다.

일찍이 경험에 주목한 듀이는 인간의 행동이 경험으로 성립하기 위해서는 반드시 사고라는 지적 측면이 개입되어야 한다고 봄으로써 사고의 문제를 본격적으로 다룬 바 있다.23) 막연한 덩어리째 존재하는 경험을 '일차적 경험'이라 하고 반성적 사고가 개입하여 다듬어진 경험을 '이차적 경험'으로 규정함으로써, 의미있는 경험의 성립 요건으로 사고를 제시한 것이다. 이때 '사고 또는 반성(reflection)는 우리가 하려는 것과 그 결과로서 일어나는 것 사이의 관계를 파악하는 것'24)에 해당한다. 그런데 『*Democracy and Education*(1916)』과 『*How We Think*(1933)』에서 사용된 '반성적 사고'라는 용어는 이후 『*Logic : The Theory of Inquiry*(1938)』에서 '탐구'라는 말로 대치된다는 사실25)에 주목할 필요가 있다. '탐구'는 실증과 합리성의 확고한 기초 위에서 구체적 사실을 관찰하고 실험을 통해 가설을 검증하는 일련의 탐구 방법을 뜻하는 것으로, 실험적 탐구 및 조작의 과정이라는 의미를 내포하고 있다.

이에 따르면 '반성적 사고'란 해결해야 할 문제를 제기하는 사고의 전 과정과 그 문제가 해결됨으로써 명확해지고 통합된 사고 후의 상황 사이에 개입된 활동을 가리키는 것으로, 제안(suggestion), 지적 정리(intellectualization), 주도적 관념(leading idea) 또는 가설(hupothesis), 추리작용(reasoning), 행동에 의

---

23) 이돈희, 『교육적 경험의 이해』, 교육과학사, 1993, 54면 참조. "사고라는 것은 우리가 하고자 하는 것과 그 결과로 일어나는 것 사이의 관련을 파악하는 것으로, 경험이 의미있는 것이 되려면 반드시 거기에는 사고가 개입되어야 한다." John Dewey, *Democracy and Education*, 이홍우 역, 『민주주의와 교육』, 교육과학사, 1987, 227면.

24) John Dewey, 이홍우 역, 앞의 책, 163면.

25) 이 점과 관련하여, 듀이는 『*Logic : The Eheory of Inquiry*』의 서문에서 "문제적인 것과의 관련은 변하지 않지만, '반성적 사고'와 '객관적 탐구'를 명백히 동일시하는 것은 앞의 저서들보다 오해의 소지를 덜 일으키는 설명의 양식을 가능하게 한다고 생각한다"고 밝힌 바 있다.

한 가설의 검증(testing)의 과정으로 구성된다. 이러한 일련의 과정이 문제 해결의 일반적 절차, 즉 '문제의 발견-문제의 정의-대안의 탐색-계획의 실행-효과의 확인'의 단계[26]로 정립되면서 현재까지 널리 사용되고 있는 것이다. 요컨대 듀이가 말하는 반성적 사고란, '가능한 모든 수단을 활용하고 지력을 자유롭게 작용시켜 현재의 문제 상황을 해결함으로써 지식을 획득하는 방법'[27]을 가리키는 것이다.

듀이는 정밀하고 객관적인 실증·검증의 과학적 탐구 영역과, 실제 사실과는 무관한 가공적 사유를 구별하여 이상(理想)과 같은 후자의 영역에 대해 부정적 입장을 피력함으로써, 사고의 문제를 오직 현실 개선에 도움이 되는 과학적 사고로 국한하는 결과를 초래하였다. 대상과 의미 사이의 관련성과 그 실현 및 검증 가능성에 따라 반성적 사유와 가공적 사유를 변별하는데, 여기서 관찰과 검증 가능성은 반성적 사고의 핵심 내용이 된다.

이처럼 듀이는 인류가 발전시켜 온 가장 효율적인 방법을 자연과학의 실험적 방법으로 규정하고 이를 토대로 반성적 사고를 구성하였다.[28] 그런데 문제는 이러한 반성적 사고만을 사고 교육의 내용으로 간주하는 데 있다. 과학적, 실험적 사고 방법을 체계화하고 발전시킨 반성적 사고는 확실한 결과만을 지향하고 추구하기 때문에, 의미의 문제, 내면화와 통찰과 같은 인간 활동을 사고의 영역에서 배제하고 그에 대한 논의를 불가능하게 만드는 문제가 있다.

이런 문제 의식으로 인해 듀이의 'reflective thinking'을 '반성적 사고'

---

26) 한국교육개발원, 「사고력 신장을 위한 프로그램 개발 연구 Ⅲ」, 한국교육개발원, 1989, 40~43면.

27) 노진호, 「듀이의 반성적 사고와 교육론에 관한 연구」, 성균관대 박사학위논문, 1994, 89면.

28) John Dewey, *Reconstruction in Philosophy*, Beacon Press, 1957, 96면, 노진호, 앞의 글, 30면 재인용.

가 아닌 '과학적 사고'로 번역하는 편이 더 적합하다는 견해29)가 제기되기도 하였다. 듀이의 사고는 실제적 사태에서의 문제나, 아니면 기껏해야 과학자가 실험을 요하는 상황에서만 적용되는 원리30)라는 비판 또한 마찬가지이다. 다음 피터즈(Peters)의 비판도 이와 다르지 않다.

> 내가 비판하려는 것은 듀이가 인간 상호 관계와 감정 교육에 소홀했다는 점이다. 이것은 듀이가 실제적으로 교육에 있어서 문학의 역할에 대해 아무런 언급도 하지 않았다는 것을 의미한다. 문학은 문제해결식의 학습 방법을 두드러지게 추종하지 않으며, 개인 자신의 문제보다는 모든 인간의 곤경에 대해서 빈번히 관심을 쏟는다.31)

사고력의 함양을 위해서는 논리적이고 과학적인 사고 이외에도 인간적인 사고, 가치론적인 사고가 요청된다. 따라서 사고 교육은 사고하는 데 필요한 어떤 일반적인 원리나 방법을 가르치는 것 이외에도 사고의 방향, 즉 올바르게 대상을 파악하고 그 속에서 참된 가치를 깨닫는 것까지 포괄해야 할 것이다. 특정한 기술의 방법적 습득 차원에서 벗어나 인간의 가치와 성장의 문제에 초점을 맞추는 것을 의미한다.

> 사고력 교육은 인간과 세계를 거시적으로 통찰할 수 있는 안목 형성에 관한 내용을 중요하게 고려해야 될 것이다. 그런 것이 어떤 것인가에 대해서 아직 확신을 가질 만한 요소는 없는 것 같다. 그러나 문제를 해결하는

---

29) John Dewey, 이홍우 역, 앞의 책, 228면 각주 참조.
30) 이돈희, 『존 듀이 교육론』, 서울대 출판부, 1992, 15면 참조. 사건 진전 과정의 한 부분으로서 그 결과에 영향을 미치는 것과는 상관없이, 단순히 사태를 파악하는 것을 목적으로 하는 이론적 사고의 문제를 간과하고 있다는 점에서, 듀이의 반성적 사고를 비판하기도 한다. John Dewey, 이홍우 역, 앞의 책, 233면 각주 참조.
31) Richards S. Peters eds., *John Dewey Reconsidered*, 박영환 역, 『존 듀이의 재고찰』, 성원사, 1986, 147면.

사고뿐만 아니라 문제를 발견하는 사고, 주어진 목표를 어떻게 하면 잘 달
성할 것인가에 관한 사고뿐만 아니라 어떤 목표를 가질 것인가에 대한 사
고, 가치 체계 내에서의 사고뿐만 아니라 가치 체계에 관한 사고, 안전을
도모하는 사고뿐만 아니라 모험을 감행하는 사고 등으로 사고 자체에 대
한 우리의 안목을 넓혀야 한다.[32]

올바르게 사고하도록 한다는 것은 특정한 사고 기능을 습득하도록 하
는 일이면서 동시에 인간됨의 모습에 눈을 뜨도록 하는 일이 되어야 하
며, 따라서 사고력 교육은 사고에 대한 기계적인 기능을 습득하는 것 이
외에도 그것이 인간의 가치를 드높이는 데에도 연결되어야 한다. 이는 곧
성찰적 사고 교육을 제안하게 되는 배경이기도 하다. 성찰적 사고 교육은
문제의 해결보다는 편견의 '극복, 지평의 확대, 인간성의 해방' 등의 제안
에 대한 구체적인 내용과 방법을 다룰 수 있다. 대상과 나의 관계 속에서
의미를 찾고 인간다운 삶을 추구하는 성찰적 사고는 사고 교육이 나아가
야 할 새로운 지향점이자 가치론적 목표가 될 것이다.

인간 사고가 물리적 자연을 파악하는 자연과학적 사고와 더불어 정신
과학적 사고의 영역으로 구성된다고 할 때, 정신과학적 사고의 핵심에 바
로 성찰적 사고가 위치한다고 볼 수 있다. 일찍이 딜타이(Dilthey), 후설
(Husserl), 가다머(Gadamer) 등은 자연과학적 사고(실증주의)가 모든 학문의 철
학적 토대가 되는 것을 반대하면서 정신과학(인문과학, Human science)의 방
법론과 가치를 주장한 바 있다. 자연과학적 이성에 의하면 인간 역시 물
리적 자연의 일부가 되며, 여타의 모든 대상과 마찬가지로 자연적 인과관
계의 틀 속에 존재하는 것이 되어 버린다. 이 같은 의식의 밑바탕에는 인

---

32) 곽병선, 「사고와 교육」, 성일제 외, 앞의 책, 32면. 이는 R. S. Nickerson, Why teach
Thinking, J. B. Baron & R. J. Sternberg eds., *Teaching Thinking Skills : Theory and
Practice*, W. H. Freemen and Co, 1987의 논의에 바탕을 두고 있다.

간을 실증과학의 목표에 따라 일정한 방향으로 추상화하고 재단하는 '사실인(Tatsachenmenschen)'으로서의 인간관[33])이 자리잡고 있다. 이에 비해, 성찰적 사고의 관점에서는 주체와 대상이 상호 관련을 맺는 특질이 있다. 주체의 이해는 대상과의 관계 속에 이미 포함되어 있고, 이해의 결과 또한 주체에게 영향을 끼치기 마련이다. 여기에는 '가치론적 이성의 주체'로서, '의미 구성의 주체'로서 인간을 바라보는 관점이 전제되어 있다.

결국, 사고의 문제란 대상에 의해 일방적으로 결정되는 것도 아니고, 주체에게 선험적으로 주어지는 것도 아니다. 문제의 성격이 사고의 목표를 정하며 그 목표가 사고 과정을 규정하는 것이다.[34]) 여기서 대상의 구명에 그치는 것이 아니라 그 대상에 의한 주체의 변화에 주목하는 것, 그것이 성찰적 사고이다.

3. 성찰적 사고의 관여 요소와 구조

성찰적 사고에 관여하는 요소로는 우선 사고의 주체와 대상, 그리고 이들을 둘러싼 사회 문화적 배경과 전통을 생각할 수 있다. 여기서 사고의 주체는 진공의 상태에서 개별자로 존재한다기보다는 문화공동체의 자장(磁場) 속에서 특정한 문화적 의미를 공유하고 있는 존재에 가깝다.[35]) 성찰적 사고 역시 몰역사적인 보편 주체의 사고 과정이라기보다는 역사적 주

---

33) 이남인, 「후설」, 소광희 외, 『인간에 대한 철학적 성찰』, 문예출판사, 2005 참조.
34) John Dewey, *How We Think*, 임한영 역, 『사고하는 방법』, 법문사, 1979, 26면.
35) 주지하다시피, 문화란 인식의 틀로 작용한다. 이는 장기간에 걸친 학습과 연습을 통해 개인 안에 내면화됨으로써, 인식의 틀을 제공하는 기능을 수행한다. 이처럼 문화를 고정된 실체로서의 현상 차원을 넘어 대상에 대한 인식 틀, 인식 방식이라는 형태로 접근할 필요가 있다. Chris Jenks, *Culture*, 김운용 역, 『문화란 무엇인가』, 현대미학사, 1996 참조.

체가 문화적 전통 속에서 의미를 발견·생성·공유하고, 그 속에서 자기를 이해하고 변화시키는 행위라 할 수 있다.

이에 따라 이 글에서는 성찰적 사고의 실현태를 살피기 위한 자료로, 자연을 대상으로 한 강호시조, 이 중에서도 특히 이황(李滉)과 윤선도(尹善道)의 시조에 주목한다. 강호시조 자체가 자연이라는 대상이 성리학적 사유 속에서 사대부라는 계층에 의해 도학적인 의미와 결부되어 생성되는 하나의 문화적 전통이었으며, 이 점이 문화적, 역사적 실천 행위의 측면에서 성찰적 사고의 문제를 탐구하는 것을 가능케 한다. 뿐만 아니라 인간 사고가 대상과의 관련 속에서 촉발된다는 점에서 경물에 대한 감각적인 인식은 물론, 자연과 인간 사이의 적극적인 교융의 문제가 이들 작품 속에 두드러지게 나타난다는 특질에도 주목할 필요가 있다. 시조의 '사변적이고 오성적인'36) 속성, 주체가 강조되는 자기 표백적 속성,37) 그리고 자연과 주체의 감응이 두드러지는 관계적 속성 등은 성찰적 사고가 촉발되는 중요한 바탕이 된다. 이처럼 추상적인 의식과 구상적인 자연 공간의 길항 작용38)을 통해 완성되는 강호시조는 보이는 자연과 보이지 않는 의식·사상의 문제를 정면으로 다루고 있는데, 이는 성찰적 사고의 본령에 해당하는 것이라 할 수 있다.

또한 이황과 윤선도의 시조로 자료의 범위를 한정한 까닭은 이들이 각각 16세기, 17세기 강호시조를 대표하는 작품군이면서, 자연을 인식하는 방법과 자연이 갖는 의미 등에 있어서 선명한 대비를 이루고 있기 때문이

---

36) 김대행, 『시조유형론』, 이대출판부, 1986, 225면. 시조는 적극적인 감정의 표현이라기보다는 객관적이고 다분히 성찰적인 태도를 보여주는 것이 주류이며, 이를 가리켜 '사변적인 태도'로 명명하고 있다. 김대행, 앞의 책, 168면 참조.

37) 시조에 등장하는 어휘 중에서 대명사의 경우 '나', '내', '내'(소유격), '우리' 등의 1인칭이 단연 두드러진다는 연구 결과가 이를 뒷받침한다. 정병욱, 『(증보판) 한국고전시가론』, 신구문화사, 1993, 228~230면.

38) 권정은, 「자연시조의 구성공간과 지향의식」, 서울대 박사학위논문, 2004, 3면 참조.

다.39) 따라서 이 글에서는 자연을 인식하는 태도에 있어 차이가 두드러지는 이황과 윤선도 시조의 대비를 통해서 성찰적 사고의 구조를 논증하고자 하며, 이들 시조는 성찰적 사고의 구체적인 실현태의 사례가 된다.

(1) 지향성에 의한 대상과의 관계 형성

① 사유의 대상으로서 물(物)의 존재

자연을 다룬 작품에 관한 논의는 그동안 고전문학 연구에서 중요한 위치를 차지하였다. 특히 성리학이 확립되면서 삶의 조건을 이루는 사물을 선택하고 변형시켜 문학으로 형상화하는 것은 오랜 전통으로 자리잡기도 했다. 이때 물(物)은 객관 세계에 보이는 가시적 사물이든 혹은 인(仁)이나 충(忠)과 같은 정신적인 개념이든, 지칭의 대상이 되는 모든 것에 해당한다.40)

> 물(物)은 존재의 모습이며, 존재는 물의 표상이다. 완물(玩物)에서 물(物)을 좁게 보면 사물이며, 넓히면 존재라는 이념으로 추상될 것이다. 완물은 사물 또는 존재의 의미를 새겨서 궁구함을 말한다.41)

> 무릇 사람이 기거, 음식, 비탄, 득실하는 것이 모두 물이다. 어찌 유독 강산, 풍월, 곤충, 초목만이 물이겠는가? 그렇다고 저 강산, 풍월, 곤충, 초

---

39) 강호시가를 구체화된 역사적 맥락 속에서 재검토하여 그 전개 양상을 규명한 것으로는 김흥규의 연구가 대표적이다. 이현보-이황-권호문으로 이어지는 16세기 영남 사림의 강호시조를 중심에 두고 강호시가의 변이 양상을 분석한 바에 따르면, 윤선도의 시조는 '전범적 자연관'과 '감흥의 절제' 면에서 이들과 정반대의 위치에 선다. 이들 작품의 특징과 시기별 변모 양상에 대해서는 이 연구에 근거를 두기로 한다. 김흥규, 「16, 17세기 江湖時調의 변모와 田家時調의 형성」, 『욕망과 형식의 詩學』, 태학사, 1999 참조.
40) 박성규, 「格物致知 개념의 연원」, 『규장각』 24, 서울대 규장각 한국학 연구원, 2001, 122면.
41) 윤재근, 『문예미학』, 고려원, 1984, 50면.

목만 취하여 영탄하는 것이 도리에 어긋나게 형용하는 것이겠는가? 그것
은 기거, 음식, 비탄, 득실의 감정인 것이다.[42]

성리학에서 '물(物)'은 인간과 대립되는 물질적·현상적 존재만이 아니
라, 인간 자신을 포함한 '부(父)·자(子)·군(君)·신(臣)·우(友)' 등을 포괄
하는 개념이다. '물(物)'은 '사(事)'로 해석되기도 하는데('物猶事也'), 이로써
실재로서의 사물의 성질, 상태, 관계 등의 사태나 사건을 넘어서 효(孝),
제(悌), 충(忠), 신(信) 등의 정신적 사실이나 행위를 가리키는 것이 되기도
한다.[43] 따라서 물(物)은 인정·사상(事象)·물태(物態)를 비롯한 우주의 삼
라만상을 포괄하는 모든 존재와 그 이치에 대한 포괄적 의미, 즉 물태인
정(物態人情)을 모두 아우른다.

인간은 자신을 둘러싸고 있는 이러한 물과의 조화와 그 체득을 통하여
자기 변화와 발전을 꾀하여 온 것이다. 동양에서 '물'은 인간의 본질과 실
존의 의의를 인식하게 만드는 사고의 대상이 되고, 인간의 사고는 물에
대한 끊임없는 탐구와 조화의 결과로 볼 수 있다. '물'은 곧 '도'의 내장이
고 자연의 전형이며, 미덕의 세계이자 인간 그 자체이기도 하다.[44] 이처
럼 동양에서 인간의 사고는 곧 물에 의한, 물에 대한, 물을 통한 사고이
며, 일상 속에서 대응하고 접촉하는 모든 물이 인간 사유의 본질적 동인
이 된다.

---

42) "夫人起居飲食悲歡得失 亦物也 何獨江山風月昆蟲草木物之乎 然而彼取江山風月昆蟲草木 詠
　　歎之者 所以洴液形容乎 其起居飲食悲歡得失之情也", 장지완, <겸산당영물근체시>
43) 금장태, 『유학 사상의 이해』, 집문당, 1996, 114면 참조
44) 조기영, 『한국시가의 자연관』, 북스힐, 2005, 208~209면 참조.

② 물(物)에의 지향성과 대상화

시적 화제로서 대상인 물(物)은 사고를 불러일으키는 존재이다.[45] 사고
는 외부의 사물이 그것을 움직여 일으킴으로써 진행된다.[46] 이처럼 인간
의 사고 활동은 특정한 대상을 향하면서 그것과 지향적 관계를 맺는다.
여기서 지향성이란 '모든 의식은 무엇인가에 관한 의식(toute conscience est
de conscience de quelque chose)'을 뜻한다.[47] 지향성에 주목한다면, 사고 활동
은 대상적인 것을 향하면서 동시에 그것과 맺고 있는 관계를 담고 있는
것이다. 가령, 길가에 서 있는 나무를 지각할 경우, 사고 활동은 그 나무
를 향하면서 그것과 지각적인 관계를 맺게 되는 것으로 설명된다. 이러한
지향성은 '첫째, 대상을 어떤 의미를 지닌 대상으로 파악할 수 있는 능력
이 있는 영혼 활동과, 둘째 바로 그러한 의미를 지닌 것으로 파악된 대상
사이에 존재하는, 의미를 매개로 하여 이루어진 관계'[48]를 주된 속성으로
한다. 그런 만큼 주체로서 인간이 마음을 쓰고 관심을 갖지 않는다면, 어
떤 물(物)도 당사자에게 의미를 지닐 수 없고, 그야말로 단순한 사물에 지
나지 않는다.

주체의 지향성에 의해 하나의 사물은 비로소 대상이 된다. 이때 '하나
의 대상(an object)'은 '하나의 사물(a thing)' 이상의 것이다.[49] 무의미한 존재

---

45) "人心之動 物使之然也" 『樂記』, "瞻萬物而思紛" 陸機, 『文賦』
46) "志之所適, 外物感焉", 孔穎達, 『詩大序正義』
47) 지향성은 스콜라 철학에서 유래한 것으로, 후설의 스승 브렌타노에 의해 자아의 의식은
특정한 대상 또는 내용을 지향할 수밖에 없다는 의미로 개념화되었다. 한전숙, 앞의 책,
91~92면 참조. 흔히, '어떤 것에 대한 의식'이라 간단히 규정되기도 하지만, 브렌타노나
후설의 논의에서 지향성의 개념은 끊임없이 변화를 거듭한 끝에 다소 일관되지 못한 측면
이 존재하는 것도 사실이다. 그런데 '알다'라는 의미의 '知'라는 글자에도 이러한 지향성
은 암시되어 있어 흥미를 끈다. '知'는 '矢'와 '口'의 결합으로 된 글자로, '矢'는 '向'함이
있음을 뜻한다. 따라서, '知는 주체에서 대상으로 지향하는 데서 성립하는 것이다.' 『說文
解字』, "知ㅆ口矢". 금장태, 앞의 책, 107면 참조.
48) 이남인, 앞의 글, 395~398면.

인 사물이 주체의 의식 작용에 의해 대상화될 때, 그 존재는 의미의 담지
체로서 가능적 존재가 된다. 하나의 대상은 주체와 관련 없이 거기에 존
재하는 것이 아니라, 주체의 의미 형성을 위한 하나의 질료, 또는 재료로
서 주어진 것이다. 대상은 객관적으로 존재하는 독립적 개체의 수준을 넘
어서 의식 활동의 영역에 관여하는 상관물, 즉 의미 존재로 인식된다. 주
체에게 인식되기 이전의 사물과 주체의 지향성 이후의 사물을 비교해보
면, 사물과 대상 사이의 이러한 차이는 더욱 분명해진다.

이러한 설명에서 보건대 자연이라는 한 사물을 두고서도, 대상과 관계
맺는 주체의 세계관과 당대 사회 문화적 현실에 따라 생활의 공간, 미적
체험의 공간, 나아가 정신사의 원천과 동력 등의 의미로 다양하게 실현될
수 있다. 조선시대 사대부가 성리학적 사유 구조 속에서 노래한 자연을
두고서, '강호가도(江湖歌道)'의 이름으로 전체화하여 포괄하고 있지만, 주
체의 세계관과 사회 문화적 현실에는 여러 편차가 존재하는 것이 사실이
다. 이황과 윤선도의 시조를 살펴보면, 주체의 세계관과 당대 사회문화적
현실의 교직은 다음과 같은 접근 태도와 형상화의 차이로 나타난다.

> 靑山은 엇데ᄒᆞ야 萬古애 프르르며
> 流水는 엇데ᄒᆞ야 晝夜애 긋디 아니는고
> 우리도 그치디 마라 萬古常靑호리라 (李滉, 〈陶山十二曲〉)

이황은 자연의 외형적 아름다움에 주목하지 않으며, 자연 그 자체를 관
심의 대상으로 삼지 않는다. 그 대신 물성을 지향하여 그것이 함의하는
추상적인 자질을 강조할 따름이다. <도산십이곡(陶山十二曲)>에서 '靑山'과
'流水'는 표면적으로는 푸른 산과 흐르는 물이라는 자연 그 자체의 모습

---

49) John Dewey, 임한영 역, 앞의 책, 32면.

을 가리키지만, 여기서는 그보다 더 높은 단계의 추상적 의미와 관념적 세계로 기능하고 있는 것이다. 산과 물이 갖는 수많은 자질 중에서 '常靑'과 '不斷'으로 의미화되는 것은 이황이 지닌 도학적 이념과 시각에 의해 선택되고 강화된 결과에 따른 것이다. <도산십이곡>에 자연물과 관련된 일반 명사가 적으며, 그 또한 지극히 보편적인 소재에 그치는 것50)도 대상에 대한 주체의 관념적이고 추상적인 지향성에서 기인한다. 이로써 자연은 어느 한 지역의 특정한 대상물로 나타나지 않고 어느 곳에서나 통용될 수 있는 보편적 자연이 된다. 여기서 주체의 지향성과 관계 형성의 한 양상을 보게 된다. 즉, 대상 그 자체의 실재와 특징에 주목하기보다는, 주체의 관념에 따라 대상이 함의하는 상징과 내포된 의미가 선택적으로 강화·추상화되는 것이다. 이러한 유형을 '관념적 이념성의 지향성'으로 규정할 수 있다.

> 고운 볕티 쬐얀는디 믉결이 기름ᄀ다
> 그믈을 주어 두랴 낙시롤 노흘 일까
> 濯纓歌의 興이 나니 고기도 니즐노다 (尹善道, 〈漁父四時詞〉 春5)

<어부사시사(漁父四時詞)>에서 자연을 향하는 시각은 <도산십이곡>과는 사뭇 다른 양상이다. 우선, 대상이 되는 자연이 추상적인 존재로 그려지는 것이 아니라, '볕', '믉결', '그믈', '낙시', '고기' 등의 구체적인 소재로 제시된다는 점이 눈에 띈다. 자연이 갖는 추상성이 제거되고 나와 관계되는 자연의 구체적인 실상이 등장하고 있는 것이다. 이러한 구체적인 소재의 등장은 곧바로 주체의 생동감 넘치는 직접적인 행위로 이어진다.

---

50) 권정은, 앞의 글, 30면.

銀唇 玉尺이 몃치나 걸넌느니
蘆花의 블 부러 굴히야 구어 노코
딜병을 거후리혀 박구기에 브어다고 (尹善道, 〈漁父四時詞〉秋5)

위 시조에서는 낚시를 마친 후 불을 피워 물고기를 굽고 술을 마시는
행위가 구체적으로 기술되어 있다. '은진(銀唇)', '노화(蘆花)' 등의 구체적인
대상이 등장함은 물론이거니와, 그와 관계된 주체의 행위 또한 자세하게
그려지고 있다. 다음의 부분들에서 이를 볼 수 있다.

芳草롤 불와 보며 蘭芷도 뜨더 보쟈 (尹善道, 〈漁父四時詞〉春7)
醉ᄒᆞ야 누얻다가 여흘 아러 ᄂᆞ리려다 (尹善道, 〈漁父四時詞〉春8)
묽결이 흐리거든 발을 싯다 엇더ᄒᆞ리 (尹善道, 〈漁父四時詞〉夏4)
부들 부체 ᄀᆞᆯ 쥐고 석경으로 올라가쟈 (尹善道, 〈漁父四時詞〉夏10)

이처럼 〈어부사시사〉에는 자연 경관 및 사물의 묘사가 예사로운 관용
성을 훨씬 뛰어 넘어 즉물적인 참신함을 보여주는 것들이 많다. 색채 배
합 및 대비의 선명함이 구사되는 것도, 어옹의 거동과 심리를 보여주는
다채로운 표현이 존재하는 것[51]도, 분명 〈도산십이곡〉과는 다른 양상이
다. 자연 현상의 전범성과 도학적 상징성보다는, 구체적인 묘사와 관찰을
통해 자연과 직접적으로 관계를 맺는 하나의 지향성이 확인되는 바, 이를
'감각적 심미성의 지향성'으로 유형화할 수 있다.

---

51) 김흥규, 「어부사시사에서의 '興'의 성격」, 앞의 책, 168면.

(2) 반성에 의한 주체의 자기 이해

① 반성에 따른 의미의 자율성 및 개방성

반성(反省, reflection)이란 의식이 자기 자신에게 되돌아감[52]을 뜻하는 것으로, 철학 분야에서 널리 사용되고 있는 개념이다. 'reflection'[英/ Reflexion 獨/ réflexion 佛]은 본래 시각과 관련된 어휘에서 유래하여, 빛나는 광선을 다시 원천으로 돌려 보낸다[53]는 의미를 함축하고 있다. '굴곡되어 자신에게로 되돌아온다'는 일반적인 의미는 여기서 비롯된다. 인간 사고의 경우에도 '인식할 때 우리의 시선은 바깥을 향하지만, 그 시선을 안으로 되구부려(re-flect) 인식하고 있는 자신에 대한 검토'[54]가 이루어진다는 점에서, 이를 '반성'으로 개념화할 수 있다.

반성 작용으로 인해 대상의 의미는 고정되지 않고 개방된다. 주체에 따라, 주체가 처한 상황과 환경적 여건에 따라 그 의미는 끊임없이 변화한다. 그렇기 때문에 대상의 동일성에도 불구하고 그것을 형상화한 텍스트의 세계는 달라질 수밖에 없다. 동일한 작품을 두고서도 감상하는 이에 따라 그 의미와 태도에 차이가 발생하는 이유도 여기서 찾을 수 있다. 반성이란 대상 자체의 규명이 아니라 그것이 나에게 어떤 의미인가에 대한 문제이기 때문에, 본래의 의미는 중요하지 않다. 사고를 유발하는 자극은 주체와의 교섭 속에서 의미의 재구성과 변용의 과정을 겪기 때문이다. 따

---

52) Frédéric Laupies, 공나리 역, 앞의 책, 122면. "반성은 사고하는 의식이 자기 자신에게 되돌아가는 것"이다. Muller Max 외, *Kleins philosophisches Wörterbuch*, 강성위 역, 『철학소사전』, 이문출판사, 1994, 103면.

53) 임석진 감수, 『철학사전』, 이삭, 1983, 144면 참조. 'Reflection'은 라틴어 'reflectio'에서 유래한 것으로 're+flectere', 즉 '다시 구부리다·휘다(to bend)'의 의미를 갖는다. Dagobert D. Runes, *The Dictionary of Philosophy*, philosophical library, 1942, 267면 참조. 이처럼 'Reflexion(獨)'이 되돌린다, 되휜다'(한국철학사상연구회 편, 『철학대사전』, 동녘, 1990, 469면)와 같은 의미를 지닌다는 것을 확인할 수 있다.

54) 이정우, 『개념-뿌리들』, 철학 아카데미, 2004, 380면.

라서 문학에서 성찰적 사고의 초점이 되는 것은, 저자가 의도한 텍스트의 의미가 아니라 텍스트가 열어주고 발견하게 하는 세계, 텍스트에 의해 펼쳐진 여러 제안들이다. 이처럼 반성에 의해 대상의 의미는 자율성과 개방성을 갖는다.

성찰적 사고의 시각에서는 텍스트의 고정된 의미 문제에 천착하기보다는, 오히려 텍스트를 접하는 사건, 주체, 상황에 따라 달라지는 의미화의 문제에 주목한다. 대상이 갖는 의미, 텍스트가 말하고자 하는 내용은 모두 대상과 나의 만남에 따라 달라질 수밖에 없으며, 이 같은 점에서 본다면 작자가 텍스트에서 구현하고자 한 원래의 의미도 개별적인 개인과 대상과의 만남 사이에서 발생하는 하나의 사건에 불과하다. 따라서 성찰적 사고에서 텍스트는 의견과 입장을 개진하는 하나의 관점이 제시된 것으로 보아야 할 것이다. 이러한 관점 또한 고정 불변의 것이 아니라, 독자에 의해 새롭게 바뀌고 또 다른 관점이 더해지면서 변화·발전의 과정을 거치게 됨은 물론이다.

② 대상에 대한 주체의 감응

성찰적 사고는 대상에 대한 단순한 관찰이나 혹은 사물적인 인식과는 차이가 있다. 성찰적 사고 작용이 이루어지기 위해서는 대상과 주체의 관계 맺음과 이 관계 속에서의 상호간의 소통과 교섭이 전제되어야 한다. 이러한 상호간의 소통과 교섭은 곧 '감응(感應)'에 해당한다. '감응'이란 외적 세계[대상]와 내적 세계[주체]의 상호 교감에 의한 반응을 뜻한다. 자연 경물에 의한 감응의 양상은 대체로 '격물(格物)', '제물(齊物)', '관물(觀物)', '영물(詠物)'을 비롯하여, '응물(應物)', '인물(因物)', '촉물(觸物)', '즉물(卽物)', '수물(隨物)', '축물(逐物)' 등의 개념으로 설명된다. 이는 '사물이 모양으로써 구하고 마음이 이치로써 응답하는(物以貌求, 心以理應)' 것이며, '눈길이 이르렀다가 돌아오면 감정도 따라서 움직여가는(目旣往還, 心亦吐納 : 劉勰)' 과정으로, 마음과 사물이 '서로 만나 영향을 주며(相値相取 : 王夫之)' '서로 부딪치고 서로 어우러지는(相摩相蕩 : 劉熙載)' 것을 가리킨다. 따라서 주체와 대상은 변증법적인 통일을 이루며, '어느 한쪽만으로 이루어지거나 서로 배치될 수 없고(孤不自成, 兩不相背 : 謝榛)' '진실로 분리할 수 없는(實不可離 : 王夫之)' 관계에 있다.55)

　'격물(格物)'의 경우를 자세히 살펴보면, 대체로 '즉물(卽物)', '궁리(窮理)', '지극(至極)'의 세 가지 의미역을 갖는다. '즉물'이란 물에 나아가는 것으로 사물을 통한 경험적 인식 방법을 의미한다. 또한 경험적 대상으로서 물은 곧 기(氣)이므로 이(理)는 기를 통하여 인식해야 한다고 보고 이(理)를 탐구하는 것('窮理')을 강조한다. 이어 이치를 완전히 궁구할 때 비로소 격물이 이루어진다고 보고 격(格)을 '지극(至極)' 또는 '진(盡)'으로 해석할 수 있다.56) 이처럼 인간의 마음이 사물에 닿아서[卽物] 그 사물의 이치를 탐구[窮理]하여 각성되는 것[至極]이 바로 격물치지(格物致知)인 것이다.57) '물(物)'이 주체의 외부에 존재하는 대상이라면 '지(知)'는 주체의 정신에 소유되는 인식의 결과물에 해당하여 '격물(格物)'과 '치지(致知)'는 서로 구분되지만, 이들은 공통적으로 대상에서 출발하여 주체의 이해가 이루어진다는 점을 가리키고 있다. 특히 격물치지가 사물의 객관적 사실에 관한 과학적 탐구를 지향하는 것이 아니라 인간의 정당한 행위 법칙을 찾는 도덕 수양론58)의 차원인 점은 성찰적 사고와의 깊은 관련성을 짐작케 하는 지점이다.

---

55) 이병한 편, 『중국 고전 시학의 이해』, 문학과지성사, 1992, 99면.
56) '格物'의 의미에 대해서는 한국사상사연구회 편, 『조선 유학의 자연철학』, 예문서원, 1998, 76~77면을 참조할 수 있다.
57) 금장태, 앞의 책, 119면 참조.
58) 김낙진, 「조선 유학자들의 격물치지론」, 한국사상연구회 편, 앞의 책, 71면 참조.

　그런데 대상, 곧 자연은 단순히 어떤 것(Etwas)이라는 의미를 넘어서 '나
-너'라는 관계의 세계59)를 세운다. 여기서 대상은 더 이상 사물적 인식의
대상을 가리키지 않는다. 너와 더불어 생각한다는 것은 대화, 곧 '같이 말
함'의 의미이다. 내가 너 속에서 나를 발견하기 위해서는 너를 단순히 사
물로 대하는 것이 아니라 인격적으로 만나는 것이 필요하다. 그런데도 현
재의 사유는 언제나 '그것'만을 생각하기에, 거기서 인간의 사물화라는 문
제가 비롯된다고 볼 수 있다. 사물을 생각하는 것과 똑같은 방식으로, 인
간을 생각하고 인식하는 태도를 갖기 때문이다. 성찰적 사고의 필요성이
여기서 재차 확인된다. 성찰적 사고는 주체와 대상의 관계가 상호 분리된
별개의 구성 요소가 아니라 인간과 대상이 상호 유기적인 관련성을 맺는
것을 주된 특징으로 한다.
　경물에 대한 주체의 감응 양상에는 차이가 있다. 주체의 감응 양상을
유형화하기 위하여 '이치', '흥취'의 개념을 원용하기로 한다. 이치(理致)가
대상이 주는 근본 이치를 가리킨다면, 흥취(興趣)는 경치를 본 느낌에 해당
한다.60)

　　　낙시줄 거더 노코 篷窓의 돌을 보쟈
　　　ᄒᆞ마 밤 들거냐 子規 소ᄅᆡ ᄆᆞᆰ게 난다
　　　나믄 興이 無窮ᄒᆞ니 갈 길흘 니젓땃다 (尹善道, 〈漁父四時詞〉 春9)

　　　긴 날이 져므는 줄 興에 미쳐 모ᄅᆞ도다
　　　빗대롤 두드리고 水調歌롤 블러보쟈
　　　欸乃聲 中애 萬古心을 긔 뉘 알고 (尹善道, 〈漁父四時詞〉 夏6)

59) Martin Buber, *Ich und Du*, 표재명 역, 『나와 너』, 문예출판사, 1995 참조.
60) 조동일, 「산수시의 경치 흥취 이치」, 『한국시가의 역사의식』, 문예출판사, 1993.

<어부사시사>의 시적 관심은 강호에서 누리는 넉넉함과 아름다움에 있으며, 여기서 고양된 기쁨과 충족감이 흥(興)을 낳는다. 자연이라는 대상은 아름다움을 내포한 심미적 공간이며, 이로부터 발생하는 시적 감정으로서의 정감이 바로 흥(興)인 것이다. 따라서 자연은 일차적으로 감각에 의한 경험적 대상물, 즉 현실의 공간에 존재하는 실재물의 의미를 가지며, 주체는 이를 경험적 지각을 통해 인식함으로써 내면 심리에 변화를 겪게 된다. 이러한 자연의 감응 양상은 '흥취의 발산'에 해당한다고 볼 수 있다. <어부사시사>에 흥이 9차례 등장한다는 점, 그리고 그 용례가 모두 기쁨·도취의 정도가 짙으며 드높은 것으로 나타난다는 사실이 이를 뒷받침한다.

> 春光에 花滿山ᄒ고 秋夜애 月滿臺라
> 四時 佳興이 사롬과 ᄒ 가지라
> ᄒ믈며 魚躍鳶飛 雲影天光이아 어늬 그지 이슬고 (李滉, 〈陶山十二曲〉)

> 天雲臺 도라드러 玩樂齋 瀟灑ᄒ더
> 萬卷 生涯로 樂事ㅣ 無窮ᄒ애라
> 이 둥에 往來 風流를 닐어 므슴ᄒ고 (李滉, 〈陶山十二曲〉)

그런데 <도산십이곡>에서는 이러한 흥취가 철저하게 절제되어 있다. 자연의 심미적 화려함보다는 오히려 자연이 함의하는 도학적 이법(理法)에 관심이 모아진다. 그 결과 이황은 자연이라는 대상으로부터 '천인합일(天人合一)의 추구와 관련된 도학적 충족감을 얻는다. 이는 자연의 외형적 관찰에 따른 흥취와는 다르다. 그렇기 때문에 자연 경관의 구체적인 묘사나 관찰이 이루어지지 않는다. 자연이 내포한 전범성과 상징성만이 강조될 따름이며, 이때의 전범과 상징이란 지향해야 할 자연의 이치와 이념적 수

양을 의미한다. 자연이란 혼탁한 세속에 의해 더럽혀진 인간의 모습을 거
울에 비추듯 보여줌으로써, 인간 스스로 천(天)으로부터 부여받은 본성을
확충하도록 도와주는 존재인 것이다.61) 이러한 대자연 속에서 이른바 사
물의 원리로서의 '소이연(所以然)'를 깨닫고, 이를 통해 자신의 삶을 되돌아
보면서 지향해야 할 가치와 윤리, '소당연(所當然)'을 얻게 되는 것이다. 자
연과 자신을 관련지음으로써 인간과 세계의 문제를 반성하게 되고, 이 속에
서 대상으로서 자연은 참된 모습과 이치를 제시해주는 의미 존재로서 기능
한다. 이처럼 삶과 자연이 교융(交融)하여 철리(哲理)를 깨치는 모습을 보게
되는데, 이러한 자연과의 감응을 두고서 '이치의 발견'이라 할 수 있다.

　이황과 윤선도에게 자연의 의미가 다르게 나타나는 것은, 자연 그 자체
에 대한 실체론적 관심이 아니라, 주체와의 감응을 통한 사고 작용의 차
이로 설명될 수 있다. 대상을 향하는 사고의 방향과 더불어 그것이 자신
에게 어떤 의미인가에 대한 반성의 작용이 이루어지기 때문에, 이황에게
는 '도학적 이치의 발견'이라는 감응이 윤선도에게는 '심미적 흥취의 발
산'으로 달리 나타나는 것이다.

③ 의미 수용의 태도와 주체의 자기 이해

　성찰적 사고에서 대상의 의미는 외양에 대한 관찰, 실체에 대한 규명의
차원을 넘어선다. 자신의 삶과 세계에 대한 근원적인 문제를 제기하고 있
는 것이다. 이러한 문제 제기는 대상에 대한 주체의 태도에 따라 다른 수
용 양상과 효과를 낳는다.

　먼저, 대상이 함의하는 보편적 의미를 주체가 수용하면서 기존의 이해
가 강화되고 그에 따라 '자기 확인'에 도달하게 되는 일련의 과정을 상정

---

61) 신영명, 『사대부시가의 연구』, 국학자료원, 1996, 13면.

할 수 있다. 이때 대상의 의미는 개별 주체에 의해 새롭게 발견된 것이기 보다는 대체로 문화공동체의 합의에 의해 공유된 것이다. 자연의 경우를 보면, 전통적으로 인위적인 것이 첨가되지 않은 '천연'이라는 근원적인 의미에 초점이 맞춰진다. '사람은 땅을 본받으며, 땅은 하늘을 본받으며, 하늘은 도를 본받으며, 도는 자연을 본받는다'(人法地 地法天 天法道 道法自然) 는 것에서 보듯 자연은 도의 담지체로서 인식되고, 이러한 인식에서 자연 을 노래한 문학 행위는 자연과의 조화를 통하여 심성의 순화를 이루려는 도덕적 실천에 해당한다. '시를 통해 순정한 심성을 일으키고, 예를 통해 순정한 심성을 세우며, 음악을 통해 순정한 심성을 완성한다'는 『논어(論語)』의 주장 또한 이를 입증한다. 문학에서 자연은 단순한 경물에 지나는 것이 아니라, '도와 이치', 그리고 '미와 흥취'라는 절대적인 가치를 담지 한 존재이고, 따라서 자연을 이치와 흥취라는 관점에서 접근하고 바라보 는 시각은 이황이나 윤선도 개별의 것이라기보다는 당대 문화적 세계 속 에서 배태되고 승인된 의미인 것이다.62)

이와 같이 당대 문화공동체의 관습과 전통에 의해 형성된 자연의 의미 에 대한 합의와 수용이 곧 특정한 의미군을 형성하는 강호시조의 창작과 향유를 가져오는 동인이 된다. 혼탁한 정치 현실과 청정한 자연이라는 양 분법적 세계관을 바탕으로 하는 일련의 강호시조의 작품군은 당대 문화 공동체가 지향하는 의미에 대한 공유 속에서 생산되었으며, 자신의 기존 이해를 강화하면서 공동체의 일원으로서 자기 정체성을 형성하고 확인하 는 기능을 수행해왔다.

이황과 윤선도의 시조는 각각 자연의 이법(理法)과 미(美)에 대한 합일을

---

62) 성리학적 사유에서 자연 세계에 대한 인식 및 자연미의 본질적 파악의 양상은 '유상(遊賞)', '탐리(探理)', '내성(內省)', '이상(理想)' 등으로 나타난다. 조기영, 『하서 김인후의 시 문학 연구』, 아세아문화사, 1994 참조.

지향하고 있다. 모두 완전한 존재로서 자연과 그렇지 못한 나 사이의 구별을 전제로 하여, 대상이 개별 자아보다 우월한 위치를 점하는 대상 우위의 세계관을 바탕으로 하고 있는 것이다. 그렇기 때문에 대상과 나의 현존적인 구별에도 불구하고, 대상이 함의하는 우월한 가치에 대한 무조건적인 동의와 수용이 이루어지는 것이다. 비록 자연의 가치와 현재 나의 모습에는 차이가 있을망정 내가 추구해야 할 이상이 자연에 내재하고 있다고 보는 관점에 대해서는 이견이 없다. 극기적 긴장[修己]의 공간으로서 자연을 상정하고 그 의미를 형상화하는 것은, 도학자로서 이황 자신의 정체성을 확인하고 강화하는 역할을 한다.

윤선도의 경우에도 자연을 감흥과 풍류의 공간으로 설정하고 그 속에서의 삶을 노래한다는 것은 단순한 문학 향유를 넘어서서 당대 사대부로서 신분적 정체성을 드러내는 행위가 된다. 이 경우 대상의 의미는 구성원이 합의하는 보편성을 지향하는 바, 대상의 의미에 대한 동질성에서 출발한 이해는 그에 대한 동화와 합일의 과정을 통해서 기존의 의미, 가치에 대한 강화와 문화적 공동체로서 자기 이해라는 일련의 결과를 가져온다. 이때 대상의 의미가 당대를 넘어서 현재까지 이어지는 전통으로 확립된 것이라면, 이는 문화의 동질성과 계승, 그리고 보편성과 전범성의 속성을 지니면서, 문화 계승으로서 고전문학교육의 목표와 연결된다.

이와는 달리, 대상 의미의 낯설음과 생소함이 성찰적 사고의 출발점이 되는 경우를 생각할 수 있다. 대상 의미의 공유 못지않게 이질성 또한 성찰적 사고를 현동화시키는 주요한 계기가 됨을 의미한다. 이때의 이질성은 대상 의미의 측면에서 혹은 주체의 측면에서 발생한다. 대상 의미의 측면에서 살펴보면, 먼저 고시조에 나타난 자연의 경우만 하더라도 지배원리로서의 자연, 무위자연으로서의 자연, 미적 존재로서의 자연, 현실의 반대항으로서의 자연, 극복 대상으로서의 자연 등으로 다양하게 나타난다.[63] 이는 대상의 의미가 기존의 합의된 의미와는 다른 독특한 양상으로 존재할 수 있음을 보여준다.

또한 당대의 사회 문화적 환경과 시공간적 거리를 갖게 되는 현재 독자[주체]의 입장에서 본다면, 특정한 시대 배경 속에서 보편적인 의미로 생산된 것이라 할지라도 상당히 이질적인 것으로 여겨질 수 있다. 이 경우 대상의 의미는 주체의 이해 영역 외부에 존재하는 낯선 것이 되고, 이러한 낯선 대상과의 만남을 통해서 인간의 사고는 주체의 이해를 넓히면서 그 속에서 대상과 자기를 새롭게 발견하는 과정을 겪는다. 따라서 대상의 이질성은 주체의 이해 확장을 가져오면서 '자기 발견'을 가능하게 하는 한 요인이 되고, 여기서 고전문학교육의 또 하나의 축, 이질성 체험의 영역이 마련된다.

대상의 의미에서 주체의 자기 이해가 가능한 것은, 주어진 의미로서의 대상 및 세계를 토대로 하여 더 높은 단계의 의미로 구성하는 능력과 태도가 인간에게 내재되어 있기 때문이다. 일찍이 후설은 이를 '구성 작용'이라 명명한 바 있다.[64] 자동차 제작자가 정해진 매뉴얼대로 자동차를 만들어내는 그러한 작용과 과정을 뜻하는 것이 아니라, 이미 앞서 주어진 대상과 세계의 의미를 토대로 하여 더 높은 단계의 의미를 지닌 대상 및 세계를 만드는 과정을 말한다. 이러한 구성 작용의 결과, 대상의 의미는 주체와의 만남을 통해서 실제 주어진 것보다 '더 많이 사념'하게 만든다. 주체는 대상과 만날 때 단지 주어진 것만으로 의미를 구성하지 않고, 과거에 주어진 기존의 의미와 현재 발생하는 의미를 종합하고, 여기에 끊임없는 반성이 이루어지면서 더 높은 단계의 새로운 의미가 형성된다. 이처럼 구성 작용은 실제 주어진 것보다 더 많이 사념하는 의식의 작용, 더

---

63) 김대행, 『시조유형론』, 이화여대 출판부, 1986, 242~259면.
64) 이남인, 앞의 글, 400면 참조. 이하 구성 작용에 대한 설명은 여기에 바탕을 둔다.

높은 단계의 새로운 의미를 형성하는 작용에 해당하며, 이로써 어떤 대상이 지금까지 지녀왔던 의미를 넘어설 수 있게 되고 새로운 의미로 경험되는 것도 가능해진다. 구성 작용은 대상 의미의 심화를 가져오면서, 동시에 주체의 자기 이해를 가능하게 하는 동력이 되는 것이다.

그런데 주체의 고양된 의미 형성을 위해서 대상의 의미가 계속 더해지기만 하는 것은 아니다. 인간의 사고는 항상 무엇인가를 대상으로 하고 그 무엇인가를 채우기 위해 존재와 대상을 겨냥하면서, 겨냥된 것 이외의 것은 잘라내어 버리는 작용을 반복하게 된다. 이처럼, 목표물 이외의 다른 존재들을 하나씩 겨냥하여 잘라내는 것을 가리켜 '무화 작용(néantisation)'이라 한다.65) 초점화된 의미에 기여하지 못하는 것들은 모두 제거되고 소멸되는 것이다. 대상의 의미는 하나의 지배적인 초점과 어떤 불확정적인 지평 내지 맥락을 다수 포함하고 있다. 이는 뚜렷하게 드러나는 명료함과 의미의 보류(은폐)가 공존하는 것을 말한다. 그렇기 때문에 특정한 주체와 상황에서 어떤 한 요인에 대한 관심에 따라 초점화가 된 의미에 변화가 생길 수밖에 없고, 심지어 이면 속으로 잠겨 버릴 수도 있다.

인간은 주어진 것 이상의 새로운 의미를 모색하고, 겨냥된 대상 이외의 것을 사장시켜 버리는 작용을 통해서 끊임없이 자기화된 의미를 추구한다. 지속적인 의미의 추구란 곧 새로운 관점을 수용하고 발전시킨다는 것으로, '완성된 이해'가 아닌 '자기화된 이해'를 탐구하는 것을 말한다. 이때 자기화된 이해란 주체 자신의 성장과 변화에 가장 부합하는 이해가 될 것이다. 개인의 성장에 도달점이 없는 것과 마찬가지로, 대상을 통한 자기 이해 역시 끝없는 과정이 된다.

---

65) 변광배, 『장 폴 사르트르 시선과 타자』, 살림, 2004, 11~12면.

4. 성찰적 사고의 문학교육적 의의

(1) 작시 원리와 감상 원리로서 성찰적 사고

일찍이 왕창령(王昌齡)은 시의 세 가지 격을 논의한 바 있는데, 여기서 성찰적 사고의 여러 차원에 대한 단서를 얻을 수 있다.

> 시에는 세 가지 격이 있다. 첫째가 '생사격(生思格)'이다. 오래도록 정밀히 생각해보아도 의상은 맺혀지지 않고 힘이 빠지고 지혜는 고갈되고 만다. 마음은 편히 하고 높은 정신 세계에 노닐면 시심이 우연히 경계와 어울려 어느새 구상이 일어나게 된다. 둘째는 '감사격(感思格)'이다. 전대의 언사를 음미해보고 옛 작품들을 음송하여 느끼게 되면 생각이 일게 된다. 셋째는 '취사격(取思格)'이다. 물상에서 찾아보고 마음이 그 경지에 들어서서 정신이 사물과 어울리면 마음으로부터 얻어지게 된다.[66]

사고가 어떻게 일어날 수 있는가의 문제에서 '감사격(感思格)'과 '취사격(取思格)'은 성찰적 사고가 실현되는 두 차원에 해당하는 것이라 할 수 있다. 사고의 구성 요인이 대상과 주체, 그리고 이들간의 관계 형성이라면, 그 각각의 실체를 무엇으로 규정하는가에 따라 문학교육에서 사고의 차원은 상이한 두 차원으로 실현될 수 있고, 이때 감사격과 취사격은 각각의 양상에 해당하는 것이 된다.

먼저, 성찰적 사고의 대상이 사물 그 자체인 경우, 주체는 작자에 해당하며 문학 텍스트는 이들의 관계 형성에 따른 산출물이 된다. 문학은 '근본적으로 그 대상이 있음으로 해서 가능한 것이며, 그 대상에서 자기를

---

66) "詩有三格：一曰生思 久用精思, 未契意象, 力疲智竭, 放安神思, 心偶照境, 率然而生. 二曰感思. 尋味前言, 吟諷古制, 感而生思. 三曰取思. 搜求於象, 心入於境 神會於物 因心而得." 王昌齡, ≪詩格≫

발견하고 확인하는 것을 본질'[67]로 한다는 설명은 성찰적 사고를 통해 문학이 이루어지고, 문학 활동의 원동력이 성찰적 사고에 있음을 뒷받침한다. 주체는 대상과의 새로운 관계 형성을 통해 의미의 새로운 면을 발견하게 되고, 이를 자기 자신의 깨달음으로 노래한 것이 시(詩)이고, 문학이다. 이는 곧 '취사격(取思格)'에 해당한다.

이 같은 점에서 본다면, 경물이 먼저 제시되고 이어 주체의 정감이 표출되는 한시의 '선경후정(先景後情)' 또한 성찰적 사고와 관련된다고 볼 수 있다. 자신의 감정을 먼저 직접적으로 드러내기보다는 대상에 의한 감정의 촉발을 중시하기 때문이다. 민요의 구성 형식을 대립적 병렬로 보면서 주체와 대상의 관계 설정에 의해 대응이 이루어진다는 설명[68]도 마찬가지이다. 유사성의 원리에 의거한 은유적 대응은 성찰적 사고에서 주체와 객체 사이의 대응을 보여주는 하나의 양상이 될 것이다. 이처럼 대상과 주체가 각각 사물과 작자로 대응될 경우 성찰적 사고는 문학 텍스트를 생산해내는 원리가 되며, 이러한 문학 텍스트의 작시 원리는 내용 생성과 구성에 관한 창작 교육 및 쓰기 교육의 중요한 내용이 될 수 있다.

둘째, 성찰적 사고의 대상이 문학 텍스트이며, 그 주체가 독자인 경우를 상정할 수 있다. 작자의 성찰적 사고에 의해 생산된 문학 텍스트가 여기서는 다시 성찰적 사고의 대상이 되는 것으로, '감사격(感思格)'에 해당하는 내용이다. 작자의 성찰적 사고에 따라 형성된 텍스트 세계가 사고의 대상이 되면서, 독자는 이를 바탕으로 또 다른 성찰적 사고를 전개하여 자기 이해에 도달하는 것이다. 이는 직접적인 자기 이해는 없고 다만 텍스트를 통한 자기 이해만이 가능하며 따라서 진정한 자기 이해는 결국 남의 이해를 거친 자기 이해라는 리쾨르(Ricoeur)의 견해와도 만나는 것으로,

---

67) 김대행, 『문학이란 무엇인가』, 문학사상사, 1992, 41~42면.
68) 김대행, 『한국시의 전통 연구』, 개문사, 1980, 93~102면 참조.

이로써 성찰적 사고는 문학 감상의 차원과 연결된다.

인간의 사고 활동은 단순히 대상과 지향적인 관계를 맺는 것에 멈추지 않는다. 마찬가지로 작자라는 한 개별 주체의 자기 이해 결과를 정확하게 파악하고 이를 그대로 수용하는 것에 만족할 수 없다. 말은 다함이 있되 뜻은 무궁한 것이다('言有盡而意無窮'). 따라서 문학 감상이란 궁극적으로 텍스트를 통한 주체의 자기 이해와 변화에 목표를 두고 있으며, 이를 위해서는 작자가 열어젖힌 세계에 대한 독자의 참여와 반성이 뒤따라야 한다. 그렇기 때문에 텍스트의 세계와 독자의 세계, 즉 텍스트의 지평과 독자의 지평이 만나 '충돌(collision)'하도록 하는 것이 바로 독서 행위, 진정한 감상이 될 것이며, 이러한 감상 속에서 비로소 자기에 대한 이해와 발견이 가능할 수 있다. 주체의 자기 이해 과정에서 텍스트 해석의 과정은 절정에 도달하고, 그 때부터 주체는 비로소 자기를 더 잘 이해하고 자기를 달리 이해하고 그리고 자기를 진정으로 이해하기 시작하게 된다.69) 이처럼 텍스트 세계와 독자 세계의 만남, 즉 읽기의 매개를 통해서 작자가 제기한 텍스트 세계는 읽는 주체의 새로운 자기 이해의 대상이자 문제가 된다.

> 문학 작품은 습관적인 사유의 방식이 주는 환경이나 범주를 탐구하고, 그 것들을 굴절시키고 변모시키려고 시도한다. 우리의 언어가 이전에는 예상치 못했던 어떤 것을 어떻게 하면 생각할 수 있는지를 보여주고, 따라서 무심 하게 세계를 바라보던 그런 범주들에 관심을 갖도록 강요하면서 말이다.70)

이상과 같이, 상이한 두 차원의 실현에도 불구하고, 사고의 과정에는

---

69) 텍스트 이해가 자기 이해에서 완성된다고 보는 것이 반성 철학의 특징이며, 여기서 해석 학과 반성철학이 상호 관련을 맺는다고 한다. Paul Ricoeur, *Du texte à l'action*, 박병수 외 편역, 『텍스트에서 행동으로』, 아카넷, 2002, 182~183면 참조.

70) Jonathan Culler, *Literary Theory*, 이은경 외 역, 『문학이론』, 동문선, 1999, 99면.

본질적으로 차이가 없다. 작자가 대상에서 삶의 진실을 발견하고 그것을 표현하였다면, 독자는 작품 속에서 그 대상과 의미를 발견하고 이를 구체화하여 받아들이는 것이다. 주체의 차이가 있을 뿐, 사고는 동일한 과정을 거치게 된다는 점71)을 거듭 확인할 수 있다.

(2) 대상 우위의 세계관과 자기 형성적 주체

고전시가에서 자연은 심미적으로 감상하고 즐기는 대상일 뿐만 아니라, 심성 수양의 표본으로 다루어져 왔다. 각각의 자연물에는 법칙과 원리가 내재되어 있으며, 그 변화에는 '도(道)'라는 보편적인 원리가 있다고 본다. 따라서 자연은 곧 도덕과 예의 기준으로 간주된다. 사물의 원리로서 '所以然'(所以然之故)이 행위 규범의 원리인 '所當然'(所當然之則)과 일치하는 것에서 보듯, 자연의 물리적 변화는 곧 도덕의 원리이며 법칙이기도 하다. 이러한 인식과 태도는 자연을 기반으로 윤리와 수양론을 전개하여 인류 질서를 정당화하는 동양 사유의 전형적인 특징에 해당한다. 이처럼 자연에 대한 관심은 곧 인간과 세계의 근원, 유래, 그리고 삶의 정당성, 가치와 같은 본질적인 물음에 대한 탐색이 될 수 있다. 올바른 삶을 살아가기 위한 객관적 근거와 타당성을 확보하려는 이 같은 노력이 성찰적 사고를 낳는다.

이황과 윤선도의 시조에서도 자연은 단순히 가시적인 경물의 세계를 의미하는 것이 아니라, 주체의 의식 활동에 관여하는 의미 대상의 차원에서 인식된다. 자연과의 교융이 '이치의 발견'과 '흥취의 발산'의 결과를 가져올 수 있는 것은, 어디까지나 자연을 실체 그 자체로 보지 않고 이치, 흥취와의 조응 속에서 감응이 이루어진 데에 있다. 이처럼 대상을 통해

---

71) 김대행 외, 『문학교육원론』, 서울대출판부, 2000, 95면.

자기를 이해하는 성찰적 사고의 바탕에는 대상이 진리의 모습을 함축하고 있음이 전제되어 있다. 즉, 대상에서 배운다는 생각이다.

대상을 우위에 두고 그를 통해 무엇인가를 배우려는 것은 바로 인간이 유한하며 불완전한 존재라는 인식에 바탕을 두고 있다. 언제나 인간은 더 나은 것을 끊임없이 추구하지만 본질적으로 한계를 지닌 불완전한 존재인 까닭에, 인간이 도달해야 할 먼 성취와 이상을 대상에 투영해 두고서 가르침을 받고 끝없이 추구해 나가려 한다. 다시 말해 드러난 것(자연)에서 가려져 있는 것(도덕과 윤리)을 찾아 나가는 것이다. 이를 대표적으로 보여주는 것이 바로 인간을 우주와 같다고 간주하면서 우주와 인간을 '대아(大我)'와 '소아(小我)'의 관계로 보는 유교적 사유이다. 인간이 자연과 병존 조화하려는 태도는 일종의 대아와의 합일, 대아와의 회귀에 해당한다.[72]

그런데 이는 자칫 대상에 대한 무조건적인 동화와 수용만을 강조하는 것으로 받아들이기 쉽다. 대상의 우위를 인정한다고 해서 주체가 대상에 무조건 귀속되어야 함을 뜻하는 것은 아니다. 문학의 경우만 하더라도, 오히려 주체에 의해 대상의 의미와 해석이 이루어지고 그에 따라 차이가 발생하는 것은 자명한 사실이다. 동일한 자연을 두고서도 이황과 윤선도는 각각 도학적 이치의 공간과 심미적 흥취의 공간으로 달리 의미화했다는 점이 이를 방증한다.

그렇다면 남는 일은 특정 시대 특정한 문화적 배경 속에서 생산된 의미를 어떻게 수용할 것인가의 문제이며, 이는 대상의 의미를 어떻게 주체의 자기 이해로 연결하고 구성할 것인가의 문제이기도 하다. 이치의 공간이든 흥취의 공간이든, 이황과 윤선도가 형상화한 자연의 의미가 개별 인간

---

72) 우주 자연과의 합일, 『周易』의 이른바 천지의 특성과 합치(與天地合其德)하는 성인 경지의 천인합일(天人合一)은 원초 유학 이래 유학의 일관된 궁극적 이상이다. 윤사순, 『조선시대 성리학의 연구』, 고려대 민족문화연구원, 1998 참조.

의 것이라기보다는 문화공동체가 공유한 의미에 가깝다면, 이는 독창성과 창의성에 주목하는 현대문학과는 분명 다른 양상임에 틀림없다. 따라서 대상 의미의 보편성은 기존 의미의 공유와 확인을 강조하면서 동일한 공동체의 일원으로서 주체 자신의 정체성을 이해하고 확인하는 일이 된다. 반면, 의미가 창출된 '특정한 시공간과 문화적 배경'이 부각된다면, 시공간적 거리가 전제되어 있는 현재의 독자에게 이들 의미는 낯선 것일 수밖에 없고, 그에 따라 대상과의 만남은 주체의 이해 폭을 넓히고 나아가 새로움을 발견하는 계기가 될 것이다.

이와 같은 두 측면은 모두 그 자체로서의 앎에 그치는 것이 아니라 주체의 자기 이해와 연결되며, 이때 비로소 성찰적 사고가 이루어진다. 이는 궁극적으로 고전문학의 보편성과 이질성에 대한 교육적 의의와 가치의 문제로 연결된다. 따라서 성찰적 사고의 구현을 위해서는 대상 의미에 대한 적절한 거리 설정과 유지를 통해 현실과 상황을 하나의 과정이나 변형으로서 인식하는 것이 요구된다고 하겠다.

이런 점에서, 주체가 의미를 결정하고 이해한다기보다 오히려 주체가 텍스트의 문제 사태에 의해 구성된다고도 볼 수 있다. 여기서 텍스트의 의미는 텍스트가 던지는 하나의 명령으로, 사물을 바라보는 하나의 새로운 방식으로, 특정한 방식으로 생각하라는 명령으로 여기게 만드는 것이다.[73] 바로 이 지점에서 문학교육의 의의와 지향점이 분명해진다. 문학은 삶을 새롭게 변형하는 것이고, 문학교육은 그에 따른 주체의 변화와 성장을 도모하는 일이 된다. 텍스트의 세계 속에서 의미가 구성되고, 이를 통해 삶과 세계를 새롭게 혹은 되짚어 보는 경험이 가능해진다. 삶과 세계의 문제를 직시함으로써 인간 존재의 가류성(可謬性)과 한계성을 체험하고

---

73) Paul Ricoeur, *Interpretation Theory-discourse and the Surplus of Meaning*, 김윤성 외 역, 『해석이론』, 서광사, 1998, 148면 참조.

삶의 가치와 의미에 대해 고찰하게 되는 것이다. '자아self의 구성은 의미 meaning의 구성과 동시에 발생한다'[74]는 것은 바로 이 같은 문학을 통한 인간의 성장을 달리 나타내는 말이라 하겠다.

5. 과제와 전망

'단지 박식함에 그치는 인간은 이 지상에서 가장 쓸모없는 인간이며, 따라서 교육을 받은 인간은 관념을 반성적으로 음미할 줄 알고 이를 구체적 상황에서 응용할 수 있으며, 생활과 경험의 많은 영역에서 서로 연관시켜 볼 줄 아는 인간이다'[75]는 화이트헤드(Whitehead)의 말을 경청할 필요가 있다. 이러한 지적은 사고 교육의 방향에 시사하는 바가 크다. 앞서 살펴본 바와 같이 사고는 공허한 것을 내용으로 형성되는 것이 아니라, 어떤 대상과 더불어 작동하기 마련이다. 그로 인해 흔히 사고라 하면 대상을 인과율적 관계로 설명하고 서술하며 분석하는 활동으로 여기기 쉽다. 이에 따라 기존의 사고 교육에서도 어떻게 하면 이러한 대상을 효과적으로 정확하게 파악할 수 있는가의 문제에 초점을 맞추어 왔다. 사고의 기능, 전략, 방법을 교육하여 학습자의 실질적인 문제 해결 능력의 향상을 목표로 한 것이다. 이는 대상과 과제에만 함몰된 나머지, 정작 주체인 인간 존재를 소홀하게 만든 결과를 초래하였음을 부정하기 어렵다.

대상의 관찰, 분석, 설명에 못지않게 중요한 것은 이러한 대상을 통해 인간이 자기 자신을 인지하고 깨닫게 된다는 점이며, 이로써 주체의 가치

---

74) Paul Ricoeur, *Du texte à l'action*, 박병수 외 편역, 『텍스트에서 행동으로』, 아카넷, 2002, 183면.

75) Alfred North Whitehead, *The Aims of Education and Other Essays*, 오영환 역, 『교육의 목적』, 궁리, 2004. 14면.

와 태도가 변화하고 성장한다는 점이다. 주체가 대상을 인지하고 그 의미를 구성하는 것은 분명 대상 그 자체에 국한된 문제일 수 없으며, 대상과 주체의 만남에 의해 주체 또한 변화를 겪으면서 새로운 존재로 구성되는 과정을 거치게 된다.

인간 존재를 자기 형성적 주체(self formative subject)[76]로 볼 수 있다면, 이는 자기 삶의 형식과 가치관을 형성하기 위해 대상과의 만남을 통해 지평의 확장과 강화를 도모하고, 부단한 자기 성찰로써 궁극적인 성장을 추구하는 존재를 가리킨다. 이처럼 성찰적 사고는 의미의 문제, 학습자(독자)의 문제를 다룬다는 점을 재차 강조하면서 논의를 마무리 짓는다. 성찰적 사고의 교육적 실천을 위해 요구되는 수많은 일들을 과제로 남긴다.

● 출처 : 「성찰적 사고의 문학교육적 구도-〈도산십이곡〉과 〈어부사시사〉를 대상으로」
(『문학교육학』 21, 한국문학교육학회, 2006)

---

76) Paulo Preire, *Critical Consciousness*, Continuum, 1998, 선주원, 『소설 교육의 원리와 방법』, 새미, 2003 재인용.

1. 주목하는 까닭과 배경

이 글은 교육 내용으로서 구술성(orality) 문제에 대한 고민에서 출발한다. 구술성과 관련한 방대한 선행 연구물의 현황은 구술성의 문제를 더이상 재론의 여지가 없는 것으로 판단하게 만든다. 그럼에도 불구하고, 구술성과 관련하여 무엇을 가르칠 것인가의 물음에 대해서는 답을 마련하기가 쉽지 않다. 언어 활동을 과제로 하는 국어교육에서, 혹은 감상 능력의 신장을 목표로 하는 문학교육에서, 구술성이 어떠한 의미를 갖는지에 대해서 여전히 고민하게 되는 것이다. 구술성이 인간과 언어 활동 속에서 맺는 관계에 대해 전체적인 조망과 설계가 충분히 이루어지지 못한 채, 주로 개별 텍스트의 자질을 분석하는 도구의 차원에서 다루어져 왔기 때문이다. 국문학 분야에서는 구술성의 문제가 활발하게 논의된 데 반해, 국어교육에서 구술성이 제대로 다뤄지지 못한 것도 텍스트 분석의 도구나 텍스트의 자질을 설명하는 이론의 차원으로 구술성을 살펴보는 관점 및 경향에서 그 원인을 찾을 수 있다.[1]

구술은 대인을 전제로 한 구두 서술을 의미하는 것으로, 입을 통한 발화를 핵심적인 의미소로 가진다. 영어의 'oral'의 번역어로 '구술(口述)' 외에도 '구두(口頭)', '구연(口演)', '구전(口傳)', '구승(口承)', '구비(口碑)', '구어(口語)' 등의 용어가 산재해 있으며, 이들 개념의 외연은 대체로 유사하지만, 그 명명에는 관점과 접근 방법상의 차이가 내재되어 있다. 이들 개념과 구별되는 '구술성'이라는 용어는, 글이 없었던 시대에 말로 의사소통하면서 필연적으로 갖게 되는 심리적 사고 방식, 인식론적 사유 체계에서부터 담화 스타일, 서사패턴, 모티프와 같은 표현상의 특징이나 주제론적 내용 등을 모두 총칭[2]하는 의미들을 개념역으로 갖고 있다.

> 표현 수단의 여부에 관계없이 일단 말이 지니고 있는 심층적 속성 혹은 구두 표현시의 언어 구조, 그리고 구두 발화자의 역동적 심리 상태 등을 총합하여 구술성이라 하고, 마찬가지로 글이 지니고 있는 심층적 속성 혹은 문자언어 표현시의 언어적 구조, 그리고 문자언어를 사용하는 사람의 역동적 심리 상태 등을 총합하여 기술성이라 불러두기로 하자.[3]

음성언어가 갖는 심층적 속성과 실제 구두 표현에 나타나는 언어 구조, 구두 발화자의 심리 상태에 이르기까지 여러 층위를 모두 묶어서 '구술성'이라 총칭하는 것이 일반적이다. 그런데 기존 연구에서는 구술성을 추상적인 사고의 층위, 혹은 음성언어를 통한 연행과 같은 구체적인 표현의 층위에 주목하면서도 이를 명확하게 변별하지 않음으로써 여러 층위가

---

1) 국어교육에서 구술성에 대한 연구로는 판소리를 제재로 하여 매체언어의 관점으로 살펴본 연구가 대표적이다. 류수열, 『판소리와 매체언어의 국어교과학』, 역락, 2001 참조. 다만, 판소리의 구연성이 갖는 교육적 자질의 구명에 초점을 맞추고 있는 데 반해, 이 글에서는 구술성을 전면에 내세우고 그에 대한 본격적인 물음을 제기한다는 점에서 차이가 있다.

2) 김현주, 『구술성과 한국서사전통』, 월인, 2003, 16면.

3) 김현주, 「일상경험담과 민담의 구술성 연구」, 한국고전문학회 편, 『국문학의 구비성과 기록성』, 태학사, 1999, 11면.

혼효되는 결과를 보이고 있다. 인간 사유의 차원에서 이루어지는 것과, 연행의 차원에서 나타나는 것들이 서로 구별되지 않아, 구술성에 대한 논의가 여러 층위를 넘나들면서 그 개념이 고정되지 못하고 뒤섞이는 양상마저 낳고 있는 것이다. 연구자에 따라, 맥락에 따라 구술성의 개념이 다양하게 사용되는 모습을 여러 곳에서 목격하게 된다.

　또한 구술성은 인간의 사고, 인식 체계와 밀접한 관련이 있지만 문자가 발명되기 이전의 소위 '일차적 구술 문화'[4]가 더 이상 현존하지 않는다는 점으로 인해 사고와 인식의 측면에서 구술성을 살피는 데 어려움이 뒤따른다. 그러다보니, 실제 연구에서는 대부분 '문자 텍스트'와 구별되는 '구두 발화'에 나타나는 표현상의 역동성에 초점을 맞추어 그것을 분석하고, 구두 표현에서 확인되는 언어 구조의 해명에 머무르고 마는 측면이 있다. 사고, 인식의 측면이 갖는 추상성, 비가시성과는 달리, 구체적인 표현의 차원에서 나타나는 구술성은 비교적 실체가 명확하고 연구 대상 및 자료의 확보가 용이하다는 장점이 있기 때문이다. 그러나 이는 자칫 '말'과 '글'이라는 물리적 표현 수단의 차이에만 집착하는 결과를 초래할 우려가 있다.

　구술성이 인지 과정의 여러 차원에 걸쳐 작용하는 언어 운용의 질서와 속성이라는 점에 주목한다면, 그 층위를 구분하여 접근하는 것이 우선적으로 요청된다. 구술성을 범주화하고 그 층위에 따른 내용과 지표를 탐색하는 것에서 과제를 해결할 수 있는 방법이 열린다. 이처럼 인간의 사고와 연행에서 이루어지는 역동적 측면에 주목하려는 시각은 담화나 텍스트의 자료를 분석함으로써 구술성의 결과를 분석하고 도출하는 기존의

---

4) 옹(Ong)은 쓰기(writing)를 전혀 알지 못하는 구술성을 '일차적인 구술성(primary orality)'으로 설정하면서, 오늘날 엄밀한 의미에서의 일차적 구술 문화는 거의 존재하지 않는다고 밝힌 바 있다. Walter J. Ong, *Orality and Literacy*, 이기우 외 역, 『구술문화와 전자 문화』, 문예출판사, 1995, 14면, 22면 참조.

접근과는 차이점이 있다. 인간이라는 주체를 중심에 두고, 인간에 의해 이루어지는 언어활동으로서 구술성이 어떠한 기제로 작용하는가를 해명하려 하기 때문이다. 따라서 이 글에서는 인간의 언어활동에서 구술성의 실태와 작용 양상을 사과와 연행의 측면으로 나누어 탐색하고자 한다. 사고와 표현(연행)은 언어활동의 핵심을 차지하는 내용이며, 이 같은 점은 곧 언어학이나 국문학과는 변별되는 국어교육의 주요 탐구 영역에 해당하는 것이라 할 수 있다.

이처럼 이 글은 구술성을 사고와 연행의 층위로 이원화하여 접근함으로써 교육 내용의 탐색 외에도 구술성 연구에 새로운 접근 가능성을 제시하려는 목적과 의도 또한 갖고 있다. 구술성을 언어활동의 맥락에서 접근하기 위해 매개의 시각으로 바라보고, 그에 따라 구술성이 실현되는 국면을 '구술적 사고'와 '구술적 연행'5)의 차원으로 나누어 살펴볼 것이다. 특히 구술성의 문제를 사고의 측면에서 접근함으로써 국어교육에서 사고의 문제에 대한 시각과 인식의 확장을 가져오는 것도 기대할 수 있다.

2. 구술성에 대한 오해와 쟁점

국어교육 또는 문학교육에서 구술성이 현재 어떻게 다루어지고 있는지를 확인하는 방법으로, 국가 수준 교육과정을 살펴보기로 한다. 국어과 교육과정 분석을 통해 구술성에 대한 교육적 인식과 그 실태를 짐작해 보려는 것이다.

---

5) '표현' 대신 '연행'이라는 용어를 사용하는 것은 '표현'이라는 말이 기존 연구에서는 텍스트 분석의 차원으로 다뤄진 경향이 있기 때문이다. 이 글에서는 '연행'이라는 개념으로 대체하기로 하고, 그 의미에 대해서는 뒤에 상술하기로 한다.

먼저 2007 개정 국어과 교육과정을 살펴보면 다음과 같다. 선택과목 '독서'에 등장하는 아래의 진술은 '구술 문화'를 직접 언급하고 있다는 점에서 의의가 있다.

(마) 독서의 역사와 가치
① 구술 문화에서 문자 문화로의 변천이 인류 문화 발전에 미친 영향과 독서의 중요성을 이해한다. (2007년 개정 국어과 교육과정 중 선택과목 '독서')

구술 문화와 문자 문화를 구별하고 그 차이와 변화가 인류 문화 발전에 미친 영향에 주목하고 있다는 점에서, 분명 의미있는 진술이라 할 수 있다. 그러나 이러한 언급이 '독서' 과목에서 '독서'의 중요성을 강조하려는 목적에서 비롯되었다는 맥락을 읽어낼 필요가 있다. 즉 문자와 독서의 중요성과 의의를 일깨우려는 의도에서 구술 문화가 문자 문화의 대조군으로 다루어지고 있는 것이다. 이는 다음의 『교육과정 해설서』 진술에서 보다 분명하게 확인된다.

문자를 사용하게 됨으로써 이전에는 상상도 할 수 없었던 수많은 지식을 저장하여 활용할 수 있게 되었고, 이를 통해 <u>미개인의 상태</u>에서 벗어나 현재와 같은 <u>고도의 문명과 문화</u>를 이룰 수 있게 되었다.[6] (밑줄 : 연구자 주)

구술 문화와 문자 문화의 구별은 어디까지나 문자 문화의 우수성과 중요성을 강조하는 맥락에서 이루어지고 있으며, '미개인의 상태', '고도의 문명과 문화'는 이들을 구분하여 규정짓는 특성과 결과로 제시되고 있다. 나아가 구술 문화와 문자 문화는 각각 '대면적, 즉시적, 일회적, 상황공유

---

6) 한국교육과정평가원, 『2008 고등학교 국어과 교육과정 해설 연구 개발』, 한국교육과정평가원, 2008, 242면.

적 특성' 대 '간접적, 사유적, 누가적, 상황독립적 소통'으로 구별되고 있는데, 여기서도 구술 문화 그 자체가 갖는 의의와 기능에 대해서는 관심 있게 다루어지지 못하고 있음을 확인할 수 있다. 문자 문화로의 전환을 강조하는 맥락에서 구술성은 은연중에 열등하고 미흡한 것으로 여겨지고 있는 것이다. 이 모두는 독서 과목에서 구술 문화가 다루어지고 있는 데서 일차적 원인을 찾을 수 있지만, 그 근원에는 구술 문화가 갖는 의의와 영향에 대한 관심과 인식의 부족이 자리하고 있다.

국어 과목에서 구술성 논의는 2007 개정 교육과정 7학년 문법 영역에서 찾아 볼 수 있다.

[표 7-1] 2007 개정 교육과정 7학년 문법 영역(일부)

성취 기준	내용 요소의 예
(1) 다양한 매체에 나타난 언어 사용 방식의 차이점을 파악한다.	• 언어의 기능과 특성 이해하기 • 다양한 매체에 나타난 언어 사용 방식 비교하기 • 매체의 특성을 고려하여 음성 언어와 문자 언어 사용하기

여기서는 구술 문화에 국한하지 않고, 다양한 매체상의 언어 운용 방식에 주목하여 매체를 고려한 의사소통 능력의 신장을 도모하고 있다. 음성 언어와 문자 언어의 특성 및 매체가 언어 사용 방식에 미치는 영향 등을 교육하는 데 초점을 맞추고 있는 것이다. 이러한 접근은 음성 언어나 문자 언어와 같이 이분화된 구분 이외에 최근 새롭게 제기되는 다양한 매체의 특성을 반영하려 한다는 점에서 진일보한 면이 있다. 그러나 '언어 사용 방식'이라는 표현의 반복에서 확인되듯, 매체의 관점을 앞세운 나머지 언어의 문제를 표현에 사용되는 도구와 수단의 차원으로 바라보게 되는

제7장 구술적 사고 **223**

위험성 또한 내재하고 있다. 언어는 인간과 세계의 매개이며, 따라서 표현의 층위 이외에도 인간 사유의 층위에서 의미있는 작용과 기능을 수행하기 때문이다. 여전히 표현의 도구 차원에서 제한적으로 다루고 있다는 한계가 발견된다.

선택과목 문학에서 구술성은 진술의 표면에 등장하지 못하고 '소통(유통)', '수용과 생산', '매체' 등의 핵심어 이면에 감추어져 있다. 관련되는 부분을 제시하면 다음과 같다.

> (1) 문학의 성격
> (가) 문학의 개념
>   ② 문학과 언어의 관계 및 소통 활동으로서 문학의 특성을 이해한다.
>
> (2) 문학 활동
> (다) 문학의 소통
>   ① 작가·작품·독자 및 생산·유통·수용의 역할과 틀을 이해한다.
>   ② 다양한 매체를 통한 문학 작품의 수용과 생산에 참여한다.
>
> (3) 문학의 위상
> (가) 문학과 문화
>   ① 문학과 언어활동 및 매체의 관계를 이해한다.
>
> (2007 개정 국어과 교육과정 중 선택과목 '문학')

여기서 우리는 문학과 언어(활동)의 관계, 또는 문학과 (다양한) 매체의 관계가 실제로 어떠한지, 그 실체에 대한 질문을 제기하게 된다. 구술이 인간 사고와 언어활동에 미치는 영향을 명료하게 드러내지 못한 한계와 아쉬움을 보게 된다.

다음은 2015 개정 국어과 교육과정의 내용이다.

> [6국01-01] 구어 의사소통의 특성을 바탕으로 하여 듣기·말하기 활동
> 을 한다.
>
> (2015 개정 국어과 교육과정 중 '국어')

[6국01-01] 성취기준의 경우, "문어 의사소통과 구분되는 구어 의사소통으로서 듣기·말하기의 특성을 이해하고 듣기·말하기를 하는 능력을 갖추기 위해 설정"한 것으로 설명되고 있다. 여기서는 단순히 구어와 문어의 매체적 차이를 파악하는 데 그치는 것이 아니라, "참여하는 사람들이 서로 의논하고 절충하며 의미를 재구성하"거나 "상대방과 더불어 소통하면서 서로 관계를 형성하고 유지하며 발전시키는 데도 중요한 역할"[7]을 하는 것으로 보고 있다. 이러한 내용들은 구어가 문어에 비해 열등한 것이 아니라 다른 차원의 특질을 갖고 있으며, 그에 따른 고유한 소통 양식임을 전제한다는 점에서 진일보한 면이 있다.

문제는 영역을 설명하는 원론적, 본질적 성격의 성취기준 이외에 구술성의 문제를 본격적으로 다루고 있는 성취기준을 찾아보기 어렵다는 점에 있다. 예컨대 선택과목 '독서'에서는 다음과 같이 다양한 매체에 대한 관심을 반영하고는 있으나, 이 또한 그림이나 사진, 표, 그래프 등 주로 시각적 자료에 한정되어 있음을 보게 된다.

> [12독서03-06] 매체의 유형과 특성을 고려하여 글의 수용과 생산 과정
> 을 이해하고 다양한 매체 자료를 주체적이고 비판적으로 읽는다.
>
> (2015 개정 국어과 교육과정 중 선택과목 '독서')

오히려 이전과 달라진 인식은 '언어와 매체'라는 선택과목의 신설에서 찾아볼 수 있다. 여기서는 '매체'라는 과목명이 나타내듯, 문법 이외에 매

---

7) 교육부, 『교육부 고시 제2015-74호 2015 국어과 교육과정』, 교육부, 2015, 30면.

체언어를 주로 다루고 있는데, 이 가운데서 구술성의 문제에 대한 흔적을
만나볼 수 있다.

[12언매01-03] 의사소통의 매개체로서 매체의 유형과 특성을 이해한다.
[12언매01-04] 현대 사회의 소통 현상과 관련하여 매체 언어의 특성을
이해한다.

(2015 개정 국어과 교육과정 중 선택과목 '언어와 매체')

매체를 '의사소통의 매개체로 활용'되는 것으로 보고 있다는 점에서 구
술성과의 관련성을 떠올리게 만든다. 그러나 위의 성취기준 해설을 찾아
보면 "책, 신문, 전화, 라디오, 사진, 광고, 영화, 텔레비전, 컴퓨터, 인터
넷, 이동 통신 기기" 등을 다룰 것으로 명시하고 있다. 04번 성취기준 또
한 크게 다르지 않다. "소리, 음성, 이미지, 문자, 동영상"8) 등을 매체로
보면서, 현대 사회의 의사소통에서 복합 양식적 특성을 지닌 매체에 대한
관심으로 경도되어 있다. 이러한 한계는 아래 "(3) 매체 언어의 탐구와 활
용"에 해당하는 여러 성취기준에서도 공통적으로 확인된다.

[12언매03-01] 매체의 특성에 따라 정보가 구성되고 유통되는 방식을
알고 이를 의사소통에 활용한다.
[12언매03-02] 다양한 관점과 가치를 고려하여 매체 자료를 수용한다.
[12언매03-03] 목적, 수용자, 매체의 특성을 고려하여 다양한 매체 자료
를 생산한다.
[12언매03-04] 매체 언어의 창의적 표현 방법과 심미적 가치를 이해하
고 향유한다.
[12언매03-05] 매체 언어가 인간관계와 사회생활에 미치는 영향을 탐구
한다.

---

8) 교육부, 앞의 책, 109면.

[12언매03-06] 매체를 바탕으로 하여 형성되는 문화에 대해 비판적으로 이해하고 주체적으로 향유한다.

(2015 개정 국어과 교육과정 중 선택과목 '언어와 매체')

이들은 모두 매체 또는 매체 언어를 표제로 내세우면서 특성에 대한 이해에서부터 인간관계와 사회생활, 문화에 이르기까지 다양한 국면을 다루고 있다. 그러나 매체가 분명 구어를 포함한 것임에도 불구하고, 여기서는 주로 과학 기술의 발전에 따른 각종 전자 매체나 대중문화, 인터넷 환경 등을 문제 삼고 있다는 점에서, 구술성의 문제를 본격적으로 다루기에는 원천적인 제약이 있다.

끝으로 문학 과목에서도 크게 다르지 않다. 여기서도 아래와 같이 다양한 매체의 문제를 제기하지만, 이때의 매체는 어디까지나 "다매체 시대의 특성을 반영하여 전달 매체의 특성"에 대한 관심에 따른다. 기존의 인쇄나 문자와는 다른 차원의 전자 매체의 문제를 제기하고 있는 것이다.

[12문학02-06] 다양한 매체로 구현된 작품의 창의적 표현 방법과 심미적 가치를 문학적 관점에서 수용하고 소통한다.

(2015 개정 국어과 교육과정 중 선택과목 '문학')

여기서 우리는 구술성의 문제가 단지 과거의 지나간 것이며, 더 이상 효용을 찾을 수 없는 것인가에 대한 의문을 던지게 된다. 이제 새로운 접근과 방법론을 통해 그 가능성을 찾아보기로 한다.

3. 새로운 접근과 방법론

(1) 사고와 연행의 범주 설계와 구술성의 재개념화

다음 표의 내용에서 구술성의 다양한 맥락과 차원, 존재 양상에 대한 논의를 시작하기로 하자.

[표 7-2] 구술언어와 기술언어의 특장[9]

구술언어 Talk	기술언어 Text
발화자와 수신자 사이에 상호작용을 보유한 面對面(face-to-face) 대화	저자와 독자 사이에 제한된 상호작용을 보유한 面對書 상황
이야기적(narrativelike)	해설적(expositorylike)
행위 지향적(action oriented)	사고 지향적(idea oriented)
사건 지향적(event oriented)	논쟁 지향적(argument oriented)
여기와 지금(here and now)	미래와 과거(future and past)
비정형적(informal)	정형적(formal)
일차적 담화(primary discourse)	이차적 담화(secondary discourse)
자연적 의사소통(natural communication)	인위적 의사소통(artificial communication)
개인 상호적(interpersonal)	목적적이고 거리를 둔(objective and distanced)
임의적인(spontaneous)	계획된(planned)
맥락(상황)의 공유(sharing of context)	공통된 맥락의 부재(no common context)
비구조적인(non-structureless)	고차적으로 구조적인(highly structured)
준언어적 단서를 통한 결속구조 (cohesion through paralinguistic cues)	언어적 계기를 통한 결속구조 (cohesion through lexical cues)
반복성(repetition)	간명성(succinctness)
단순하고 선적인 구조	복잡하고 위계적인 구조
순간적·일회적(fleeting)	영속적(permanent)

---

9) R. Horowitz & S. Jay Samuels, *Comprehension Oral and Written Language*, Academic Press, Inc., 1987, 9면.

　[표 7-2]의 내용은 구술성을 기술성과의 대비 속에서 규명하면서 그 실체를 비교적 분명하게 제시하고 있다. 그러나 각 항목의 내용은 어디까지나 기술성과의 대비 속에서 귀납적으로 도출된 것일 뿐, 체계적인 준거나 기준이 마련되어 있는 것은 아니다. 각 항목의 가로축 내용, 즉 구술언어와 기술언어의 변별에 대해서는 동의할 수 있지만, 세로축 즉 각 항목의 범주를 어떻게 설정할 수 있고 이들이 서로 어떤 관계에 있으며, 이를 통해 인간과 언어활동을 어떻게 달리 바라볼 수 있는가에 대해서는 충분히 살펴지지 못한 것이다. 이는 드러난 현상과 실체의 규명에만 초점을 맞춘 데서 연유한 것으로 보인다.

　구술성은 피네간(Finnegan)의 지적과 같이 '작시 구성(composition)', '전달(transmission)', '연행(performance)'[10]의 세 국면을 갖고 있으며, 여기서 구술성은 텍스트의 생성에서부터 후대로의 전승에 이르는 전 과정과 관련 맺는다는 것을 짐작할 수 있다. 구술성과 기술성은 일차적으로는 물리적 표현 수단의 차이로 귀결되는 것처럼 보이지만, 실제로 표현 수단을 넘어서 인간 사고와 의식의 층위에 이르기까지 다양한 존재역을 갖고 있다. 구술성이 이처럼 다양한 차원에서 작용하는 것이라면 각 영역에서 이루어지는 구술적 실현에 대해 정치한 분석이 뒤따라야 할 것이다. 따라서 구술성에 관한 논의에서 해결해야 할 문제는 일차적으로 구술성이 무엇인가에 대한 개념적 확정이다. 또한 구술성의 층위와 그 의미역에 대한 정치한 탐구이다. 이에 따라 구술성에 대한 명확한 개념역을 설정하고, 구술성의 측정을 위한 구체적인 지표를 마련하는 일이 뒤따라야 한다.

　이를 해결하기 위한 방법의 일환으로 구술성이 실현되는 언어 맥락에 주목하고 언어가 갖는 매개적 성격에 초점을 맞추기로 한다. 매개라 함은

---

10) Ruth Finnegan, *Oral Poetry : Its Nature, Signification and Social Context*, Cambridge Univ. Press, 1977, 16면.

'둘 사이에서 양편의 관계를 맺어줌'이라는 사전적인 의미에서 나아가 "두 존재간의 의미 전달을 가능하게 하는 것으로서 인간과 환경(세계) 사이의 의미 작용에 개입"[11]하는 것으로 규정될 수 있다. 언어활동을 매개로 본다는 것은, 인간과 세계를 연결해주는 통로가 됨을 의미하고, 여기서 표현의 도구나 수단을 넘어서서 인간 삶의 변화를 추인하는 동력이라는 의미도 도출할 수 있다. 이런 관점에서 본다면 인간의 모든 언어활동은 인간과 세계의 매개적 행위이며, 사고와 표현(연행)은 이러한 매개적 행위의 구체적 실현태라 할 수 있다.

이처럼 언어를 인간과 세계의 매개로 바라봄으로써 구술성을 사고와 표현(연행)이라는 두 측면에서 접근하는 것이 가능해진다. 구술성은 인간이 세계와 맺는 관계의 문제와 그에 따른 사고의 측면을 지니고 있으면서, 동시에 음성이라는 표현 매체를 통해 타자 혹은 세계에 전달하는 차원에서 이루어지는 연행과도 관련을 맺고 있다. 사고와 연행의 영역에서 각각 달리 작용하는 구술성의 질서와 속성이 존재한다는 점에서, 구술성을 인간과 세계(환경)의 의미작용에 관계하는 사고의 측면과 그것의 음성 언어적 실현인 연행의 영역으로 층위를 나누어 살펴볼 수 있다. 여기서 사고의 영역은 의미의 생성과 내용 구성에 관여하는 구술성의 층위를 가리키고, 연행(performance)의 영역은 특정 내용을 표현하고 전달하는 물리적 상황에서 작용하는 구술성의 층위에 해당한다. 물론 이러한 설정과 구분은 언어활동에서 구술성이 어떻게 작용하는가를 규명하고자 하는 문제의식에서 비롯된 것으로, 어디까지나 구술성의 분석을 위한 인위적 장치에 따른 것이다. 거듭 밝히거니와 그동안 구술성과 기술성의 논의가 모호하고 연구마다 접근법과 분석 틀에 큰 차이를 보이는 이유가 이러한 층위의

---

11) 졸고, 「매체 개념과 국어교육의 가능성 연구」, 『선청어문』 33, 서울대 국어교육과, 2005 참조.

혼동과 관련있다고 보았기 때문이다.

따라서 이 글에서 구술성이란 음성언어를 매개로 한 의미작용에서 이루어지는 인간 '사고'와 '연행'상의 질서 및 속성을 가리키는 것으로 재개념화할 수 있다. 이러한 의미 설정은 인간과 세계(환경) 사이에서 이루어지는 '의미', '소통', '매개'의 문제를 입체적으로 조망하는 것을 용이하게 한다. 앎의 전유 방식과 의사소통 매개에 있어서 구술성이 어떻게 작용하는가에 대한 물음에 대해, 인간 주체를 중심에 두고 인간에 의해 이루어지는 언어활동으로서 그 작동 기제를 해명하려는 것이다.

구술성이 언어활동의 과정에 어떻게 관여하는가를 밝히려 한다면, 그 해답은 텍스트가 아닌 '인간'과 그의 '언어활동'에서 찾아야 할 것이다. 여기서 구술성을 사고와 연행의 층위로 살펴보는 방법론의 필요성을 재차 확인하게 된다. 따라서 이 글에서는 구술성의 해명을 위해 텍스트 층위의 분석을 자제하고, 인간 사고와 연행의 차원에서 범주화하고 그에 따른 특질을 규명하기로 한다. 사고와 연행의 층위 설계는 구술성이 인간 언어활동에 어떻게 작용하는지를 살펴보기 위한 방법론적 설계이다.

(2) 사고와 연행의 이원화와 교직의 양상

구술성에 대해 층위를 나누어 접근하고 규명하려는 여러 시도가 있었다. 구술성과 기술성이 표현 수단에 의한 구분이 아니라는 점을 전제로, '글에도 구술성이 얼마든지 있을 수 있고, 말에도 기술성이 얼마든지 있을 수 있'[12]다고 본 것이다. 그러나 구술성이 표층의 표현 수단을 넘어선다는 점을 간파하여 구술성 자체를 심층적인 구성인자들이 복합적으로 얽혀있는 구성체로 간주하면서도, 정작 이를 확인하는 지표에서는 '언어

---

12) 김현주, 앞의 글, 11면.

적 층위’, ‘어법적 층위’, ‘서사구조적 층위’ 등에서 찾음으로써 이전 논의
의 한계에서 완전히 벗어나지 못한 것으로 귀결되고 만다.

그밖에 구술성과 기술성을 단일한 관점이 아닌 복합적인 층위에서 살
펴본 것으로는 레이블(Raible)이 ‘개념적 양상’과 ‘매체적 양상’으로 분석한
연구가 대표적이며,13) 이를 원용하여 ‘매체(medium)’와 ‘양식(mode)’으로
이원화하기도 한다.

[표 7-3] 매체와 양식의 대표적인 예들14)

양식＼매체	문자언어	음성언어
문자언어	학술논문 등	연설, 강연, 토론, 뉴스보도 등
음성언어	시나리오, 희곡, 편지 등	대화

음성언어 활동의 모든 국면에 기술성이 개입될 수 있으며, 문자언어로
이루어지는 활동 또한 구술성을 바탕으로 실현될 수 있다. 이는 구술성과
기술성이 단순히 음성이나 문자와 같은 표면적인 물리적 존재양식으로
규정되지 않는다는 사실을 의미한다. 이 같은 문제의식에서 [표 7-3]은

13) Wolfgang Raible, "Orality and Literacy. on their Medial and Conceptual Aspects", Dietrich
Scheunemann eds., *Orality, Literacy and Modern Media*, Camden House Inc., 1996, 19~20
면. 구술성과 기술성의 매체적·개념적 양상의 예로 다음의 표를 제시하고 있다.

매체적 양상 (medial aspect)	개념적 양상(conceptual aspect)	
	개념적 구술성 (conceptual orality)	개념적 기술성 (conceptual scriptuality)
매체적 구술성 (medial orality)	잡담, 친구간의 일상적 대화	책의 낭송, 학술 강의, <햄릿>의 무대공연
매체적 기술성 (medial scriptuality)	잡담의 기록물, 친구간 대화의 전사물(轉寫物)	셰익스피어의 <햄릿>, 스턴의 <트리스트럼 샌디>, <마그나카르타>, 특허 설명서, 고등법원 재판소 판결문

14) 신명선, 「독립신문의 텍스트 구조적 특성에 대한 연구」, 서울대 석사학위논문, 1998, 18
면; 류수열, 앞의 책, 67~68면 참조.

매체(medium)라는 기존의 기준에 '양식(mode)'의 기준을 부가하여 이원적 분류 체계를 확립한 것이다. 물론 이때 매체라 함은 송신자가 자료의 집합체를 전달하는 언어의 물리적 속성에 바탕을 둔 것이고, 양식은 메시지를 음성언어나 문자언어의 특질 속에서 생산하는 송신자의 선택을 가리킨다는 점에서, 이 글에서 다루는 '매개'의 개념과는 차이가 있다. 오히려 '매체'와 '양식'은 이후 논의할 '연행'과 '사고' 각각의 영역과 유사하다고 볼 수 있다.

이처럼 각 언어물은 내용 생성의 토대가 되는 사고와, 그 전달 및 표현에 해당하는 연행의 다중적인 선택 과정을 거치게 된다. 각각의 차원에서 구술성과 기술성이 개입하게 되고, 사고와 연행의 교직은 구술성과 기술성의 선택에 따라 네 가지 양상으로 나타날 수 있다. 사고와 연행 각각의 영역에서 달리 선택되고 또한 작용함으로써 '구술적 사고와 구술적 연행', '구술적 사고와 기술적 연행', '기술적 사고와 구술적 연행', '기술적 사고와 기술적 연행'의 양태로 실현되는 것이다.

[표 7-4] 사고와 연행의 교직 양상[15]

사고의 측면	연행의 측면	사고와 연행의 교직 양상
구술	구술	구술적 사고와 구술적 연행
	기술	구술적 사고와 기술적 연행
기술	구술	기술적 사고와 구술적 연행
	기술	기술적 사고와 기술적 연행

15) 개념 층위와 제시 방식의 결합 방식에 따라 구술성과 기술성의 실현 방식을 다음과 같이 여섯 가지로 정리하는 것에서, 사고와 연행을 나누고 교직 양상을 설계하는 전체적인 틀을 참조할 수 있었다. 최진형, 「판소리 서사체의 구술성과 기술성」, 한국고전문학회 편, 앞의 책, 123면 참조.

이러한 구분의 의의는 언어활동의 다양한 존재 양식에 주목한다는 데 있다. 특정한 기반 매체에 따라 이루어진 내용 생성조차도 어떤 표층적인 표현 수단을 선택하여 실현되는가에 따라 그 존재 양식에는 큰 차이가 있기 마련이다. 가령 소설의 경우 내용 생성이 주로 기술성의 기반 아래 이루어지더라도, 그것이 구체적으로 표현되고 연행될 때는 문자언어에 의해서만이 아니라 강독사(講讀師)에 의해 음성으로 실현될 수도 있다.

사고와 연행의 차원에서 구술성이 실현되지만, 이들 영역은 상호 영향을 주고받으며 끊임없이 교섭한다는 점에 유의할 필요가 있다. 어떤 내용이 생성될 때에도 전달 및 표현과 관련된 연행의 측면을 고려할 수밖에 없고, 연행의 영역에서 구술성이 실현되는 순간에도 사고 과정에서 개입·작용한 구술성 혹은 기술성의 질서와 속성이 간섭하기 마련이다. 예컨대 강독사에 의해 소설이 음성언어로 연행될지라도, 여기에는 문자를 기반으로 한 기술적인 속성이 영향을 끼칠 수밖에 없다. 또한 상대방과 대화를 나누듯 내용이 구성되는 편지의 경우에도 구술적 사고가 그 기반을 형성하지만, 텍스트로 실현될 때는 기술적 연행의 과정을 거쳐야만 한다.16) 따라서 사고와 연행은 상호 간섭하고 영향을 주고받는다는 점에서, 결코 단선적·선조적 과정으로 볼 수만은 없다.

성격(2) × 제시방식(3) = 실현(6)의 예

성격		제시 방식		실현
구술성	×	음성언어	→	(실현태로서) 판소리
		표음문자	→	판소리 사설
		표의문자	→	한문본 판소리 작품
기술성	×	표음문자	→	국문소설
		표의문자	→	한문소설
		음성언어	→	강독사에 의한 소설 구연

16) 매체언어를 분석하고 규명하는 상당수의 연구가 구술성과 기술성의 관계에 주목하는 것도 매체의 특성에 따라 구술성, 기술성의 관여와 영향이 다르기 때문이다. 한 예로 편지의 경우에도 일반적인 (종이) 편지와 전자우편, 휴대폰 문자메시지 등에서 구술성과 기술성의 정도와 실현태에 차이가 있다.

그러나 이 글에서는 구술성의 개념을 확정하고 그 작용태를 선명하게 분석하려는 목적에서 인위적으로 그 영역을 양분하여 살펴보기로 한다. 다만 완전한 의미의 '순결한 1차적 구술성'을 찾기 어려운 만큼, 구체적인 분석의 대상은 구술성과 기술성이 어느 정도 혼합된 자료 속에서 그 관여와 영향에 따른 효과를 분석하는 것으로 대신하고자 한다.

4. 구술적 사고의 표지와 자질

구술적 사고라는 용어는 언어활동이 사고와 밀접한 관련을 맺는다는 점에 바탕을 두고 있으며, 특히 내용 생성의 측면에 관여하는 구술성의 문제에 주목한 것이다. 이러한 관점의 대표적인 것으로 월터 옹(Ong)의 연구를 들 수 있다. 그는 구술 문화와 문자 문화의 사이에 존재하는 정신구조(mentality)의 차이에 주목하여, 이를 '종속적이기보다는 첨가적이다, 분석적이기보다는 집합적이다, 장황하거나 다변적이다, 보수적이거나 전통적이다, 인간의 생활에 밀착된다, 논쟁적인 어조가 강하다, 객관적인 거리 유지보다는 감정 이입적 혹은 참여적이다, 항상성이 있다'[17]는 것으로 구술성의 정신 역학을 설명한 바 있다. 그리고 쓰기(문자 행위)는 단순히 표현상의 차이에 국한된 문제가 아니라, 인간 사고 방식을 재구조화하는 획기적인 전환을 가져왔다고 설명하고, 이를 기술성의 중요한 특성으로 간주한 바 있다.

이러한 관점을 바탕으로 구술적 사고는 단순히 특정 내용을 언어화하

---

17) Walter J. Ong, 이기우 외 역, 앞의 책, 52~92면 참조. 윤석빈, 「희랍문자의 변천과정과 더불어 본 구술언어와 문자언어가 인간 실존에 미치는 영향에 대하여」, 『동서철학연구』 28, 한국동서철학회, 2003, 134~137면 참조.

는 과정에서 선택하게 되는 표현법의 한 차원, 혹은 전달 방식상의 특성
으로 보는 것을 지양하고, 인간의 사유 구조와 밀접한 관련을 지닌다는
입장을 견지하기로 한다. 다시 말해 음성언어는 문자를 기반으로 하는 사
고와는 다른 양상으로 내용 생성을 이끈다는 점에 주목하려는 것이다. 음
성언어가 내용 생성 및 구성에 영향을 끼친다는 전제 아래, 구술적 사고
의 구체적 특질과 속성으로 다음과 같은 것들을 살펴볼 수 있다.

(1) 기억 위주의 정형화된 사고

구술은 본질적으로 소리로 구현된다. 그런데 소리는 시간과 특수한 관
계를 맺고 있다. 소리는 존재함과 동시에 소멸되는 유한성을 본질로 갖는
다. 구술은 내뱉는 순간 곧바로 사라져 버리는 속성을 갖고 있다는 점에
서, 일회성, 유한성은 구술을 규정짓는 본질적 속성의 하나가 된다.

이러한 일회적·순간적이라는 구술의 특성은 화자에게 기억의 문제를
제기한다. 즉 없어져 버리는 것을 붙잡아 두기 위해, 그리고 쉽게 끄집어
내기 위해서 구술만의 독특한 사유 구조가 요구되는 것이다. 이에 따라
일차적인 구술 문화에서는 말로 표현할 내용을 기억해두고 그것을 효과
적으로 재현하기 위해서, 음성언어로 쉽게 구현될 수 있는 형태, 다시 말
해 기억하기 쉬운 형태(pattern)에 입각하여 사고하는 경향을 보인다.

특히 정형구(공식구)는 운율적인 담론을 이루면서 동시에 모든 사람들의
귀와 입을 통해서 유동되는 관용표현(set expression)으로서 그 자체가 기억
에 도움을 주는 것으로 널리 알려져 있다. 강렬하고 리드미컬하고 균형
잡힌 패턴, 반복, 대구, 두운과 유운(類韻), 형용구와 그 외의 정형구적인
표현, 표준화된 주제적 배경(집회, 식사, 결투, 영웅의 조력자), 패턴화된 격언,
그리고 그밖에 기억을 돕는 형식[18] 등이 대표적이다.

구술성은 이외에도 텍스트에 대한 새로운 이해와 평가를 가능하게 하는 주요한 자질이 된다는 데 주목할 필요가 있다. 이를 위해 강복중(姜復中, 1563~1639)의 시조를 살펴보기로 하자. 시조는 기술성 못지않게 구술성 또한 강조된 장르임에도 불구하고, 문자로 기록된 자료에 함몰된 나머지 구술성의 자질을 놓치게 되고, 심지어 기술성의 관점에서 이를 재단하는 일마저 발생하고 있다. 아래에서 논의할 반복의 문제는 시조가 갖고 있는 구술성을 드러내는 하나의 표지라는 점에서 분석의 의의를 갖는다.

- 아모리 黃虁召杜ㅣ들 긔나 이나 드르랴
- 아모리 解三面湯德인들 긔나 이나 드르랴
- 어즈버 未免遭變이아 네오 긔오 달ᄋ랴
- 早晩의 白雲 탈 神仙이 네나 너나 드르랴
- 아ᄆ리 太公望呂尙인들 긔나 내나 다르랴

- 아희야 靑藜杖 너여라 위로하러 가쟈
- 아희야 盞 고쳐부어라 못닉 보아 ᄒ노라

- 晝夜의 痛哭 悲歌를 알 리 업셔 ᄒ노라
- 至今에 鏡分 哀情을 알 리 업셔 ᄒ노라

- 귀 이요 이 그 ᄀᆺᄐ니 高下 몰나 ᄒ노라
- 이 긔요 긔 이 ᄀᆺᄐ니 是非 몰라 ᄒ노라

- 令監이 窮問細聽ᄒ시고 鏡分則合 ᄒ쇼셔
- 令監이 十年霜刃으로 太平恢復 ᄒ쇼셔[19]

---

18) Walter J. Ong, 이기우 외 역, 앞의 책, 57~58면.
19) 그밖에도 강복중의 시조에서 유사, 동일 어구의 반복으로는 다음과 같은 예를 추가할 수 있다.

이들은 모두 강복중 시조의 종장에서 확인되는 유사 혹은 동일한 형태
의 어구들이다.[20] 이러한 유사, 동일 어구의 존재는 작자의 작시 능력 부
족 혹은 작품의 완성도 미흡과 같은 부정적 평가로 이어지기 마련이다.
실제로 강복중의 경우 다작의 작자임에도 불구하고, 작품의 미적 성취 측
면에서 높지 않은 평가를 받아온 것이 사실이다.

그러나 이러한 유사, 동일 어구의 존재는 또 다른 기능과 작용의 결과
로도 해석할 수 있다. 이와 관련하여 "공식구 속에 약간의 시어만 변형시
키는 민요의 사설 특징과 유사하다"[21]는 지적에 주목할 필요가 있다. "시
조 창작이 즉흥적으로 이루어졌음을 보여주는 것으로, 이미 만들어진 공
시적인 틀에다 그 때의 상황에 따라 약간의 어휘나 구절만 변형시켜 즉흥
적으로 행해"[22]졌다는 설명에서 논의의 실마리를 찾을 수 있다. 이러한
접근에는 "공은 노래를 잘하였다("公善於歌詠", <淸溪遺事>『中和齋實紀』)"라는
강복중에 대한 기록도 뒷받침한다. 즉 구술적 사고의 시각에서 본다면,
"현장의 분위기에 어울리는 노래를 즉흥적으로 지어 부를 줄 아는 능

---

① 드러라 臺山의 書堂 짓고 五倫敎訓 호리라
　두어라 三伏의 너여 大監 싱각 호리이다
② 世上의 有情훈 李貴를 아니 보고 엇지호리
　붉고셔 쏘 됴흔 月沙과 아니 놀고 엇지흐리
③ 우리는 渭水陽 가의셔 갈 디 몰나 흐노라
　우리도 네 뜯를 아라 홈씨 늙즈 왓노라
　우리는 그 뜯을 아라 害홀 物이 업스라
④ 世上의 非理好訟者는 날뿐이라 흐느다
　世上의 順天은 나 뿐인가 흐노라
　世上은 淸溪邊 釣翁을 狂者러라 흐느다

20) 이러한 유사, 동일 어구는 강복중 이외에도 동시대 같은 처지에 있었던 박인로(朴仁老)의
　작품에서도 쉽게 발견되는데, 다작에 비해 낮은 평가를 받는 하나의 원인이 되고 있다. 백
　순철, 「淸溪 姜復中 時調 硏究」, 『한국시가연구』 12, 한국시가학회, 2002, 147면 참조.
21) 백순철, 앞의 글, 146면.
22) 최현재, 「박인로 시가의 현실적 기반과 문학적 지향 연구」, 서울대 박사학위논문, 2004,
　179면.

력"23)으로 새롭게 평가될 수도 있다. 새로움과 독창성의 차원이 아니라 이미 만들어진 기존 표현의 틀 속에서 정형화된 사고가 갖는 장점과 효용에 주목하는 것이다.

이러한 자질은 내용 생성과 구성의 측면에 작용하는 편리성과 용이성에서 비롯된 것이다. 모두 기억의 한계를 극복하고 소통의 원활함을 지향하는 데 바탕을 두고 있다. 여기서 구술적 사고는 구술적 장치 속에서 즉흥적인 내용 생성과 구성을 이끄는 것임을 보게 된다. 어떤 면에서 본다면, 사고는 정해진 정형구 속에 이미 들어있으며, 필요한 경우 자유로운 인출이 원활하게 이루어질 수 있도록 작용하는 것이기도 하다.

강복중이라는 개별 작자의 차원과 시조라는 특정 장르의 차원을 넘어서서 동일하거나 유사한 사설이 여러 갈래의 텍스트에서 공유되는 현상은 고전 시가에서 자주 목격되는 현상이다. 이들은 비록 독창성과는 상반되는 것으로 문학성의 기준에서 부정적인 요소로 작용할 수 있지만, 내용 생성과 구성의 측면에서 또 다른 접근과 평가의 필요성을 제기한다. 서로 다른 갈래에 속하는 작품들이 사설을 공유하는 사실은 무엇보다도 이들 작품이 기본적으로 구술적 사고의 자장 내에서 생산되고 향유되었다는 맥락에 대한 고려를 요청한다. 특히 '상투적 표현 단위' 혹은 '공식적 표현구(formulaic phrase)'나 '핵심적 개념' 등으로 설명하는 이 같은 현상24) 속에는 연행자의 기억과 그 기억의 즉흥적 재생에 대한 요청이 자리하고 있다는 점을 주목할 필요가 있다.

---

23) 최현재, 앞의 글, 181면.

24) 이헌홍, 「심청가의 상투적 표현 단위에 대하여」, 『민속문화』 3, 동아대 한국민속문화연구소, 1981; 김병국, 「구시서사시로서 본 판소리 사설의 구성 방식」, 『한국 고전문학의 비평적 이해』, 서울대 출판부, 1995 등을 참조할 수 있다.

(2) 집단성과 공유성 추구의 집합적 사고

일반적으로 구술에 입각한 사고와 표현들은 한데 모여서 덩어리로 구성되는 경향성을 갖고 있는 것으로 알려져 있다. 병렬적 혹은 대비적인 단어, 구, 절, 그리고 형용구, 수식어구 등을 동반한 장황스런 표현들은 이를 보여주는 표지라 할 수 있다. 전체의 구성에 관계없이 주어진 상황을 최대한 확장하여 그 장면의 내용을 극대화하는 장면극대화 또한 이 같은 사고에 기반하여 생성되고 향유되었음을 보여주는 대표적 사례에 해당한다. 그밖에도 등가적 대상의 나열, 유사한 의미의 중첩적 전개, 극대화된 과장 등에 의해 사설의 장형화가 이루어지고 있으며, 그 기반에는 구술적 사고가 자리잡고 있다.

그런데 이 같은 표현이 구술적 사고에 기반하여 이루어졌다는 텍스트적 분석 이외에, 언어활동의 측면에서 구체적으로 어떠한 효과와 기능을 갖는지를 살펴볼 필요가 있다. 이를 위해 독립신문 소재 애국·독립가[25] 한 편을 살펴보기로 하자. 이들은 근대 초기 구술 문화에서 문자 문화로 이행되는 과정을 보여주는 대표적인 자료로, 전래적인 가사 형식 및 가창 방식과 근대적인 인쇄 방식이 교직되는 모습을 담고 있다는 점에서 눈여겨 볼 필요가 있다. 표면적인 기술성 속에서 구술성이 어떻게 심층적으로 작용하는지를 살펴보는 기회가 될 수 있다.

> 봉축ᄒ세봉축ᄒ세 아국태평봉축ᄒ세
> 즐겁도다즐겁도다 독립ᄌ쥬즐겁도다
> 솟뛰여라솟뛰여라 우리명산솟뛰여라
> 향기롭다향기롭다 우리국가향기롭다

---

25) 참고로 독립신문에는 가사 23편, 창가 5편으로 분류되는 28편의 시가가 실려 있다. 김영철, 『한국 개화기 시가 연구』, 새문사, 2004, 62면.

열미열나열미열나 부국강병열미열나
열심ㅎ세열심ㅎ세 츙군익국열심ㅎ세
진력ㅎ세진력ㅎ세 스룽공샹진력ㅎ세
빗나도다빗나도다 우리국긔빗나도다
영화롭다영화롭다 우리만민영화롭다
놉흐시다놉흐시다 우리님군놉흐시다
만셰만셰만만셰는 뎨군쥬폐하만만셰
장셩ㅎ기운으로 세계이유명ㅎ야
뎐하각국 넘볼셰라

〈인쳔 제물포 뎐경퇵 익국가〉

『독립신문』에 실려 있는 '애국가' 또는 '독립가'라는 제목의 노래 중 한 편이다. 여기서 전형적인 낭송의 형식(4 · 4조의 음수율)과 정형구, 상투어 등을 만나게 된다. 무엇보다 눈에 띄는 특징은 동일한 통사구조의 반복에 따른 사설 구성이다. 서술어가 반복 제시된 다음 그 주체나 대상을 밝히는 형태로 한 행이 구성되는데, 이러한 동일한 통사구조가 11행에 걸쳐 반복되고 있다.[26] 이 같은 정형성과 반복성의 형태는 구술적 사고의 대표적인 표지라 할 수 있다.

사설 형태의 동일성과 유사성을 떠나 형태론적 작시법과 전달 방식의 차원으로 확장한다면, 이른바 aaba형 조사(措辭)와 병렬의 형식은 계몽적 이념성과 긴밀히 연결되는 담화 방식으로 작용함을 볼 수 있다. 즉 이들 노래는 외형적으로 단순하게 반복되는 음수율의 리듬감이나 균형잡힌 패턴을 기반으로 하여 사회적 계도 및 일체화라는 전달 목적을 극대화하려는 담화 전략인 것이다. 반복되는 통사 구조가 청유형의 형태를 지니고

---

26) 곽명숙, 「'독립신문' 애국 · 독립가의 구술적 특징 연구」, 『우리어문연구』 30, 우리어문학회, 2008, 46면.

있는 데서도 이러한 전달 의도와 효과를 확인할 수 있다. 특히 aaba 조사 형식 속에서 서술어의 대상이나 목적이 되는 주제들('애국태평', '독립자주', '부국강병', '충군애국' 등)이 하나하나로 분석되거나 나뉘지 않고 다변적인 일체를 이루어 국가 전체의 집합적인 면모에 이르는 효과를 낳고 있다.27)

이처럼 구술성은 계몽적 이념성의 전달 효과를 극대화하는 차원에도 관여하고 있다. 신문이라는 인쇄 매체에 게재하는 것임에도 불구하고 노래라는 매체를 채택한 점에서도 확인되는 바이거니와, 형식적인 반복성의 추구는 전달하고자 하는 내용에 대한 논리적 분석보다는 정서적 감동과 고양을 도모하는 효과를 발휘한다.28) '듣는 독자'들을 대상으로 한 시가 작품들은 내면적인 성찰보다는 집단적인 정서적 반응을 목적으로 하며, 일반적인 도덕적 규범이나 사회적으로 승인된 관습들을 전달하는 경향성이 있다는 지적 또한 이를 뒷받침한다.29) 이들은 모두 개화기 시가가 근대적 문학 제도에 의해 생성된 '예술적 담론'이 아니라, 계몽이라는 '목적 담론'의 성격이 강한 것으로 달리 평가되어야 함을 보여준다.

물론 정보의 효과적 전달 측면에서 본다면, 이 같은 내용 생성과 구성은 정보의 과잉에 따른 비경제적 사유로 판단될 수도 있다. 그러나 이러한 판단과 단정의 이면에는 문자를 기반으로 한 기술성이 전제되어 있다는 데 유의할 필요가 있다. 간결하고 조리정연한 기술적 표현들과는 차원을 달리하여, 중첩된 표현이 지향하는 또 다른 가치의 범주가 존재할 수 있음을 의미한다. 다시 말해 동원되는 사실 하나하나의 개별적이고 구체적인 의미에 집착하기보다는 그것이 갖는 전체적이고 구상적인 이미지를

---

27) 곽명숙, 앞의 글, 46면.

28) 김대행, 『시가시학연구』, 이화여대 출판부, 1991, 44면. 이 책에서는 노래가 하나의 완결된 구조로서 유기성을 가질 수 있는 바탕에 '형식적인 반복성'이 자리하고 있음을 밝히고 있다.

29) 곽명숙, 앞의 글, 41면.

강조하는 것으로, 논리적 · 분석적 사고를 지양하고 청중에게 익숙한 내용
으로 구성, 조직함으로써 청중의 공감과 동화를 이끌어내는 데 효과적으
로 기능하려는 것을 말한다. 제시되는 여러 정보들에 대해 청중들이 하나
하나를 구체적으로 점검 · 검증하고 그 사실 여부를 논리적으로 검토하면
서 수용하지는 않기 때문이다. 장황하고 풍부하게 엮어지는 사설을 즐기
고 공감하는 것이 강조될 뿐, 진술되는 내용에 대한 객관적 검증과 확인
의 과정을 특별히 요청받지는 않는다. 이는 쓰기의 구조가 분석적이고 추
론적인 종속 관계를 갖는 것과는 분명히 구별되는 지점이다.

유사한 내용의 반복과 중첩이라는 집합적 사고는 집단성과 공유성을
지향하는 데 그 목적을 두고 있으며, 따라서 낯설음, 새로움보다는 친숙하
면서도 전형적인 것이 대상으로 선택된다. 이를 다변적 · 집합적으로 장형
화함으로써, 청중들의 집단성과 일체화를 이끌어내는 것이다. 친숙하고
유사한 내용이 집합적 · 반복적으로 전개됨으로써 청중은 비판적 준거와
판단을 제쳐두고 동화와 수용의 태도를 지향하게 되고, 이로써 화자와 청
중간의 정서적 공감대가 형성되고 확장되는 결과가 발생하는 것이다. 이
처럼 집합적 사고는 구술적 사고의 특징이며, 그에 따른 장황스러운 말투
는 빈틈없이 조리정연한 것보다 어떤 의미에서는 한층 더 자연스러운 사
고와 표현이 되는 것이다. 오히려 분석적인 사고와 표현이 일종의 인공적
인 제품이며 쓰기의 기술에 의해서 조립된 것이라는 지적[30]에 귀기울일
필요가 있다. 이와 같이 구술적 사고는 집단성과 공유성의 강화 측면에서
효과적으로 기능한다.

---

30) Walter J. Ong, 이기우 외 역, 앞의 책, 65~66면 참조.

(3) 주체의 현존에 따른 부착적 사고

기술적 사고는 주체와 대상의 분리를 전제로 하면서 객관성 확보를 지향한다. 이에 비해 구술적 사고에서는 서술의 주체와 그 대상이 잘 분리되지 않으며, 사건의 진행과 의미에 대해 끊임없이 개입하고 판단하는 경향마저 보인다. 자신과의 관련 속에서 내용을 생각하고 이를 자기만의 각편으로 생산하는 경향이 상대적으로 강함을 뜻한다. 글쓰기의 경우 외재적 담지체(돌, 파피루스, 종이 등) 속에 담화를 고정시킴으로써, 작자와 독자사이에 시공간적 거리가 확보되고 소통 상황과 맥락의 분리가 전제된다. 반면, 음성언어의 경우 메시지를 표현, 전달하는 과정에서 직접적인 화자의 목소리, 얼굴 표정, 몸짓 등이 필연적으로 동반되는 차이가 있다. 음성언어가 갖는 시공간의 제약성은 곧 화자와 청자의 시공간적 상황의 공유를 전제하게 만든다. 시간과 공간 안에는 최종적으로 상황적인 지금/여기를 가리키지 않는 장소들의 그물망이 존재하지 않으며, 그 결과 궁극적으로 구술 언어의 모든 지시는 외시(外示 monstrations)에 의존한다.31) 이처럼 시공간적 공유와 대면에 따라 담화의 내용과 주체간의 거리가 무화되고 일체화되는 효과를 '부착적 사고'로 특징지울 수 있다.

> 담화에서 문장은 주어와 주격의 다양한 지표들을 통해 그 화자를 가리킨다. 그런데 말해진 담화에서, 말하는 주체를 되돌려 가리키는 담화의 이러한 능력은 직접성의 특성을 나타낸다. 왜냐하면 여기서 화자는 대화의 상황에 속해 있기 때문이다. 화자는 진짜로 거기에-있다(being-there)는 의미에서, 현존재(Da-sein)로서 거기에 있다. 따라서 화자의 주관적인 지향성과 담화의 의미는 서로 겹쳐지며, 화자가 의미하는 바를 이해하는 것과 담화가 의미하는 바를 이해하는 것은 동일한 것이 된다.32)

---

31) Paul Ricoeur, *Interpretation Theory-discourse and the Surplus of Meaning*, 김윤성 외 역, 『해석이론』, 서광사, 1998. 71면.

음성언어의 차원에서는 화자가 담화의 상황에 현존하는 속성으로 인해, 화자의 의미와 담화의 의미가 상당부분 결합되고 동일시되는 현상이 나타난다. 이는 글쓰기의 기록이 필자와 관련된 인간적·개인적 사실을 제거하고 물질적 표식들로 메시지를 전달하는 것과는 대조적인 모습이다. 옹(Ong)에 따르면, 소리는 시간에 따라 진행되어 되돌릴 수 없기 때문에 인간을 실재한 가운데 그리고 동시성 속에 놓게 만드는 것으로 설명된다. 청각으로 전달되는 말은 지금-여기의 경험을 전달하고 삶의 상황을 담아내는 '소리 세계의 사건'으로, 서로의 내면을 결합시키고 공유하는 것을 가능케 한다.33)

> 옛날에 한 남자가 종로 담배 가게에서 어떤 사람이 패사(稗史) 읽는 것을 듣다가 영웅이 심히 실의에 빠져 있는 곳에 이르러 갑자기 눈을 부릅 뜨고 입에 거품을 품더니 가지고 있던 담배 써는 칼로 패사를 읽던 이를 쳐서 그 자리에서 숨지게 했다.34)

위의 기록은 담화상의 내용과 현실을 혼동한 하나의 사례에 해당한다. 이 같은 현상은 담화의 현장에서 말로 표현됨으로써 담화의 내용과 현실 간의 거리가 없어진 데서 발생한 것이다. 여기서 음성언어는 담화의 내용과 현실간의 거리를 무화시킴으로써 그 둘이 일치된 채 수용될 수 있음을 보게 된다. 소통이 실재적인 소리를 매개로 하여 전달되는 대인적 상황에서 이루어지는 까닭에, 대화에 참여하는 나와 너(I-Thou)가 실재에 대한 공유 감각을 가지게 되고 서로의 내면과 상호 작용하게 되는 것이다.35)

---

32) Paul Ricoeur, 김윤성 외 역, 앞의 책, 65면.

33) Walter J. Ong, *The Presence of the Word*, 이영찬 역, 『언어의 현존』, 탐구당, 1991.

34) "古有一男子 鍾街煙肆 聽人讀稗史 至英雄最失意處 忽裂眦噴沫 提裁煙刀 擊讀史人立斃之", 이덕무, <銀愛傳>, 「雅亭遺稿」12, 『국역 청장관전서』 Ⅳ책, 8면. 이와 유사한 내용의 기사가 『正朝實錄』14년 庚戌 8월 戊午條에도 있다.

이처럼 구술적 사고는 대상에 대해 감정적이면서 참여적인 태도를 갖
게 하는 특징이 있다. 음성이 본질적으로 내면성이라면, 너와 내가 대화를
한다는 것은 단순한 소리와 소리의 외부적 만남이 아니라 나의 언어가 너
의 내면으로, 너의 언어가 나의 내면으로 스며들어가는 것이라 할 수 있
다.[36] 구술 문화에서 배운다거나 안다는 것은, 알려지는 대상과 밀접하고
도 감정이입적이며 공유적인 일체화를 이룩하는 것으로, 그것과 하나가
된다는 것을 의미한다.[37]

나는 나 자신을 다른 사람들에게 내어 주는 행위를 통하여 나 자신 밖
으로 나와 있는 정도만큼 다른 사람들에게 현전(現前)해 있는 것이다. 바
꾸어 말하면 말이란 주는 행위인 것이다. 사상과 감정을 교환함에 의해서
아니 그러한 것을 넘어서, 언어는 두 주체들 상호간의 교환에로까지 나아
가려 한다. 기도중의 나의 말은 나를 신에게 굴복시키고 나를 신에게로 던
진다.[38]

말은 순수한 도구가 아니라, 인간을 서로 구속하고 관련 맺게 하는 힘
을 갖고 있다. 말이란 단순히 화제를 담는 용기에 지나지 않는 것이 아니
고 주체의 인격과 담화의 메시지 자체에 끊임없이 개입하고 관여함에 따
라, 담화의 내용과 주체들의 일체화를 이끌어내게 된다. 이는 말을 시각적
공간 속에 위치지우고 가둬둠으로써, 저자와 독자, 아는 자와 아는 것, 메
시지와 메시지 전달 행위, 낱말과 소리, 말과 실존적 맥락, 소리와 시각,

---

35) 이동후, 「제3의 구술성」, 『언론정보연구』 47(1), 서울대 언론정보연구소, 2010, 46면.
36) 윤석빈, 앞의 글, 131면 참조. 옹(Ong)에 따르면, 소리는 내면성을 향한 특별한 감각 열쇠
로, 내면들을 서로 결합시킨다. 남에게 말을 전달하거나 커뮤니케이션하는 일은 우리의 내
성뿐만 아니라, 그들의 내성(inwardness)에 참여하는 일이라고 하면서, 소리가 서로 간의
내면을 내면으로 결합시킨다고 설명한 바 있다.
37) Walter J. Ong, 이기우 외 역, 앞의 책, 74면 참조.
38) E. Barbotin, *The Humanity of Man*, Orbis Books, 1975, 149면.

글과 해석 등이 분리되는 것[39]과 구별되는 지점이다.

대상과 주체간의 부착적 특질은 구술적 사고의 소통 방식과 결합할 때 보다 강화된다. 음성으로 읽거나 노래하고 이를 듣는 소통의 형태는 직접적인 체험의 공유 과정을 형성하는데, 이러한 집단적 소통 방식은 공동체적인 감정적 동일화로 나아가게 하는 효과를 갖는다. 구술적인 소통이 인간을 집단으로 연결시키는 데 반해, 문자성에 기반하여 읽고 쓰는 행위는 고독한 활동이라는 옹(Ong)의 설명에서도 이를 확인할 수 있다.

이상과 같이 구술적 사고의 입장에서 본다면, 앞서 논의된 작품들은 새로운 의미와 가치를 가질 수 있다. 이는 작품의 문학적 가치와 언어교육적 효용이 달라질 수 있음을 뜻한다. 비록 미적 성취의 측면에서는 다소 미흡할 수 있으나, 인간 사고의 측면을 보여주는 텍스트로서는 매우 효과적으로 기능할 수 있기 때문이다. 따라서 작품의 실체 이외에도, 인간과 언어활동의 관점에서 텍스트에 접근한다면 인간 사고의 다양한 측면을 다룰 수 있는 교육 내용의 마련이 가능해진다.

나아가 문학적 가치의 잣대 또한 당대의 시각이 아닌, 전적으로 근대의 관점에 따른 것은 아닌지를 반성할 필요가 있다. 평가의 준거와 결과가 혹 근대의 문학 담론을 이전의 구술 문화 존재 양식에 무조건적으로 대입, 적용한 데서 비롯된 것인지를 되짚어보는 것을 말한다. 구술 문화 속에서 생성되고 향유된 모든 텍스트들이 근대의 문자 문화로 정향한 것은 아니기 때문이다.

---

39) Walter J. Ong, 이기우 외 역, 앞의 책 참조.

5. 구술적 연행의 표지와 자질

앞서 살펴본 내용 '생성'의 측면과는 다른, 음성언어를 통한 내용 '전달과 소통'의 차원에서도 구술성은 고유한 기능을 수행한다. 대체로 문자언어와는 구별되는 음성언어의 물리적 특징에서 연유한 것들로서, 사고의 측면에 비해 그 지표가 쉽게 발견된다는 점에서 그동안 많은 연구가 이루어져 왔다. 범박하게 말해 말(음성언어)과 글(문자언어)의 현상적 차이에 대한 대부분의 연구가 이에 해당한다고 볼 수 있다.

이 글에서는 연행의 상황에서 표현과 전달에 개입하는 구술성의 속성을 밝혀보려 한다. 원래 '연행(演行)'이란 구비문학을 고정된 실체로서의 텍스트가 아닌 의사소통의 역동적인 과정(process)으로 보고, 행위나 사건으로서 컨텍스트(context)에 주목하려는 일련의 연구에서 제안된 관점이다. 전승에 의하여 일정하게 유형화되고 기억 속에 잠재적으로 갈무리되어 있는 문학적 능력이 일정한 상황 속에서 구체적인 문학 작품으로 말과 행위를 통해 표현되는 즉흥적 출현성[40]이 곧 연행이다. 이처럼 연행의 관점에서 접근할 경우 청·관중을 비롯한 환경과 맥락 전반에 대한 고려와 탐색이 가능해지는 장점이 있다.

따라서 이 글에서 다루는 구술적 연행의 과제는 음성언어를 통한 연행에서 나타나는 여러 전달·소통상의 특징과 자질에 대한 탐색이다. 이러한 구술 연행의 특질은 대화성으로 요약되는데, 화자와 청자가 대면하는 '대면성', 즉각적으로 반응하며 의사소통하는 '즉시성', 동일한 상황 맥락에 놓이는 '상황 공유성'에서 비롯된다. 이러한 점을 전제로, 문자 텍스트

---

40) 임재해, 「구비문학의 연행론 그 문학적 생산과 수용의 역동성」, 한국구비문학회 편, 『구비문학의 연행자와 연행양상』, 박이정, 1999, 3면. 특정한 장소에서 특정한 상황에 따라 일어나는 특정한 일련의 행동으로 정의되기도 한다. Henry M. Sayre, *Performance*, 이형식 역, 「퍼포먼스」, 정정호 외 역, 『문학 연구를 위한 비평 용어』, 한신문화사, 1994, 111면.

의 독서 역학과는 구별되는 음성언어의 소통 체계가 갖는 특질을 살펴보
려는 것이다. '화자', '청자', '전언'의 측면에서 다음과 같은 특질 규명이
가능하다.

(1) 화자 : 표현 주체의 개성에 따른 자기화된 연행

구술적 표현과 연행은 한마디로 말해 표현 주체의 개별적, 독자적 실현
을 의미한다.[41] 동일한 주체가 동일한 작품을 연행할 때조차도 그 실현태
는 매번 달라지기 마련이다. 모든 연행은 그 자체로 일회적이고 개별적이
다. 주체에 따라 자기화되어 실행되기 때문에, 연행의 순간마다 달리 구현
될 수밖에 없다.

구술적 연행은 기본적으로 목소리에 의존하게 되고 문자보다 훨씬 많
은 기호가 동원되기 때문에, 이러한 다양한 기호에 힘입어 개성적 실현이
가능해진다. 가령 창자 1인에 의해 연행되는 판소리 장르의 독연성(獨演性)
은 사설의 원활한 전개를 위해 창자로 하여금 다양한 역할을 수행할 것을
요청한다. 사건을 전개하고 이를 청중에게 들려주는 서술자의 역할을 맡
으면서, 그와 더불어 인물에 대해 평가하는 해설자가 되기도 하고, 극중
등장인물이 되어 그의 목소리를 재현해내기도 한다. 심지어 장시간에 걸
친 공연 전체를 운영하고 제어하는 연출자의 역할을 담당해내기도 한다.
이처럼 창자 혼자서 서술자, 해설자, 등장인물, 연출자 등[42]의 성격과 기

---

41) '연행(演行)'은 '연출하여 수행하다', 즉 '연출(演出)'과 '수행(遂行)'의 의미를 축약하고 있
   으며, '수행 주체에 의한 개성적 실현'이라는 뜻을 나타낸다. 박영주, 「연행문학의 장르수
   행 방식과 그 특징」, 한국구비문학회 편, 앞의 책, 53면.
42) 이와 관련하여, 광대의 현전성을 '광대 자신의 현전', '등장인물로서의 현전', '서사자로서
   의 현전'이라는 세 차원에서 이루어지는 것으로 보고, 광대 자신의 현전을 바탕으로 하여
   최소한 두 가지 이상이 동시적으로 결합한 것으로 보기도 한다. 김익두, 「공연학적 관점에
   서 본 판소리」, 『판소리연구』 9, 판소리학회, 1998.

능을 모두 수행함에 따라 각 역할에 따라 요구되는 목소리를 창자의 개성
에 맞게 자기화하여 연행하게 된다.[43]

> [A] 얘, 춘향아. 우지 말고 오늘 밤만 견디어라. 내일은 꼭 좋은 일이 있다.
> [B] 떨치고 돌아서니, 그때으 춘향모가 오뉴월 보리 단술 변하듯기 변하
> 는듸,
> [C] 자네, 어디로 갈란가?
> [A] 어디로 가나, 자네 집으로 가제.
> [C] 나, 집 없네.
> [A] 아까 그것 뉘 집인가?
> [C] 그것 오 과수댁 집이시.
> [A] 아, 과수댁이면 더욱 좋지.
> [B] 어사또와 춘향모는 작별허였것다.

〈조상현 창, 〈춘향가〉〉

위 부분에서는 어사또와 춘향모라는 두 명의 등장인물과 해설자가 등
장하고 있다. 그런데 판소리의 장르적 속성상 창자가 이를 혼자서 다 구
현해낸다. 젊은 남성 어사또[A]와 늙은 여성 춘향모[C]를 구별하고자 최대
한 이들의 목소리에 가깝게 재현하고, 아울러 사건의 설명을 곁들이는 해
설자[B]의 목소리까지도 달리 표현해낸다. 조상현이라는 창자 자신의 본
연의 목소리로 표현해내는 것은 분명 아니지만, 각각의 역할에 부합하는
목소리를 최대한 실감나게 재현해내기 위해서 자기만의 표현으로 이를
소화해내는 것이다. 이처럼 실존적 인물인 창자는 언술 주체의 목소리를

---

43) 창자가 등장인물의 목소리로 표현하는 것에 대해, 그동안 '다성곡적 진술방식', '판소리
화법', '시점의 이동', '인물에 대한 서술자의 목소리 삼투', '사설의 행동언어화' 등으로
규정한 바 있다. 류수열, 앞의 책, 88 ~93면; 최진형, 앞의 책 참조. 다만, 이 글에서는 이
러한 현상 자체를 규명하기보다는, 표현과 연행의 차원에서 어떠한 효과를 가져오는지에
초점을 맞추기로 한다.

완전히 자기화하여 연행할 수밖에 없으며, 창자의 개성적 구현에 따라 등장인물이나 사건은 끊임없이 변화하게 되고 그에 따라 유동성과 입체성이 강화된다.

소설의 낭독 장면에서도 이러한 모습이 확인된다. 다음의 기록을 살펴보자.

> 이업복은 겸인의 부류이다. 아이 적부터 언문 소설책을 맵시있게 읽어서 그 소리가 마치 노래하는 듯, 원망하는 듯, 웃는 듯, 슬퍼하는 듯하였다. 때로는 호탕하여 걸출한 무사의 형상을 짓기도 하고, 또 때로는 곱고 예쁜 계집의 아름다운 자태를 짓기도 하는데, 이것은 모두 그 책의 내용에 따라 그 태도를 드러낸 것이었다. 당시의 부호들은 그를 불러서 그 책을 읽는 것을 듣곤 했다. 〈破睡篇〉

이업복에 의해 소설은 새로운 내용과 형태로 표현되고 전달된다. 소설의 낭독이 단순히 문자를 음성으로 전환하는 것에 불과한 것이 아니라, 음성적 발화가 갖는 온갖 요소를 기반으로 하여 새롭게 연행되는 것임을 보여주는 기록이다. 문자화된 기술성의 소설과 낭독으로 실현된 구술성의 연행 사이에 존재하는 차이점을 확인케 한다.

설화의 경우에도 마찬가지이다. 유능한 화자는 이야기의 수준과 층위까지도 조절하면서 구연한다. 가령 너무 높은 층위에서 연행을 하면 설화적인 흥미들이 반감되고, 너무 낮은 층위로 심화되면 지루해질 수 있는데,44) 이러한 조절은 이야기 자체의 구조보다는 청중과 맥락을 포함한 이야기판의 성격에 따라 화자가 스스로 판단하여 결정한다. 이처럼 구술적 연행에서 제기되는 중요한 과제는 그럴듯하게 그려내는 것이며, 이러한 '픽진

---

44) 심우장, 구비문학과 텍스트 과학, 한국구비문학회 편, 『구비문학과 인접과학』, 박이정, 2002, 59면.

성(verisimilitude)'은 흥행의 성패를 결정짓는 중요한 요소가 된다. 늘 일회적이고 개별성을 지니는 매체적 성격과 더불어 핍진성의 요구는 자기화된 연행이 강조되는 바탕이 된다.

(2) 청자 : 청자의 관여에 따른 상호교섭적 연행

구술적 연행의 또 다른 핵심은 청자와의 대면이라는 상황적 조건에 있다. 독서 행위에서는 작자와 독자 사이에 존재하는 시공간적 거리로 말미암아 독자의 영향이 제한적이다.45) 그러나 구술적 연행 상황에서는 화자와 청자가 담화 현장을 공존하는데, 여기서 중요한 영향력이 발생한다. 현장에서 대면한다는 것은 시·공간을 공유하는 것이고, 이는 화자와 청자 간의 긴밀한 상호 교류, 관계 유지 노력의 증대, 상대방의 반응에 따른 담화의 조정 등을 낳기 때문이다.46)

따라서 구술적 연행에서 청자의 존재는 발화 내용을 일방적으로 받아들이는 수용자의 역할에 그치는 것이 아니라, 몰입과 참여적 반응, 평가적 진술 등을 통해 참여자로서의 일정한 역할을 수행한다. 청자는 다음과 같이 소통의 국면에서 주변적인 요소가 아닌, 구성 주체로서 화자와 동일한 위상을 갖는 것으로 이해되기도 한다.47) 첫째, 청자는 화자의 독주를 견

---

45) 에코(Eco), 바르트(Barthes) 등 수많은 문학이론가들과 구성주의, 혹은 수용미학, 독자반응 비평으로 대표되는 관점들은 모두 독자의 적극적인 역할을 강조하고 있다. 이와 달리 이 글에서 '제한적'이라는 평가의 바탕에는 구술성과의 비교가 전제되어 있다. 옹(Ong)에 따르면 글과 인쇄술은 말을 시각적으로 고정시키면서 발화가 이루어지는 맥락에서 분리하고, 함께 했던 청자는 저자가 그리는 '허구화된 독자'로 변모된다.

46) Douglas Biber, *Variation across Speech and Writing*, Cambridge Univ Press, 1988, 38~46면.

47) 이야기판에서 청자의 반응 영역을 크게 '텍스트 외에서 일어나는 경우'와 '텍스트 내에서 발생하는 경우'로 나누기도 하는데, 이는 각각 '이야기판 층위'와 '이야기 층위'에서의 청자 기능 및 역할 수행에 해당한다. 정우철, 「이야기판의 소통과 내면화 연구」, 경북대 박사학위논문, 2010.

제하고 제어하는 존재로서, 연행의 상황에 끊임없이 개입한다. 그에 따라 화자는 일차적으로 청자의 반응을 모니터링(monitoring)할 수밖에 없고, 이 는 곧 자신에게 '피드백'(feedback)되어 이후의 발화에 영향을 준다.[48] 둘째, 보다 적극적으로 연행에 직접 개입하고 참여함으로써 제2의 화자로 기능 한다. 연행 도중에 잠깐 개입하고 간섭하는 것에서부터 화자의 교체라는 결과에 이르기까지 잠재적인 화자로서의 역할을 수행한다.

청자에 대한 이러한 적극적 역할의 부여는 최근 커뮤니케이션 논의에 서 청자의 위상을 재정립하는 결과로 이어지기도 했다. 기존 화자와 청자 라는 개념을 '주도자'와 '조력자'로 재조정하기도 하고, 화자와 청자를 포 함하는 것으로 '참여자'라는 개념을 포괄적으로 사용할 것을 제안하기도 한다.[49]

이처럼 구술적 연행에서는 어떤 식으로든 청자가 영향을 끼친다는 점 에서 화자만의 일방적 전달이 이루어지기 어렵고, 화자와 청자간의 상호 교섭이 두드러지게 나타날 수밖에 없다. 가령 판소리의 경우 흥행을 전제 로 한 상업적 연행물이라는 점에서 청자를 고려한 표현 전략이 특히 두드 러지게 나타나며, 청중의 개입 역시 제도적으로 보장되어 있다. 판소리에 서 단정적 종결사보다 말건넴의 어투가 빈번하게 사용되는 까닭도 청자 에 대한 고려의 결과로 볼 수 있다. 거리를 전제로 한 단정적 종결사가 아닌, '-(하는)구나', '-하(했)네', '-할소냐', '-하(였)것다'와 같은 말건넴 의 어투를 사용하는 것도 모두 화자와 청자와의 대면 속에서 상호교섭적 으로 연행되는 판소리의 장르적 속성에 기반을 두고 있다.[50] 이 모두 표

---

48) 김현주, 「일상경험담과 민담의 구술성 연구」, 한국고전문학회 편, 앞의 책 참조.
49) William W. Wilmot, *Dyadic Communication*, 김명혜 역, 『인간커뮤니케이션의 이해』, 나 남, 1996, 36~37면. 화자와 청자의 구분을 비판하고 청자의 위상을 재정립하고자, 청자 를 '잠재적인 보조-화자'(potential side-narrator), '공동 화자'(co-narrator), '제2의 화 자'(second speaker) 등으로 새롭게 명명하기도 한다.

면적으로는 단순한 표현 기법에 불과하지만, 그 심층에는 청자와의 직접적 대면과 그에 따른 상호교섭적 연행이라는 구술성이 자리잡고 있다.

한편 기술적 실현은 문자를 기반으로 한다는 점에서 약호의 공유가 전제되며, 효율적인 소통을 위해서 보편화·객관화된 언어 사용의 측면이 강조된다. 그러나 구술적 연행에서는 연행 상황을 공유하는 까닭에 상당수의 정보 전달이 언어 표현이 아닌 컨텍스트에 의존하여 이루어진다. 그 결과 기술성과는 달리, 구술성이 강조되는 연행에서는 화자와 청자, 상황이 상호 관계를 맺으면서, 현장의 현재적 인격체인 '나'와 '너'가 직접적으로 드러나고 연행 상황인 '지금'과 '여기'가 그대로 노출되는 현상이 일어나기도 한다. 이 또한 화자와 청자의 직접적인 대면이 만들어내는 현상인 것이다.

판소리의 경우만 보더라도, 창자가 서사적 사건을 진행하다가 갑자기 작품 외부의 상황과 관련된 발화로 벗어나고 일탈하는 경우가 잦다. 즉 작품 내부의 이야기와 외부의 연행 상황이 별개의 공간임에도 불구하고, 사건과 연행 상황이 자유롭게 넘나드는 현상이 발생하는 것이다.

> 한번은 이동백 씨 소리에 혼나 버렸어요 북 잘 친다고 명고 말 들었다고 허는 참에 인자 북얼 잡고 치는디 단가 '녹음방초승화시어' 그러고 해나가다가 '어, 태석이 내일이 이자 봉게 아무개 제사 아닌가' 그런단 말이세. 그래서 끝인 줄 알고 장단얼 안 달고 있었는디 그게 아니란 말이요, 그냥 소리럴 이어가는디 어디가 '각'인지 '합'인지 알 수가 있어야지?[51]

위의 진술은 청자와의 결속을 추구하려는 의도에서 컨텍스트의 맥락을 자유롭게 넘나드는 모습을 증언하고 있다. 이러한 모습은 청중과의 호흡

---

50) 김현주, 『판소리 담화 분석』, 좋은날, 1999 참조.
51) 김명환 구술, 『내 북에 앵길 소리가 없어요』, 뿌리깊은 나무, 1992, 94면.

을 강조하는 판소리에서 빈번하게 일어나는 것으로, '서술자의 자기 이화'
나 '사적인 담화'로 설명하기도 한다. 다음과 같이 사건의 진술 도중 직접
적으로 청중에게 말을 건네는 일탈 또한 마찬가지이다.

> 그 놈이 아까는 그렇게 말했단 말이요. 그렇지, 학생 봤제. 예. 그래놓고
> 는 딱 잡아 뗀단 말이여.52)

여기서 중요한 것은, 구술이라는 표현 매체가 화자와 메시지의 요소만
으로 내용을 표현·전달하는 것이 아니라, 담화 상황에서 유래하는 여러
정보가 서로 자유롭게 넘나들고 개입하면서 소통이 이루어진다는 점이다.
발화 상황이 갖는 현재적 맥락 속에서 연행되는 탓에, 청자, 상황 등이 끊
임없이 개입하면서 현재적으로 변용되어 다양하게 구현된다. 그 결과 표
현하고자 한 본래의 내용은 여러 다양한 요소와 복합적으로 결합되어 새
로운 모습으로 연출된다.

(3) 전언 : 구술의 일회성에 따른 반복적·환원적 연행

음성언어의 경우 정보 전달의 시간과 속도 결정권이 화자에게 주어지
는 특징이 있다. 이는 독서와 같은 기술적 연행과는 사뭇 다른 양상이다.
글을 읽을 때에는 독자가 독해의 속도와 시간을 스스로 조절하고 결정하
기 때문이다. 독서의 경우 서사적 공백을 채울 수 있는 시간적 확보가 가
능하며, 서사적 경과를 거슬러 올라갈 수 있는 권한도 독자에게 주어진다.
이에 비해 음성언어는 고정되지 못하고 발화와 동시에 소멸되어 버리는
속성으로 인해 '이해'와 관련하여 여러 문제를 야기한다. 이에 따라 청자

---

52) 공옥진 창, <심청가>, 김연숙, 「판소리 창자의 기능양상」, 서강대 석사학위논문, 1983 재
인용.

의 이해를 돕기 위한 특별한 배려와 장치가 고려될 수밖에 없다.

구술적 연행에서는 동일한 내용을 반복적으로 재연하는 '구절 또는 어휘의 회기'(回起 recurrence)나 동일한 내용을 달리 표현하는 '환원(paraphrase)' 현상53) 등이 빈번하게 나타난다. 구절 또는 어휘의 회기란 동일 어구나 어휘의 반복을 말하며, 환원은 하나의 대상을 하나의 시각이나 초점이 아닌, 다른 시각이나 초점에서 서술하는 것을 말한다. 하나의 초점에서 서술이 미진했던 것이 다른 초점에서 보완됨으로써 내용 구조의 결속성이 강화되는 것이다.

> [A] 부산서 관부 연락선이 여덟 시간 걸려. [B] 그때 큰 배여, [C] 굉장히 튼 배여. [D] 식당, 이발소, 다방도 있고. [E] 근디 그 놈도 현해탄얼 건널 때는 배가 어찌 놀던지 첨에 갈 때는 내릴 때까지 토허그 그렸어. [F] 나중에는 한국 나오는 디 암시랑토 않더만. [G] 풍파가 심했던가 벼. [H] 첨에야 갈 때는 참 고생 많았어. [I] 멀미하고. [J] 그리 갖고는 하관 가서 내렸는디 [K] 그때는 나스미깡은 내가 알어, [L] 근디 바나나는 처음 봤거든. [M] 내 바로 위 형님허고 나허고 동갑짜리 조카허고 같이 가는디 바나나럴, [N] 지금 생각혀보니 바나나럴 그양 한 바가지럴 사드란 말여54)

'배'만 하더라도 여러 차례 어휘적 회기가 반복되어 나타나고, [B]와 [C]에서는 구절 단위 차원에서 반복되기도 한다. 그밖에도 같은 내용을 반복하면서 표현만을 달리하는 [E], [H], [I]와 같은 환원 현상도 빈번하게 나타남을 확인할 수 있다.

이러한 회귀, 환원과 같은 반복적 진술은 구비문학의 일반적 표현 특징

---

53) 담화 텍스트 이론에서도 텍스트 결속 구조로서 이들의 효과에 주목하고 있다. R. Beaugrande & W. Dressler, *Introduction to Text Linguistics*, 김태옥 · 이현호 역, 『담화 · 텍스트 언어학 입문』, 양영각, 1991 참조.

54) 김명환 구술, 앞의 책, 21면.

으로 설명된다.[55] 구술 연행에서 일련의 반복, 중첩 현상 등이 두드러지는 까닭은 구술이라는 표현 매체가 갖는 일회성으로 인해 청자의 이해도를 높여야 하는 데에 있다. 또한 되풀이하거나 상세하게 풀어서 말하는 것은 화자나 청자 양쪽을 이야기의 본 줄거리에서 벗어나지 않도록 단단히 매어두는 효과도 발휘한다. 특히 화자에게는 기억 회상과 그에 따른 연행 시간의 확보를 용이하게 하는 장치로 기능하기도 한다. 즉 청자의 이해를 위한 배려임과 동시에, 말할 내용을 생성하는 시간을 벌어주기도 한다. 구술적 연행은 본질적으로 담화의 생산 속도와 시간의 흐름이 일치된 상태에서 이루어져야 하는데, 미처 내용의 생성이 이루어지지 못했을 경우 앞의 것을 되풀이함으로써 담화의 공백을 막고 생각의 시간을 확보하게 하는 부가적인 효과를 갖고 있다.

6. 과제와 전망

구술성이 인간 사고와 인식의 체계에서부터 표현·전달상의 물리적 자질에 이르기까지 다양한 층위를 갖고 있으면서도, 실제 연구에서는 표현의 차원에서 텍스트를 분석하고 그 물리적 자질의 해명에만 초점을 맞춘 것이 대체적인 경향이었다. 이러한 문제의식에서 사고와 연행으로 층위를 나누어 범주화하여 살펴보고자 하였다. 이는 구술성을 텍스트나 담화를 분석하는 이론의 차원에 머무는 것에서 벗어나 인간의 언어활동 속에서 규명함으로써, 인간과 언어, 의미의 생산과 소통의 문제를 해명하는 하나

---

55) 문학에서 강조의 수단으로는 묘사와 반복이 있는데, 특히 설화에서는 구체적인 세부 묘사가 어려워서 반복이 효과적인 강조의 수단이 된다. Axel Olrik, Epic Laws of Folk Narrative, Alan Dundes eds., *The Study of Folklore*, 정우철, 앞의 글, 90면 재인용.

의 키워드로 삼고자 했기 때문이다.

구술성과 기술성이 어디까지나 서로의 존재를 전제로 하여 성립하는 대립항이라는 사실, 즉 구술성은 글의 속성에 대한 '거울 비추기'를 통해서만 존재한다는 지적56)은 그 실체 규명과 의미역 설정에 반드시 짚고 넘어가야 할 점이다. 구술성과 기술성은 상대방의 특징에 대한 차이와 변별에 의해 그 특징이 보다 명확하게 드러날 수 있다. 기술성이 구술성과의 경쟁과 보완의 관계 속에서 생성, 발전해왔고, 이들의 상호 뒤섞임 속에서 구술 문화, 문자 문화, 전자 문화가 발전되어 왔다는 사실에 미루어 보아도 그러하다.

그렇다면 구술성의 개념을 규정하고 그 특징을 확인할 수 있는 지표를 탐색·설정하는 논의는 곧바로 기술성의 경우에도 그 반대역으로서 성립할 수 있을 때 정당성과 의의가 확보될 수 있다. 기술성은 단지 음성언어를 기록하고 고정한 것에 불과한 것이 아니라 텍스트가 구어적 상황에서 해방된다는 것을 의미하고, 이는 언어와 여러 관련 주체들 사이의 관계는 물론 언어와 세계의 관계에서 하나의 진정한 대변동이 일어났음을57) 뜻하는 것이다.

이 글은 인간을 중심에 두고 구술성을 사고와 연행의 관점에서 접근할 것을 제안하는 연구로서, 새로운 접근 방법의 가능성을 타진하는 데 주된 목적을 두었다. 구술성과 기술성 사이의 차이를 바탕으로 담화와 텍스트를 분석하는 것이 그간의 연구 경향이었다면, 이 글에서는 구술성의 철학적, 인식론적, 표현론적 의미를 탐색하고자 했다. 즉 구술성의 본질과 속성을 기술성과의 단순 대비 속에서 찾기보다는, 사고와 연행이라는 요소

56) 김현주, 『구술성과 한국서사전통』, 월인, 2003.
57) Paul Ricoeur, *Du texte à l'action*, 박병수 외 편역, 『텍스트에서 행동으로』, 아카넷, 2002, 163면.

를 설정함으로써 구술성의 구조를 보다 체계적으로 조망하려 했음을 밝힌다. 그동안의 연구 성과로 구술성이 텍스트를 분석하고 규명하는 유용한 개념으로 활용될 수 있었지만, 한편으로는 과거 텍스트에 함몰된 나머지 오늘날의 문제와는 거리가 먼 것으로 생각되는 부작용을 초래한 측면도 분명 있기 때문이다.

이 글에서 제안하는 사고와 연행이 구술성에 대한 새로운 관심과 인식을 불러오고, 정당한 평가가 이루어지는 작은 계기가 되기를 희망한다.

● 출처 : 「사고와 연행의 시각에서 바라본 구술성의 교육적 구도」
(『고전문학과 교육』 21, 한국고전문학교육학회, 2011)

제8장 설(說)에 대한 독자 반응 분석과 비판적 사고

1. 문제 제기 및 연구 과제

오늘날 비판적 사고가 어떻게 이해되고 있는지를 단적으로 보여주는 세 장면을 살피는 것으로 논의를 시작하려 한다. 첫 번째 장면은 비판적 사고를 전면에 내세운 번역서들의 목차 중 일부분이다.

제1장 논증의 분석	타인과 공감하라
논증 파악하기와 결론 찾아내기	무지를 드러내라
요약 : 다음은 논증인가?	위선자가 되지 말라
연습문제1 : 논증과 결론 찾아내기	이기적인 당신의 모습을 포착하라
이유 찾아내기	목적에 충실하라
연습문제2 : 결론의 이유를 제시하기	명료히 하라
연습문제3 : 이유 파악하기	핵심에 집중하라
연습문제4 : 논증의 부분 파악하기	깊이있는 질문을 던져라[2]
연습문제5 : 가정에 대해 생각해보기[1]	

---

1) Anne Thomson, *Critical Reasoning* 최원배 역, 『비판적 사고 : 실용적 입문』, 서광사, 2007. 비판적 사고에 대한 시각과 관점의 편향성을 드러내려 했기 때문에, 불필요한 오해를 피하고자 국외서 몇 권을 예시로 제시하였다.

이들은 비판적 사고에 대해 '기능'과 '실용'을 공통분모로 하여 '전략'
과 '방법'을 앞세우는 공통된 모습을 보인다. 비판적 사고를 하나의 '기
술'로 보고 훈련을 통해 연마함으로써 사용 능력이 신장될 수 있다는 입
장을 취하는 것이다. 비판적 사고 고유의 독립된 기술과 기능을 전제로
하는 이 같은 관점에 따른다면, 언어 능력의 신장을 목표로 하는 국어 교
과에서 비판적 사고가 교육 내용으로 자리잡는 일은 쉽지 않아 보인다.

두 번째는 비판적 사고에 대한 국어교사의 인식 실태가 만들어내는 장
면이다. 다음은 그 내용을 연구자가 간략히 표로 정리한 것이다.

[표 8-1] 비판적 사고에 대한 국어교사의 인식 실태

항목	결과(10점 척도)	비고
비판적 이해의 중요성	평균 8.52점	가장 높은 수치
비판적 사고 교재로서 현행 국어 교과서의 적절성	평균 4.88점	가장 낮은 수치

* 항목 전체 평균 5.5점

국어교사를 대상으로 진행된 한 연구3)에 따르면, 비판적 이해의 중요
성을 묻는 문항은 평균 8.52점(10점 척도)을 나타내는데, 이는 다른 항목의
평균이 5.5점인 것에 비춰볼 때 가장 높은 수치에 해당한다. 그러면서 동
시에 현행 국어 교과서가 비판적 이해의 교재로 적절한지에 대한 문항에
서는 가장 낮은 4.88점을 보였다는 사실은, 요구되는 과제가 무엇인지를
일깨워준다. 비판적 사고의 중요성과 필요성에 대한 광범위한 인식에도
불구하고, 이를 구현할 수 있는 교육 내용이 제대로 갖춰지지 못한 현실
을 단적으로 확인케 되는 지점이다.

---

2) R. Paul 외, *Critical Thinking*, 원만희 역, 『왜 비판적으로 사고해야 하는가』, 궁리, 2008.
3) 박영민, 「비판적 이해에 대한 국어교사의 인식 분석」, 『독서연구』 20, 한국독서학회, 2008.

세 번째는 국어 교과에서 비판적 사고의 도구에 대한 인식이 만들어내는 장면이다. 앞서 살핀 연구 결과에 따르면, 70% 이상의 국어교사들이 비판적 이해를 지도하는 데 적합한 양식으로 논설문, 신문 사설을 꼽고 있으며, 소설, 수필 등을 포함한 문학을 응답한 비율은 불과 10% 정도의 낮은 수치를 나타낸다.[4] 비판적 사고의 도구를 논설문, 신문 사설과 같은 읽기 제재로 국한하는 인식을 만나게 된다. 이러한 인식은 실제 교육의 국면에서 논설문과 같은 읽기 자료를 두고 주로 내적 준거를 바탕으로 비판적 기능을 제한적으로 습득하고 활용하는 형태로 이끈다.[5]

이 글은 위의 세 장면이 불러일으키는 문제의식에서 출발한다. 비판적 사고가 주어진 진술과 행동 양식에 대해 논리적, 분석적으로 판단하고 평가하는 사고 과정으로 이해되면서, 기술과 전략, 논증과 객관성의 차원에서 다뤄지는 모습을 목격하게 된다. 논증의 분석과 오류에 매달리면서 사고의 대상과 과제가 논증에 국한되는 문제[6]가 발생하는 것이다. 논리학의 전통 속에서 출발한 비판적 사고의 역사적 연원이 여기에 더해지면서 이같은 인식은 강화되고 공고히 굳어지는 게 사실이다. "사고력 교육 하면 형식논리를 생각하게 되고 형식논리의 교육이 사고력 교육의 전부라고 생각하는 사람들이 많"지만, "형식논리를 안다고 하는 것은 사고력 교육을 집에 비유한다면 대문에 들어선 정도"[7]라는 진술이 지적하는 바와 같이, 비판적 사고와 논리적 사고는 구별되어야 하는, 서로 다른 외연의 개념인 것이다. 그럼에도 불구하고 동일 범주에서 혼효되기도 하고 상호 대치 가능한 개념으로 이해되는 모습[8]을 종종 만나게 된다. "비판적 사고라

---

4) 박영민, 앞의 글, 35면.
5) 손예희, 『상상력과 현대시교육』, 역락, 2014, 166면.
6) 김광수, 『비판적 사고론』, 철학과현실사, 2012, 33면.
7) Matthew Lipman, *Thinking in Education*, 박진환 외 역, 『고차적 사고력』, 인간사랑, 2005, 8면.

할 때는 일반적으로 논리적 사고를 고쳐 달리 부를 때 쓰는 말"9)이라는 진술 또한 마찬가지이다. 이에 따르면 문학 수업과 비판적 사고의 만남은 요원한 일이 되고 만다.

국어교육의 국면에서 살핀다면, 2015 개정 교육과정만 보더라도 '비판적이고 창의적인 국어 사용'을 내세우면서 6개 교과 역량의 하나로 '비판적·창의적 사고 역량'을 명시하고 있다.10) 이처럼 비판적 사고에 대한 사회적 요구가 점증하면서 국어교육에서도 비판적 사고에 대해 관심이 높아지고 있지만, 이러한 요구에 그동안 얼마나 효과적으로 대응해 왔는지에 대해 회의를 갖게 되는 것도 사실이다.

이상과 같이 사고에 대한 사회적 요구,11) 특히 고등 사고력(higher order thinking)으로서 비판적 사고에 대한 높은 관심과 중요성에도 불구하고12) 현재의 국어교육에서 제대로 구현, 실행되지 못한다는 문제의식에서 이 글은 출발한다. 국어교육에서 비판적 사고가 제대로 수행되기 위해서는 기존과 같이 비판적 사고의 일반적인 절차나 특징을 원용하는 데 그칠 것이 아니라, 국어 교과의 논리와 지식 속에서 새롭게 구조화되는 것이 요청된다. 일반적으로 비판적 사고는 "해석, 분석, 평가 및 추론을 산출하는 의도적이고 자기 규제적인 판단이며, 동시에 그 판단에 대한 근거가 제대

---

8) 김영정, 「고등사고능력의 7범주」, 『대한토목학회지』 53(6), 대한토목학회, 2005, 107면; 비판적 사고의 일부가 논리적 사고로 구성되지만, 대부분이 비논리적 사고로 구성된다는 설명을 눈여겨볼 필요가 있다. 홍병선, 「비판적 사고의 논리적 근거」, 『교양논총』 6, 중앙대 교양교육연구소, 2012, 39면.

9) 박유정, 「비판적 사고의 개발에 대한 논리」, 『교양교육연구』 6(3), 한국교양교육학회, 2012, 407면; 박은진 외, 『비판적 사고를 위한 논리』, 아카넷, 2008.

10) 교육부, 『교육부 고시 제2015-74호 2015 국어과 교육과정』, 교육부, 2015.

11) 사고에 대한 사회의 요구와 관련해서는 경제, 민주시민, 텔레비전, 교육의 영역으로 나누어 구체적으로 살펴본 연구를 참조할 수 있다. Francis Schrag, 앞의 책, 117~148면.

12) 미국, 영국, 호주 등에서는 정부, 심지어 기업에서도 학생들이 사고할 수 있도록 가르치는 것은 대단히 중요한 일이라는 사실을 강조하고 있다. R. T. Pitcher & R. Soden, "Critical Thinking in Education : A Review", *Educational Research* 42(3), 2000, 237~249면.

로 되어 있는지, 증거(evidential), 개념(conceptual), 방법론(methodological), 준거
(criteriological), 또는 맥락(contextual)의 측면을 제대로 고려하고 있는지에 대
한 설명을 산출하는 의도적이고 자기 규제적인 판단"13)으로 규정된다. 이
러한 비판적 사고의 일반적 개념과 달리, 이 글에서는 문학교육의 맥락에
서 텍스트에 대한 정확한 이해와 해석을 넘어서서 작자의 문제의식과 의
도를 발견하고, 이를 판단, 평가하는 과정, 나아가 새로운 대안을 마련하
는 일로 재개념화를 시도한다.

　이 같은 재개념화를 바탕으로 독자들이 설(說) 작품을 어떻게 수용하는
지에 대한 반응 양상을 살핌으로써 사고의 내용과 결과를 실제로 분석하
는 작업을 진행하기로 한다. 이러한 작업이 국어교육에서 비판적 사고의
신장을 도모하고, 문학교육의 내용으로서 비판적 사고의 실행 가능성을
입증하는 기회가 되기를 기대한다. 아울러 아래와 같은 비판적 사고의 한
계와 문제점을 극복하는 하나의 방편이 될 수도 있다.

　　3) 이론 위주 : 외국의 주요 학자들이 내놓은 이론들을 교육 현장에 적
　용하고 확인하는 차원의 작업 외에는 대부분의 연구가 이론 위주로 이루
　어졌고, 교육적·임상적 성과에 대한 분석이 적다.
　　4) 단편성 : 문제 해결과 같은 큰 틀 안에서 비판적 사고를 보지 않고 마
　치 독립된 실체인 것처럼 분리하여 다루는 경향이 뚜렷하다. (…중략…)
　　7) 의사소통과의 관련성에 대한 무관심 : 사고와 소통의 긴밀한 관련성
　에 대한 인식이 부족하여 비판적 사고를 의사소통과 관련하여 연구한 성
　과가 적다.14)

---

13) The American Philosophical Association, "Critical Thinking : A Statement of Expert Consensus
　　for Purposes of Educational Assessment and Instruction", *The Delphi Report*, 1990. 참고로
　　『델피보고서』는 비판적 사고의 여러 권위자들이 대거 참여한 결과물로, 비판적 사고에 대
　　한 수많은 이론(異論)을 수렴한 것으로 평가된다.
14) 이진남, 「국내 비판적 사고 및 창의적 사고 연구 동향에 대한 검토」, 『인문학연구』 45, 조
　　선대 인문학연구소, 2013, 409면. 이에 따르면 그동안 외국 이론을 수입하기에 급급했고

이러한 문제의식을 염두에 두고 본격적으로 문학교육과 비판적 사고의 접점을 찾기로 하고, 설과 비판적 사고가 만나는 지점부터 살피기로 하자.

2. 설의 양식적 특질과 비판적 사고의 요청

(1) 설과 비판적 사고의 교직 :
수사적 관심에서 비판적 사고로의 전회

비판적 사고 교육의 도구이자 탐색의 대상으로 주목하는 자료는 설(說)이다. 일반적으로 설은 어떤 일을 해설하는 글의 양식으로, 간략한 이야기 속에서 사실을 해명하거나 논의하는 글을 가리킨다.15) 한문 산문 가운데 비교적 일찍부터 문학적 측면에서 많은 관심을 받아, 서사성, 허구성을 바탕으로 소설로의 변개 가능성이나 우언성의 특질에서 문학성이 규명되기도 했다.16)

설은 해명과 논증을 중심에 두면서도 이를 관념적·직서적으로 진술하기보다는, 구체적인 대상의 매개를 통해 진술하는 특징을 보인다. "자신이 전달하고자 하는 뜻을 간접적인 방법으로 유연하게 서술해 나가는"17) 방식을 취하는 것이다. 일찍이『문심조룡(文心雕龍)』에서도 "말의 형세를 잘 배합하는 일"18)을 설의 중요한 과제로 지적한 것도 이러한 특성을 가

새로운 이론을 정립하지 못했으며, 의사소통에 대한 관련성을 인지하지 못한 채 사고 이론의 소개에만 치중해 온 것을 문제로 지적하고 있다.
15) 김진영, 「이규보의 인간과 수필 세계」, 박기석 외,『한국고전문학입문』, 집문당, 1996.
16) 이강엽, 「설의 장르성향과 소설적 변개 가능성」,『국어국문학』 112, 국어국문학회, 1994; 양승민, 「고려조 의논체 산문의 우언적 성향과 의미」,『어문논집』 36, 안암어문학회, 1997; 양현승,『한국 설 문학 연구』, 박이정, 2001; 윤승준,『고려조 한문학론』, 민속원, 2004.
17) 이강엽, 앞의 글, 141면.

리키고 있다. 이러한 설의 특징은 그동안 글쓰기 방식에 대한 국어교육적인 관심을 불러 일으켜서 글쓰기 방법의 연구를 이끌어내는 동인이 되기도 했다.19) 설이 지닌 독특한 표현적 특징이나 수사적 장치들에 대한 탐색을 통해 설의 교육적 가치를 규명하는 성과를 가져오기도 했다.

그런데 설은 해설과 전달의 차원을 넘어서서 사건이나 이야기를 작품화하여 독자에게 의미와 교훈을 깨닫게 하는 독특한 구조를 갖고 있다. 새로운 인식을 우언의 형식과 같은 간접적인 방법으로 전달, 실현하는 양식을 말한다.20) 『문심조룡』의 아래 내용 또한 설이 재미와 흥미적 요소를 지닌 글쓰기 양식임을 설명하고 있다.

> 설(說)은 열(悅)이다. 설(說)자의 우변에 있는 기쁠 태(兌)자는 역경, 설괘
> 에서는 입(口)과 혀(舌)로 풀이되어 있다. 결국 설이란 사람들을 말로써 기
> 쁘게 한다는 뜻이다.21)

그만큼 전달하고자 하는 주제를 효과적으로 나타내기 위해 자기 마음속에 있는 말을 다 펼치되, 동시에 "교묘한 표현을 활용해서 언어의 설득력을 강화시켜"22) 나가는 것이 중요한 과제가 된다. 설은 설화적 흥미와 더불어 '설득'을 근간으로 하는 문장의 종류인 것이다.23)

---

18) 劉勰, 『文心雕龍』, 최동호 역주, 『문심조룡』, 민음사, 1994, 239면.
19) 설을 대상으로 글쓰기 교육 내용이나 교수·학습 방안을 도출하는 다수의 학위논문이 산출된 바 있다. 하동희, 「설 양식의 표현원리를 통한 글쓰기 교육」, 성균관대 석사학위논문, 2002; 이영옥, 「이규보 설의 글쓰기 방식과 교육적 적용에 관한 고찰」, 숙명여대 석사학위논문, 2004; 정은진, 「이규보 설의 글쓰기 방식과 교육적 적용」, 한양대 석사학위논문, 2010 등을 예로 들 수 있다.
20) 하강진, 「이규보 수필의 구조와 의미」, 『韓國文學論叢』 18, 한국문학회, 1996, 5면.
21) 劉勰, 최동호 역주, 앞의 책, 237면.
22) 劉勰, 최동호 역주, 앞의 책.
23) 권두환, 「이규보의 수필문학」, 『현상과 인식』 4(2·3), 한국인문사회과학회, 1980, 111면.

그렇다면 설에서 개성적 표현이나 수사적 장치가 강조되는 것도 효과적인 설득을 위한 의도적인 전략으로 접근할 필요가 있다. 『문심조룡』의 설명과 같이, 설이 사람들을 기쁘게 함으로써 무언가의 변화를 이끌어내는 것이라면, 표현상의 특질과 전략에 대한 규명 이외에도 전달하는 주장의 적절성, 타당성, 효과성에 대한 비판적 검토가 요청됨은 물론이다.

따라서 이 글에서는 설이 문학적 표현의 차원을 넘어서서 주장과 근거를 다루는 문제 해결적 글쓰기라는 사실에 주목한다. 이는 예술 작품으로서 독립된 결과물, 혹은 임의적이고 통제되지 않은 상상력의 산물로 보는 관점에서 벗어나, 의미있는 문제를 제기하고 그것을 풀어가는 과정, 즉 문제 해결(problem-solving) 과정으로 보는 인식에 바탕을 둔다.[24] 단순히 느낌 혹은 감성으로서의 문학 작품이 아니라, 어떤 문제를 설정하고 그 문제를 표현의 매체 속에서 사고하면서 해결하는 과정으로 간주하는 것이다.[25]

이에 따라 설은 문학적 감수성, 창의성, 상상력 등의 문제 이외에도, 현상 속에 내재된 사태들 간의 관계 속에서 문제를 발견하고 그 해결책을 모색하는 글쓰기 양식으로 접근할 수 있다. 주장과 관점으로 대표되는 작자의 문제 제기 자체가 독자의 비판적 사고를 불러오는 지점이 되는 만큼, 문제의식이 구상화된 설 텍스트를 이해하는 과정은 곧 비판적 사고의 활성화 과정에 대응하는 것이다.

특히 설이라는 양식 자체가 사실의 해설에 그치지 않고, 대사회적인 비판과 진실의 추구를 목적으로 하고 있다는 설명[26]은, 비판적 사고와의 관

---

24) 김한결, 「예술적 창의성과 비판적 독서」, 『독서연구』 15, 한국독서학회, 2006, 82면.

25) 사고의 관점에서 설에 접근하여 살핀 연구로는 김대행, 「옛날의 글쓰기와 사고의 틀」, 『국어교과학의 지평』, 서울대 출판부, 1995가 대표적이며, 이러한 관점과 접근은 이 글의 논의를 전개하는 중요한 바탕이 되었다.

26) 이승복, 「기와 설의 수필문학적 성격 : 이규보의 작품을 중심으로」, 『韓國國語敎育硏究會

련성을 재차 확인시켜 주는 지점이다. 비판적 사고가 단순히 논증의 분석이나 근거의 사정(査定) 차원을 넘어서서 그 목적과 함의들까지 따져보고 판단하는 과정을 포괄하는 것이라면, 사회적인 비판과 진실의 추구를 목적으로 하는 설은 본질적으로 비판적 사고로 생산되고 소통되는 양식이라 할 수 있다.

(2) 비판적 사고의 질료로서 이규보 설의 탐색

① 성격과 목적의 측면 : 대사회적 비판과 진실의 추구

이규보(李奎報, 1168~1241)는 일찍부터 서거정(徐居正, 1420~1488)에 의해 "동방 시호는 이 한 사람뿐[東方詩豪一人而已]27)"으로 평가될 만큼, 후대 문인들의 끊임없는 칭송을 받아 온 대표적인 문인이다. 조선시대 편찬된 여러 문장선집에 이규보의 글이 매우 많이 수록된 사실은 이 같은 높은 평가를 방증하는 근거가 될 수 있다.28) 개성적인 표현 전략과 독창성에 대한 평가는 오늘날에도 "기발한 발상의 명수"29)로 계속 이어지고 있다. 뛰어난 문장력과 고도의 표현 전략 속에서 정연한 이론을 펼치는 것으로 높이 평가되고 있는 것이다. 이러한 특질은 문장과 글에 대한 이규보의 독

論文集』 55, 한국어교육학회, 1995, 20면.

27) 서거정, 『東人詩話』, 그밖에도 최자(崔滋), 성현(成俔), 허균(許筠), 남용익(南龍翼), 이수광(李睟光) 등이 이규보 문학을 높이 평한 바 있다.

28) 참고로 『동문선(東文選)』에 381편, 김종직이 편찬한 『동문수(東文粹)』에 18편이 수록되어 있다. 그밖에 서유비의 『동문팔가선(東文八家選)』에도 40편이 수록되어 있는데, 이들은 해당 책에서 가장 많은 분량을 차지한다. 이들 문장선집에 수록된 이규보의 산문 작품 현황에 대해서는 구슬아, 「이규보의 글쓰기 방식 연구」, 서울대 석사학위논문, 2010의 부록을 참조할 수 있다.

29) 송준호, 「이규보의 문장과 수사적 특질」, 장덕순 외 편, 『이규보 연구』, 새문사, 1986, Ⅱ -66면. 한 예로 <사륜정기(四輪亭記)>만 하더라도 네 바퀴를 달린 정자를 고안하는 파격적인 발상을 보이고 있다.

특한 관점에서 연유한다.

> 기운이 모자라는 사람은 문장을 꾸미고 조작하는 잔재주를 피울 뿐 뜻
> 을 먼저 설정하는 일을 엄두도 못낸다. 문장을 조작하고 구절을 꾸미면 글
> 이 곱기는 하지만, 그 속에 깊고 푸근한 뜻을 담고 있지 않다면 그 글이
> 처음에는 제법 읽어볼 만한 듯하지만, 두어 번 읽고 나면 글맛이 벌써 시
> 들해진다.[30]

그런데 자신의 생각과 입장을 드러내는 데 그치는 것이 아니라, 전달과
설득의 대상으로서 독자를 향하고 있다는 사실을 눈여겨볼 필요가 있다.
독자의 변화를 이끌어내기 위해서 다양한 표현 장치와 전략에 대한 고민
과 탐색이 필요하였고, 그 결과 고도의 설득 구조 속에서 내용이 생성, 조
직될 수 있었다. 특히 설의 장르적 유연성은 우언, 일화, 풍유, 우의와 같
은 다양한 표현 전략을 통해 사회를 풍자하거나 비판하고, 교훈을 제시하
는 것을 가능케 한 하나의 요인이 된다. 문형 격식의 제약이 약했던 설의
양식을 활용한 데에는, 이처럼 설이 자신의 생각을 드러내고 전달하는 효
과적인 통로와 매체가 된다는 고려와 판단이 있었던 것으로 보인다.

독자의 변화를 이끌어내기 위한 목적에서 전달과 설득의 측면이 중요
했다면, 작품에 대한 정확한 이해 못지않게 비판적 이해와 접근이 요청된
다. 텍스트가 제기하는 문제가 개인적 차원이 아닌 대사회적인 계도의 성
격을 지향한다는 점은, 진술에 대한 타당성과 적절성 이외에도 의도와 목
적, 그리고 맥락에 이르기까지 다양한 차원에서의 비판적 검토와 점검을
필요로 한다. 실제로 이규보의 설 작품들은 부당한 현실을 비판하거나, 혹
은 이상적 가치의 내면화를 중시한 자신의 신념과 태도를 전달, 설득하는

---

30) "故氣之劣者 以雕文爲工 未嘗以意爲先也 蓋雕鏤其文丹靑其句 信麗矣 然中無含蓄深厚之 意
則初若可翫 至再嚼則味已窮矣", 『東國李相國集』 附「白雲小說」

데 초점을 맞추고 있다.[31] 이규보의 설이 "합리성을 추구하는 비판 정신
에서 마련되었다"[32]는 설명 또한 이를 적시한다.

이러한 사실들은 용사(用事)와 대비되는 신의(新意)의 차원에서 문학적 창
의의 문제로 이해하는 태도와 달리, 사회적 비판으로서의 성격에 초점을
맞춰 전달과 설득의 글쓰기로 접근해야 하는 필요성을 일깨워준다. 작가
론, 문학론, 작품론 차원에서 전개된 기존의 논의 방향과는 접근 태도부터
달리하는 것이다. "발상의 전환을 통해 고정 관념이나 통념을 깨뜨리는
참신한 글이면서 일부 작품은 세태 비판 및 경세 의지"[33]를 담고 있는 글
이라면, 비판적 사고 과정 속에서 수용되어야 함은 물론이다. 이때의 사고
작용은 텍스트 세계의 분석을 통해 문제를 찾고 해결 방안을 평가·판단
하는 것에 해당하며, 여기서 비판적 사고의 도구로서 설의 가능성을 기대
하게 된다.

② 표현 전략의 측면 : 가상적 대화 형식과 새로운 문제 해결의 가능성

이규보의 설은 주로 주인과 손님 사이의 가상적인 대화 구조로 구성,
전개되는 특징을 갖는다. 이를 두고서 문답의 주체에 따라 '주문주답(主問
主答)의 형식', '주문객답(主問客答)의 형식', '객문주답(客問主答)의 형식', '객
문객답(客問客答)의 형식'[34]과 같이 세분화하여 유형화하기도 한다. 그런데
설이 자신의 주장을 전달하고 설득하는 양식이라는 사실에 비춰볼 때, 이
러한 대화구조는 매우 이례적인 장면으로 보일 수 있다. 그러나 자신의

---

31) 하강진, 앞의 글, 25면.
32) 김진영, 『이규보 문학 연구』, 집문당, 1984, 167~171면.
33) 서정화, 「이규보 산문 연구」, 고려대 박사학위논문, 2008 참조.
34) 권두환, 앞의 글, 115면. '자문자답(自問自答)', '주문객답(主問客答)', '객문주답(客問主答)'의
    형식으로 설명하기도 한다. 김진영, 앞의 책, 170면.

주장만을 일방적으로 개진하지 않고 설득의 대상인 손님을 문면에 등장시켜 그 의견을 논리적으로 반박함으로써, 자신의 주장을 관철하는 독특한 전개 과정으로 실현되고 있다. 여기서 대화는 일회적인 말 건넴에 그치지 않고 상대방의 의견에 반론과 재반론을 거듭하는 가운데 궁극적으로 새로운 진리를 전달하고 설득력을 강화하는 기능을 수행한다. 일방적으로 자신의 의견만이 개진되는 것을 차단하고, 기존의 입장이 갖는 한계와 문제점을 들추어냄으로써 자신의 주장에 대한 설득력을 제고하는 효과를 낳고 있다.

뿐만 아니라 명제적 진술 차원에 그치지 않고 의문형을 통해 대답을 불러일으키는 표현 구조에도 주목할 필요가 있다. 이는 서구의 로고스적 글쓰기가 명료함을 주장하면서 의문문의 사용을 금하는 것과는 대조적이다. 물론 이들 작품에서 의문형은 사실상 강한 긍정의 수사의문의 기능을 수행하지만, 비판적 사고의 관점에서는 오히려 이를 수용자의 반응을 불러일으키는 지점으로 달리 접근하는 것도 가능할 수 있다.

<슬견설>을 비롯한 다수의 작품에서 화자의 생각에 대한 손님의 반응과 대답이 마지막에 이르러 더 이상 전개되지 못한 채 중단되는 장면도 눈여겨볼 필요가 있다. 더 이상 손님의 반응이 없는 것을 두고서 주장에 동의하고 공감한 결과로 이해하기 쉽지만, 비판적 사고의 측면에서 살핀다면, 달리 해석되고 활용될 수 있는 가능성을 불러오는 지점이 될 수 있다. 실제로 연구자에 따라서는 "화자의 의견에 전적으로 공감을 하지 않았기 때문"35)으로 풀어내기도 한다. 이는 <경설>의 경우에도 다르지 않다. "손님은 아무 대답이 없었다"로 마무리되는 것도 화자의 논리에 수긍한 것으로 해석하지만, 비판적 사고의 측면에서는 다른 대응 논리를 마련

---

35) 하강진, 앞의 글, 9면.

하고 펼칠 수 있는 공간이 될 수 있다.

텍스트에 비어진 공간이 있다는 것은, 글쓴이의 입장과 다른 새로운 의견과 입장을 진술할 기회를 확보하는 일이 될 수 있다. 글쓴이의 주장에 맞서 새로운 대응 논리를 펼치는 독자의 참여 공간으로 기능할 수 있기 때문이다. 따라서 가상적 대화의 구조 속에서 생략된 손님의 반응과 대답을 새롭게 구성해내는 것을 중요한 과제로 설계함으로써, 독자의 새로운 주장을 적극적으로 이끌어낼 필요가 있다. 비판적 사고의 목표가 "어떤 사람의 믿음이나 행위의 이유를 제시하고, 자신이나 다른 사람의 논증을 분석하고 평가하며, 더 나은 논증을 고안하고 구성해내는 데 있다"36)면, 주어진 문제 해결을 분석, 판단, 평가하는 데 그칠 것이 아니라 새로운 문제 해결을 견인하는 방향으로 나아갈 필요가 있다.

여기서 비판적 사고와 창의적 사고, 수렴과 발산 작용의 만남을 기대하게 된다. 실제로 비판적 사고는 '비판-창의적 사고(critico-creative thinking)'로 불리기도 한다.37) 비판적 사고가 다른 사람의 잘못을 찾아내는 소극적인 활동에 그치지 않고, 자신의 상상력을 기반으로 최선의 해답을 찾아내는 과정으로 새롭게 재구조화될 수 있다면, <슬견설>과 <경설>의 대화 구조는 새로운 문제 해결을 견인하는 효과적인 도구로 작용할 수 있다. 이러한 설계와 제안의 궁극적 지향은 학습자를 이해와 전수의 일방적인 대상이 아니라, 적극적인 의미 구성과 생산의 주체로 정립하는 데에 있다. 텍스트에 대한 비판적 이해와 분석을 통해 텍스트에 대응하는 자신의 주장을 만들고, 이를 자신의 텍스트로 생산하는 것으로 구체화될 수 있다.

---

36) Anne Thomson, 최원배 역, 앞의 책, 12~13면.
37) Alec Fisher, *Critical Thinking*, 최원배 역, 『피셔의 비판적 사고』, 서광사, 2010, 28면.

3. 설을 대상으로 한 비판적 사고의 활성화

지금까지의 논의가 비판적 사고의 도구로서 이규보 설의 효과성을 이론적 차원에서 입증하는 데 초점을 맞췄다면, 여기서는 비판적 사고의 실제 작동 양상을 탐색하기 위한 교육적 설계 작업을 진행하기로 한다.

(1) 연구 대상, 자료의 선정 및 조사지 개발

이 연구에서 대상으로 하는 학습자는 서울 소재의 모 대학에서 국어교육과 1학년 전공 과목인 '국문학개론'을 수강한 학생 51명이다.

[표 8-2] 연구 대상 학습자

학과	남학생	여학생	소계
국어교육과	11명(23.9%)	35명(76.1%)	46명
타과	2명(40.0%)	3명(60.0%)	5명
전체	13명(25.5%)	38명(74.5%)	51명

이들은 대학에서 고전문학의 선행 과목을 이수한 적은 거의 없으나,[38] 대부분 국어교육을 전공하는 만큼 일정한 소양은 갖추고 있다. 국어교육을 주전공, 다전공하는 특정 대상 50여명을 표본으로 하는 제한된 분석인 탓에 연구 결과를 일반화하는 데에는 한계가 있지만, 분석의 틀을 설계하고 그 가능성을 살피는 것은 가능하리라 판단된다. 연령이나 전공별(주전공, 다전공)로 의미있는 차이가 확인되지 않기에, 이들 변인은 크게 고려하

---

38) 학생들의 전공 이수 경로를 살피면, 1학기에 '국어학개론'과 '현대문학의 이해'를 배운 다음, 2학기에 '국문학개론'과 '국어교과교육론' 등을 이수하는 것으로 교육과정이 설계되어 있다.

지 않기로 한다.

　연구 자료로는 앞서 살핀 바와 같이 이규보의 설을 선정한다. 이규보의 설은 <경설(鏡說)>, <주뇌설(舟賂說)>, <기명설(忌名說)>, <슬견설(虱犬說)>, <괴토실설(壞土室說)>, <이옥설(理屋說)>, <뇌설(雷說)>, <완격탐신설(琬擊貪臣說)>, <논시설(論詩說)>, <칠현설(七賢說)>, <천인상승설(天人相勝說)>, <몽설(夢說)> 등 12편이 전해진다. 이 중에서 비판적 사고의 대상과 도구로 선정한 자료는 <슬견설>과 <경설>이다. 논지를 선명하게 드러내기 위해 두 작품에 국한하여 논의를 전개하지만, 다른 설 작품 또한 비판적 사고의 도구로 활용될 수 있음은 물론이다.

　우선 <슬견설>은 '정-반-합'의 변증법적 구조 속에서 논리가 전개되어 "생각의 깊이나 구성 면에서 가장 돋보이는 작품"으로 손꼽힌다. <경설> 또한 거울이라는 일상의 소재를 통해 짧고 간략한 내용 속에서 독특한 인식을 표현하고 있는 작품으로 평가된다.[39] 이들은 사고의 반전을 거쳐서 종합적 결론으로 유도하는 '경험의 변증법적 구조화'[40]를 이루어 내고 있다. 이규보의 산문의 특징인 '발상의 전환과 통념 깨기'[41]를 전형적으로 보여주는 작품군이기도 하다.

　또한 이들 작품은 작자의 독특한 주장과 함께 이를 뒷받침하는 논거를 갖추고 있어 주장과 근거의 타당성을 평가하고 판단하는 비판적 사고의 효과적인 도구가 될 수 있다. 기존의 일반적인 생각을 뒤엎고 상식적인 판단을 전복한다는 점에서, 독자의 흥미와 관심을 이끌어내는 데도 효과적이다. 손으로 대표되는 일상적인 사고의 피상성, 상식성을 깨뜨리기 위해 의도적으로 괴상한 말을 늘어놓고 있는 것이다.[42] 덧붙여 이, 거울과

---

39) 이상익 외, 『고전수필 어떻게 읽을 것인가』, 집문당, 1999, 442면, 431면.

40) 이지호, 「글쓰기의 문제설정방식-<슬견설>을 중심으로」, 『국어국문학』 113, 국어국문학회, 1995, 369~391면.

41) 서정화, 앞의 글, 25~35면.

같이 일상적인 주변 소재를 통해 개별적 특질을 보편적 관념으로 심화, 확대하는 구조 또한 특별한 관심을 불러일으킨다.

이규보의 설은 크게 '확인-전달'형과 '설득-공감'형의 구조로 나누기도 하는데,[43] <슬견설>과 <경설>은 모두 설득-공감형의 구조에 해당한다. 설득-공감형은 설득을 주된 목적으로 하는 만큼, 수용자의 비판적 사고가 특히 요청되는 특질을 갖고 있다. 나아가 비판적 사고의 자료로서 <슬견설>과 <경설>이 갖는 비교 우위는 그 자체로 논리적이거나 합리적이지 못하다는 지적에서도 찾아진다. 이들 작품은 "일방적으로 청자 또는 독자에게 자기 주장을 관철시키지만 그 주장의 타당성에 대해서는 계속 의문을 갖게"[44] 되는 게 사실이다. 물론 주장의 타당성에 대해 공감하기 어려운 작품으로는 <괴토실설>이 단연 손에 꼽힌다. 현대적인 시각에서 본다면 겨울에 온실을 만드는 것이 결코 잘못된 일이라고 생각되지는 않기 때문이다. 그러나 <괴토실설>의 경우 글과 학습자 입장 사이의 간격이 커서 건전하고 생산적인 회의보다는 자칫 비난으로 귀결될 수 있어 연구 자료에서 배제하기로 한다.

그러면서 두 작품을 동시에 선정한 데에는, <슬견설>의 경우 말하고자 하는 바가 비교적 선명하여 쉽게 이해되는 데 반해, <경설>은 그 내용이 모호하여 독자에 따라 다양하게 해석될 여지가 있어 이를 변인으로 살필 수 있다는 판단도 자리하고 있다. 주제 의식의 명료성 여부가 비판적 사고의 활성화에 어떤 영향과 변인으로 작용하는지도 살펴보려는 것이다.

이 같이 자료의 선정과 검토가 이루어진 이후, 비판적 사고가 실제 국어교육에서 어떻게 작용하는지를 점검하고 확인하기 위해 다음 내용과

---

42) 신연우, 「깨달음을 주제로 한 고전 산문 문학의 양상 고찰」, 『열상고전연구』 9, 열상고전연구회, 1996, 38면.

43) 하강진, 앞의 글, 6면.

44) 신연우, 「이규보의 설 읽기의 한 방법」, 『우리어문연구』 11, 우리어문학회, 1997, 267면.

요소를 고려하면서 조사지 개발을 진행하였다. 우선 어느 글이든 주제의 설정은 매우 중요한 과제이지만, 특히 설의 경우 주제가 작품의 성패에 관여되는 양상이 어느 갈래보다도 직접적이고 지배적인 것으로 알려져 있다.45) 이에 따라 주장의 타당성에 대한 인식과 그 근거를 묻는 문항을 개발하였다. 둘째, 주제를 개진하는 과정이 얼마나 논리적 정합성을 가지는가의 문제 또한 주목할 부분이다.46) 비판적 사고는 "주장들이 어떤 이유 때문에 정당화되는가를 판단하는 문제 해결을 위한 사고"47)라는 점에서 그러하다. 특히 설이 입론과 논박을 위주로 하는 글인 만큼, 논리적 정합성과 그에 따른 설득력을 살피기 위해 '동의하기 어렵거나, 혹은 특히 공감하는 부분'에 대한 문항을 개발하였다. 끝으로, 비판적 사고는 궁극적으로 문제를 해결하고 새로운 대안을 마련, 모색하는 것으로 나아가야 하는 만큼, 창의적 문제 해결로서 비판적 사고의 작용 양상 또한 주의깊게 살피고자 하였다. 따라서 대화적 구조를 활용하여 새로운 문제 해결이나 대안을 적극적으로 제시할 수 있는 문항을 개발하였다. 이러한 점을 고려하여 개발된 조사지는 다음과 같다.

---

45) 송혁기, 「논설류 산문의 문체적 특성과 작품양상」, 『동방한문학』 31, 동방한문학회, 2006, 74면.

46) 송혁기, 앞의 글, 76면.

47) Mattew Lipman, 박진환 외 역, 앞의 책 참조.

※ <슬견설>과 <경설>을 읽고 조건에 따라 기술하기 바랍니다.

[슬견설]

1. <슬견설>의 주장이 타당하다고 생각됩니까?

매우 그렇다	그렇다	보통이다	그렇지 않다	전혀 그렇지 않다
①	②	③	④	⑤

2. 1번 문항에서 그렇게 생각하게 된 이유, 까닭에 대해 자신의 가치관, 판단 준거에 비춰서 구체적으로 쓰기 바랍니다.
3. <슬견설>에서 특히 동의하기 어렵거나, 혹은 특히 공감하는 부분은 어떤 부분입니까?
4. 만약 지금 누군가가 여러분에게 <슬견설>의 '나'와 같이 말한다면, 여러분은 어떻게 반응하시겠습니까? 아래 <슬견설>의 나의 말 이후에 손의 입장에서 하고 싶은 말을 직접 쓰기 바랍니다.

　"…… 메추리를 대붕과 동일시하게 된 뒤라면 내가 당신과 함께 도를 이야기할 수 있겠군요"라고 하였다.

[경설]

1. <경설>에서 작자가 말하려는 핵심 주장은 무엇입니까?
2. <경설>의 주장이 타당하다고 생각됩니까?

매우 그렇다	그렇다	보통이다	그렇지 않다	전혀 그렇지 않다
①	②	③	④	⑤

3. 2번 문항에서 그렇게 생각하게 된 이유, 까닭에 대해 자신의 가치관, 판단 준거에 비춰서 구체적으로 쓰기 바랍니다.
4. <경설>에서 특히 동의하기 어렵거나, 혹은 특히 공감하는 부분은 어떤 부분입니까?
5. 만약 지금 누군가가 여러분에게 <경설>의 '나'와 같이 말한다면, 여러분은 어떻게 반응하시겠습니까? 아래 <경설>의 나의 말 이후에 나그네의 입장에서 하고 싶은 말을 직접 쓰기 바랍니다.

　"…… 내가 거울을 보는 것은 오히려 흐린 것을 취하는 것인데, 그대는 어찌 이를 이상스럽게 생각합니까?"하니, 나그네는 아무 대답이 없었다.

(2) 분석 결과 :
텍스트와 독자 사이의 간격과 비판적 사고의 활성화 가능성

학습자의 인식과 판단을 확인하는 기초 문항으로, 해당 작품의 주장이 타당한지 여부를 질문했고, 그 결과는 다음과 같이 분석되었다.

<슬견설>/<경설>의 주장이 타당하다고 생각됩니까?

[표 8-3] 〈슬견설〉, 〈경설〉의 주장의 타당성에 대한 반응 결과

작품	성별	매우 그렇다	그렇다	보통이다	그렇지 않다	전혀 그렇지 않다
슬견설	남 (13명)	0명 (0.0%)	3명 (23.1%)	3명 (23.1%)	7명 (53.8%)	0명 (0.0%)
	여 (38명)	3명 (7.9%)	6명 (15.8%)	9명 (23.7%)	17명 (44.7%)	3명 (7.9%)
경설	남 (13명)	1명 (7.7%)	5명 (38.5%)	2명 (15.4%)	3명 (23.0%)	2명 (15.4%)
	여 (38명)	0명 (0.0%)	10명 (26.3%)	7명 (18.4%)	16명 (42.1%)	3명 (7.9%)

<슬견설> 주장의 타당성에 대해 남, 여학생 모두 '그렇지 않다'에 응답자의 절반에 가까운 높은 반응을 보이고 있다. <슬견설>에 대한 부정적인 반응('그렇지 않다', '전혀 그렇지 않다')은 남, 여학생 각각 53.8%, 52.6%로, 긍정적인 반응('그렇다', '매우 그렇다')인 23.1%, 23.7%에 비해 거의 2배 가까이 높은 수치를 나타내고 있다. 남, 여학생의 성별 변인에 따른 반응의 차이는 크지 않은 것으로 보인다.

반면, <경설>은 <슬견설>에 비해 성별의 차이가 다소 크게 나타나는 결과를 보였다. 남학생의 경우 긍정적인 반응이 약 46.2%, 부정적인 반응이 38.4%로 나타나 긍정적인 반응이 조금 높은 데 반해, 여학생의 경우

부정적 반응(50.0%)이 긍정적인 반응(26.3%)보다 거의 두 배 가까이 높게 나타났다. 성별에 따른 이 같은 반응 차이는 이후 심층면담 과정에서 거울과 외모 문제에 대한 민감성에서 연유한 결과임을 확인할 수 있었다.

조사 결과의 분석을 통해 분명히 짚고 넘어가야 할 사실은, 이규보의 문장이 뛰어나고 해당 작품의 문학성이 높다는 연구 담론과 달리, 오늘날 독자들의 상당수는 읽고 난 이후에도 주장에 동의하지 않는 경우가 많다는 점이다. 설의 양식이 궁극적으로 설리(說理), 즉 어떤 이치를 논증, 설득하는 것을 목적으로 하는데,[48] 현대의 학습자들에게는 글의 내용에 대해 상당 부분 부정적인 입장을 취하는 것으로 확인된다. 물론 이러한 결과는 해당 작품에 대한 충분한 감식이 부족한 데서 비롯된 것일 수 있다. 또한 여기에는 텍스트와 독자 사이에 존재하는 시공간적 거리감도 작용한 것으로 보인다. 이는 작품을 깊이있게 읽어내는 방법과 경험을 통해 극복되고 조정될 수 있다.

그러나 교육의 관점에서 주목할 점은 텍스트의 주장과 독자의 판단 사이에 '간격'과 '거리'가 존재한다는 사실이며, 이러한 간격과 거리의 존재는 오히려 비판적 사고의 교육적 과제와 가능성을 일깨워주는 지점이 될 수 있다. 그동안 교육에서는 이러한 간격에 대해 큰 관심을 갖지 못한 채, 해당 텍스트의 내용을 주제 차원에서 기계적으로 전수하고 학습자는 이를 이해하는 과정으로 답습해 온 것이 사실이다. 이러한 전제와 과정 속에서 텍스트 세계가 독자의 세계로 자기화, 내면화되는 것을 기대하기는 사실상 어렵다.

그런데 텍스트 세계와 독자의 판단 사이에 존재하는 이 같은 간격은 비판적 사고가 활성화되는 동인이 될 수도 있다. 텍스트의 주장에 대한 건

---

48) 송혁기, 「한문산문 '說' 體式의 문학성 재고」, 『韓國言語文學』 58, 한국언어문학회, 2006, 235~236면.

전한 회의는 새로운 의미 구성이 펼쳐지는 출발점으로 작용하기 때문이다. 비판적 사고가 "주어진 진술, 기존의 규범, 또는 행동양식에 대해 어떤 회의를 품고 있거나 아직 승인을 하고 있지 않"는 데서 작용한다고 할 때, 이때의 '회의(懷疑)'는 "접하고 있는 문제에 대한 더 만족스러운 해결책, 그 문제 속을 들여다 볼 수 있는 통찰력을 이끌어낼 수 있는 회의"49) 이어야 한다. 이는 기존의 문학 수용 과정에서 평가, 판단의 측면이 강화되는 것으로, 아래 설명에 따른다면 비평에 대응하는 활동이 될 수 있다.

> 읽어 나갈 때 우리는 텍스트 내부에서 텍스트(text within text)를 생산하며, 해석할 때는 텍스트 위에서 텍스트(text upon text)를 만들며, 비평할 때는 텍스트에 대항하여 텍스트(text against text)를 생산한다.50)

이러한 설명에 비춰본다면, 텍스트 수용의 과정에서 비판적 사고는 텍스트 세계를 추체험하는 데 그치지 않고 텍스트 세계를 정면에 두고서 '텍스트에 대항하여' 읽어내는 활동을 이끈다. 이러한 과정은 텍스트의 의미를 수동적으로 받아들이는 것과는 분명한 차이가 있다. 제기된 문제에 대해 자신의 시각에서 보고, 문제를 새롭게 정의함으로써 다른 차원의 인식과 해결을 요청하기 때문이다. '이전의 정보나 이론들을 전혀 새로운 눈으로 보는 것', '주위에 흔히 있던 것에서 독특한 어떤 것을 만들어내는 것', 또는 '방향을 바꿔서 다른 절차를 사용하는' 능력을 일컬어 종합력 (synthetic ability)이라 한다면,51) 설을 대상으로 한 비판적 사고의 작동은 종합적 사고 활동이 될 수 있다.

---

49) 김공하, 『비판적 사고와 교육』, 교육과학사, 1998, 9면.

50) Robert E. Scholes, *Textual Power*, 김상욱 역, 『문학이론과 문학교육—텍스트의 위력』, 하우, 1995, 32면.

51) 김영채, 『사고력 : 이론, 개발과 수업』, 교육과학사, 1997, 340면.

4. 〈슬견설〉에 대한 독자 반응 분석과 교육적 함의

(1) 윤리성과 유용성의 판단 준거간 충돌

〈슬견설〉의 주장에 대해 부정적인 반응이 높게 나타나는 결과는 주목할 지점이다. 이러한 결과는 무엇보다 윤리성과 유용성이라는 범주가 다른 두 가치가 판단준거로 동시에 관여하고 작용하는 데서 비롯된 것으로 짐작된다. 크기와 상관없이 만물은 평등하다는 주장은 분명 도덕적 당위로서의 성격을 내재하는 만큼 상당한 동의를 이끌어낸다. 그러나 개와 이를 대상으로 논의를 전개한 탓에 윤리적 가치 이외에 효용이라는 또 다른 판단준거가 개입됨으로써 부정적 인식과 평가를 가져오게 되는 것이다.

아래 반응들은 〈슬견설〉의 주장이 윤리적 성격을 담고 있어 긍정적인 반응으로 수렴되다가도, 개와 이 사이에 존재하는 현실적 효용의 차이에 직면하게 되면서 부정적으로 귀결되는 모습을 보여준다. 특히 이가 해로운 존재라는 사실은 부정적 반응을 이끄는 주된 요인으로 작용하고 있음을 볼 수 있다.

> 1번 문항에서 그렇게 생각하게 된 이유, 까닭에 대해 자신의 가치관, 판단 준거에 비춰서 구체적으로 쓰기 바랍니다.

작자가 제시하고 있는 '이'라는 생물은 해를 끼치는 해충이기에, 크고 작음을 얘기하는 것과는 또 다른 차원의 문제를 제기하게 만든다.

크고 작음에 상관없이 모든 생명은 동일시되어야 한다는 주장에 동의했다. 하지만 손에게 자신의 주장을 납득시켜야 하는 상황이었는데, 사람에게 해를 끼치는 이를 예시로 들었기 때문에 조금 납득하기 어려웠다.

이들을 대상으로 한 심층 면담에서도 존재의 가치는 크기와 상관없다는 주장에 대해 근본적으로 동의하지만, 이로움과 해로움은 구별되어야 한다는 입장을 재차 확인할 수 있었다. 작자의 주장에 대해 자신의 판단 준거로 수용하고 평가하는 모습을 보게 되는 지점이다. 가치의 문제에는 주관적 평가가 개입될 수밖에 없고, 기준과 준거가 중요한 문제가 된다는 점도 일깨워준다.

사실 가치가 객관적으로 실재하거나 주관의 의식만을 반영하는 것이라기보다는, 주관과 대상 사이의 맥락 또는 관계를 통해서 성립한다는 관계론, 맥락론의 설명에 주목할 필요가 있다. 이에 따르면 가치는 평가의 주체와 가치의 대상이라는 두 측면이 존재하고, 이들 사이의 관계 안에서 맺어지는 일종의 '상관관계'로 설명된다. 가치가 이러한 관계론적 특성을 지니기 때문에, 개인의 경험에 따라 유동적일 수밖에 없음은 물론이다. 주체와 대상 사이의 어느 지점에 관계로서 자리하며, 이들의 관계에 따라 달라지는 것이다.[52]

'이'에 대한 거부감 또한 이러한 가치 관계론, 맥락론의 측면에서 설명이 가능하다. "왜 하필 작은 것들 중에서 이를 예로 들었는지가 가장 이해가 안간다", "사람에게 피해를 주는 해충까지 다른 생물들과 동등히 여겨야 한다는 주장에 대해서 동의하기 어려웠다"는 심층 면담 학생들의 말처럼 해충을 예시로 제시한 것에 대해 강한 거부감을 나타내는 경우가 많은 것도, 현대 학습자와 이 사이에 놓인 부정적 관계와 맥락에서 설명될 수 있다.

<슬견설>에서 특히 동의하기 어렵거나, 혹은 특히 공감하는 부분은 어떤 부분입니까?

---

52) 엄정식, 「가치와 삶」, 우리사상연구소 편, 『우리말철학사전』 4, 지식산업사, 2005, 26~29면.

생명을 소중히 해야 한다는 데에는 동의하지만, 개와 이가 모두 똑같은 생물이니 동등하게 대해야 한다는 주장에는 동의하기 어려웠다. 개와 이 사이에는 크기 이외에도 이로움과 해로움의 차이도 있기 때문이다.

예를 들면 인간의 죽음과 돼지, 소, 닭과 같은 가축의 죽음을 정말 같게 보아야 하는가라는 의문이 남아 있어 완전히 설득당할 수 없었다.

이러한 반응은 손의 입장에서 새로운 주장을 펼치는 지점에서 보다 분명하게 확인된다. 크기 이외에 유용성의 문제를 집중적으로 파고들면서 상대방의 주장을 논박하거나, 새로운 문제 제기로 발전시키는 모습을 볼 수 있었다.

> 만약 지금 누군가가 여러분에게 <슬견설>의 '나'와 같이 말한다면, 여러분은 어떻게 반응하시겠습니까? <슬견설>의 나의 말 이후에 손의 입장에서 하고 싶은 말을 직접 쓰기 바랍니다.

그렇다면 의문이 하나 생깁니다. 모든 생명체가 서로의 생명을 존중하고 조화를 이루며 살아가야 하지만, '이'와 같이 인간에게 해를 끼치는 존재까지도 무조건적으로 존중하는 것은 무리가 있다고 생각됩니다. 이의 생득적인 본성을 모르는 바 아니나, 그렇다고 해서 해를 끼치는 존재까지 수용하고 인정하기에는 어려움이 있습니다.

해충들 때문에 피해를 받는 농부들의 입장을 떠올려 보십시오. 과연 그들에게도 해충을 죽이지 말아야 한다는 주장을 할 수 있을까요?

이처럼 <슬견설>을 대상으로 한 독자의 반응은 대체로 대상의 가치가 크기와 관련없다는 윤리적 주장에 대해서는 동의하더라도, 이와 개는 효용의 측면에서 구별되어야 한다는 입장과 의견으로 나타났다. <슬견설>의 당위적 주장에 대해 비판적인 입장이 제기되는 것은 어디까지나 크기와 효용의 문제가 뒤섞여 있는 데서 연유하며, 해충이 아닌 다른 미물로 했다면 다른 입장과 수용 태도를 보였으리라 짐작된다.

(2) 실현 가능성에 대한 회의와 상대적 우열 문제로의 관점 전환

<슬견설>의 주장에 대체로 동의하면서도, 현실 상황에 전이, 대입하는 국면에서 문제점과 한계를 지적하는 모습도 볼 수 있다. 생존을 위해 불가피하게 발생하는 먹고 먹힘의 문제와 연관지어 회의적인 반응이 제기되는 것이다. 작자의 주장과 달리, 생존을 위한 불가피한 죽음의 문제를 새로운 논거로 제시하게 되는 모습도 볼 수 있다.

> <슬견설>에서 특히 동의하기 어렵거나, 혹은 특히 공감하는 부분은 어떤 부분입니까?

모든 생명이 저마다 존중받을 가치를 지니고 있다는 사실엔 동의한다. 하지만 그렇다고 해서 개와 이의 죽음을 동등하게 볼 수는 없다. (…중략…) 물론 생명을 죽이는 데 이유가 있다고 해서 정당화될 수는 없지만, 각기 다른 이해관계를 지닌 생명들끼리 살아가기 위해선 이유 있는 죽임은 일어날 수밖에 없다는 것도 생각해야 한다.

모든 생물을 동일선상에 놓고 싶으나 잘 되지 않는 까닭은, 악해서가 아니라 다른 생명을 잡아먹으며 살 수밖에 없는 현실적 상황 때문이다.

만물이 평등하다는 절대적 가치에도 불구하고, 그것이 실현되지 못하는 현실 상황을 짚어내면서 주장의 모순과 허위를 반박하는 모습도 볼 수 있다. 이러한 입장은 개와 이의 문제에 국한되지 않고, 실제 삶의 모습을 직접적으로 거론하면서 거부감으로 발전되기도 한다. 주장과 다른 이율배반적 삶을 논박하는 다음의 반응은 이후 실현 가능성에 대한 회의적 태도와도 관련된다.

> 만약 지금 누군가가 여러분에게 <슬견설>의 '나'와 같이 말한다면, 여러분은 어떻게 반응하시겠습니까? <슬견설>의 나의 말 이후에 손의 입장에서 하고 싶은 말을 직접 쓰기 바랍니다.

당신의 이야기를 들어보니 생명은 모두 동등한 가치를 지닌다는 것 아닌가? 하지만 오늘 당신의 행동만 하더라도 어찌 된 일인가? 방금 고기를 먹고 하인에게 무언가를 시키지 않았는가? 당신이 이러고도 정녕 생명을 가진 것은 모두 동등한 존재라고 말하며 나를 훈계할 수 있단 말인가?

당신은 모든 생물 하나하나가 모두 동일한 가치를 지닌 것이라고 생각하나 봅니다. 그렇다면 당신과 저기 저 곳의 거지 또한 동일한 존재일 것인데, 어찌 당신만 귀히 입고 잘 수 있겠습니까?

이들은 현실적인 실현 가능성을 검토함으로써 주장 자체의 타당성에 대한 근본적인 물음을 제기하는 방향으로 나아간다. 삶의 양식이나 대상에 따라 존재할 수밖에 없는, 인간과 타 대상, 혹은 인간 사이의 현실적인 차이에 주목한 것이다. 당위적, 선언적인 차원에서 주장이 제기될 수 있지만, 현실적으로 존재하는 차이를 간과하고 이에 대해 어떠한 입장도 내놓지 않고 있다는 약점을 찾아냄으로써 작자의 주장을 강하게 비판한다.

작자의 주장에 대한 판단과 평가를 넘어 새로운 주장과 견해로 발전되는 모습도 볼 수 있다. 상대적 우열과 가치라는 새로운 관점을 이끌어내고 있는 것이다. 작자의 주장이 또 다른 차별을 야기할 수 있음을 지적하면서 대상의 가치가 갖는 상대성의 문제를 제기하고 있다.

인간의 관점에서 본다면 인간에게 해를 끼치는 존재를 무조건적으로 존중하는 것은 현실적으로 무리가 있는 것은 아닐까요? 해로운 동물과 그렇지 않은 동물을 동등하게 받아들이는 것 자체가 또 다른 차별과 불평등을 낳는다고 생각합니다.

그런데 한 가지 의문이 듭니다. 생명의 소중함이 동일하다고 해서 그들이 하는 역할이나 차지하는 비중에 상관없이 무조건 동일시해야만 하는 건가요? 가령, 이는 인간에게 해로움을 주고 개는 유용함을 주는데, 그럼에도 불구하고 이들을 동일시한다면 개의 입장에서 또 다른 차별은 아닐런지요?

어찌 개의 죽음과 이의 죽음이 동일하다 할 수 있겠는가. 무릇 태어나 각기 부여받은 기능이 있는데, 그 기능을 고려한 이후에 말해야 하지 않겠는가? 이의 효용과 개의 효용이 다른데, 어찌 같게 여길 수 있단 말이오. 존재의 상대적 의미를 고려할 수 있어야 하지 않겠소.

이들 반응은 존재마다 기능과 가치에 현실적 차이가 있음을 근거로, 상대적 의미와 가치를 인정하고 고려해야 한다는 주장으로 수렴된다. 개와 같이 유용한 동물의 입장에 비춰본다면 <슬견설>의 주장이 또 다른 차별과 불평등을 초래할 수 있다는 점에서, 관점의 전환을 통해 상대적 가치라는 새로운 문제 해결을 시도하고 있는 것이다. 비판적 사고가 "결론으로 도출된 것에 대해 지속적으로 탐구할 것을 요구하는 과정적 사고"[53]

---

53) Edward Glaser, An Experiment in the Development of Critical Thinking, Teacher's College, Columbia university, 1941, 5면.

라는 설명과 같이, 주장의 문제와 오류를 지속적으로 점검하고 수정하는
가운데 새로운 문제 해결을 시도하는 모습을 보게 된다.

(3) 텍스트 이해의 한계와 주장의 가치에 대한 성찰의 부족

<슬견설>의 주장에 동의하면서 그것이 주는 깨달음을 진지하게 성찰
하는 경우는 거의 찾아보기 어렵다. 대다수가 유용성이나 실현 가능성의
문제에만 주목함으로써 작자의 주장이 갖는 의의나 배경에 대한 천착은
충분하게 이루어지지 않고 있다. 이 같은 주장을 제기하는 까닭에 대해
보다 깊이있게 탐색한다면, 주장의 의의를 살피고 성찰하는 것도 가능할
수 있다.

> 하마터면 잊을 뻔한 것을 알려주셨습니다. 오늘 말씀해주신 것은 국어
> 교사가 된 이후에도 결코 잊지 않겠습니다. 모든 생명이 소중하듯 학생 한
> 명 한 명을 소중히 바라보고 그들이 가진 작은 장점 하나라도 가볍게 여
> 기지 않도록 하겠습니다.

> 제가 너무 경솔하게 생각했습니다. 크기가 작다고 그것을 귀찮게 여기
> 고, 생명의 소중함을 간과하다니요. 세상에는 쓸모없는 생명체가 없는 것
> 을요. 저도 모르게 미물은 하찮고 무용한 것이라고 생각했습니다. 인간에
> 게 쓸모없어 보이는 것일지라도 모두 가치 있다는 것을 깨달았습니다. 외
> 적 모습에 대한 편견에서 벗어나 모든 것을 같은 시선에서 바라보겠습니
> 다. 이런 점을 일깨워주셔서 감사합니다.

이상의 반응은 작자의 주장을 자기 삶으로 받아들이는 면에서는 다른
학생들과 구별되지만, 주장의 배경에 대한 천착까지는 보여주지 못하고
있다. <슬견설>을 통해 이규보는 인간의 관점을 버리고 대상의 관점에서

바라볼 것을 제안하고 있으며, 이는 "만물의 본질에 대한 자연철학적 인식을 지혜의 차원에서 설파"[54]한 것이라 할 수 있다. 대상 인식과 편견에 대해 근본적인 문제 제기를 하는 만큼, '개'와 '이'의 표면적인 차이에서 벗어날 필요가 있다. '이'는 단지 '개'보다 작은 미물로서 선택된 것으로, 여기에는 장자의 제물론(齊物論)적 사유가 담겨 있다.

> 물(物)은 도(道)의 기준이다. 그 물을 지킨 후 그 도가 존재한다. 만약 이를 버린다면 도를 잃게 된다.[55]

이규보는 도의 기준이 사람이나 마음이 아니라 물(物)이며, 인간의 차원을 넘어 만물을 평등하게 바라보는 안목의 문제를 여러 차례 제기한 바 있다. 이런 점에서 <슬견설>은 가치의 문제가 아니라 인식의 문제를 제기하는 것으로 이해할 수도 있다. 실제로 손과 나의 사유를 각각 인간 위주의 사고와 우주론적 사고로 구별하기도 한다. 입장과 관점의 차이에도 불구하고, 아래 답변 또한 '인간 중심주의'와 '생명 중심주의'로 구분하여 접근하고 있어 주의깊게 살피게 되었다.

> 작자가 예시를 잘못 든 것 같아 '보통이다'를 선택했다. 아무리 모든 생명의 귀함을 따질 수 없다고 해도, 이는 분명 해충이다. '생명 중심주의'의 측면에서는 타당한 예시가 될지 몰라도 '인간 중심주의'의 관점에서는 적절하다고 보기 힘들었다. 오히려 해충으로 분류되는 '이'보다는 달팽이나 무당벌레 같은 예시를 들었다면 더욱 주제를 부각시키고 뒷받침할 수 있지 않았을까 하는 생각이 들었다.

---

54) 박희병, 『한국의 생태사상』, 돌베개, 1999, 18면.
55) 이규보, 「反柳子厚守道論」, 『東國李相國集』 22.

또한 <슬견설>은 역사적 배경과 관련지어 당대 사회에 대한 풍자로도 읽힐 수 있으나, 사회로 확장하여 이해하고 반응하는 모습은 거의 찾아볼 수 없었다. 예컨대 '개'와 '이'를 각각 지배계급과 민중으로 파악하여 당대 정치인들에 대한 풍자와 비판으로 수용될 수 있음에도, 현재 자신의 시각과 처지에서만 판단하고 재단하는 모습을 보게 된다. 어떠한 의도 속에서 작자의 문제 제기기가 이루어지고 있는지를 입체적으로 살피는 접근이 충분치 않은 것이다.

5. 〈경설〉에 대한 독자 반응 분석과 교육적 함의

(1) 다양한 의미 가능역과 실제 의미 구성의 편향성

<슬견설>과 달리 <경설>은 "그 속에 담긴 뜻이 그렇게 간단하지 않"[56]아 주제를 명료하게 파악하기 쉽지 않은 작품이다. 짧은 분량의 문답 구조로 이루어진 작품이지만, 주목하는 지점에 따라 그것이 함의하는 바는 무한히 확대될 수 있다. 예컨대 맑음만 보더라도, 단순히 거울의 표면적인 맑음에 그치지 않고 "어떤 빛나는 지성, 예리한 판단, 정확한 평가안, 작은 잘못 하나도 용납하지 않는 완벽성, 이밖에 이와 비슷한 방향의 뜻을 얼마든지 첨가"[57]하는 게 가능하다. '맑음'에 대응하는 '흐림'의 의미 또한 마찬가지이다. 게다가 <경설>은 중층적인 구조와 장치마저 갖고 있다. <경설>을 두고서 "형식과 실질의 가치, 혹은 물질과 정신의 가치가 도착(倒錯) 인식되고 있는 인심, 세태를 쿡 찔러보고 함께 자신의 뜻과 기

---

56) 이승복, 앞의 글, 19면.
57) 정진권, 앞의 글, 396면.

개를 슬쩍 숨겨놓은 것"58)이라는 해설과 같이, 직설적 표현 너머에 여러 함축적 의미를 포개놓고 있다. 이에 따라 다음과 같은 다양한 접근이 제기기도 했다.

① 객이 주체가 되고, 거사가 객체가 된다.
② 거사가 주체가 되고, 객이 객체가 된다.
③ 거사가 주체가 되고, 거울이 객체가 된다.
④ 거울이 주체가 되고, 거사가 객체가 된다.59)

이러한 특질로 인해 <경설>의 의미는 다양하게 해석될 수 있다. <경설>의 의미는 먼저 맑은 것을 취하는 것이 마땅함에도 불구하고 흐릿한 거울을 택하는 까닭에서 출발할 수 있다. 세상에는 잘난 사람보다 못난 사람이 많아 그 못난 모습을 그대로 드러내는 거울은 용납되지 못하기 때문이다.60) '잘생긴 사람은 적고 못생긴 사람은 많다'는 진술에 관심을 기울인다면, 타인의 단점을 비난하기보다는 그의 단점까지도 포용할 수 있어야 한다는 주장도 가능하다. 그런데 '먼지로 흐리게 된 것은 겉뿐이며, 거울의 맑은 바탕은 속에 그냥 남아 있다'에 주목한다면, 겉모습(형식)보다는 본성이나 내면(실질)이 더 중요하다는 주장으로도 이해될 수 있다.

이규보의 설이 사회를 풍자하고 비판하는 대사회적 성격을 지향한다면, 인간 본성이나 인성론의 차원으로 그 의미를 한정하는 것은 충분치 않다. 오히려 주목해야 할 부분은 이후에 이어지는 종결 부분이라 할 수 있다. "잘생기고 예쁜 사람을 만난 뒤에 닦고 갈아도 늦지 않다"에 초점을 맞춘다면, 좋은 세상을 만날 때 비로소 자신의 능력을 발휘할 것이라는 처세

---

58) 송준호, 앞의 글, II-70면.
59) 조동일, 『문학연구방법』, 지식산업사, 1980, 114~118면.
60) 김진영, 『李奎報文學硏究』, 집문당, 1984, 168면.

의 차원으로도 이해할 수 있다. 이럴 경우 자신의 능력을 받아들이지 않는 부정적인 현실에 대한 비판과 풍자로 발전된다. 현실에 대한 개탄이면서, 그 속에 자신의 처세관을 함축하고 있는 작품인 것이다.

이처럼 <경설>에는 다양한 차원의 주장과 의미가 내재되어 있음에도 불구하고, 학생들의 반응은 특정한 의미역에 국한되어 나타나고 있다. 대다수가 거울이라는 소재에 주목하여 내면의 성찰이라는 한정된 주제 파악에 머무르고 있는 것이다. 기본적으로 자신에게 되돌아가 자신의 존재 가치를 확립하고 인식하며, 본질을 실현하는 내향적 사유의 차원61)으로 수용하고 있다. 내면적 차원에서의 도덕적 욕구에 주목하면서, 그 속에 담긴 개인, 사회의 갈등과 같은 사회적 문제에는 이르지 못하는 것이다.

개인 차원에서 내면 성찰의 문제로 파악하는 편향된 반응은 주장에 대한 비판과 새로운 문제 제기가 원천적으로 제약되는 결과를 초래한다. 이는 비판적 사고 교육에서 문제 파악의 중요성을 보여주는 지점이 된다. 또한 문학교육의 측면에서 본다면, 텍스트에 대한 천편일률적인 해석의 모습에서 비판적 사고가 텍스트 감상의 중핵적인 기제가 되어야 함을 확인시켜 준다.

(2) 개선 의지의 결여에 따른 적극성의 당부

비판적 반응의 상당수는 '잘난 사람을 만난 뒤에 닦여져도 역시 때는 늦지 않을 것입니다'에서 드러나는 소극적, 수동적 태도에 맞춰지고 있다. 개선 의지의 결여와 그에 따른 소극적인 태도에 주목하고 이를 비판하는 방향으로 의견을 펼치는 경우이다. 이러한 비판은 작자의 주장과 달리 단

---

61) 蒙培元, 中國哲學的主體的思惟, 김용섭 역, 『중국철학과 중국인의 사유방식』, 철학과현실사, 2005, 27면.

점, 문제점을 직시하는 가운데 변화와 개선이 가능하다는 의견을 이끌어
내기도 한다.

> 1번 문항에서 그렇게 생각하게 된 이유, 까닭에 대해 자신의 가치관, 판단 준거에 비춰
> 서 구체적으로 쓰기 바랍니다.

　맑은 거울을 보고 그것을 깨뜨려 버리느니 그냥 흐린 것을 보는 것이
낫다는 주장을 통해 어떤 것을 해서 안하느니만 못한 결과를 만들어내느
니 그것을 하지 않는 것이 낫다는 주장을 하는 것 같다. 나는 마음에 들지
않는다고 외면할 것이 아니라 계속 고쳐나가는 것이 옳다고 생각한다. 얼
굴이 못 생겼으면 거울을 보고 자신의 외모의 장점과 단점이 무엇인지를
관찰하여 고쳐 나가야 한다. 마찬가지로, 완벽하지 못한 일도 계속해서 개
선해 나갈 수 있다고 생각하기 때문에 이 글의 주장이 타당하지 않다고
생각했다.

　거울은 맑기 때문에 자신의 현 상태를 보여주는 기능을 가지고 있다. 현
재의 상태에 만족한다면 그 상태로 두어야 할 것이고, 마음에 들지 않는다
면 자신이 행할 수 있는 최선의 노력을 찾아야 한다. 거사의 말은 불평만
하고 더 나은 해결책을 찾으려는 노력이 없기 때문에 발전적으로 나아가
지 못하게 한다고 생각된다.

흐린 거울을 취하는 것을 두고서 허물과 단점을 외면하고 피하려는 태
도로 이해하는 반응들이다. 먼지로 뒤덮힌 거울은 부정적인 현실을 회피
하면서 감추는 장치에 불과할 뿐 적극적인 행위를 어렵게 만든다는 점에
서, 적극적인 노력을 당부하는 새로운 주장으로 나아가기도 한다. 이때의
노력으로는 맑은 거울을 들여다보는 것에서부터 거울을 닦는 것, 자신의
외면과 내면을 가꾸고 힘쓰는 것까지 다양하게 나타난다. 먼저 맑은 거울

을 들여다보면서 외면을 직시할 것을 촉구하는 의견들이다.

그저 현실을 회피함으로써 안정만을 찾으려 하고 있다. 겉모습이 어떠하든 속의 정확히 보는 게 필요하지 않을까? 흐린 것을 취함으로써 위안을 삼아서는 안되고, 정확히 바라보려는 적극적인 노력을 기울여야 한다.

물건에는 정해진 용도와 쓰임이 있다. 그리고 이에 맞게 사용하는 것이 바람직하다. 하지만 거사는 거울을 명확히 자기 얼굴을 보는데 사용하지 않고 흐릿하게 남겨두고 있다. 나는 이를 비겁한 행동으로 보았다. 내적인 모습에 주목한다면, 굳이 자신의 외면을 애써 외면하지 않아도 될 것이다.62)

이러한 의견에 덧붙여 흐린 거울을 보는 데 그치지 않고, 적극적으로 거울을 닦으면서 개선을 위한 노력을 촉구하는 모습도 찾아볼 수 있다.

> 만약 지금 누군가가 여러분에게 <경설>의 '나'와 같이 말한다면, 여러분은 어떻게 반응하시겠습니까? <경설>의 나의 말 이후에 손의 입장에서 하고 싶은 말을 직접 쓰기 바랍니다.

당신이 말한 것처럼 거울의 맑은 바탕은 그 속에 남아 있다고 주장하려 한다면, 먼저 거울부터 더 맑게 닦아야할 걸세. 맑은 거울로 보든 흐릿한 거울로 보든 자네의 모습은 변하지 않네. 맑은 거울로 객관적인 자네의 모습을 바라보게나. 자네의 내면은 외적인 모습과 관계 없다네. 내면을 잘

---

62) 상당히 많은 학생들이 이 같은 반응을 나타내었다. 몇 개의 예를 추가로 제시하면 다음과 같다. "자신의 허물 역시 자신의 일부이기 때문에 이 또한 포용해야 한다. 그렇게 하기 위해서는 먼저 자신의 허물을 있는 그대로 직시해야 한다. 감추기만 한다고 되는 일은 아니며, 반성하면서 되풀이하지 않도록 끊임없이 살피는 것이 중요하다.", "당신이 흐린 거울을 보는 이유도 이해가 가지만, 맑은 거울을 보는 행동도 필요하다고 생각합니다. 그것이 바로 용기입니다."

알고 가꿀 수 있는 사람에게는 거울에 비친 외적인 모습 따위는 상관없을
것이네.

　계속 쳐다만 보는 것은 잘못된 것입니다. 세상이 흐리고 사람이 흐려서
흐린 것을 취한다면, 왜 그 흐림을 닦아내어 바꾸려 하지 않습니까? 자,
조금만이라도 좋으니 흐린 거울을 함께 닦아봅시다.

(3) 작자의 전제, 논리에 대한 반박과 거부감

　거울을 통해 내면의 아름다움을 깨닫게 된다는 판단에서 내면의 수양
을 강조하는 반응도 볼 수 있다. 흐린 거울은 겉이 흐릴 뿐, 그 맑은 바탕
은 남아 있다는 주장에 주목하면서 겉모습보다 내면이 더 중요하다는 가
치의 문제에 대해서는 일정 부분 작자와 입장을 같이 하는 것이다.

　그러나 못난 이들이 "반드시 거울을 깨뜨리고 말 것"이라는 주장은 모
든 이들이 외면의 가치에만 주목한다는 점을 전제한 것으로, 섣부른 단정
과 비판일 수 있다는 반발을 불러오기도 한다. 외면으로 평가해서는 안된
다는 주장이 전혀 새로운 주장이 아니지만, 흑백논리로 재단하는 작자의
논리 전개로 인해 거부감을 갖기도 한다. 예쁜 사람과 못생긴 사람이 각
각 맑은 거울, 흐린 거울을 좋아한다는 식의 이분법적 주장에 대해 다른
입장도 제기하게 된다. 특히 이러한 반응은 외모의 문제에 민감한 여학생
들에게서 다수 나타났다.

　맑은 거울로 자신의 얼굴을 확실하게 비춰보고 더 아름다워져야겠다고
느끼는 사람도 있고, 거울을 보면서 자신의 내면도 살피는 사람도 있기 때
문에, 예쁜 사람은 맑은 거울, 못생긴 사람은 흐린 거울을 좋아한다는 논
리 자체가 오류로 여겨진다.

거사의 말을 자세히 살펴보면 그 안에 모순이 있다. 거울은 비록 겉이 더럽지만 속은 맑다 하였다. 그런데도 사람의 경우에는 겉으로만 판단하고 있는데, 사람도 거울과 마찬가지가 아닐까? 추한 사람의 얼굴을 그대로 비추면 깨부술 수 있기 때문에 더러운 거울을 그대로 둔다고 하지만, 분명 추한 사람에게도 내면의 아름다움은 존재한다. 그렇기 때문에 겉이 추하다고 해서 모든 사람들이 다 거울을 부술 것으로 생각되지는 않는다.

상당수 학생들은 <경설>을 통해 외면이 아닌 내면의 가치와 중요성을 깨닫는 방향으로 반응하기도 한다. 거울을 두고서 외면의 모습에만 관심을 기울이는 것으로 오해하기도 하고, 이에 따라 내면의 아름다움을 지속적으로 추구해야 하는 것으로 자신의 입장을 구체화하기도 한다.

> 만약 지금 누군가가 여러분에게 <경설>의 '나'와 같이 말한다면, 여러분은 어떻게 반응하시겠습니까? <경설>의 나의 말 이후에 손의 입장에서 하고 싶은 말을 직접 쓰기 바랍니다.

어찌 흐린 것을 취하기 위해 거울을 보려 한단 말인가요? 이것은 거울의 본래 용도를 잊은 행동이라 생각합니다. 무릇 거울이란 것은 자기 자신의 모습을 있는 그대로 인정한 바탕 속에서 가장 최선의 상태를 유지하기 위해 사용됩니다. 하지만 거사께서는 거울을 외모 평가의 수단으로 보려고 하는 것은 아닌지요? 또한 못생긴 사람이 거울을 보고 한탄만 하고 거울을 깨뜨려 버린다는 것은 거사의 잘못된 생각이 아닐까요? 흐린 것을 취한다는 거사의 말씀은 현실을 부정하고 똑바로 보지 않으려 한다는 말씀처럼 들립니다.

자네는 얼굴이 추한 사람들은 자신을 있는 그대로 보는 것보다 먼지에 흐려져 잘 볼 수 없는 상태로 마주하는 것이 더 만족스러울 것이라고 생각하는 건가? 그렇다면 자네가 생각하는 추함의 기준이란 무엇인가? 나는 진정 맑은 바탕을 가진 사람이라면 그것이 얼굴에도 나타난다고 생각하네. 비록 얼굴이 넓죽하고 코가 뭉툭할지라도 온화한 성품을 지닌 사람은 그 내면에 분명 그 아름다움이 묻어난다오. 자네가 원하는 것이 진정한 아름다움이라면 서둘러 그 거울의 먼지부터 걷어내야 할 것이야.

<경설>에서 말하고자 하는 바가 거울과 같은 대상이 아니라 주체의 상황, 입장이라면, 궁극적으로 무엇에 대한 절대적인 진리를 부정하면서 상대주의적 인식의 문제를 제기하는 것으로도 볼 수 있다.63) 그럼에도 불구하고 학생들은 잘 생긴 사람과 못 생긴 사람의 표면적 차이에만 함몰되면서, 결국 대상과 주체 중 어디에 주목해야 하는가와 같은 본질적인 지점을 간과하는 모습을 보게 된다. 나아가 동일한 사태에 대한 다양한 입장, 태도의 차이는 시간을 초월한 보편 타당한 윤리적 규범의 존재에 물음을 던지게 되면서, 도덕과 윤리가 특정한 시공간적 형태 안에서 존재하고 유효하다는 사실을 깨닫게 만든다.

(4) 생성 맥락과 작자의 의도에 대한 성찰의 부족

이규보의 인식과 태도는 소극적인 세계관과 보신의 태도로 비판받기도 한다. 그러나 일찍이 『논어(論語)』의 언급에서 보듯, 자신의 뜻과 맞지 않는 부도덕한 사회에서는 숨어지내는 것도 하나의 방편으로 받아들여진 당대의 역사적 맥락을 고려한다면, 다른 입장도 가능할 수 있다.

(옛 성현의 도를) 독실하게 믿고서 배우기를 좋아하며, 죽음으로써 지켜 도를 닦아 나가느니라. 위태로운 나라에 들어가지 않고 어지러운 나라에 거처하지 않으며, 천하가 도가 있으면 제 몸을 나타내 보이고 도가 없으면

---

63) 이상익 외, 앞의 책, 433면.

숨기느니라.

목숨을 바쳐 도를 지켜나가야 한다는 것과 더불어 도가 없는 시기에 이르면 몸을 숨길 것도 함께 진술하고 있음을 주의깊게 살필 필요가 있다. 단순히 개인 차원의 수기(修己)가 아니라, 사회적인 차원에서 도의 실천 문제를 제기하는 것으로, 개인의 내면 성찰과는 다른 차원의 입장을 나타내고 있다.

특히 과거에 급제하고 벼슬을 갈망했음에도 불구하고 오랜 기간 동안 중용되지 못했던 이규보의 전기사적 기록을 들춰보게 되면, <경설>에 함축되어 있는 부정적인 현실과 처세관을 이해하는 계기를 마련할 수 있다. 실제로 이규보는 23세부터 40세에 이르는 오랜 기간 벼슬길에 오르지 못한 채 '백운거사(白雲居士)'로 자호하고 작시로 소일했던 불우한 생애를 갖고 있다. 무인정권 이의민(李義旼)이 집권했던 당시의 시대 상황으로 인해 관계 진출을 단념할 수밖에 없었고, 은둔의 삶을 살아야만 했던 것이다.[64] 부조리로 가득 찬 세상에 대한 불만과 비판의 태도를 읽어낼 수 있는 지점이다.

이런 점에서 작품 속 거울은 젊은 시절 이규보와 같이 능력은 있으되 벼슬을 얻지 못한 채 자신의 존재를 드러내지 않는 일군의 지식인을 함의하는 우의적 소재일 수 있다.[65] 당시의 시대 상황을 불안하고 경직되며 부도덕한 현실로 보고, 이를 부정하고 비판하는 목소리도 들을 수 있다.[66] 당대 현실의 부조리함을 꿰뚫고 있는 인식을 접하게 된다.

---

64) 이규보의 전기사적 생애에 대해서는 장덕순, 「붓의 정치가 이규보」, 『한국의 인간상』 5, 신구문화사, 1965; 신용호, 『이규보의 의식세계와 문학론연구』, 국학자료원, 1990 등을 참조할 수 있다.

65) 신연우, 앞의 글, 38면.

66) 박성규, 『이규보연구』, 계명대 출판부, 1982, 48~49면.

이처럼 이규보의 글쓰기는 능력을 제대로 인정하지 않는 현실 세계의 기만과 불평등의 문제를 제기하는 것이기에, 부정적 현실에 대한 자신의 사유와 자의식을 적극적으로 표출하는 소통 창구의 역할을 수행한 것으로 볼 수 있다.[67] 이에 따라 거울은 사물 그 자체로 존재하는 것이 아니라, 이규보의 처지가 투영된 것임을 간파해야 올바른 해석에 접근할 수 있다는 주장이 제기되기도 한다.[68] 현실에 대한 사회적 불만과 소외의식의 측면을 이해해야 한다는 주장이다. 이러한 입장을 고려하면 <경설>은 "때를 기다리는 자세를 말하고 있는 것"[69]으로 받아들여질 수도 있다.

아래는 부정적인 현실을 염두에 두고서 사회적 차원에서 접근하는 소수의 반응들이다. 이들은 처세와 관련하여 풍자와 비판의 차원에서 수용하고 있다.

군계일학의 상황에서 학은 무엇보다 돋보이지만 동시에 수많은 닭들의 질투와 미움을 불러일으킬 수 있다. 시대적 상황을 고려해볼 때 무신정권으로 인해 어지러운 세상 속에서 홀로 깨끗한 채로 남아있는 것은 주변 이들로부터 존경심보다는 부정적인 태도를 이끌어낼 가능성이 높다. (…중략…) 내가 그들의 마음에 들도록 바꿀 수 있는 능력이 있지 않다면, 그러한 능력이 있는 사람이 나타날 때까지 거울을 닦지 않는 것도 좋은 방법이라는 입장이다.

거울은 현실 세상을 의미한다. 거사는 현실이 안개가 긴 거울처럼 탁하다고 보고 있다. 하지만 본래 거울의 바탕은 맑은 것처럼 현실이 다시 맑아질 수 있다고 생각하며, 세상을 다시 올바르게 해줄 사람을 기다리는 것 같다. 현실을 바꾸기 위해서 올바른 사람이 필요하다는 것이다.

---

67) 구슬아, 앞의 글.
68) 서정화, 앞의 글, 34면.
69) 김진영, 「이규보의 인간과 수필 세계」, 박기석 외, 『한국고전문학입문』, 집문당, 1996, 373면.

6. 과제와 전망

이 글은 <슬견설>과 <경설>의 도덕적 요소, 가치를 도출하거나 이를 주입하는 데 목적을 두지 않는다. 본질적으로 가치 문제를 다루지만 이데올로기의 재생산에 그치는 것을 경계하면서, 인간 삶의 문제를 가치화하는 비판적 수용 과정에 주목하려 한 것이다. 고정된 가치 체계를 전달하려는 것이 아니라 가치의 실천태로서 접근함으로써 새로운 가치를 탐색, 창출, 수용하는 데 목표를 두고 있으며, 이는 독자의 비판적 사고를 통해 실현될 수 있다는 판단에 따른다. 텍스트가 제기하는 가치에 참여하는 과정이 곧 비판적 사고 작용에 대응함을 보려 한 것이다. 텍스트는 독서 경험으로 완료되는 것이 아니라 주체의 현실적 삶과 연계되어 전이, 발전되는 과정을 거치게 되는데, 비판적 사고는 이러한 전 과정에 개입하고 관여하는 사고 활동에 해당한다.

이 글의 의의는 우선 독서교육에서 이상적 독자로 대표되는 수용의 추상적 과정을 논의의 과제로 본격적으로 끄집어내는 데 있다.70) 의미 구성의 주체를 독자로 간주하지만, 교육 현장에서는 특정 의미만이 고정되어 전수되면서 수동적인 주체로 전락하는 게 현실이다. 의미를 구성하는 주체적 활동은 간과된 채, 교사가 매개된 '공인된 의미'로 채워져야 할 빈 공간으로 전제될 뿐이다. 합의된 의미, 공인된 지식이 교사의 친절한 설명 속에서 전달되고, 학습자들은 전달된 내용에 전적으로 공감하는 것으로 기대된다.

이러한 현실에 대한 수많은 비판이 제기되고 독자의 주체성과 역할을

---

70) 실제 독자들은 수용미학에서 상정하는 '이상적 독자'와 거리가 먼 것은 사실이지만, 의미 구성의 주체성과 감수성을 전혀 갖추지 못한 미숙하고도 불완전한 존재도 아니다. 결코 이상적이지는 않지만, 그렇다고 해서 독자의 존재를 추상적인 차원으로만 이해되는 것을 경계하려는 것이다.

강조하면서 다양한 해법이 제안되었지만, 무엇보다 독자의 의미 구성에 대한 기초 자료를 수집하는 것이 필요하다. 텍스트를 선정하고 교육하기에 앞서, 독자들이 어떠한 인식과 태도를 갖고 있는지에 대한 기초 자료가 제공되어야 한다. 독자의 반응과 태도는 소통의 중요한 요소이자 교육적 기획, 설계의 출발점이 되기 때문이다. 독자의 의미 수용에 대한 자료가 축적된다면, 개별 주체간의 차이를 전제, 고려하는 일이 가능할 수 있다. 사실 청자와 화자, 텍스트와 독자의 동질성이 확보된다는 가정은 허구인 것이다.[71]

독자는 언제나 텍스트에 대해 이상적으로 반응할 것으로 전제하는 현실을 생각하면, 이러한 주장은 더욱 설득력을 갖는다. <슬견설>과 <경설>의 경우만 하더라도, 독자는 작자의 주장과 근거를 파악하고 관점의 새로움에 공감하는 것으로 교육의 도달점이 설정된다. 그런데 실제 반응의 분석 결과는 이러한 전제 자체에 의문을 제기하면서 새로운 영점 조정의 필요성을 불러일으킨다. 대부분의 학습자들은 텍스트의 주장에 대해 부정적인 입장과 반응을 갖고 있으며, 따라서 이 같은 텍스트와 학습자의 간격과 충돌이 교육의 변인과 요소로 중요하게 고려될 필요가 있다.

이러한 의의에도 불구하고, 조사지 개발 과정이 치밀하게 이루어지지 못해 일부 문항 구성에서 문제점을 드러내기도 하였다. 그로 인해 통계적으로 유의미한 반응 분석을 이끌어내는 데도 한계를 보이고 있다. 예비조사를 통해 문항지를 정교화하는 과정을 제대로 수행하지 못한 구조적 한계도 지적할 수 있다. 그러나 통계적으로 처리하기보다는 반응의 양상을 검토하고 문제의식으로 발전시키는 데 목표를 둔 만큼, 정교화의 문제는 이후의 과제로 남기기로 한다. 다만, 이 글이 국어교육에서 비판적 사고의

---

71) 김복순, 「비판적 사고론의 한계와 통합적 말글쓰기의 전망」, 『현대문학의 연구』 30, 현대문학연구학회, 2006, 223면.

신장을 도모하고, 문학교육의 내용으로서 비판적 사고의 실행 가능성을 환기하는 기회가 되기를 희망한다. 다음 립맨(Lipman)의 주장으로 이 글의 마무리를 대신한다.

> (비판적 사고 교육을) 기교라고 할 수밖에 없는 몇 가지 기술을 택해서 훈련시키려 하지 말고, 읽고 듣고 말하고 쓰고 추론하기와 같은 초보적인 의사소통과 탐구부터 시작해야 한다.72)

●출처 : 「설(說)을 대상으로 한 비판적 사고 교육의 실행 가능성 탐색–〈슬견설(蝨犬說)〉과 〈경설(鏡說)〉에 대한 독자 반응을 중심으로」(『문학교육학』 52, 한국문학교육학회, 2016)

---

72) Matthew Lipman, 박진환 외 역, 앞의 책, 293면.

제9장 고전시가의 패러디 활동과 창의적 사고

1. 문제 제기 및 연구 과제

제7차 교육과정 이래로 창의적 사고의 문제는 교육의 중요한 과제가 되었고, 여러 교과의 교육목표는 물론 교육내용, 방법의 의의와 정당화를 뒷받침하는 주요한 근거로 기능해 왔다. 국어교육에서도 창의적 사고는 중요한 교육목표이면서 동시에 추구해야 할 핵심 역량과 내용으로 간주되고 있다. 창의적 사고의 문제는 2015 개정 교육과정에서 더욱 강조되는 바, '비판적·창의적 사고'를 국어과 핵심역량의 하나로 설정하면서 국어 과목의 성격에서부터 본격적으로 제시하고 있는 것도 하나의 사례라 할 수 있다.[1]

그러나 이 같은 관심과 중요성, 사회적 요구에도 불구하고 실제 국어교육에서 다루어야 할 창의적 사고는 무엇이며 어떠해야 하는지, 실제로 어떻게 수행되어야 하는지와 같은 본질, 목표, 내용, 방법, 전략 등에 대해 근본적인 성찰과 문제 제기가 충분하게 이루어졌다고 보기는 어렵다. 추

---

1) 교육부, 『교육부 고시 제2015-74호 2015 국어과 교육과정』, 교육부, 2015, 3면.

상적 차원에서 선언적으로 제시되는 데 그침으로써 국어교육의 본질과 성격에 부합하는 실질적이고 효과적인 교육으로 이어지지 못하는 결과를 낳고 있는 것이다. 구체적인 방법 차원으로 제기될 때조차 창의적 사고 일반의 관점에서 제안된 내용과 전략, 방법 등을 국어교육의 국면으로 그대로 대입, 적용하려 한다거나 혹은 창의적 사고를 단순한 기법과 발상의 기술 차원에서 접근하는 것에 머무르고 마는 것이 대표적이다. 국어교육의 내용으로서 창의적 사고의 교육이 어떻게 실현되어야 하는가와 같은 물음과 과제를 제기하는 이유와 배경이 여기에 있다.

이러한 문제의식에 따라 이 글에서는 창의적 사고의 신장을 목표로 한 구체적인 교육 내용과 활동을 살펴보는 것을 과제로 한다. 국어교육에서 창의적 사고가 어떻게 실현될 수 있는지를 실제 자료를 바탕으로 살펴봄으로써 창의적 사고의 신장이라는 목표를 구현하기 위한 교육 방법과 전략의 도출을 기대하는 것이다. 창의적 사고 교육의 실현 가능성을 입증하면서 동시에 그 과제와 한계까지 밝히는 것을 과제로 한다.

그런데 고전시가를 대상으로 창의적 사고의 문제를 살피기 위해서는 이전과는 다른 특별한 접근과 이해가 요구된다. 고전시가가 갖는 상투성, 전범성, 전통성 등의 자질 등은 창의적 사고와의 공통분모를 찾는 것을 어렵게 만들기 때문이다. 이 글에서 이루어질 창의적 사고에 대한 재개념화나 패러디의 도입과 활용은 이를 풀어내기 위한 구체적인 연구 과정과 방법론에 해당한다.

이러한 기획과 설계는 다음과 같은 절차로 진행된다. 먼저, 창의적 사고에 대한 인식의 전환을 위해 창의적 사고의 재개념화를 시도한다. 둘째, 창의적 사고에 대한 새로운 관점과 시각을 바탕으로, 창의적 사고 교육의 구체적인 방법과 전략으로서 패러디를 살펴보기로 한다. 셋째, 실제 패러디 활동을 분석해봄으로써 창의적 사고 교육의 실제 구현태와 가능태를 탐구하기로 한다. 끝으로, 창의적 사고 일반이 아닌, 국어교육 내용으로서 창의적 사고 교육의 가능성을 입증하고 그것이 갖는 한계와 과제를 제기하고자 한다.

2. 창의적 사고의 재개념화와 교육의 가능성

일반적으로 창의성은 "일상 생활 속에서 새로운 문제에 직면하고 그것을 해결해 나가는 개인적인 수준에서, 새로운 발명을 하고 문화를 창출하는 사회적 수준에서 모두 중요한 능력"[2]으로 평가된다. 그러나 이 같은 일상적인 인식과는 달리, 창의적 사고의 개념과 의미에 대해서는 현재까지 뚜렷하게 합의되지 못한 채, 여러 국면에서 다양하게 규정·사용되고 있다. 아래는 국외 연구에서 창의성 혹은 창의적 사고의 개념에 대해 정의한 것들을 예로 제시한 것이다.[3]

- 창의적 산출물을 자주 생성하게 하는 개인의 능력과 성향의 집합체 (Nickerson, Perkins & Smith, 1985)
- 과제 조건에 맞는 새롭고 독창적인 작품을 생성하는 능력(Lubart, 1994)
- 주어진 문제나 직접 발견한 문제를 해결한 결과, 새롭고 평범하지 않으면서 놀랄만한 산출물을 만들어내는 것(Urban, 1995)
- 사람의 사고와 사회 문화적 맥락의 상호작용에서 나오는 새롭고 가치 있는 아이디어나 행위(Csikswentmihayi, 1996)
- 누군가가 어떤 일을 할 때, 독창적이면서도 그 목적이나 의도에 적절하게 하는 것(Bear, 1997)

---

2) 한순미 외, 『창의성』, 학지사, 2004, 11면.
3) 몇 개의 사례를 예시로 제시한 만큼, 자세한 서지사항은 생략하기로 한다.

- 한 개인이나 집단이, 특정 사회적 맥락 내에서 새로우면서도 유용한 결과나 산출물을 생성해내는 능력과 과정 간의 상호 작용(Plucker & Beghetto, 2004)
- 한 개인, 집단, 사회로부터 새롭고 적절한 것이 출현하는 것(Sawyer, 2006)

이 같은 개념 규정의 다양성은 창의적 사고가 입증하기 어려운 개념이면서 동시에 관점에 따라 매우 다양하게 다뤄지고 있음을 보여준다. 예컨대 접근 방식만 하더라도 철학적, 미학적, 사회학적, 인지적(심리학적), 생태학적, 통합적 접근 등 다양하다.[4] 이처럼 창의적 사고의 개념과 정의는 다양하지만, 사고의 과정에서 산출되는 아이디어, 소산, 작품 등이 얼마나 '새로운 것'인가에 주목하는 공통점도 찾아볼 수 있다.

그런데 문제는 이 같은 새로움의 정도와 수준에 있다. 기존의 아이디어(작품, 소산 등)에서 일부 수정, 변용된 것에서부터 완전히 새롭기는 하지만 목적과 맥락에 전혀 부합하지 않는 것에 이르기까지 다양한 범위와 편차가 존재하기 때문이다. 여기서 창의적 사고가 '기발함', '새로움'과 같은 특질 이외에 몇 가지 요건이 추가되어야 함을 깨닫게 된다. 독창성이 '창의력의 핵심'이며 '가장 중점적인 특성'이기는 하지만, 독창성의 '올바른 방식'만이 실제로 창의적일 수 있음을 지적하는 것[5]도 이러한 인식에 따른 것이다. 어떤 아이디어가 창의적인 것으로 인정받기 위해서는 어떤 문제에 적절하게 대답하는 것이어야 하고, 따라서 새롭고 기발하기만 해서 창의적 사고의 조건을 모두 충족시키는 것은 아니라는 데 유의할 필요가

---

4) 신비적 접근, 실용적 접근, 정신 역동적 접근, 심리 측정학적 접근, 인지적 접근, 사회 성격적 접근, 통합적 접근 등으로 나누기도 한다. 이명자 외, 「창의성에 대한 심리학적 고찰」, 『교육학논총』 24(1), 대경교육학회, 2003. 창의적 사고의 연구 관점에 대해서는 II부에서 자세히 살핀 바 있다.

5) Arthur J. Cropley, *Kreativität und Erziehung*, 김선 역, 『교육과 창의성』, 집문당, 1995.

있다. 그것은 무엇엔가 '유용하고', '적절하고' 그리고 '가치로워야' 한다.6)
이때 적절성은 무질서한 사고와의 구별을 가능하게 하는 준거로서, 창의적
사고의 결과물이 갖추어야 할 또 하나의 중요한 요건에 해당한다.7)

이러한 개념 규정은 교육적 국면에서도 유효하다. 교육의 국면에서 창
의적 사고를 규정할 때도 '새롭고 적절한 일을 만드는 능력'으로 개념화
되기도 한다. 즉 특정 상황이나 과제에 관하여 '새로우면서도(novel)' '적절
한(appropriate)' 아이디어를 생성해낼 수 있는 개인 능력8)의 신장을 도모하
는 것이 교육의 목표로 제시될 수 있다.

그러나 교육의 국면에서 창의적 사고에 접근할 때는 새로움과 적절성
의 준거 설정 외에 추가적으로 고려되어야 할 문제가 있다. '새롭고 기발
하면서(novel)', '유용하고 적절해야 한다(useful, valuable)'는 요소만으로는 창
의적 사고 교육의 기획과 실천 가능성을 실제적으로 견인하지 못하기 때
문이다. 창의적 사고가 '지금 것과는 다른 또는 현재에서 새롭게' 가능한
어떤 대안을 발견하는 정신 과정으로 규정된다면,9) '이전과는 구별되는
수준높은' 산출물만이 창의적 사고로 평가되고 규정될 우려도 있다. 이는
자칫 창의적 사고가 천재성으로 대표되는, 일부 사람만이 갖는 선천적인
재능과 특성으로 오해되거나, 교육적 신장의 가능성이 원천적으로 부정되
는 결과를 초래하게 될 위험성을 내포하고 있다.

따라서 새로움과 적절성이 창의적 사고의 주요 본질에 해당되지만, 교
육의 국면에서 이들에 대한 준거와 평가는 일반적인 국면과 분명한 차이
점을 확보해야 한다. 산출물과 같은 결과가 얼마나 새롭고 적절한가에 대

---

6) 김영채, 『사고력 이론 개발과 수업』, 교육과학사, 1998, 300면.
7) Arthur J. Cropley, 김선 역, 앞의 책, 36~37면.
8) 최인수, 「창의성을 이해하기 위한 여섯 가지 질문」, 『한국심리학회지』 17(1), 한국심리학회, 1998, 26면.
9) 김영채, 앞의 책, 300면.

한 평가를 통해 창의적 사고의 정도와 수준을 결정하게 되는데, 문제는 이때의 이해와 인식이 어디까지나 평가자들의 경험에 전적으로 의존할 수밖에 없다는 데 있다.10) 짐작하다시피 산출물을 판단하는 평가자들의 경험과 인식에는 차이가 있기 마련이며, 따라서 창의적 사고의 정도는 평가자에 따라 달리 인식될 수 있는 가능성이 본래부터 내재되어 있다.11) 이러한 한계를 극복하기 위해 창의적 사고에 대한 판단은 사회적 합의를 포함하는 것12)으로 변화, 확대되어 왔다. 개인 차원을 넘어서 전체 구성원과 사회 집단의 기준에서 새로움으로 인식될만한 것이 존재할 때 비로소 창의적 사고로 판정되는 것이다.

산출물에 대한 외부의 평가에 의해 창의적 사고의 정도와 수준이 결정되는 것이 일반적이라면, 교육에서는 창의적 사고의 주체에 대한 보다 특별한 고려와 강조가 요구된다. 창의적 사고의 평가 잣대와 척도를 집단이나 구성원과 같이 사회 문화적 차원에서 마련하는 것에 앞서, 당사자인 개인의 경험을 기준으로 이에 비추어 살펴볼 필요가 있다. 교육이 바람직한 방향으로의 인간 변화를 가져오는 경험13)에 대응되는 것이라면, 개인 차원에서 이전과는 다른 새로운 내용의 산출 경험은 비록 사회 전체의 측면에서 볼 때 그것이 하등 새롭지 못하고 적절치 못한 것이라 하더라도

---

10) M. Boden, *The Creative Mind : Myths and Mechanisms*, Basic Books, 1992.

11) 창의성에 대한 판단은 사람에 따라 혹은 시대적 선호에 따라서도 다르게 나타날 수 있다. 동일한 산출물이 매우 창의적이라는 평가와 더불어 평범하거나 진부한 것으로 상반되게 평가될 수 있는 것이다. 한 예로 라파엘로(Raffaello)의 경우 미술사학, 미술 비평이론, 미적 감각의 변화 등에 따라 작품이 달리 평가되었다. 16세기나 19세기에는 창의적이었으나 그 외의 시기에는 전혀 창의적이지 않은 것으로 평가되기도 했다. Csikswentmihayi, *Creativity*, 노혜숙 역, 『창의성의 즐거움』, 북로드, 2003, 36면 참조.

12) T. M. Amabile, The Social Psychology of Creativity, *Journal of Personality and Social Psychology*, Robert J. Sternberg, *Thinking and Problem Solving*, 김경옥 외 역, 『인지와 문제해결』, 상조사, 1997, 333면 재인용.

13) 송도선, 『존 듀이의 경험교육론』, 문음사, 2004, 164~169면.

그 주체에게는 의미있는 창의적 사고가 될 수 있기 때문이다.

이런 점에서 본다면 교육에서 창의적 사고는 개인 차원에서 새로운 경험을 산출하는 것으로 수정될 필요가 있다. 창의적 사고의 평가 잣대를 산출물 이외에도 생산 주체까지 포함하는 것으로 확대하고, 외부가 아닌 학습자의 관점에서 그 의미와 효과를 살펴보는 것으로 제안하는 것이다. 이러한 접근에서는 산출물의 새로움 여부뿐만 아니라, 이전과는 다른 새로운 경험과 활동을 통해 어떠한 변화를 가져올 수 있었는지를 반성하고 성찰하는 것이 중요한 과제가 된다. 여기서 우리는 '역사적 창의성(Historical Creativity)'과 구별되는 '개인적 창의성(Psychological Creativity)'의 문제를 마주하게 된다.

역사적 창의성은 역사상 최초의 것으로서, 완전히 새로운 것으로서의 창의성에 해당한다. 반면 개인적 창의성은 역사적 창의성과는 별개로, 한 개인의 차원에서 그동안 갖지 못했던 새로운 아이디어나 산출물을 생성하였다면 이 역시 개인적으로 창의성을 갖는다고 보는 관점에 따른 것이다.[14] 이러한 구분은 사회·역사적인 기준에서 보았을 때 비록 진부하고 구태의연한 것이라 할지라도, 당사자에게 이전과 다른 새로움의 의미를 갖는다면 이 역시 창의적일 수 있다는 주장을 가능케 한다. 따라서 교육을 통해서 창의적 사고를 신장시키고자 한다면, 역사적 창의성보다는 개인적 창의성에 강조점을 두는 것이 적절할 수 있다. 이러한 판단에는 교육에서 중요한 것이 '결과의 질'이 아니라, 창의적 사고를 위한 일련의 '과정과 행위 전체'라는 관점이 담겨 있다.

따라서 이 글에서 다루는 창의적 사고의 문제는 필요충분조건으로서 '완전한 새로움'을 상정하지 않는다. 이른바 '훌륭한 창의성'(높은 창의성)과

---

14) M. Boden, 앞의 책.

'일반적인 창의성'(낮은 창의성)을 구별하여 접근하되, '개인적 창의성'과 '낮은 창의성'에 보다 주목하려는 것이다. 창의적 사고 교육은 절대적으로 훌륭하고 가치있는 역사적 창의성보다 학습자의 수준에 부합하면서 성장에 적극적으로 기여할 수 있는 부분에 초점을 맞추어야 한다는 주장이다. 창의적 사고에 대한 새로운 접근과 재개념화 작업의 의의가 여기에 있다.

3. 창의적 사고 교육의 방법으로서 패러디 활동

개인적 창의성이라는 관점의 설정은 창의적 사고 교육의 실제 구현 가능성을 제고하면서, 기존과는 다른 새로운 접근을 가능케 한다. 일반적인 편견이나 선입견과는 달리 고전시가가 창의적 사고를 위한 교육 제재로 다루어질 수 있는 것도, 이 같은 개인적 창의성의 관점에 따른 것이다. 개인적 창의성의 관점에서 본다면, 시공간적 거리감에서 비롯되는 고전시가의 이질성은 현재와 구별되는 인식과 경험을 자극하고 이 과정에서 학습자에게 일상과는 다른 인식과 사고의 발현을 이끌어내는 자질이 되기 때문이다. 고전이라는 낯선 세계가 새롭고 가치있는 경험을 견인하는 질료로서 기능하는 것을 기대할 수 있다. 교육적 가능성과 효과를 염두에 둔다면, 교육에서 창의적 사고 문제는 전에 없던 완전히 새로운 것을 발견・발명하는 것이기보다는, 보편적이고 가치있는 문제를 대상으로 그 속에서 학습자 스스로 새롭고 적절한 의미를 발견하는 데 초점을 맞춰야 한다는 점에서 더욱 그러하다. 이는 창의적 사고의 목적이 더 이상 기발한 문제 해결의 차원이 아니라, 새로운 문제와 질문을 '찾고' '만들어내는' 데 있다는 주장[15]으로도 뒷받침된다.

그러나 고전시가를 대상으로 '이전과는 다른' 새로운 경험을 불러일으

키기 위해서는 보다 특별한 방법론이 요청된다. 고전시가는 표기에서부터
사회 문화적 배경과 맥락에 이르기까지 학습자가 다가가고 상호작용하는
데 장애가 되는 여러 국면들이 존재하기 때문이다. 해석 자체의 어려움으
로 인해 천편일률적인, 획일화된 이해의 학습으로 귀결되는 게 오늘날 교
실 수업의 모습이기도 하다. 자기화된 감상에 이르지 못하고 지식과 암기
의 학습이 대부분인 상황에서 창의적 사고의 신장이라는 목표 설정은 다
분히 이상적인 선언에 그칠 우려가 있다.

　창의적 사고 신장을 위한 방법론의 마련은 새로운 접근과 재개념화에
서 찾아질 수 있다. 앞서 창의적 사고는 '독특함(새로움, 기발함)'과 더불어
'적절함'을 준거로 하며, 이는 기존의 것을 변형하거나 그것을 바탕으로
하여 새로우면서 설득력있고 공감 가능한 것을 만들어내는 능력과 관련
되는 것으로 살펴보았다. 이러한 관점에서 본다면, 특정한 작품을 대상으
로 변형, 재구성, 전도하는 방법인 패러디는 기존의 것을 변형하여 새로운
것을 만들어낸다는 점에서 창의적 사고와 일정 부분 교집합을 갖고 있다.
패러디의 본질이 단순히 파괴에 목적을 두는 것이 아니라 글쓰기 전통에
의 복귀이며 전통에 대해 끊임없는 대타 의식을 갖고 있는 생산적인 패러
다임이라는 관점16)에서 본다면, 창의적 사고와 밀접한 관련성을 갖고 있
음을 알 수 있다. 창의적 사고 또한 기존의 것에 대한 파괴와 부정에 있
는 것이 아니라 더 나아지기 위한 적극적인 것17)에 본질을 두고 있다는
점에서 패러디와 맞닿아 있다.

　패러디는 관점에 따라 표절, 답습의 방법으로 오해되기도 하지만, 일반

---

15) R. J. Swartz & D. N. Perkins, *Teaching Thinking: Issues and Approaches*, Midwest
　　Publications, 1990, 40~41면.

16) 김준오, 『시론』, 삼지원, 1997; Linda Hutcheon, *Theory of Parody*, 김상구 외 역, 『패로디
　　이론』, 문예출판사, 1992 참조.

17) 김영채, 앞의 책, 307면.

적으로 특정 작품의 모방이기는 하되 원작과는 차이를 지닌 모방으로서, 원작을 생산적이고 창조적으로 재기능화하는 방법으로 규정된다.[18] 이처럼 패러디가 갖는 변용과 창출, 재구성이라는 특질은 창의적 사고 실현을 위한 효과적인 방법으로 기능할 수 있다는 가능성을 불러온다. 하나의 표현과 내용을 다른 것으로 옮길 수 있는 창의적인 발상과 사고라는 점에서 창의적 사고 신장을 위한 하나의 동력이 될 수 있다.

특히 평범한 발상과 사고를 뛰어넘는 독특한 방식의 산출이나, 혹은 산출물의 개방성과 무제한성만을 요구할 경우, 창의적 사고의 교육적 실현 가능성에 회의적일 수 있다는 점도 고려할 필요가 있다. 오히려 "말할 가치가 있는 것을 어떻게 말하고, 만들어낼 가치가 있는 것을 어떻게 만들며, 행할 가치가 있는 것을 어떻게 행하는지에 대해 생각하는"[19] 것에서 창의적 사고가 발현된다는 제안에 경청할 필요가 있다. 이런 점에서 본다면 변용 대상과 관점을 선택하고 초점화하여 이전과는 다른 것으로 전용, 대체하는 패러디의 활동은 학습 독자의 창의적 사고를 실질적으로 구현해내는 효과적인 방법이 될 수 있다. 따라서 패러디 활동의 첫 절차로서 기존 텍스트가 어떻게 구성해내고 있는가를 분석하고 살펴보는 과정은, 실제적인 창의적 사고 교육 활동의 구현과 실행의 출발점에 해당한다. 원텍스트를 기반으로 창의적 사고의 방법과 전략을 구안하는 것은 이른바 '비계'의 역할을 수행하는 것으로 빗댈 수 있다.

또한 패러디는 원텍스트와 패러디 텍스트가 놓인 두 겹의 텍스트 및 두 겹의 현실간의 '차이'에서 발생하는 대화적 행위인 만큼,[20] '화석화된 유물'로 전락될 위기에 처한 고전시가가 현재의 학습자와 만나서 대화하고

---

18) 서울대 국어교육연구소 편, 『국어교육학사전』, 대교, 1999, 757면.
19) Matthew Lipman, *Thinking in Education*, 박진환 외 역, 『고차적 사고력 교육』, 인간사랑, 2005, 318면.
20) 정끝별, 『패러디 시학』, 문학세계사, 1997, 8면.

교섭하는 것을 가능케 하는 적극적인 방법으로도 의의를 갖는다. 패러디 텍스트의 생산 행위와 과정을 통해 고전시가 작품에 대한 새롭고도 적절한 이해를 가져올 수 있고, 원텍스트와 패러디 텍스트의 병치를 통해 텍스트 속 문제 사태에 대한 관점의 전환과 확대, 그에 따른 안목의 확장까지도 도모할 수 있다. 이처럼 패러디 활동은 창의적 사고 교육의 효과적인 방법이면서, 고전시가 교육의 방안으로서 의의와 효과를 갖는다.

4. 패러디 활동의 설계와 분석

(1) 패러디 활동의 기획

실제 패러디의 활동은 원텍스트와 변용된 텍스트 사이에서 문제의식, 내용과 맥락 등이 어떻게 대체, 변용, 전유되는가에 따라 다양한 모습으로 실현된다. 예컨대 '모방적 패러디', '비판적 패러디', '혼성모방적 패러디' 등으로 패러디의 유형을 나누어 살피는 것[21]은 원텍스트와 패러디 텍스트간의 대화적 양상과 유형에서 비롯된다.

그런데 이 글에서는 패러디의 유형 분석이 아니라 창의적 사고 교육의 구현 방안을 검토·확인하는 데 주된 목적을 두고 있는 만큼, 실제 패러디 활동의 사례를 분석하는 작업을 통해 교육 방법으로서의 가능성과 적합성을 살펴보는 데 중점을 두기로 한다. 이를 위해 고전시가를 대상으로 한 패러디 활동 사례를 제시하고 그 가능성과 과제를 탐색하기로 한다. 국어교육과 3학년 학생들을 대상으로 '고전시가론' 강의에서 이루어진 패러디 활동과 산출물이 구체적인 분석 자료가 된다. 다만 연구 분량을 고

---

21) 정끝별, 앞의 책, 9~10면.

려하여 이 글에서는 향가 <처용가>로 그 범위를 제한하고자 한다.

일차적으로 향가 장르를 선택한 것은, 향찰이라는 표기상의 특질로 인해 학습자들이 특정 해독의 학습에만 치중한 나머지, 정작 문학 텍스트로서 갖는 다양한 함의에 대해서 간과하고 있다는 문제의식에 따른 것이다. 문학 텍스트로서의 다의성과 그에 따른 자기화된 감상 대신 정확한 해독의 문제에만 초점이 맞춰지고 있는 것이다. 특히 대상 작품으로 <처용가>를 선정하게 된 배경에는 작품 해석 자체가 학계의 수많은 논란과 쟁점을 불러일으키고 있다는 점이 고려되었다.22) 논란과 쟁점의 존재 자체가 작품의 주제와 의미에 대해 다양한 생각과 접근을 가능케 하기 때문이다. 실제로 <처용가>의 의미와 해석 자체가 아직 확정되지 못하고 개방적인 탓에 텍스트 독법에서부터 작품의 성격에 이르기까지 다양한 해석과 접근이 이루어지고 있다. 이러한 관심에 따라 <처용가>는 "후대에 작품으로 가장 많이 쓰여질"23) 수 있었고, 현재까지도 여러 장르로 변용되어 새로운 작품으로 끊임없이 재창조되고 있다.24)

패러디 활동을 위한 강의 과정과 절차는 다음과 같이 이루어졌다. 먼저 각 장르별 특징이나 역사적 맥락 등과 같은 개관 이후에, 대상 작품을 선정하여 이에 대한 패러디 활동을 과제로 부과하였다. 이후 과제물을 수합

---

22) <처용가>와 관련한 연구는 『국어국문학』 89(1982.12.31) 이전에 이미 70여 편의 논문으로 발표되었으며, 특히 김동욱 외, 『처용 연구 논총』(울산문화원, 1989)에 따르면 151편이 작성된 것으로 알려져 있다. <처용가> 연구사를 정리한 연구(김영수, 「<처용가> 연구 재고-연구사를 중심으로」, 『신라문화』 7, 동국대 신라문화연구소, 1990; 최용수, 「처용(가)에 대한 연구사적 검토」, 『영남어문학』 24, 영남어문학회, 1993 등)가 나올 만큼, 수많은 연구가 이루어졌다.

23) 윤석산, 「신라 가요 <처용가>와 <처용설화>의 현대시 수용 양상」, 『한양어문』 17, 한국언어문화학회, 1999, 405면.

24) <처용가>의 변용은 지금 이 순간에도 지속적으로 이루어지고 있으며, 현대시나 인터넷 소설(<신처용가>, <처용의 꿈>) 이외에도 매체와 장르를 바꿔 판타지 만화(<마니> 등), '멀티포엠'(<처용의 도시>)으로 다양하게 재창조되고 있다.

하여 분석한 다음, 대표적인 패러디 작품을 강의 시간에 학생들과 함께
살펴보고 논의하는 과정을 거쳤다. 원텍스트에서 주목한 지점과 변용한
부분에 대해 공동으로 분석함으로써, 원텍스트의 상황과 맥락이 현재의
상황과 맥락으로 어떻게 이어지고 전이되는지에 대해 확인·토의하는 과
정을 전개하였다. 이 과정에서 창의성의 주요 요건으로서 새로움은 의미
의 전이와 변용에, 그리고 적절성은 텍스트 내의 정합적인 유비 관계, 그
리고 패러디를 통해 창출된 새로운 텍스트의 설득력과 타당성에 초점을
맞추어 판단·평가하도록 하였다. 이후 고려속요 <처용가>와 기존 작가
들의 패러디 작품들을 추가로 제시하였다. 무엇보다 학생들의 패러디 작
품에서 특정 방향으로만 전개되는 편향성이 발견되었기에, 텍스트 이해의
폭을 넓히면서 인식과 경험의 범위를 확장시킬 필요성이 제기되었기 때
문이다. 개인적 창의성 이외에 역사적 창의성을 살펴보는 계기로도 작용
할 수 있다는 판단에 따른 것이기도 하다.

(2) 패러디 활동의 실제와 분석 : <처용가>를 중심으로

패러디 활동의 경우 창작의 완전한 자유로움이 원텍스트에 의해 제한
되는 특질이 있다. 달리 말하면 기존 작품에 대한 철저한 이해를 기반으
로 변용과 재구성이 이루어진다는 점에서 패러디 텍스트는 원텍스트와
상호 교섭의 관계이면서 대화의 형국을 갖는다고 볼 수 있다. 따라서 패
러디 활동은 원텍스트의 이야기를 변용하고 확장시켜 나갈 여지와 화소(話
素)를 탐색하고 확정하는 것에서 시작된다.

그런데 <처용가>에 대한 학생들의 패러디 결과물은 거의 대부분 남녀
간의 사랑과 연정 문제에 초점을 맞추어 전개하는 공통된 경향성을 보였
다. 처용과 처용의 처 사이에 발생하는 갈등에 주목하여 이를 자신의 입

장과 태도에 맞게 변용한 것이다. 이처럼 사랑과 연정 문제로 새롭게 구
성하기 위한 전략으로, 서술 주체를 변환하는 방법이 주로 사용되었다. 처
용의 목소리 대신, 처용의 처나 역신의 입장으로 전환하여 새로운 관점에
서 입장을 표명하는 것이 대표적이다. 먼저 처용의 처 입장에서 새롭게
구성된 예를 살펴보자.

[학생 작품 1] 〈신처용가(新處容歌)〉
　　서라벌 밝은 달이 신나
　　밤들이 그렇게 노니셨수?
　　사랑하는 아내 옆에
　　남 모를 다리 두 개 더 있는데
　　앗은 것을 어찌하리잇고 하고 있으면
　　빼앗긴 내는 진정 어찌하리잇고
　　당신 본디 둥그런 사람이건마는
　　제 부인 겁탈도 용서하니 과연 대인배이시오

[학생 작품 2] 〈처용처가〉
　　서울 밝은 달에
　　이 대체 무슨 소리인고
　　들어와 다시 좀 보시오
　　달이 산 너머로 넘어갈 때까지
　　밤깊도록 계집끼고 노니더니
　　취기가 아직 안 가셨나
　　자식이 이만큼 자란 줄도 모르고
　　참으로 이 일을 어찌하리

[학생 작품 3] 〈처(妻)용가 : 아내의 노래〉
　　서라벌 긴긴 달밤

밤 늦게까지 님은 안 오시네
님 오시어 자리에 누웠는데
알고보니 역신이라
내 님은 역신 아니 벌하니
그대 내 님 맞소
역신 몰라본 내 잘못이지만
내 님 이리 대인배인 줄 미처 몰랐구려

이들은 기존의 <처용가>가 처용의 입장에서 서술되는 것과는 달리, 처용의 처 입장에서 새로운 인식과 태도를 드러내고 있다는 공통점을 갖고 있다. [학생 작품 1]의 경우 역신을 용서하는 처용의 모습에 대해 자신의 아내조차 지키지 못하는 무능함으로 비꼬면서 처용의 존재를 희화화시키고 있다. 여기서 처용은 더 이상 관용을 보여주는 대범한 존재가 아니라 무능한 인간적인 존재로 전락되고 만다. [학생 작품 2]에서는 자녀를 역신으로 오해하는 처용의 어리석음을 그리면서 처용에 대한 원망과 비난의 감정을 강하게 표현하고 있다. 풍자와 희화화의 정도가 더욱 심화되고 있는 것이다. 여기서도 처용은 신격으로서의 존재 의미를 잃고 지극히 인간적인 존재로 상정된다. 이들은 모두 기존의 <처용가>에 대한 익살과 조롱의 성격을 드러내고 강조하는 구성을 취하고 있다. 패러디에 대한 수많은 개념 중에서 '유명한 작품을 익살스럽게 하거나 조롱하는 것'에 가깝다. <처용가> 원텍스트와의 교호 과정에서 기존의 의도와 관점을 전복함으로써 창의적 사고를 발현시키고 있는 것이다. 여기서의 창의적 사고는 '대인배'라는 동일한 표현을 사용하면서도, 역신을 벌하지 않는 처용의 모습을 보며 남편의 인격을 새롭게 깨닫는 [학생 작품 3]과 차이가 있다. [학생 작품 3]과 같은 해석과 판단의 바탕에는 <처용가> 원텍스트에서 처용이 보인 태도와 그 의미가 작용하고 있다.

반면, 다음 두 작품의 경우에는 처용의 처 입장에서 재구성하였다는 공통점에도 불구하고, 문제 사태에 대한 입장과 그에 따른 내용의 전개에서 앞의 것들과 차이가 있다.

[학생 작품 4] 〈처용부가(處容婦歌)〉
　　서울 밝은 달밤에
　　밤 늦도록 서방님 기다리다가
　　한 숨 쉬며 뒤 뜰을 둘러보니
　　다른 정인(情人)이 나를 보고 있구나
　　내 마음은 본래 서방님 것이지마는
　　흔들리는 마음은 누구의 것인가
　　본디 정조를 지키려고 노력했지마는
　　이미 빼앗긴 것을 어찌하리오.

[학생 작품 5] 〈처용부인가(處容婦人歌)〉
　　서울 밝은 달밤에
　　밤늦도록 놀고 지내시니
　　들어와 자리를 보고
　　네 다리에 놀랄 것 하등 없소.
　　나는 그대의 것이었지만
　　그대는 누구의 것이었소?
　　본디 그대의 것이다만
　　빼앗긴 것을 어찌하리오.

　　[학생 작품 4]에서는 작품 전체의 서술 주체가 처용의 처로 구성되고 있다. '기다리다', '둘러보다', '흔들리다', '노력하다' 등의 행위 주체가 처용의 처로 선택됨으로써 이 작품은 처용 처의 노래로 완전히 새롭게 탈바꿈되었다. 〈처용가〉의 처음 두 줄을 '현실적 상황'으로 보고, 그 이후

의 부분을 '내면적 태도'로 이원화하기도 하는데,[25] 현실적 상황과 내면적 태도 모두 처용 처의 입장에서 일관되게 서술되고 있다. 특히 현실적 상황으로 제시된 앞의 두 줄은 인간 존재로서 처용 부인의 심정을 솔직하게 그려내기 위한 장치로 기능하고 있다. <처용가> 원텍스트의 구조와 형식을 최대한 유지하면서도 유혹에 흔들리는 처용 처의 갈등 상황을 진솔하게 표현하려 한 것이다.

반면 [학생 작품 5]에서는 처음 3행까지 원텍스트의 구조와 표현을 원용하다가 4행에 이르러 처용 부인의 목소리와 입장이 강하게 나타나기 시작한다. 이 같은 사태가 벌어지게 된 궁극적인 원인이 처용의 평소 태도와 행동에 있음을 분명히 하고 있다는 점은 [학생 작품 4]와 차이점을 나타낸다. 이러한 입장과 판단은 아래 제시되는 문정희의 작품과 흡사한 양상을 보인다.

　〈웬 생트집? 처용 아내 1〉
　　가라히 네히라꼬예?
　　생사람 잡지 마이소예.
　　달이 취영청 청승 떨고 있지예.
　　밤이 어서 어서 다구치미 깊어가지예.
　　마시려던 동동주 홀짝홀짝
　　술뻥이 혼자 다 비았지예
　　용광로 부글부글 끓는데 임이 안오시지예.
　　긴 밤 지쳐 살풋 든 잠.
　　찔레꽃 꺾어 든
　　귀공자를 잠시 반긴 거 뿐인데예.
　　웬 생트집예?

---

25) 최재남, 「처용가의 성격」, 백영정병욱선생10주기추모논문집간행위원회, 『한국고전시가작품론 1』, 집문당, 1992, 83면.

서블 밝은 달 아래서
밤깊도록 기집 끼고 노닥거린 취기,
의처증 된기라예?
사철 봄바람인 싸나아는 간음 아이고,
외로움에 속 골빙 든 여편네
꿈 한번 살짝 꾼 기 죈가예? 예? 정숙

이처럼 처용 처의 관점이라는 공통성에도 불구하고 산출된 작품간에는
차이점과 거리가 존재한다. [학생 작품 4]와 [학생 작품 5]의 경우, 모두
'빼앗긴 것을 어찌하리오'라는 <처용가>의 표현을 답습하고 원용하면서
도, 문제 사태의 원인과 책임에 있어서는 상반되는 입장을 취하고 있는
것이다. 실제로 '빼앗긴 것을 어찌하리오'라는 처용의 발화는 "재앙을 단
호하게 물리치자는 것이 아니며, 패배로, 비극으로, 또는 해학으로도 이해
될 수 있는 복합적인 의미"26)를 지니고 있는 것으로 논의되어 왔다. 이
구절은 작품 전체의 주제와도 밀접한 관련을 갖는 바, 화해, 포용에서부터
호소적이고 설득적인 목소리 혹은 체념, 진노에 이르기까지 다양한 의미
로 해석되어 온 것이다. '엇디ㅎ리' 표현이 고전시가에서 반복되는 관습
적 표현임을 확인하고, 그 의미가 텍스트에 고정되지 않고 독자에 의해
다양하게 발현된다는 것에서 고전시가 교육의 방향과 가능성을 밝힌 것
도, 이처럼 의미역의 다양성에 바탕을 두고 있다.27) <처용가> 작품에서
도 이 구절은 문제 사태의 원인과 책임에 대한 자신의 입장과 의견을 드
러내는 핵심적인 기능을 수행하고 있다.

그런데 처용 처의 입장으로 관점을 전환하여 서술하는 것이 두드러지
는 이유와 배경에 대해 보다 자세히 살펴볼 필요가 있다. 이는 처용의 존

---

26) 조동일, 「신라 향가에서 제기한 문제」, 『한국시가의 역사 의식』, 문예출판사, 1993, 37면.
27) 졸저, 『고전문학 경험교육론』, 역락, 2015, 147~177면.

재가 연구자의 관점에 따라 '인간', '신(神)', '화랑', '불자(佛子)', '용자(龍子)', '무당', '지방 호족의 자제', '이슬람 상인' 등으로까지 다양하게 해석되는 것28)과도 관련된다. 처용 존재가 이미 학습자의 일상 경험역을 넘어서는 비범하고 신이한 존재인 만큼, 그가 가질 수 있는 다양한 의미역을 완전히 이해하고 이를 바탕으로 새롭게 설정하는 것 자체가 학습자의 수준에서 쉽지 않았으리라 유추할 수 있다. 이러한 처용과는 달리, 처용의 처는 처음부터 평범한 인간 존재로 설정되어 있는 탓에 학습자가 이해하고 접근하는 데 용이하다는 장점을 갖고 있다.

이처럼 처용의 처로 관점을 전환할 경우, 주체로서 처용의 역할이 약화되고 <처용가> 역시 역신을 물리치는 위력을 발휘하는 무가로서의 성격을 잃고 만다. 남녀 혹은 부부의 연정이라는 일상의 문제로 수렴되는 구조가 이를 대신하게 되는 것이다. "처용 부인의 입장에서는 남편의 외도를 보면서 그동안 얼마나 답답했을까라는 생각"에서 내용을 구상하게 되었다는 학생의 작품 설명도 이 같은 해석을 뒷받침한다. 이러한 사고의 전개에 따라, 예컨대 '놀다[遊]'라는 의미도 어디까지나 남편의 외도를 뜻하는 것으로 한정될 수밖에 없고, 제의나 공무의 수행과 같은 공적 행위로서의 의미로 해석될 수 있는 여지가 원천적으로 차단되고 만다. 패러디의 결과물을 두고서 "처용 설화의 고유의 힘, 말하자면 처용의 실체와 의미를 함께 조명할 수 있는 능력에서 조금은 빗겨있다는 아쉬움"29)이 제기되는 것도 이 같은 편협성과 제한성과 관련된다.

그런데 처용의 처 입장에서 패러디를 시도한 학생([학생 작품 3])은 역신의 입장에서 아래의 작품을 추가로 만들기도 했다.

---

28) '처용'의 정체에 대해서는 김진영, 「처용의 정체」, 장덕순 외, 『한국문학사의 쟁점』, 집문당, 1986을 참조할 수 있다. 처용에 대한 자세한 설명과 해석은 이 연구로 미루기로 한다.
29) 나정순, 『우리 고전 다시 쓰기』, 삼영사, 2005, 305면.

[학생 작품 6] 〈처(覷)용가〉

서라벌 달빛 아래
그대 아내 고운 모습 엿보다가
그냥 돌아가지 못하고
그대 아내 탐하였네
나를 아니 벌하니
그대 더욱 무섭네
본디 무서운 것 없는 나이지만
처용 가까이 못하겠네

이 작품은 역신의 입장에서 <처용가>에 대한 새로운 구성을 시도하고 있다. 처용의 처를 엿보았다 하여 '覷'를 사용하여 <처(覷)용가>로 명명한 것에서 보듯, 역신의 관점에서 용서를 구하는 노래로 새롭게 창조하려 하였다. 여기서 역신(疫神)은 병을 일으키는 신 대신, 처용과 처용 부인의 관계를 깨뜨리는 연적으로서의 역할이라는 제한적인 기능을 담당하고 있다. 이는 기존 연구 성과에 비춰 볼 때, 역신이 역병, 부정적 사회 현상, 신 등으로 다양하게 해석되는 것과 차이가 있다. 입장을 달리하여 역신의 시각에서 사건을 새롭게 진술한다는 특징을 갖지만, 전반적인 작품 세계는 처용 아내를 중심으로 한 [학생 작품 3]에서 크게 벗어나지 못하고 있다.

다음은 처용의 입장에서 새롭게 구성된 대표적 사례이다.

[학생 작품 7] 〈달빛 교교하게〉

달빛 교교하게 비추던 어느날 밤
침대위 운우지락 즐기던 너희 연놈
말로는 "빼앗긴 것을 어찌하리" 했지만

뒤돌아 가는 길에 영롱한 밤꽃 보며

　　가슴이 답답하고 터질 것 같은 나는
　　눈물이 앞을 가리어 걸을 수가 없구나

　처용의 심정과 정서를 연시조의 형식을 빌려 진솔하게 드러내려 하였다. 비록 원텍스트와 마찬가지로 처용의 목소리로 진술하고 있으나, 나타내려는 정서와 태도에는 큰 차이가 있다. 관용이나 적극적 체념과 같은 기존의 주제와 작품 세계에 대해 '정한(情恨)'이라는 자기만의 해석을 시도하려 한 것이다. 다음은 이 작품을 산출한 학생의 설명이다.

　　　형식과 내용면에서 바꾸어보려 했어요. 형식은 향가, 8구체가 아니라 연
　　시조로 한 번 고쳐 보았고, 내용면에서도 원작의 주제를 바꿔 보려 했습니
　　다. 마지막 2구가 달관, 승화의 감정으로 해석되는데, 꼭 그렇게만 생각할
　　건 아니라고 생각했습니다. 뭐랄까 오히려 인간적인 처용을 그려보고 싶
　　었어요. 어쩌면 달관, 승화하는 모습은 겉으로 드러나는 모습일 뿐, 실제
　　감정은 분노를 넘어서 사랑하는 사람을 그렇게 보내야만 하는 슬픔이지
　　않을까⋯⋯. 그래서 2연에서 뒤돌아가는 길에서 눈물을 흘리는 모습을 넣
　　었고, 처용의 슬픈 감정을 표현하려 했습니다.

　이 작품에서는 형식과 내용의 패러디가 동시에 이루어지고 있다. 연시조의 형식적 관습 속에 처용의 심정과 정서를 녹여내려는 전략적인 모방인 셈이다. 이 텍스트가 <처용가>의 패러디임을 분명히 지각할 수 있게 하는 장치로 "말로는 빼앗긴 것을 어찌하리 했지만"을 삽입한 점도 매우 흥미롭다. 특히 이 작품이 강조하는 정한이라는 해석은 기존의 상심, 체념, 분노 등과 같은 의미역과는 구별되는 것으로, 새롭고 참신한 도전으로 평가할 수도 있다. "고향을 떠난 외로운 존재, 경주에 뿌리를 내리지 못한 외래인, 박탈당함에 따라 좌절의 늪에서 허우적거리던 인간"[30] 등에 대한

성찰과도 만날 수 있는 여지가 있다. 개인적 창의성의 관점에서 보더라도, 학습자가 스스로 의미를 탐구하여 이전과는 다른 새로운 경험을 창출하려 했다는 점에서 높게 평가할 수 있다. 고전시가와 창의적 사고의 접점을 보여주는 장면들이다.

5. 패러디 활동의 의의와 한계

<처용가>의 패러디 활동을 통해서 원텍스트가 어떻게 변용되어 어떠한 새로운 의미를 창출하는지를 살펴볼 수 있었다. 원텍스트에 대한 이해와 감상의 결과를 바탕으로 패러디 작품을 산출하게 되는데, 텍스트 속 문제 사태에 대한 자신의 해석과 판단이 새로운 텍스트 세계를 만들어내는 중요한 동력으로 작용하고 있다. 실제로 <처용가> 텍스트 속 문제 사태, 구체적으로 문제의 원인, 책임과 관련하여 자신의 판단과 평가가 진행되고 이를 바탕으로 패러디 작품 세계가 구성되는 일련의 과정을 볼 수 있었다.

그런데 패러디 작품들이 특정한 방향으로 구성되는 편향성을 보인다는 점은 눈여겨볼 필요가 있다. 무엇보다 처용이라는 인물이 인간적인 존재로 확정되고 갈등 상황 또한 남녀 혹은 부부 관계의 문제로 규정되는 것으로 귀결되고 있다. 이는 학생들이 사랑과 이별의 문제에 주된 관심을 두고 있기에, 특정 방향으로 작품을 해석하고 재구성하는 결과를 낳은 것으로 보인다. 원텍스트와 자신의 경험역이 만나는 과정 속에서 기존의 텍

---

30) 박노준, 『향가여요의 정서와 변용』, 태학사, 2001, 270면. 예컨대 처용을 역사적 관점에서 지방 호족 출신의 인질로 볼 경우 '지방 호족이 중앙 귀족에게 느꼈던 갈등의 표현'으로도 해석될 수 있다.

스트를 자신에게 익숙한 내용으로 변형시켜 현재의 맥락으로 재구성하는 전략인 셈이다.

이러한 접근은 예컨대 <처용가>의 미구조가 '동양인의 의식-불교적 인간관'31)에 두고 있다는 지적과 같은 의미에 대한 천착32)에는 이르지 못한 채, 단순히 남녀간의 연정과 사랑을 노래한 서정 가요의 차원에서만 이해되는 결과를 초래하고 있다. 특히 마지막 구의 의미에 대한 깊이있는 이해33)가 이루어지지 못한 채 단순히 뺏기-빼앗김이라는 표면적인 현상에만 집착하는 한계점도 드러내고 있다. 이러한 모습은 분명 <처용가>를 민속신앙적, 불교신앙적, 역사 사실적, 심리학적, 문예학적, 정신분석학적 관점 등 다방면의 관점34)으로 규명하려 한 기존의 연구 성과와 큰 차이가 있다.

학습자의 패러디가 <처용가> 노랫말 자체에 초점을 맞추고 있다는 점도 확인된다. <처용가>의 노래 자체에는 처용이 재앙을 물리치는 구실을 한다는 점이 분명히 드러나지 않는다. 노랫말에는 "밖으로 나다니기만 하다가 아내를 빼앗긴 사람의 미묘한 심정만 나타나 있"35)기 때문에, 텍스트에만 주목할 경우 상대적으로 신격이나 무가로서의 성격보다는 남녀의 애정 문제를 선택하고 초점화할 가능성이 크다. <처용가> 자체가 재앙을

---

31) 황패강, 『한국문학의 이해』, 새문사, 1991, 219~220면.

32) <처용가> 속에 "한민족의 연모(戀慕), 해학, 애원(哀怨), 동경, 달관, 체관(諦觀) 등 정신적 고향이 담겨져 있"는 것으로 보는 것이 대표적인 예라 할 수 있다. 김원경, 「<처용가> 연구」, 국어국문학회 편, 『신라가요연구』, 정음사, 1979, 416면.

33) 예컨대 "현실의 갈등이 야기하는 갈등을 한 단계 뛰어넘어 포괄적으로 아우르면서 동시에 이상의 축을 향하려는 적극적인 자세의 표명"에서 '적극적 화해' 또는 '적극적 관용'으로 보거나, 심지어 "(도로) 빼앗아 옴을 (사람들이) 어떻다(고) 하리오?"와 같이 처용의 자신감으로 해석하는 것(신재홍, 『향가의 해석』, 집문당, 2002, 139~142면) 등을 들 수 있다.

34) 김진영, 앞의 글, 169면 참조.

35) 조동일, 앞의 글, 37면; 김학성 또한 <처용가> 노래 자체에는 주술력이 없음을 지적한 바 있다. 김학성, 「향가와 화랑집단」, 한국고전문학회 편, 『문학과 사회집단』, 집문당, 1995, 22면.

물리치는 노래로서의 성격은 지니고 있으나 주사(呪詞)나 주문(呪文) 그 자체는 아니었던 탓에, 패러디 활동에서는 표면적으로 드러나는 애정의 문제에 보다 집중하게 되는 경향성을 나타내는 것이다.

주지하다시피 <처용가>는 『삼국유사』 처용랑 망해사(處容郎 望海寺) 배경 설화 속에서 다양하게 해석될 수 있다. 통일신라 시대 국가적인 위기의 순간에 헌강왕이 사방 산천을 순회하면서 구국의 굿을 거행한 행사의 일환으로서, 처용으로 하여금 역신을 물리치게 해서 노래가 생겨났다는 해석도 가능하다. 그러나 노랫말에만 초점을 맞출 경우, 배경설화에서 나타나는 무가로서, 혹은 주술로서 <처용가>의 여러 특질들은 다루어지기 어렵다. 오히려 이러한 특질들은 학생들의 기존 경험역을 뛰어넘는 것들로, 텍스트를 이해하고 수용하는 데 장애로까지 여겨지기도 한다.

이처럼 패러디 활동은 텍스트 표면에 드러나는 요소 중에서 학습자의 흥미와 수준에 따라 이해될 수 있고 공감할 수 있는 몇 부분만이 제한적으로 선택되어 다루어진다는 근본적인 한계를 갖고 있다. 학생들의 패러디 산출물에서 다양한 변주가 나타나지 못하는 까닭도 이 같은 사실로 미루어 짐작할 수 있다. 학생의 경험역에 의존하여 창출된 패러디 텍스트가 갖는 근본적인 한계인 것이다.

이에 따라 학생의 이해 수준을 뛰어넘는 의미를 경험할 수 있는 추가적인 교육적 설계가 요구되었다. 고려가요 <처용가>는 이러한 배경에서 선택된 자료이다. 주지하다시피 고려가요 <처용가>는 향가 <처용가>에서 1~6구를 공통 요소로 할 뿐 '포용'의 태도와는 다른, 위협의 모습과 태도가 드러나는 차이를 갖고 있다. 이러한 차이는 대상에 대한 시적 태도의에서 비롯된 결과로 볼 수 있으며, 그런 만큼 텍스트 속 문제 상황에 대해 다양한 해석과 접근을 유도하는 자료로서의 기능을 기대할 수 있다.

그밖에 <처용가>를 패러디한 현대시나 현대소설을 자료로 하여 변용

과 창의의 폭을 보다 확대하고자 하였다.36) 이들 작품을 자료로 하여 원
텍스트의 무엇이 어떻게 초점화되어 변용되는지를 살펴봄으로써 변화의
폭과 방향성에 대해 다시금 고민하고 탐색하는 계기를 마련하려 한 것이
다.37) 예컨대 "이것이 그래도 그 중 나은 것이라"(서정주, <處容訓>)와 "자
이젠 당신도 나를 따라 춤을 추소"(박희진, <처용가>)에는 처용의 행위에
대한 작자 나름의 평가와 태도가 함축되어 있다. 이들은 각각 상실을 자
위로 상쇄시키려 하는 동양적 관용의 미학을 보이기도 하고, 혹은 무화(無
化)에 바탕을 둔 친화의 세계를 여는 것과 같이 다양한 해석과 입장을 드
러내고 있다. "이렇게 신이 된 한 젊은 사내의 이야기를 떠올리다 보니
저절로 쓴 웃음을 짓게 됩니다. 處容이여 그대는 어떤가"(박재천, <處容>)에
이르면, 처용과 관련된 모든 사건은 웃음거리가 되면서 결국 사람들의 과
장에 의해 꾸며진 희화화된 이야기로 전락하기도 한다. 특히 역신의 입장

---

36) 다음 작품들이 구체적인 예시 자료가 될 수 있다. 이에 대한 자세한 설명은 곽근, 「처용설
화의 현대소설적 변용 연구」, 『국어국문학』 125, 국어국문학회, 1999, 357면 참조할 수
있다.

> [현대소설] 윤후명, <처용나무를 향하여>(『원숭이는 없다』, 민음사, 1989); 신상성, 『처
> 용의 웃음소리』(동호서관, 1981); 김소진, <처용단장>(『문예중앙』 1993 봄); 김수용, <처
> 용유사>(『문학사상』 7월호, 1988); 김장동, <이미 앗아간데야>(『천년 신비의 노래』,
> 1995); 윤대녕, <신라의 푸른 길>(『세계의 문학』, 1994 가을); 김춘수, <처용>(『김춘수
> 전집3』, 1983); 이인성, <강어귀에 섬 하나-처용환상>(『문학과 사회』 41호, 1998 봄);
> 정한숙, <처용랑>(『한국역사소설전집12』, 을유문화사, 1975); 구광본, 『처용은 어디서 다
> 시 볼꼬』(세계사, 1997) 등
> [현대시] 김춘수, <처용단장>, <잠자는 처용>, <처용삼장> 등; 윤석산, <처용의 노래>;
> 신석초, <처용무가>, <미녀에게>, <처용은 말한다> 등; 정일근, <처용의 도시>; 박라연,
> <처용처가>; 정숙, <신처용가>; 조동화, <처용현민과 더불어>; 서정주, <처용훈> 등

그밖에도 <처용가>를 대상으로 한 다시 쓰기 작품들의 목록은 나정순, 앞의 책, 321~
324면을 참조할 수 있다.

37) <처용가> 혹은 <처용설화>를 대상으로 현대시나 현대소설로 패러디되는 양상과 의미를
고찰한 연구로는 홍경표, 「처용 모티브의 시적 변용」, 『현대문학』 1982 6월호; 황지영,
「한국 현대시의 처용 설화 수용 양상 연구」, 서강대 석사논문, 1996; 오정국, 『시의 탄생,
설화의 재생』, 청동거울, 2002, 17~18면, 황도경, 「우리시대의 처용」, 『한국 패러디 소설
연구』, 국학자료원, 1996 등을 참조할 수 있다.

에서 재창조되는 경우가 드물었기 때문에, 윤석산의 <疫神의 노래> 등을 통해 <처용가>와는 전혀 다른 목소리와 태도를 제시하는 것도 필요하리라 생각된다. 이들은 모두 기존 <처용가>와는 다른 새로운 해석의 영역과 경계를 보여주고 있다.

앞서 학습자가 패러디 활동을 수행함으로써 개인적 창의성을 경험할 수 있었다면, 이들 기성 작가의 작품 제공은 변용의 폭과 깊이를 통해 역사적 창의성을 경험하는 기회로 작용할 수 있다. 다만 이들이 <처용가> 혹은 <처용설화>와 맺고 있는 관련성, 상관성에는 작품에 따라 다양한 차이가 있다. 일부 작품들의 경우 <처용가>의 제목을 단순 차용에 불과하다고 보는 견해도 있기 때문이다. 또한 이들은 어디까지나 대학생 수준에서 제공될 수 있는 자료에 해당하는 것으로 중・고등학생을 위한 제재로는 적절치 못한 것도 다수 존재한다. <처용가>를 대상으로 한 텍스트 변용 교육의 제재로 어떠한 작품들을 선정, 구성해야 하는가를 과제로 남기고 있다.

창의적 사고 신장을 목표로 한다면, 기존의 텍스트, 춤, 노래 형태의 공연물에서 벗어나 최근 대두되고 있는 여러 문화 컨텐츠의 영역으로 보다 확대할 필요가 있다. "처용은 처용을 번역하고 표현하는 저자의 미적 이념, 그리고 실험 장르의 명칭이자 상징으로 기능하는지 모른다"[38]는 지적은 창의적 사고로서 <처용가>의 질료적 효용을 보여준다. <처용가>는 대중들의 창조적 에너지와 표현의 방법론적 전략까지도 자극할 수 있는 무한한 상상의 창고라는 설명이다. 실제로 오늘날 <처용가>는 대중가요나 무대 연극은 물론 뮤지컬(<신라의 달밤>, <처용의 북울림>, <처용> 등), 무용극이나 음악 창작물(<오늘, 우리의 처용이 오다>, <아바타 처용2> 등) 등 다

---

38) 허혜정, 「<처용가>와 현대의 문화 콘텐츠」, 『현대문학의 연구』 28, 한국문학연구학회, 2006, 61면.

양한 모습으로 변주되어 끊임없이 새로운 영역으로 나아가고 있다.

6. 과제와 전망

이 글은 내용을 생성하고 조직하는 사고 활동의 문제를 단순히 표현의 결과물을 분석하는 방법을 통해 유추하려 한다는 근본적인 한계점을 갖고 있다. 외현화된 것만을 대상으로 창의적 사고 문제를 살펴본다는 비판에서 자유로울 수 없다. 이 같은 근본적인 연구의 한계점 이외에도 텍스트에 대한 오해와 몰이해를 초래할 수 있다는 우려는 반드시 짚고 넘어가야 할 지점이다.

원텍스트를 확장하거나 축소하는 과정에서 그 의미와 내용을 오인하는 일련의 왜곡 현상은 필연적으로 뒤따르기 마련이다. 처용이나 문제 상황에 대한 깊이있는 성찰이 이루어지지 못한 채 학생 수준의 해석과 접근만을 강조할 경우, 자칫 원텍스트가 갖는 의미의 깊이를 제대로 다루지 못하는 한계점은 상존한다. 독자의 취향이나 경험에 따라 텍스트를 다르게 해석할 수 있고 그에 따라 다양하게 반응할 수 있다는 점은, 동시에 해석과 반응의 수준과 적합성 및 타당성의 문제를 제기하는 것이기도 하다.

그러나 이 글에서는 텍스트에 대한 정확한 이해의 강조가 특정 해석으로의 수렴을 낳으면서 결과적으로 창의적 사고를 저해하는 위험성에 주목하였다. 정해진 해석보다는 오히려 새로운 텍스트의 창출에 무게 중심을 두었던 만큼, 정확한 이해를 넘어서는 여러 목표와 활동을 강조하려 하였다. 이처럼 자신의 생각과 의도를 효과적으로 드러내기 위해서 기존의 텍스트를 어떻게 인식하고 활용하였는지에 초점을 맞추려 했다는 점에서, 일반적인 문학 감상 활동과는 분명한 차이점을 갖는다.

또한 <처용가>에 대해 학습자들이 보인 반응들이 수준과 반응의 미흡함으로 평가되면서, 반드시 수정되어야 할 내용으로 다뤄지는 것을 경계할 필요가 있다. 패러디에서 발견되는 특정의 접근과 반응은 오히려 학습자의 취향과 관심, 경험을 반영하는 공통된 해석 범주로 볼 수 있다. 교육의 중요한 변인인 학습자 특성의 한 측면을 확인케 함으로써, 이를 문학교육의 설계와 기획에 환류할 것을 제안한다. 이를 위해서는 취향, 관심, 흥미, 경험 등과 같은 학습자 특성을 바탕으로 어떠한 내용을 어떻게 제공하여 어떠한 능력을 신장시킬 수 있는지와 같은 수많은 과제가 제기된다. 창의적 사고에 대해 소박하게 해명하려 한 논의가 오히려 수많은 물음을 쏟아내는 결과를 가져왔다.

교육을 개혁하려는 움직임마다 사고 교육의 문제가 빠짐없이 제기되지만, 한편에서는 이미 학교에서 행해져 왔다는 것과 동시에 그것은 교육에서 실현 불가능하다는 양립된 목소리를 듣게 된다.[39] 과연 학교에서 사고 교육이 제대로 행해져왔는지, 그리고 그것이 진정 불가능한 것인지를 점검하고 반성하는 작은 계기가 되길 기원한다.

● 출처 : 「고전시가의 패러디를 통한 창의성 교육의 실제와 과제」
(『한어문교육』 24, 한국언어문학교육학회, 2011)

---

39) Francis Schrag, *Thinking in School and Society*, Routledge, 1988, 1면.

제10장 고대가요 교육의 새로운 접근과 사고·경험론*

1. 문제 제기 및 연구 과제

문학 교과서에 거의 빠짐없이 등장하면서도, 정작 국어 교과서에는 수록되지 않고 있는 문학 텍스트의 존재를 상정해보자. 교과서 편재에 따른 수록 양상의 차이는 일차적으로 학습자와 텍스트의 수준에서 기인하는 것으로 볼 수 있다. 예컨대 텍스트의 해석이 난해하다거나 텍스트 자체가 불명확할 경우 요구되는 학년 수준이 높아질 수밖에 없고, 그에 따라 일정 수준 이상을 염두에 두고 편성한 데서 위와 같은 현상이 발생했을 수도 있다. 이는 텍스트가 요구하는 수준에 따라 학년을 고려하여 위계적으로 수록한 데서 연유한, 매우 당연한 결과인 셈이다.

그런데 문학 과목과 국어 과목이 교육과정의 이원화된 구조, 즉 '공통 교육과정'과 '선택 교육과정'에서 각각 독립적으로 운영된다는 사실에 주목한다면, 이와는 다른 이유와 배경을 찾을 수도 있다. 즉 국어 교육과정

---

* 국어교육, 문학교육에서 사고와 경험의 의미와 교육적 기획에 대해서는 졸저, 『성찰적 사고와 문학교육론』, 지식산업사, 2002: 졸저, 『고전문학 경험교육론』, 역락, 2015에서 보다 자세히 다룬 바 있다.

과 문학 교육과정의 목표와 내용을 달리 인식하면서 초래된 결과로서의 가능성을 제기하는 것이다.1) 앞에서 상정된 문학 텍스트의 경우 문학 교육과정에서는 그 의의와 가치가 인정되지만, 국어 교육과정의 목표와 내용을 충족하지는 못한다고 보는 인식이 교과서 수록 양상의 차이로 외현화되어 나타난 것이라 할 수 있다.

물론 국어 교과서와 문학 교과서의 수록 양상에 차이가 나타나는 데에는 여러 배경과 원인을 생각할 수 있다. 국어 교과서의 경우 문학 이외에도 듣기 · 말하기, 읽기, 쓰기, 문법 등 5개 영역에 해당하는 내용을 모두 담아내야 하는 만큼, 문학 교과서와 수록 여부에 차이를 보이는 것은 당연한 결과이다. 다만, 이 글에서는 해당 텍스트의 교육적 논의가 '국어로서' 또는 '문학으로서'와 같이 특정 영역 어느 하나에 편향되어 이루어진 결과, 이들 교과서의 수록 정도에 큰 차이를 낳은 경우에 주목하고자 한다. 여기에는 '국어'와 '문학'이 서로 구별된다는 인식에 따라 국어 과목은 실용적인 텍스트를 통해서 효과적으로 가르쳐질 수 있고, 문학 작품은 국어 과목이 아닌 문학 과목에서 제대로 가르쳐질 수 있다는 오해와 편견이 자리잡고 있기 때문이다. <공무도하가>, <황조가>, <구지가> 이들 고대가요는 이러한 경우를 대표하는 텍스트라 할 수 있으며, 이에 따라 이들을 연구 대상으로 설정하고자 한다.

---

1) '국어과 교육과정'과 '문학 교육과정'의 관계 설정 문제에 대해 교육과정 해설서에서는 문학교육을 "국어과 교육 일반의 목적과 성격에 따라 결정"(제7차 교육과정 해설서)되거나 또는 "국민공통기본과목의 국어 과목의 목표와 유기적 관계를 맺"(2007 개정 교육과정 해설서)는 것으로 보고, 언어 능력 향상을 공통의 목표로 내세우고 있다. 그러나 실제로는 문학 과목이 국어 능력 향상에 복속되어 있는 것을 문제삼으면서 문학성 체험의 측면과 같은 차별성을 강조하는 입장(하정일, 「'문학'교육과 문학'교육'」, 윤영천 외, 『문학의 교육, 문학을 통한 교육』, 문학과지성사, 2009, 237~240면) 또한 존재하는 게 사실이다. 이러한 상황에서 문학 교육과정이 국어과 교육목표로 통합되어야 하지만 동시에 독자성을 가져야 하고, 국어과 교육과정을 넘어서는 부분에 대한 분명한 입장이 요청된다는 문제 제기가 이루어지기도 했다. 최지현, 『문학교육과정론』, 역락, 2006, 34~35면.

따라서 이 글은 고대가요 교육에 대한 기존의 접근 관점과 태도를 분석함으로써 작품을 둘러싼 외적 실체의 규명이나 '문학사(文學史)'적 의의의 전달에 치중한 경향을 비판하고, 국어교육의 관점에서 어떠한 교육 목표와 내용이 마련될 수 있는지를 살펴보는 것을 주된 과제로 한다. 이러한 작업은 고대가요 교육 내용을 새롭게 탐색하고 구안한다는 점에서 일차적 의의를 갖는다. 그러나 국어교육과 문학교육의 관점에서 텍스트가 갖는 의미와 가치를 새롭게 발견하고 도출하는 하나의 사례를 제시하는 데 더 큰 의의를 가질 수 있다. 고전문학 교육의 방향성에 대한 선언적, 당위적 진술 대신, 구체적인 교육내용을 탐색하는 일을 진행하려는 것이다.

사고와 경험은 이러한 과제를 해결하는 중요한 관점이 될 수 있다. 교육적 의의와 효용이 끊임없이 위협받고 있는 고전문학을 대상으로,[2] 사고와 경험은 교육의 가치와 필요성을 탐색하고 교육내용을 구안하게 하는 방법론의 역할을 수행하게 된다. 이로써 이 연구는 사고 교육, 경험 교육으로서의 실현 가능성을 밝히는 의의도 가질 수 있다.

이러한 측면에서 본다면, 연구 자료로 <공무도하가>, <황조가>, <구지가>와 같은 고대가요의 선정은 적절치 못한 판단일 수 있다. 주지하다시피 이들은 현존 최고(最古)의 작품으로 물리적 시간의 거리가 최대치에 있으면서, 동시에 이러한 거리가 현재 학습자와의 심리적 거리로 작용하면서 이질감을 극대화시키고 있기 때문이다. 고대가요의 주제, 정서, 세계

---

2) 학습자의 '활동'과 '능력'을 강조하는 현재의 교육 패러다임에서 '어렵고 낯선 고전문학을 왜 굳이 교육해야 하는가'라는 물음과 비판이 자주 제기된다. '역사적 원근법', '시공간적 거리감', '역사적 연계성' 등은 이에 대한 모색의 결과로 제시된 것들이다. 김흥규, 「고전문학 교육과 역사적 이해의 원근법」, 『현대비평과 이론』 3, 한신문화사, 1992 봄; 조희정, 「고전리터러시의 '시공간적 거리감' 연구」, 『국어교육』 119, 한국어교육학회, 2006; 고정희, 「고전문학의 시공간적 거리감과 문학사적 교육」, 『고전문학과 교육』 14, 한국고전문학교육학회, 2007. 이들이 대체로 '문학적 측면'에서 고전문학의 가치와 효용을 입증하였다면, 이 글은 '국어교육과 국어 능력의 측면'을 추가하여 살펴보려 한다는 점에서 차이가 있다.

관에서 느껴지는 거리감으로 인해 학습자는 감상과 공감보다는 단순 암기와 파악의 대상으로 이들 작품을 바라보고 접근하게 된다는 문제가 발생하고 있다. 고전문학을 지식의 대상으로 인식하고 접근하는 태도가 단적으로 확인되는 장면이다.

이러한 고대가요를 두고서 사고와 경험으로 새로운 교육내용을 탐색하는 작업은 분명 쉽지 않아 보인다. 그럼에도 불구하고 현재의 고대가요 교육은 국어 능력을 도모하는 국어교육의 현장에서 고전문학이 외면당하는 현재의 상황을 대표하면서, 한편으로 국어 능력 신장을 위한 새로운 교육의 가능성 모색을 끊임없이 요청하고 있다는 점에 주목하려 한다. 사고와 경험의 관점을 통해 이러한 요청에 응답하려는 것이다.

2. 교재론과 평가론적 분석

이 글의 주요 대상과 자료는 '고대가요', '상고가요', '상고시가' 등의 이름 아래 묶이는 <공무도하가>, <황조가>, <구지가> 세 편이다. 이들을 연구 대상과 자료로 설정한 배경은, 첫째 이들 작품이 국문학사의 첫머리에 놓이는 만큼 현재 학습자 사이의 시간적 거리감이 최대치를 나타낸다는 점, 둘째 국어 교과서와 문학 교과서의 수록 빈도에서 큰 차이가 발견된다는 점에 있음은 앞서 밝힌 바 있다. 특히 후자의 문제는 고대가요 교육이 국어 수업과 문학 수업에서 각각 다른 위상과 가치로 인식, 평가되고 있음을 의미한다. 그 차이를 실증하기 위하여 교재론과 평가론의 차원에서 이를 살펴보기로 한다.

(1) 고대가요에 대한 교재론적 분석

고대가요가 중등교육 현장에서 어떻게 다루어지고 있는지를 확인하기 위한 첫 번째 작업으로 교과서를 분석하기로 한다. 교과서 수록 여부를 통해서 고대가요에 대한 교육적 인식과 실태가 어떠한지를 추정해보는 작업이다. 짐작한 바와 같이, 고대가요는 문학 교과서에서 매우 빈번히 다루어지고 있음에도 불구하고, 국어 교과서에서는 거의 다루어지지 않고 있음이 확인된다. 먼저 제7차 교육과정에 따른 문학 교과서 18종 전체에서 이들 고대가요의 수록 정도는 다음과 같다.

[표 10-1] 고대가요의 문학 교과서 수록 빈도

대상 작품	본문 수록	본문 외 학습 활동 등에 수록	전 체
구지가	9종	4종	13종
황조가	2종	7종	9종
공무도하가	3종	9종	12종

가장 많이 수록되고 있는 작품은 <구지가>로, 본문 수록이 9종이며 기타 학습 활동 등에 수록된 것을 포함하면 전체 13종에 이른다. <구지가>가 집단적 성격의 노래로서 발생 당시 시가의 원형을 담아내고 있다는 특성으로 인해, 문학의 기원을 대표하는 제재 차원에서 수록 빈도가 높은 것으로 판단된다. 고대가요가 문학 교과서에서 차지하는 중요도와 비중은 개별 교과서에서 이들 전체의 수록 정도를 분석할 때 보다 분명해진다. 전체 18종 교과서에서 <공무도하가>, <황조가>, <구지가> 작품 중 2개 이상이 수록되어 있는 경우가 11종에 이른다. 1종을 제외하고는 모든 교과서에서 이들 작품 중 적어도 1편 이상의 작품을 다루고 있음이 확인된다. 이 같은 현황은 이들 작품이 문학 수업에서 얼마나 큰 비중을 차지

하고 있는지를 짐작하게 한다.

반면, 국어 교과서에서 이들의 수록 정도를 살펴보면, 위와는 상반된 결과가 나타난다. 초등학교의 경우에는 전무하며 중·고등학교의 경우 교육과정별로 다음과 같이 제한적으로 수록되어 왔음을 확인할 수 있다.

[표 10-2] 고대가요의 중등 국어 교과서 수록 빈도와 교육과정별 분포3)

대상 작품	건국기	1차	2차	3차	4차	5차	6차	7차
구지가			◇		●			
황조가			◇					
공무도하가			◇	○	○		○	

[표 10-2]에서 보듯, 국어 교과서에서는 이들 작품이 제재로 거의 다루어지지 않고 있다. 학문중심교육과정의 성격이 강했던 제4차 교육과정에서 <공무도하가>, <구지가> 등이 수록되었을 뿐 대부분의 시기에서 고대가요는 다루어지지 못했고, 이는 곧 국어 수업에서 이들 작품이 제대로 교육되지 못하는 결과로 이어진다.

수록 실태를 자세히 들여다보면, 특정 시기에 편향되어 있으며 그 빈도가 차츰 낮아지고 있음도 볼 수 있다. "2~4차 교육과정기에 집중되어 있어 5차 교육과정을 넘어서면서 다른 갈래에 비하여 상대적으로 관심권에서 멀어지고 있음을 확인할 수 있다"4)는 지적이 이를 뒷받침한다. 한 예로 <구지가>의 경우 본문 제재로 수록된 경우가 거의 없었는데, 이는 18종 문학 교과서 중 13종의 교과서에서 다뤄지고 있는 것과는 분명 다른 양상이다.

---

3) 민현식 외, 『미래를 여는 국어교육사』Ⅰ, 서울대출판부, 2007, 270면. 표에 등장하는 기호 역시 이 책에 따른 것으로, ○는 중학교, ●는 고등학교, ◇는 중학교 국문학사 단원에 수록되어 있음을 나타낸다.
4) 민현식 외, 앞의 책, 269면.

특히 <구지가>는 문학 교과서에서 본문 수록이 9종으로 다른 고대가요보다도 월등히 높은 비율을 나타내고 있는데, 이러한 사실에 견주어 보아도 국어 교과서에서 수록되지 않고 있는 것은, 특이한 현상임에 틀림없다.

다음으로는 구체적으로 고대가요 교육의 목표, 내용이 어떻게 구성되어 왔는지를 분석하기 위해, 제7차 교육과정의 문학 교과서를 살펴보기로 한다. 문학 교과서에서 높은 수록 빈도를 보인다는 사실과 더불어 주목해야 할 지점은 이들 작품이 다루어지고 있는 맥락에서 발견되는 경향성이다. 고대가요를 제재로 다루는 교과서 대부분이 문학(하) 교과서에 이들을 수록하고 있으며, 특히 '한국 문학의 특질과 흐름'과 같은 문학사의 단원에서 '국문학의 기원'과 관련한 내용으로 제한적으로 다루고 있다.

[표 10-3] 제7차 국어과 교육과정 중 문학 내용 체계[5]

영 역	내 용
(1) 문학의 본질	(가) 문학의 특성 (나) 문학의 기능 (다) 문학의 갈래 (라) 문학의 가치
(2) 문학의 수용과 창작	(가) 문학의 수용과 창작 원리 (나) 문학의 수용 (다) 문학의 창조적 재구성 (라) 문학의 창작
(3) 문학과 문화	(가) 문학 문화의 특성 (나) 한국 문학의 특질과 흐름 (다) 세계 문학의 특질과 흐름 (라) 문학의 인접 영역
(4) 문학의 가치화와 태도	(가) 문학의 가치 인식 (나) 문학 활동에의 능동적 참여 (다) 문학에 대한 태도

---

5) 교육부, 『국어과 교육과정』, 교육부 고시 제1997-15호, 대한교과서, 1997.

'한국 문학의 특질과 흐름'은 문학의 본질이나 생산, 수용, 소통 등의 문학 활동과는 구별되는 것으로, 한국 문학사의 전통과 특질 이해를 주된 목표로 하는 내용이다.6) 이처럼 문학 교과서에서 고대가요는 문학사의 자장에 귀속되어 그 속에서 교육적 가치와 의의가 확보되는 것으로 인식되어 왔다. 이러한 분석은 이들 교과서가 제시하고 있는 <구지가>의 '학습 목표' 또는 '학습 주안점' 등에서도 재차 확인된다.

- 작품의 창작 배경을 이해한다.
- 작품의 주술적 집단 가요의 성격을 이해한다.

(한철우 외, 문학(하), 문원각)

- 원시 고대의 집단 제의에서 행해진 원시 종합 예술 속에 문학이 존재했음을 보여 주는 자료이다. 주술적 기능과 상징성에 주목해 보자.

(김윤식 외, 문학(하), 디딤돌)

고대가요에 대한 이러한 인식과 접근은 고대가요 교육 연구 담론에서도 동일하게 확인된다. 비록 현재와는 시간적 거리가 존재하지만 당시 문학 교과서 학습 목표와 내용을 분석하면서, <구지가>와 관련하여 "가야 문학의 유일한 자료로서도 주목되는 작품이다"는 점을 학습 내용의 핵심으로 평가하는 것7)은 이 같은 인식을 보여주는 대표적인 사례라 할 수 있다. 이러한 입장에서 <구지가>의 교육 내용으로 다음과 같은 내용들이 실제로 제안되기도 하였다.

- 가락국기의 전체적 문맥 파악하기

---

6) 교육부,『고등학교 교육과정 해설 (2)국어』, 대한교과서, 2001, 314면.
7) 양태순,「고대가요를 어떻게 가르칠 것인가?」,『교육논총』2, 서원대, 1998, 83면.

- 종합 예술체의 구체적 양상 찾아보기
- <구지가>와 배경 설화가 통시적으로 어떻게 변화했는가 알아보기
- <구지가>가 후대에 어떻게 다른 작품들에 영향을 끼쳤는가 알아보기[8]

또한 고대가요 텍스트의 모호성은 의미 확정의 과제를 제기하는 바, 고대가요가 배경 설화와 결부되어 전해지는 특성에 주목하여 그 관련성 속에서 의미를 파악하고 해석하려는 연구가 다수 이루어졌다. 고대가요 교육이 배경 설화 전체에 대한 이해에서 출발해야 한다는 의견과 관점은 이같은 전통과 맥락에서 연유한 바 크다. 다음과 같은 학습 활동 등이 제시되는 것도 이러한 영향으로 볼 수 있다.

- 배경 설화를 참고하여 백수광부가 물에 들어간 이유가 무엇인지 추리하여 말해보자.
- 배경 설화를 고려하지 않고 이 시가를 읽을 때 그 느낌이 어떻게 달라지는지 말해보자. 그리고 그와 관련하여 이 시가에서 배경 설화의 역할을 정리해 보자.

(홍신선 외, 문학(하), 천재교육)

이처럼 고대가요 교육은 배경 설화나 관련 기록 등을 통해 텍스트의 온전한 이해를 목표로 하며, 그 교육적 가치는 문학사적 의의에서 확보되는 것으로 간주되어 왔음을 확인할 수 있다. 이는 문학교육이 국어과 교육 일반의 목적과 성격, 즉 '창의적인 국어 사용'과 긴밀한 관련성을 가져야 한다고 보는 교육과정의 취지와는 거리가 있다. 문학교육은 "작품 중심의 교육에서 벗어나 사고와 표현, 문화를 고려하는 종합적 관점에서 이루어져야 할 것"[9]으로 적시된 것과도 맞지 않아 보인다. 그럼에도 불구하고

---

8) 양태순, 앞의 글, 83면.

문학 교과서에서 고대가요의 주요 내용은 언어 능력 혹은 언어적 사고 등
과는 별개로, 작품 자체나 배경설화, 또는 문학사적 의의에 대한 이해에
초점을 맞추고 있음을 확인할 수 있다.

(2) 고대가요에 대한 평가론적 분석

고대가요 교육의 실태와 현황을 살펴보는 두 번째 방법으로, 국가 수준
의 평가에서 이들 작품을 대상으로 출제된 문항들을 분석하기로 한다. 평
가를 통해서 교육의 목표와 내용을 되짚어보는 방법인 셈이다. 이를 위해
국가 수준의 평가로 '대학수학능력시험', '국가수준학업성취도평가' 등을
분석 대상으로 삼는다.

먼저, 대학수학능력시험(이하 대수능)의 경우 1994년부터 현재까지 매년
시행되고 있으나, 그 기간 동안 고대가요는 단 한 편도 출제되지 않았다.
정철의 가사나 윤선도의 시조가 거듭 출제되는 것과는 분명 다른 양상이
다. 대수능의 언어 영역이 내세우는 목표와 지침에서 그동안 고대가요가
출제되지 않은 이유를 유추해볼 수 있다.[10]

일반 지침과 평가 영역별 지침
- 단순 암기에 의해 답할 수 있는 평가를 지양하고, 주어진 문제 상황을 통해 문제를
  추리하며 분석하고 탐구하여 해결하는 고등 사고 능력을 측정하는 데 역점을 두며,
  사실적, 추론적, 비판적, 창의적 사고 능력뿐만 아니라 어휘와 어법 관련 내용도 포함
  하여 출제한다.

  (…중략…)

---

9) 교육부, 앞의 책, 301면.
10) 한국교육과정평가원, 『대학수학능력시험 출제매뉴얼』, 사단법인 교육진흥연구회, 2005,
    11~22면.

내용 영역별 출제 범위

4) 읽기(문학)

　읽기(문학)에서는 고전시가, 고전산문, 현대시, 수필, 희곡이나 시나리오 등이 지문으로 제시된다.

- 주제 의식, 서술 방식 등에 주의하며 다양한 문학 작품을 두루 읽기
- 인물의 성격과 심리, 사건의 진행 과정, 갈등의 본질, 작가의 태도 등을 입체적으로 파악하며 읽기
- 사건과 배경, 작품에 반영된 사회·문화적 맥락 등을 전체적으로 파악하며 읽기
- 작품과 작품 비평, 고전 문학 작품과 현대 문학 작품 등을 서로 관련지어 감상하고 문학사를 이해하기
- 작품에 나타난 언어의 함축적 의미와 화자의 심정 등을 추측하기
- 작품 속의 상황을 실제 상황과 연계하여 파악하기
- 문학 작품이 주는 효용성을 생각하며 감상하기

(…중략…)

언어 영역과 국어과 교육과정의 관련

(…중략…) 국어 과목에 속하는 여러 과목(국어, 국어생활, 화법, 독서, 작문, 문법, 문학)의 평가 목표 중에서 위에서 언급한 언어 영역의 두 가지 특성에 합치되는 부분만이 대학수학능력시험의 평가 목표가 될 수 있다. 언어를 통한 사고력의 측정에 부합하며, 문항 형식 면에서 선다형 형식으로 제한된 것만이 언어 영역의 평가 목표에 합당한 것이 된다는 뜻이다.

　위의 지침과 출제 범위를 통해서, 고대가요가 고등 사고 능력이나 문학 감상 능력 등을 측정하는 데 적합하지 못한 것으로 인식, 수용된 까닭을 짐작할 수 있다. 예컨대 '작품 속의 상황을 실제 상황과 연계'하거나 '문학 작품이 주는 효용성' 등을 교수·학습하는 제재로서 적절하지 못하다고 본 것이다. 이는 근본적으로 고대가요에 내재되어 있는 시간적 거리와 그에 따른 이질감에서 기인한 결과로 보인다. 특히 고대가요 텍스트 자체의 모호성과 해석의 다양성은 일차적으로 정답 확정의 어려움뿐만 아니라 여러 해석에 대한 단순 암기를 야기할 수 있다는 점에서, 대수능이 내세우는 평가 취지와 목표와는 맞지 않은 것으로 판단했으리라 짐작된다. 고

대가요의 모호성과 다의성으로 인해 그 의미가 확정되지 않는다는 점은, 대수능이 대학 입시를 위한 국가 단위의 표준화 검사라는 특성, 그리고 이를 위해 선다형 문항으로 출제한다는 원칙을 고려하면, 분명 불편한 지점이 될 수 있다.[11]

이러한 사정은 국가수준학업성취도평가(이하 성취도평가)에서도 다르지 않다. 성취도평가에서도 대수능과 마찬가지로 고대가요가 평가 문항이나 제재로 활용되지 못하고 있다. 앞서 살펴본 바와 같이 공통교육과정의 국어 교과서에 수록되지 못한 채 선택과목인 문학에서 중요하게 다루고 있는 까닭에, 공통 교육과정 시기의 학생들을 대상으로 하는 성취도평가에서 이들 작품을 출제하는 데에 원천적인 어려움이 있다. 그런데 성취도평가는 교육과정에서 규정하는 교육목표 및 성취 기준에 비추어 학생의 도달 정도를 분석하고 교육과정의 문제점과 정착 정도를 파악하는 것을 목표로 한다는 점에서, 이러한 성취도평가에서 고대가요가 배제되는 상황은 시사하는 바가 크다. 즉, 국어 교육과정, 특히 공통 교육과정 기간의 성취 기준 혹은 도달 목표를 확인하기 위한 교육 제재로서 고대가요가 적합하지 않다고 보는 인식이 분명히 드러나기 때문이다.[12]

---

11) 단형의 시가를 대상으로 3~4문제를 출제하는 것이 현실적으로 어렵다는 점을 지적하면서, 이러한 분석 결과에 이의를 제기할 수도 있다. 그러나 비슷한 분량을 보이는 시조나 한시와 같은 단형의 시가가 다른 작품들과 함께 여러 번 출제된 데에서 보듯, 단순히 단형 시가라는 점만이 문제의 근원은 아니라고 본다. 경우에 따라 다른 작품과의 연계 속에서 출제될 수도 있기 때문이다.

12) 참고로 중등교사신규임용후보자선정경쟁시험에서도 고대가요는 중요하게 다루어지지 않았다. 최근 10여 년 간의 문항을 분석하면, 2006학년도에 <구지가> 한 작품이 유일하게 출제되었음을 확인하게 된다. 평가 대상이 일반 학습자가 아닌 교사 후보자인 까닭에, 자세한 분석은 다음으로 미루기로 한다.

3. 사고와 경험 중심의 교육 내용 설계의 방향

고대가요가 국어교육에서 의미있는 교육 내용으로 자리잡기 위해서는 무엇보다도 그 속에 내재되어 있는 교육적 자질의 탐구가 선행되어야 한다. 이때의 교육적 자질은 국어교육이 과제로 하는 '언어 능력'과 관련된 것이면서, 학습자의 성장에 기여할 수 있어야 한다는 두 가지 요건을 모두 충족시키는 것이어야 한다. 물론 국어교육의 목표와 이를 대표하는 '언어 능력'에 대해서는 많은 이론(異論)이 존재하지만, 여기서는 "인간의 삶과 인간의 정신 현상을 관계적으로 매개하는 언어를 배움으로써 언어의 역동성을 깨닫게 하는 것이 되어야 한다"[13]는 주장에 바탕을 두기로 한다. 이러한 인식과 접근 태도는 고대가요가 현존 최고(最古)의 문학으로, 국문학의 원형을 담고 있다는 실체적 가치의 문제와는 차원을 달리한다. 즉 국문학의 기원 혹은 해석의 과제로서 살펴보는 것과는 분명한 차이를 갖는다. 고대가요가 인간의 언어활동으로서 어떠한 모습과 기능을 보여주는지에 주목하여 사고와 경험의 문제를 제기하려 하기 때문이다.

이처럼 고대가요의 교육 내용은 일차적으로 고대가요에서 가장 두드러지는 자질에서 찾아져야 하지만, 이것이 언어활동으로서 유의미한 것이라는 입증이 뒷받침될 때 비로소 국어교육으로 구성될 수 있음은 물론이다. 따라서 이 글에서는 고대가요의 특질을 도출하면서, 그것이 언어활동으로서 갖는 의의도 함께 탐색하기로 한다. 이를 위한 방법으로 고대가요 교육 내용의 전체적 틀을 사고와 경험의 차원으로 설계하고, 이들 영역에 초점을 맞추어 그 내용을 기획하기로 한다. 이 같은 방향 설정은 첫째 국

---

13) 박인기, 「국어교육학과 인문학적 상상력」, 윤영천 외, 앞의 책, 119~120면. 위 연구에서는 언어를 가르친다는 것은 언어 사용의 전략(기능), 체계(문법), 문화, 이념, 예술, 사고, 활동 등 다양한 의미 층위를 가지는 것으로 보고 있다.

어교육의 내용 영역을 '지식', '수행', '경험', '태도'로 보는 관점[14]을 원용한 것이면서, 둘째 그동안 고대가요 교육이 사실, 해석, 지식의 측면으로 편향되었다는 비판에서 새로운 교육 내용과 방향성을 제안하기 위해 사고, 경험의 영역을 특화하려는 의도에 따른 것이다. 사고와 경험의 문제는 고대가요 교육의 새로운 방향성을 드러내는 지표로 기능한다.

먼저, 언어를 통한 인간 사고의 수행 문제를 제안한다. 국어교육에서 수행의 문제는 언어가 과제의 성격을 갖고 있다는 데 바탕을 두고 있다. 그런데 언어가 과제로서의 성격을 갖는다는 점은, 흔히 어떤 문제를 해결하기 위한 행위로서 말을 하고 글을 쓰며 소통하는 것으로 이해되기 쉽다. 그러나 문제를 해결하는 도구로서 언어는 제한적일 수밖에 없다는 데 유의할 필요가 있다. 언어는 문제를 불러일으킨 원인에 대해 직접적인 변화를 가져오지는 못하기 때문이다. 그럼에도 불구하고 언어가 문제 해결에 기여할 수 있는 것은, 단순한 '의사소통'의 차원을 넘어서서 문제의 인식과 해결에 대한 모색 과정으로서 주체의 '사고' 활동을 이룬다는 점에 있다. 이처럼 이 글에서는 수행을 행동의 구체적 방법이나 절차로 인식하는 것을 경계한다. 언어활동에서 수행의 문제를 대상에 대한 언어적 사고의 과정으로 보고, 문제 인식과 해결의 과정에 작용하는 주체의 사고 활동 측면에 초점을 맞추기로 한다.

이러한 관점에서 접근한다면, 문학 작품은 어떠한 문제에 대한 언어적 대응에 해당한다. 문학 작품의 내용은 예술적 가치를 재현하는 작업이면서, 동시에 현실적 문제에 대응하는 작자의 사고 방식이 언어로 구현되어 나타난 것이라 할 수 있기 때문이다. 언어의 문제는 인간의 사유와 관련

---

14) 언어가 사실(fact), 과제(task), 의미(meaning), 정체성(identity)의 본질을 갖고 있으며, 이에 따라 국어교육 내용이 지식(knowledge), 수행(performance), 경험(experience), 태도(attitude)의 네 가지로 구성될 수 있음이 제안된 바 있다. 김대행, 『통일 이후의 문학교육』, 서울대 출판부, 2008, 69~114면 참조.

되어 있으며, 특히 문학은 어떤 문제에 대해 자신의 생각을 이끌어내고 구체화·조직화하는 의식적인 사고 과정에 해당한다. 여기서 언어활동의 수행과 사고 사이의 접점이 확인된다.

둘째, 언어를 매개로 하여 인간의 본질적인 문제에 대해 경험할 것을 제안한다. 국어교육, 문학교육에서 경험의 중요성과 그 의의에 대해서는 이미 많은 검토와 논의가 이루어진 바 있다. 관점에 따라서는 교육이 곧 '바람직한 방향으로의 인간 변화를 가져오는 경험'[15]에 대응된다고 보고, 교육 전체의 궁극적 목표와 지향점을 '경험'에서 찾기도 한다. 특히 문학 교육에서는 실체에 대한 편향에서 연유하는 기존의 지식 위주의 교육관과 상대되는 것으로서, 문학 작품과 학습자의 상호 작용을 통한 가치있는 경험의 형성을 강조하고 있다.[16]

이 글에서는 문학을 통해 인간의 다양한 문제 사태를 살펴보고 그에 대한 작자 나름의 인식과 대응의 과정을 탐색하는 경험을 제안하고자 한다. 이는 단순히 문학성에 대한 심미적 감상의 차원을 넘어서서, 어떠한 문제를 대상으로 어떻게 인식하고 있으며, 이에 대해 어떻게 반응하고 있는지를 살펴보고 경험하는 것을 말한다. 언어를 매개로 한 주체의 사고 과정을 탐색하는 것은, 곧 언어를 매개로 인간의 문제를 경험하기 위해 요구되는 중요한 과정이라 할 수 있다. 언어를 통하여 인간 존재의 본질적 문제를 경험하는 활동을 가능하게 하는 것이다. 여기서 문학과 사고, 그리고 경험이 다시 만나게 된다.

이처럼 고대가요에서 사고 방식을 탐색하고 그 내용을 경험하는 것은, 고대가요가 특수한 하나의 예술적 기교가 아니라 인간 존재의 본질적 문제에 대한 언어적 대응에 해당하는 사고의 산물이라는 점을 전제로 한다.

---

15) 송도선, 『존 듀이의 경험교육론』, 문음사, 2004, 164~169면.
16) 졸저, 앞의 책 참조.

고대가요는 여타의 문학작품과 마찬가지로 고유의 문제 사태를 대상으로 하고 있으며, 그에 대한 작자의 대응 과정이 담겨져 있다. 구체적으로 <공무도하가>, <황조가>, <구지가>는 사별과 극복, 이별과 자기 인식, 요구와 드러냄과 같은 인간의 본질적 문제를 각각의 과제로 하고 있다. 사고와 경험의 교육은 고대가요 속의 문제 사태에 대한 대응 양상을 살펴보고, 이에 대한 가치 판단을 통해서 궁극적으로 자신의 태도와 세계관을 정립해 나가는 것을 목표로 하는 것이다. 고대가요가 갖는 근원성, 역사성의 특성과 자질[17]은 고대가요 텍스트 속 문제 사태와 대응이 일회적인 것이 아니라 보편성을 갖는 전통으로서의 의미를 뒷받침한다. 동시에 고대가요는 오늘날과는 상당히 이질적인 대응 방식이 내포되어 있다는 점에서 특수성 또한 갖고 있다. 따라서 고대가요 교육의 주요한 내용으로 이 같은 보편성과 특수성의 길항 속에 존재하는 사유 방식을 찾아내고 이를 바탕으로 본질적 문제를 경험하게 함으로써, 궁극적으로 인간다움에 대한 성찰에 이르는 것을 제안하는 것이다.

4. 교육 내용 설계 1 : 언어를 통한 인간 사고의 수행

(1) 언어를 통한 심리적 해소-<공무도하가>

<공무도하가>를 둘러싼 수많은 논란 중에서 작자 문제는 해석 구조의 중층성과 맞물려 다양한 논쟁을 불러일으키고 있다. 배경 설화에 따라 백수광부(白首狂夫)의 아내를 작자로 보면서도, 한편에서는 남편이 죽는 광경

---

17) 고전 표현의 가치는 '근원성, 역사성, 정태성'으로 설명된 바 있다. 김대행, 『국어교과학의 지평』, 서울대 출판부, 1995, 249~253면.

을 보고 아내가 공후를 들고 와서 노래를 부른다는 것은 이치에 맞지 않
으므로 뱃사공인 곽리자고(霍里子高)의 아내 여옥(麗玉)이 지은 것으로 보아
야 한다는 것이 대표적인 논쟁이다.18)

이 글에서는 작자 규명에 대한 논의를 답습하는 대신, 이러한 문제가
문학의 기능과 이해에 대한 새로운 접근을 가능하게 한다는 데 주목하기
로 한다.19) 즉 <공무도하가>의 작자가 누구인가에 대한 물음 자체가 그
만큼 다른 양식보다 서술자, 내재된 작자, 독자 등의 관계가 매우 가깝게
설정되어 있음을 나타낸다. 배경 설화에서 보듯, <공무도하가>에는 백수
광부, 백수광부의 처, 곽리자고, 여옥 등의 다양한 인물이 등장하며, 이들
은 작품을 어떻게 보느냐에 따라 노래의 등장인물, 지시 대상, 작자, 화자,
청자 등의 역할을 수행하는 것으로 해석될 수 있다. <공무도하가> 노랫
말 자체가 연행자 자신의 투영으로 나타나는 까닭에 여옥이 연행자이면
서도 작자로 볼 수 있는 근거가 생기는데, 여기서 문학의 적극적 기능과
효용에 대한 탐색의 실마리를 얻게 된다.

화자와 노래하는 사람이 동일시되고 발화 내용 또한 현실과 거리를 두
지 않는 속성, 즉 노래와 현실의 무거리성(無距離性)의 바탕에는 '공통된 심
리적 체험성'과 욕망의 기저가 자리잡고 있는데, 이로 인해 공감에 의한
구체성과 현실성이 확보되는 장점이 있다.20) 화자이면서 내적 작자이고

---

18) 그밖에도 <공무도하가> 작자와 관련하여 1차, 2차, 3차 작자 등을 설정하기도 하고, 민간
   설화로 규정하여 전승 주체인 서민을 작자로 보기도 한다. <공무도하가>를 둘러싼 주요
   쟁점으로는 작자 문제 이외에도 노래 이름, 장르, 국적, 지명, 등장인물, 창작 시기, 배경
   설화, 노랫말, 작품 의의 등이 있다. 이 같은 쟁점의 정리가 한 편의 연구물(조기영, 「공무
   도하가의 주요 쟁점과 관련 기록의 검토」, 『인문과학연구』 12, 강원대 인문과학연구소,
   2004)이 될 만큼, 수많은 논의가 이루어졌다.

19) <공무도하가>의 작자 규명 문제가 결론을 찾기 어렵지만, 오히려 문학교육적으로는 다양
   한 표현 교육의 방법이 될 수 있고, 작품 해석에 대한 다양한 접근 가능성을 제공해줄 수
   있다는 입장이 제기되기도 하였다. 서유경, 「<공무도하가>에 대한 표현 교육론적 연구」,
   『고전문학과 교육』 14, 한국고전문학교육학회, 2007, 123면.

또한 독자이기도 한 연행자들은 노래의 문제 상황을 자신의 문제로 치환함으로써 심리적 동화의 획득이 가능해지는 것이다. 그런데 <공무도하가>에 나타난 사별의 문제는 표면적으로 볼 때 '공통된 심리적 체험'이라 하기 어렵다는 문제가 있다. 그러나 사별의 문제가 인간 존재의 보편적, 근원적 경험으로서의 속성을 갖고 있으며,[21] 따라서 이때의 '공통된 심리적 체험'은 인간 존재가 갖게 되는 보편적인 경험으로서의 '공통된', '공유된' 체험, 그리고 언어를 통한 간접적인 가공의 체험으로서 '심리적' 체험을 뜻하는 것으로 보아야 할 것이다.

<공무도하가>의 이 같은 특성에 따라 언어를 통한 문제 해결의 수행을 살펴볼 수 있다. 이 경우 사별이라는 현실적 문제 사태와 갈등에 대해 주체가 어떻게 대응하고 해결해 나가는지가 관심의 대상이 된다. '물에 휩쓸려 돌아가시니[墮河而死]'와 같은 '돌이킬 수 없음'이라는 사별의 현실적 문제에 대해 직접적인 해결책을 마련하는 것은 문학과 언어의 기능을 넘어서는 것이다. 결국 이 같은 상황에서 문학은 '가신 임을 어이할꼬[當奈公何]'의 탄식과 원망의 애절한 울부짖음만을 표출할 뿐이며, 이는 진정한 의미에서 문제 대응이나 해결로는 보기 어렵다. 현실 상황의 실질적인 변화나 전환을 가져오지 못하기 때문이다.

그런데 이 같은 갈등과 절망의 상황에서 노래가 등장한다는 데 유의할 필요가 있다. 이는 문학과 노래가 문제를 바꾸거나 해결할 수는 없어도, 언어를 통해서 갈등을 해소하는 장치가 됨을 뜻하며, 이러한 해결 방식은 문제 사태에 대한 직접적인 처방과 조치와는 다른, 심리적 해소와 위무의 기능을 수행하는 것이다. 노래가 갖는 심리적 해소와 위무의 기능은 다양

---

20) 김대행, 『노래와 시의 세계』, 역락, 1999, 99~100면.

21) 이 부분에 대해서는 이후 경험 영역의 교육 내용을 다루는 부분에서 보다 자세히 논의될 예정이다.

한 국면에서 확인되는데, 예컨대 신흠(申欽)의 <노래 삼긴 사룸>의 시조
는 이 같은 노래의 기능을 다룬 대표적인 작품이라 할 수 있다.

이처럼 인간은 삶에서 필연적으로 생기는 갈등과 그에 따른 시름을 노
래로 불러서 풀어낸다. 이때의 노래는 타인을 향한 전언보다는 자신을 위
무하기 위한 언어 행위라 할 수 있으며, 여기서 언어의 또 다른 존재 의
의와 기능을 확인하게 된다. 따라서 노래의 주요 기능, 즉 슬픔을 치환하
여 자신의 것으로 대리 체험하게 할 뿐만 아니라, 이를 심리적으로 위무
하는 것을 <공무도하가>의 교육 내용으로 제안할 수 있다. 이는 문학의
기능이면서 노래의 존재 의의이기도 하며, <공무도하가>가 갖는 근원성
의 주요 자질에 해당하는 것이다.

(2) 상대적 대상을 통한 자기 이해 — <황조가>

<황조가>의 구조상 특질은 무엇보다도 대상과 주체의 병렬적 제시에
서 두드러지게 나타난다. 꾀꼬리와 주체의 상황을 나열하면서, 그 차이를
통해 자신의 처지를 드러내고 있는 것이다. 이러한 병렬(並列, parallelism)은
'시에서 등가적으로 상응하는 요소들이 나란히 짝지어 배열되는 방식'[22]
으로서, 민요, 시조, 가사, 판소리 등 구비시가는 물론 현대시에 이르기까
지 시가의 중요한 시적 규범을 설명하는 개념으로 널리 사용되어 왔다.[23]
병렬은 의미상 동일한 차원에 놓이는 여러 목록을 나열하는 카다로그
(catalog)식 전개를 가져옴으로써, 의미의 풍부한 수식을 이루고 장식적 이
미지를 형성하는 중요한 장치로 기능하는 것으로 알려져 있다.

---

22) 이주영, 「가사에 나타난 병렬 형식 경험의 교육적 의의」, 『문학교육학』 24, 한국문학교육
   학회, 2007, 269면.
23) 병렬과 관련한 기존의 연구는 김수경·정끝별, 「구조와 해체의 수사학 : 병렬」, 성기옥 외,
   『한국시의 미학적 패러다임과 시학적 전통』, 소명, 2004, 243면에 정리되어 있다.

그런데 이 글에서는 외적 형식으로서 병렬 구조의 발견과 확인에 머무르기보다는, 이 같은 병렬의 형식이 인간의 어떠한 사유 구조를 보여주는 것인지에 주목하기로 한다. 이는 병렬의 문제를 '행내 병렬'과 '행간 병렬' 등 병렬이 등장하는 모습에 따라 형태적으로 구분하여 시가의 작시 및 구성 원리로 살펴보는 것과는 차원을 달리한다. 즉 병렬이 통사적 패턴의 반복적 배열을 '형식적 특질'로 하면서도, 동시에 비교나 대조와 같은 의미상의 대응을 '내용적 특질'로 한다는 점에 초점을 맞추려는 것이다. 병렬은 반복과 달리 서로 대응되는 것 사이에서 '새로운 의미'를 창출하는 것인 만큼, 대상의 인식과 의미 구성을 위한 하나의 사고 작용이 외현화된 것으로 볼 수 있기 때문이다.

이런 관점에서 본다면, <황조가>의 '꾀꼬리'는 그 대상의 실재 여부와 상관없이 자신이 처한 상황을 인식하게 만드는 대응물로서 기능한다는 데 유의할 필요가 있다.24) 꾀꼬리와 나 사이에 존재하는 공통점과 상대적 차이가 나란히 배열됨으로써, 외로움을 환기시키면서 짝을 잃은 슬픔과 외로운 처지라는 자기 인식과 이해가 구체화될 수 있는 것이다. 이때 꾀꼬리와 나는 표면상 대립의 관계를 형성하지만, 이 속에는 배우자와의 관계라는 공통된 상관축 또한 내재되어 있다.

화자가 자신의 처지를 노래할 때 상대적인 존재가 자연스럽게 전제되며, 이러한 존재를 통해 자기 이해에 도달하는 과정이 확인된다. 다만 병렬이 크게 유사 병렬과 대립적 병렬, 혹은 전개적 병렬과 대립적 병렬 등으로 구별되듯이,25) 상대적인 존재와 나의 관계는 의미상으로 유사일 수

---

24) 꾀꼬리의 의미를 두고서도 국문학의 많은 논의가 이루어져 왔으며, 최근에는 유리왕의 '유리'가 '꾀꼬리'임을 밝혀 작품을 새롭게 해석해내기도 하였다. 이 글은 꾀꼬리라는 대상을 통해 어떠한 사고를 하게 되는지를 탐색하는 데 목적을 두고 있는 만큼, 이들 논의와는 분명한 차이가 있다.

25) Alex Pleminger, *Princeton Encyclopedia of Poetry and Poetics*, Princeton university press,

도 있고 또한 대립적 대응일 수도 있다. <황조가>에서 꾀꼬리는 '외로움 [獨]'의 처지에 있는 나와는 상반되는, '다정히 즐기는[相依]' 존재를 대표하는 기능을 하고 있다. 충족과 결핍의 상반된 상황이 가져다주는 상대화로 인해, 자기에 대한 이해가 가능해지고 심화될 수 있었던 것이다. 특히 인간의 유한성이 상대적 대상인 자연의 무한성과 병렬될 때, 그 주체는 자연히 비극적 존재로 인식되기 마련이라는 설명에 비추어본다면,[26] <황조가>에서 꾀꼬리라는 대타적 존재는 나의 부정적인 처지를 일깨우는 효과적인 사고 장치라 할 수 있다. 고려가요 <동동>에 등장하는 꾀꼬리 역시 <황조가>의 그것과 마찬가지로 상대적 대상물로서, 돌아오지 않는 임을 기다리는 자신의 처지를 사고하게 만드는 기능을 한다는 공통점이 발견된다.

이러한 인식이 드러나는 작품은 수없이 많다. 다음 시조의 경우, '구름'과 '비', '가다'와 '오다'가 서로 대응하면서 병렬을 이루지만, 이들과 나를 긍정과 부정으로 재차 대응시킴으로써 또 다른 병렬이 발생하는 중층적 구조로 이루어져 있다. 여기서도 구름과 비라는 상대적 대상을 통해 자신이 처한 상황의 인식에 도달하는 과정을 볼 수 있다.

> 구름은 가건마는 나는 어이 못가는고
> 비는 오건마는 님은 어이 못 오는고
> 우리도 비 구름 갓타여 오락 가락 흐리라. (작자미상, 『歌曲源流(國樂院本)』 157)

이처럼 상대적 대상을 통한 자기 이해는 <황조가>뿐만 아니라 고전시

1965, 599면 참조. 피네간(Finnegan) 또한 "병렬이란 상이한 언어 표현을 사용한 의미의 반복이 때로 동질적인 되풀이를 이루거나 대립적인 되풀이를 이룰 때 존재한다"고 설명하여 의미상의 동질성, 대립성의 문제를 지적한 바 있다. Ruth Finnegan, *Oral Poetry : Its Nature, Significance and Social Context*, Cambridge university press, 1977 참조.

26) 김대행, 『한국시의 전통 연구』, 개문사, 1980, 133면.

가 전반에서 두드러지게 나타나는 보편적인 사유 구조로, 여기서 고대가
요의 보편성과 근원성이 재차 확인된다. 앞에서는 대상인 세계를, 그리고
뒤에서는 시적 자아를 제시하고 이들을 역동적 긴장 관계에 놓음으로써
궁극적으로 주체의 자기 이해를 가져오는 사고 구조는 고전시가를 대표
하는 표현 방식이면서 동시에 보편적인 사고 구조인 것이다.27) 언어를 매
개로 한 인간 사유의 전형적인 한 모습을 확인하게 된다. <황조가>의 교
육 내용으로서 상대적 대상을 통한 자기 이해의 문제를 제안하는 배경이
여기에 있다.

(3) 불러들이기를 통한 요구의 구체화 - <구지가>

당면한 과제, 경험 등을 의미있는 방식으로 구조화하여 표현하는 것이
언어적 활동이라 할 수 있다. 이러한 구조화가 표현과 전달의 효과를 극
대화하는 방향으로 전개되어야 함은 물론이다. 이 과정에서 주체는 대상
과 목적 이외에도 상황, 맥락, 참여자 등을 고려하여 다양한 전략을 모색
하게 되는데, <구지가>에서 거북의 등장 또한 이러한 말하기 전략의 일
환으로 살펴볼 수 있다. 이 경우 거북은 실재 사물이기보다는 어떤 목적
의 성취를 위해서 불러들인 대상으로, 사물을 통한 생각의 구체화라는 효
과를 대표한다.28)

실재가 아닌 대상이나 사물을 불러들이는 발화 행위가 <구지가>와 같
은 고대가요에서 특별히 구현될 수 있었던 바탕에 대해서는 여러 가지 설
명이 가능할 수 있다. 카시러(Cassirer)에 따르면, 원시인의 언어는 자연과
인간, 신과 인간 사이의 소통을 가능하게 하는 수단이었으며, 언어를 매개

---

27) 이에 대해서는 앞서 대상을 통한 자기 이해를 '성찰적 사고'로 개념화하여 유형과 절차를
탐색한 부분에서 보다 자세한 설명을 볼 수 있다.
28) 김대행, 『국어교과학의 지평』, 서울대 출판부, 1995, 232~236면 참조.

로 대상과 연결되고 연속감과 일체성 형성이 가능했던 것으로 설명하고 있다.[29] 동일한 관점에서 바필드(Barfield) 역시 원시시대의 언어는 한마디로 '비유의 시대(metaphorical period)'였으며, 그들의 의식은 대상을 '그것(es)'이 아닌 '너(du)'로 받아들이는 의인화된 세계관을 갖고 있었음을 밝히기도 했다.[30] 이들은 모두 언어가 인간의 사고 및 의식과 긴밀히 관계되면서 대상과 밀착되는 특질에 주목하고 있다. 이러한 설명에 비추어본다면, <구지가>에서 거북이나 머리의 존재도 단순히 경험이나 사물의 차원에서 대상을 실제로 가리키는 것이 아니라, 주체의 의식, 사고와 밀착된 대상으로서의 의미로 달리 받아들일 수 있다.

이러한 점을 전제로 한다면, 국어교육 내용으로서 <구지가>는 이전과는 다른 방향으로 다루어질 수 있다. <구지가>의 전체 의미나 '거북' 또는 '머리'가 상징하는 바에 대해서 다양한 견해가 존재하지만, 이들은 대체로 '무엇을 요구하는 것'으로 수렴될 수 있다.[31] 무엇을 향한 요구 혹은 무엇에 관한 요구의 과제는 이를 '어떻게 표현해야 하는가'와 같은 발화 방식에 대한 탐색을 요청하는데, <구지가>는 이러한 과제 해결의 한 모습을 보여주고 있다. 즉 언어를 통한 문제 해결의 측면에서 <구지가>의 구조는 요구의 목적을 효과적으로 표현하고 전달하기 위한 말하기 전략에 따른 것으로, 이때 거북이라는 대상은 이 같은 당면 과제에 대한 대응으로서 활용된 것이라 할 수 있다.

---

29) Ernst Cassirer, *Philosophie der symbolischen Formen* Ⅱ, 김준오 『시론』, 삼지원, 2002, 43면 재인용.

30) Owen Barfield, *Poetic Diction*, Wesleyan university press, 1973, 70면 참조.

31) <구지가>의 구조를 요구와 위협으로 보는 것이 일반적이며, 작품 전체의 의미를 '요구'로 보는 것에 대해서 많은 연구자들이 견해를 같이 하고 있다. 해석의 다양성은 대체로 요구의 내용, 즉 '무엇을' 요구하는가에 대한 설명의 차이에서 발생한다. '龜'와 '首'가 의미하는 바에 대해서는 임재욱, 「구지가에 나타난 신격에 대한 이중적 태도의 이해」, 『국문학연구』 19, 국문학회, 2009, 113~115면에 그동안의 연구 결과가 정리되어 있다.

이러한 점에 유의한다면, <구지가>의 언어 표현 구조는 말하고자 하는 바를 효과적으로 나타내기 위해 사용되는 전략 수행의 측면에서 살펴볼 수 있으며, 불러들이기를 통한 사고의 구체화[32]라는 효과를 갖는다. 수사적 문체론의 관점에서 보더라도 구체성은 '무엇인가를 눈앞에 세우는 원칙'[33]으로, 그 자리에 없는 것을 있는 것으로 나타냄으로써 수용자의 머리속에 강렬한 상상의 그림을 그리는 효과로 설명된다. 물론 이 같은 발화 효과상의 장점 이외에도 거북과 같은 대상을 갑작스럽게 등장시키는 이유를 비약에 따른 즐거움의 효과에서 찾을 수도 있다. 인간의 정신이 한 사실에서 다른 사실로 갑자기 비약하는 데서 적지 않은 기쁨과 즐거움을 느끼게 되는 효과를 말한다.[34] 단계별로 논리적으로 전개되는 것이 아니라, 갑자기 약진하는 발화 속에서 상상력이 촉진되고, 그 과정에서 흥미가 발생한다는 데 주목하는 것이다. 실제로 "주어진 문맥의 앞뒤로 미루어서 거북의 등장이 상당히 이질스럽다는 인식"[35] 또한 이를 뒷받침한다.

이 같은 표현과 사고 구조가 모든 수사법의 바탕 기제이면서 전언을 형상화하는 대표적인 방식에 해당한다는 점은 또 다른 교육적 의의를 불러온다. 비유의 기제가 본래 똑바로 말하지 않고 일부러 에둘러서 완곡하게 말하는 방법에 두고 있으며, 이처럼 에둘러서 말하는 것은 직접 드러내놓고 똑바로 말하는 것보다 훨씬 더 말하는 사람의 의도를 효과적으로 드러낼 수 있다는 장점을 갖는다.[36] 이런 점에서 보더라도, 요구의 대상과 내

---

32) 김대행, 앞의 책, 232~236면 참조.

33) H. F. Plett, *Einführung in die rhetorische Textanalyse*, 양태종 역, 『수사학과 텍스트 분석』, 동인, 2002, 66면.

34) 김욱동, 『은유와 환유』, 민음사, 1999, 58면. 다만, 배경설화에서 <구지가>가 집단적 노래로서 불려졌다는 기록에 의존해 볼 때, 거북을 갑작스러운 등장으로 볼 수 있는가에 대해서는 더 많은 논의가 필요할 것으로 생각된다.

35) 김열규, 「구지가 재론」, 백영정병욱선생10주기추모논문집간행위원회 편, 『한국고전시가작품론1』, 집문당, 1992, 3면.

용을 직접 언술하는 대신 불러들인 대상을 통해서 에둘러 표현하는 것은 말하고자 하는 바를 효과적으로 전달하기 위한 고도의 표현 전략이라 할 수 있으며, 그 근본 기제에 있어서도 다른 대상에 견주거나 빗대어 드러내는 비유와 크게 다르지 않음을 알 수 있다. 특히 비유의 기능이 관념을 생생하게 그리고 힘있게 만드는 구실에 있다는 설명은 불러들이기를 통한 사고의 구체화가 비유와 기능, 기제 면에서 서로 유사함을 뒷받침한다.

이처럼 표현과 전달이라는 과제의 차원에서 비유의 문제를 접근하게 되면, <구지가>의 거북은 문학 작품을 아름답고 화려하게 꾸미는 장식 차원이 아니라, 표현 전략과 수행이라는 인간 사고의 한 모습을 드러내는 표지라 할 수 있다. 이러한 관점에서는 <구지가>의 거북에 대한 다양한 해석을 교수·학습하여 그 내용을 이해·암기하는 것과는 다른 차원의 교육 내용이 마련될 수 있다. 말하고자 하는 내용을 효과적으로 전달하기 위한 표현 전략의 문제들, 그리고 대상을 통해 사고를 구체화하는 활동 등을 다룰 수 있다.

5. 교육 내용 설계 2 : 언어를 매개로 한 인간 문제의 경험

(1) 인간 존재의 보편적 문제 경험 : 죽음과 이별의 문제
─ 〈공무도하가〉, 〈황조가〉

자신에게 갑자기 들이닥친 고통에 대해 스스로 물음을 제기하고 고통의 원인을 생각하는 과정에서 언어가 발생한다.[37] 고대가요 또한 이 같은

---

36) 김욱동, 앞의 책, 35면. 이 책에 따르면 '비유'를 뜻하는 영어 '트로우프'의 기원이 그리스어 '트로페'에 있으며, 이는 '구부러짐' 혹은 '뒤틀림'의 뜻을 지니고 있다.
37) 강영옥, 「고통」, 우리사상연구소편, 『우리말철학사전』 5, 지식산업사, 2007, 62~63면.

고통의 과정과 그에 대한 성찰의 결과로서 산출된 것이라 할 수 있다. 그런데 인간은 자신의 고통을 언어로 온전히 다 드러내지 못하는 근원적인 한계를 갖는 만큼, 고대가요에 나타나는 표현 또한 주체의 내적 심리와 사유를 완전히 드러낸 것이라 할 수 없다. 이런 점에서 본다면, 고대가요를 통해 무언가를 경험한다는 것은, 절대적인 고통에 대한 개별적인 반응의 편린을 만나보는 것에 지나지 않을 수 있다. 그럼에도 불구하고 고대가요가 의미있는 경험이 될 수 있는 것은, 다루고 있는 문제가 사별, 이별과 같은 인간의 근본적·보편적 문제 사태를 대상으로 하고 있다는 점, 또한 이들 문제가 모두 인간의 결핍과 충족이라는 존재론적 한계와 욕망에서 기인한다는 데 있다.

<공무도하가>, <황조가>의 문제 사태는 피할 수 없는 한계 상황에서 비롯된다. 야스퍼스(Jaspers)에 따르면, 인간은 '상황 안에 있는 존재이며(in Situation Sein)', 그 상황은 일정한 한계를 가진 상황이다. 이때의 한계 상황이라 함은 고통, 전쟁, 죽음, 책임 등 인간으로서 피할 수 없는 상황으로, 이들은 곧 인간 실존을 대표한다. 이런 점에서 본다면 <공무도하가>, <황조가>는 인간이 삶과 죽음이라는 절대적인 한계 상황의 운명을 지닌 존재이고, 이러한 한계 상황에서 인간의 문제가 비롯됨을 깨닫게 해주는 효과적인 제재가 될 수 있다. 이러한 고통의 정서를 '한(恨)'이라는 말로 다양하게 풀어내는 것은 그것이 갖는 집단적, 민족적 성향에 주목한 데 따른 것이며, '좌절'과 '체념', '승화'와 '달관' 등도 이 같은 고통을 겪으면서 이르게 되는 정서와 태도를 설명하는 것들이라 할 수 있다.

<공무도하가> 작품 세계 전반을 규정하는 죽음의 문제는 한계 상황의 대표적 표지라 할 수 있다. 사실 생물학의 입장에서 본다면, 죽음은 생명의 주기에 따른 지극히 당연한 자연 현상에 지나지 않으며 삶이 태어남과 죽음 사이의 기간인 만큼, 헤겔(Hegel)이 말한 바와 같이 삶과 죽음은 서로

의 존재 조건에 해당한다.[38] 그러나 인간은 모든 생명체가 죽음을 맞이한다는 필연적 사실에 대해서는 수긍하면서도, 정작 자신 혹은 자신과 관계되는 이의 죽음에 대해서는 매우 특별한 사건으로 받아들이는 양면성을 갖고 있다. <공무도하가>에서 "當奈公何"로 노래되듯이, 사자(死者)와 생자(生者)간의 영원한 이별이 발생하기 때문이다.

이처럼 죽음은 인간이 자유로이 선택할 수 없는 필연이라는 점에서, 절대적 세계 앞에서 인간의 유한성을 깨닫는 일이 필요하다. "인간은 죽을 수밖에 없으며 더 이상 존재할 수 없다는 불가능함, 즉 나의 모든 가능성이 유한함"[39]을 경험하는 것을 말한다. 이런 점에서 문학은 인간이 처한 현실을 극한으로 밀어붙임으로써 "삶의 한계를 더듬어보는 일"[40]이라 할 수 있다.

이별의 문제 역시 마찬가지이다. <황조가>에서 사랑하는 이의 떠남은 '삶의 지속에 대한 불안'을 촉발하는 작용을 한다. 작품 전체의 지배적 정서가 상실감과 고독감으로 나타나는데, 이는 임의 부재로 인해서 삶의 전체 평행이 깨어지는 모습이라 할 수 있다. 이별을 계기로 인간은 무한한 욕망과 그러한 욕망을 충족시킬 수 없는 현실적 제약 사이에서 갈등을 겪는 존재라는 사실을 새삼 깨닫게 된다.

이처럼 죽음과 이별의 문제는 인간 존재로서 겪을 수밖에 없는 불가피한 경험이며, 그 과정에서 발생하는 갈등과 불안은 인간 삶을 구성하는 중요한 일부분이라 할 수 있다. 고대가요의 경험이 갖는 의의와 필요성은

---

38) 죽음의 문제를 삶과의 관련성 속에서 성찰한 여러 명제들을 쉽게 볼 수 있다. 장자(莊子)는 "삶은 죽음의 길을 따르는 것이요, 죽음이란 삶의 시작이니 어찌 그 근본 이유를 알 수 있으리오"라고 하였으며, 하이데거(Heidegger) 또한 인간을 "죽음을 향해 있음"으로 논한 바 있다.

39) Martin Heidegger, *Sein und Zeit*, 이기상 역, 『존재와 시간』, 까치, 1998.

40) 김우창, 「문학의 즐거움과 쓰임」, 김우창 외, 『문학의 지평』, 고려대 출판부, 1991, 11면.

경험의 이러한 보편성과 근본성에서 찾아진다.

특히 문학 감상이 인간 경험으로서 유의미한 활동이 될 수 있는 것은, 단순히 텍스트에 등장하는 문제 사태를 간접적으로 체험하는 데 그치지 않고, 텍스트가 제시하는 문제 대응 방식에 대한 끊임없는 가치 판단을 요청하기 때문이다. 경험의 대상은 일차적으로 텍스트 속 죽음과 이별의 문제 사태이지만, 의미있는 경험의 형성은 그에 따른 대응 방식을 가치 판단하고 비판하는 사고 과정에서 가능해진다. <공무도하가>나 <황조가>에는 죽음, 이별에 대한 각각의 대응 방식이 나타나는데, 국어교육에서 경험이 이 같은 대응 방식의 이해 및 습득에 그치지는 않는다. 이들 텍스트에 제시되는 대응 방식을 독자들에게 그대로 강요하거나 요구하지 않는다는 점은, 문학 경험이 갖는 중요한 특질이라 할 수 있다. 텍스트 속 대응 방식에 대해 독자 스스로 판단하고 비판하는 사고 과정에서 독자의 의미있는 경험이 형성될 수 있다.

특히 남편의 죽음에 대해 <공무도하가> 배경 설화가 보여주는 '뒤따라 죽음'과 같은 대응 방식은 현재의 학습자에게 상당히 이질적인 체험일 수밖에 없다. 한 비평가의 지적대로 독자의 현실 정서와 시인의 문학적 정서 사이에 발생하는 곤혹스러운 괴리가 오늘날 문학이 대면하게 가장 심각한 문제의 하나라고 한다면,41) <공무도하가>와 같은 고대가요는 이 같은 곤혹스러운 괴리가 가장 극대화되는 작품으로 평가될 수 있다. 그러나 이러한 이질성과 그에 따른 곤혹스러운 괴리가 오히려 인간 이해의 폭을 넓히는 체험으로도 작용할 수 있고, 적극적 가치 판단을 불러오는 것으로도 기능할 수 있다고 본다. 표면적으로 드러나는 공통의 정서("눈물을 흘리며 울음을 삼키지 않는 사람이 없었다")에 집착하여 이를 '지금 여기'의 독

---

41) 도정일, 『시인은 숲으로 가지 못한다』, 민음사, 1994.

자와 곧바로 연결짓기보다는, 오히려 이질성 내부에 존재하는 심층의 공통성과 보편성, 예컨대 남편을 잃은 여인의 한과 슬픔[42] 등을 탐색하고 평가하는 것이 요청된다.

이처럼 고대가요의 경험은 문제 사태를 바라보는 시선과 방식, 그에 따른 대응의 특성을 발견하고 살펴봄으로써, 인간에 대한 폭넓은 이해를 가져오는 것을 과제로 한다. 특히 이질성과 곤혹스러운 괴리 속에는 다양한 인간 삶의 모습을 볼 수 있는 가능성, 독자로 하여금 적극적으로 분석하고 비판하게 만드는 가능성 또한 내재되어 있다. 이러한 인식에 따라 고대가요 교육은 텍스트 속 문제 사태에 대한 분석과 비판을 통해 독자의 가치관과 세계관의 정립을 도모하는 것에 목표를 둘 수 있다.

(2) 인간 문제의 근원에 대한 경험 : 결핍과 충족의 변화
─ 〈공무도하가〉, 〈황조가〉, 〈구지가〉

인간의 갈등과 불안은 삶이 추구하는 균형감을 상실했을 때 구체적으로 인식되기 시작한다.[43] 이전까지 유지되던 삶의 균형이 깨어지고 앞으로의 불확실성이 가중되면서 화자의 의식 속에 갈등과 불안이 인식되는 것이다. 여기서 우리는 인간의 평정을 깨뜨리는 근원이 무엇인가에 대한 물음을 갖게 되고, 고대가요 속에서 이러한 물음에 대한 하나의 답을 찾을 수 있다. 이 답은 현재 상황을 불러일으킨 변화의 소용돌이가 무엇이고, 이전의 상황과 비교할 때 어떠한 변화를 가져온 것이며, 욕망의 방향

---

42) 〈공무도하가〉를 신화나 신비한 주술 등과 관련지어 다양하게 해석하는 것과는 달리, 이 작품의 의미를 남편을 여읜 아내의 한과 슬픔을 곡진하게 그리고 있는 데서 찾고, 여기서 시대와 지역을 넘어선 우리 문학의 전통을 발견하기도 한다. 정하영, 「〈공무도하가〉의 성격과 의미」, 백영정병욱선생10주기추모논집간행위원회 편, 앞의 책, 22면.

43) F. Riemann, *Grundformen der Angst : eine tiefenpsychologische Studie*, 전영애 역, 『불안의 심리』, 문예출판사, 2007.

성은 어디에 있는가에 대한 탐색의 과정을 통해서 구체적으로 마련될 수 있다. 고대가요 경험이 갖는 또 다른 교육적 의의는 이처럼 인간 문제를 야기하는 근원에 대한 성찰을 가능하게 한다는 점에 있다.

삶의 균형이 깨어진 것은 무엇인가의 변화가 생긴 데서 비롯되며, 여기서 욕망이 발생한다. '인정욕망(desire of recognition)'을 강조한 헤겔(Hegel)의 욕망 개념, '환상적 원망 충족(wish fulfillment)'으로 대표되는 프로이트(Freud)의 욕망 개념, 그밖에 생리적 욕구와 언어적 요구 간에 영원히 충족될 수 없는 결핍을 뜻하는 라깡(Lacan)의 욕망 개념 등은 비록 그 강조점에서 차이를 갖고 있을지라도 모두가 인간의 욕망을 결핍에서 기인하는 보고, 결핍된 것을 획득하려는 심적 역동에 주목하는 공통점을 보인다.44) 이처럼 욕망이란 현실적 대상의 결여로, 또는 현실에 존재하지 않는 결핍된 어떤 것을 간절히 추구하는 심적 역동으로 이해될 수 있다.

그런데 이러한 결여가 어디에서 기인하는 것인가에 따라 정서 유발의 근원을 구별할 수 있다. 정서 유발의 두 유형으로 '결손에 의한 평정의 파괴', '잉여에 의한 평정의 파괴' 등이 제시된 바 있다. 전자의 경우 갖추어져 있기 때문에 평정을 유지할 수 있는 상황에서 무엇인가를 앗아버림으로써 평정이 파괴되는 것이라고 한다면, 후자는 어떤 상황이 이루어져 있는데 거기에 무언가를 추가적으로 추구하는 데서 평정이 깨어지는 것을 말한다.45) 이러한 관점을 원용하여 이 글에서는 결핍이 '충족'에서 '결손'으로 변화하는 상황에서 발생된 것인가, 혹은 '결손'에서 '충족'으로 변화하는 상황에서 발생된 것인가의 차이에 주목하기로 한다. 어느 경우이든 정서의 발생은 이 같은 결핍과 충족의 관계 변화에 바탕을 두고 있다.

고대가요에서 <공무도하가>와 <황조가>의 경우 이별의 문제를 다룬

---

44) 전경갑・오창호, 『문화적 인간 인간적 문화』, 푸른사상, 2003, 340면.
45) 김대행, 『노래와 시의 세계』, 역락, 1999, 51~56면.

다는 공통점을 갖고 있는데, 이는 곧 임과의 이별이 결손을 야기함으로써 평정을 깨뜨리는 것으로 설명된다. 즉 충족에서 결핍으로 변화된 상황이 정서를 유발한 것으로 볼 수 있다. 반면, <구지가>의 경우 본래 부재, 결핍의 상황에서 무언가를 추구한다는 점에서 상황의 출발점이 앞의 작품들과는 차이가 있다. 결핍에서 충족으로 희구하는 상황의 차이가 <공무도하가> 또는 <황조가>와는 구별되는 정서와 욕망을 불러일으키는 것이다.

이러한 차이는 작품 구조에도 영향을 미치고 있다. <공무도하가>와 <황조가>의 경우에는 1행과 2행에서 모두 서정적 자아의 개입이 이루어질 수 없는 외적 상황이 제시되고, 이어 3행과 4행에서 이러한 외적 상황에 대한 자아의 심정이 표출되는 구조로 이루어져 있다. 예컨대 <공무도하가>를 보면, 서정적 자아의 만류에도 불구하고 백수광부가 물에 들어가는 상황이 제시됨으로써 임을 빼앗기게 되는 결손이 제시되고 있다. 이처럼 외부로부터의 빼앗김이 결핍을 야기하는 근원이 되면서, 작품은 이같은 외적 상황에 대한 서정적 자아의 심정을 표출하는 구조로 종결하게 되는 것이다.

반면, <구지가>의 경우에는 본래부터 결핍된 상황에서 무언가를 추가적으로 요구하는 데서 출발하는 만큼, <공무도하가>나 <황조가>와는 전혀 다른 구조를 취하게 된다. 즉, 서정적 자아의 적극적 개입과 행위가 호칭, 명령, 가정, 위협의 구조를 통해 이루어지는 것이다. 이처럼 인간 문제 발생의 근원, 즉 결손과 충족의 관계 변화 양상을 고대가요의 표현 구조 속에서 확인하고 경험할 수 있다.

그런데 정서의 변화와 그에 따른 욕구의 발생이 상당 부분 현실 상황의 변화와 개선으로 발전되지 못하는 근본적인 이유는 인간 삶의 조건이 갖는 제약에서 찾을 수 있다. 인간 삶은 개별성과 다양성을 갖고 있으면서도, 그 근원에는 누구도 벗어날 수 없고 자유로울 수 없는 보편적인 삶의 조건들이 내재되어 있다. 이와 관련하여 아렌트(Arendt)는 "생성과 소멸을 거듭하는 자연의 필연성으로부터 벗어난 영속적인 자신의 세계"46)를 인간 실존의 한 조건으로 제시하였지만, 이는 역설적으로 자연의 법칙에서 자유로울 수 없는 인간 존재의 한계를 설명한 것이라 할 수 있다.

이처럼 고대가요의 결핍과 충족의 문제는 모두 인간이 유한한 존재라는 점에서 연유하고 있다. 그러면서 동시에 인간은 언제나 이러한 한계를 넘어서서 나아가려는 데서 긴장이 발생한다. 하이데거(Heidegger)의 지적처럼, 그가 현실적으로 있는 모습과 그가 될 수 있는 모습 사이에는 차이가 있고, 그가 현재 있는 모습이 그렇게 될 수 있고 또 그렇게 되어야 할 모습의 전체가 아닌 것처럼,47) 이 같은 유한성과 초월성 사이에서 인간의 모든 갈등과 문제가 발생하는 것이다.

고대가요의 경험이 중요한 까닭은 경험의 대상이 되는 문제 자체의 근원성 이외에도, 인간의 존재론적 한계에서 그 문제가 비롯된다는 점을 보여준다는 데 있다. 고대가요는 언어를 통해서 인간의 초월적 욕망의 모습을 경험하게 할 뿐만 아니라, 그것이 어디서 연유하는 것인지를 살펴보게 한다는 의의가 있다. 여기서 인간의 유한성에 대한 깨달음에 이르고, 인간 존재에 대해 새롭게 성찰하는 것을 기대할 수 있다. 인간 삶의 과정에서 겪게 되는 일련의 고통은 인간이 능동적으로 선택하는 것이기보다는, 인간의 존재론적 한계로 인해 수동적으로 당하게 되는 측면이 크다.48) 이런

---

46) Hannah Arendt, *The Human Condition*, 이진우·태정호 역, 『인간의 조건』, 한길사, 1996, 35면.

47) Battista Mondin, *Anthropologia Filosofica*, 허재윤 역, 『인간 : 철학적 인간학 입문』, 서광사, 1996, 120면 재인용.

48) 독일어의 '고통(Liden)'이 '당한다(leiden)'는 말과 동일하고, 영어의 '수동적(passive)'이라는 말도 '고통(passion)'과 그 어원이 같은 데서 보듯, 축어적으로도 '고통'은 '수동적으로 당함'을 내포하고 있다.

점에서 본다면, 고대가요의 경험은 인간 존재의 유한성과 한계를 절실히 인식시키는 계기로서 효과적으로 기능할 수 있다.

6. 과제와 전망

고대가요에 대한 실체론적, 문학사적 접근은 작품의 규명, 해석과 같은 여러 연구 성과를 가져온 측면이 있지만, 한편으로는 고대가요가 학생들에게 외면당하는 상황을 야기한 책임에서 자유롭지 못한 면도 있다. 이는 고대가요를 가르쳐야 하는 이유와 교육적 의의에 대한 고찰이 충분히 이루어지지 못한 채, 작품 자체에 대한 정확한 이해가 곧 교육의 중요한 목표로 간주되는 것을 말한다.

학습자의 성장을 목표로 하는 교육에서는 해당 내용이 인간다운 성장과 생활에 어떠한 도움을 줄 수 있는지가 밝혀져야만 하며, 이 같은 효용성과 가치가 확보될 때 비로소 교육 내용으로서 구성이 가능할 수 있다. 고대가요와 관련하여 수많은 연구가 이루어졌음에도 불구하고, 새삼스럽게 고대가요 문제를 다시 제기하는 이유가 여기에 있다. 또한 작품과 배경 설화를 둘러싼 다양한 논쟁과 해석이 존재함에도 불구하고, 보편적인 차원과 수준에서 사고와 경험의 요소만을 도출한 것에 대한 변명이기도 하다.

이 글에서는 언어를 통한 인간 사고의 수행과 언어를 매개로 한 인간 문제의 경험을 구체적인 교육 내용으로 제안하였다. 이 같은 교육 내용은 고대가요가 갖고 있는 수많은 가치와 교육적 자질의 일부에 지나지 않을 수도 있다. 그러나 다른 작품과 구별되는 고대가요만의 고유한 자질에서 교육 내용을 도출하려 하였고, 이를 언어 사고와 인간 문제의 경험으로 설계할 수 있었다. 다양한 국면 중에서도 '언어 사고의 수행'에 특히 주목했던 까닭은 사고의 문제가 국어교육의 중요한 과제로서, 고대가요를 새롭게 인식하게 만드는 중요한 내용이 될 수 있으리라 판단했기 때문이다. 이는 일찍이 제6차 교육과정 당시 국어 교과서에 <차마설(借馬說)>이 수록될 수 있었던 이유, 배경과도 유사하다. <차마설>은 문제 발견 및 아이디어 생성의 주요한 원리를 담고 있다는 교육적 판단49)에 따라 언어활동과 사고의 문제에 대한 교육 제재로서 재발견되어 채택·활용될 수 있었다.

또한 '인간 문제의 경험'을 통해 인간다움에 대한 성찰을 제기한 것은, 국어교육의 목표가 어떠해야 하는가에 대한 반성과도 관련된다. 국어교육이 내세우는 언어 능력이 단순히 의사소통의 측면에 한정되는 것일 수 없음은 물론이다. 의사소통의 실용 기능 이상의 인문학적 가치와 요소를 담아야 한다는 생각50)에 따라 인간다움의 문제에 대한 경험을 주요 교육 내용으로 설계한 것이다.

다만, 국어교육의 측면에서 고대가요에 대한 새로운 인식을 사고와 경험으로 보여주려는 욕심이 앞섰던 나머지, 구체적인 내용을 실증하기보다는 그 방향성을 제안하고 탐색하는 데에 치중한 측면이 있다. 작품에 대한 정치한 분석과 그에 기반한 구체적인 교육 내용의 구안과 상세화는 향후 과제로 남긴다.

● 출처 :「고대가요에 대한 국어교육적 탐색─사고와 경험의 문제를 중심으로」
(『국어교육학연구』 38, 국어교육학회, 2010)

---

49) 김대행,「옛날의 글쓰기와 사고의 틀」,『국어교과학의 지평』, 서울대 출판부, 1995 참조.
50) 박인기, 앞의 글, 137면.

참고문헌

강명혜, 「<황조가>의 의미 및 기능-<귀지가>, <공무도하가>와의 연계성을 중심으로」, 『온지논총』 11, 온지학회, 2004.

강현석, 『교과교육학의 새로운 패러다임』, 아카데미프레스, 2006.

고정희, 「고전문학의 시공간적 거리감과 문학사적 교육」, 『고전문학과 교육』 14, 한국고전문학교육학회, 2007.

고춘화, 「교육내용으로서의 국어적 사고 범주 설계」, 『문학과 언어』 31, 문학과언어학회, 2009.

곽강제, 『논리와 철학』, 서광사, 1993.

곽 근, 「<처용설화>의 현대소설적 변용 연구」, 『국어국문학』 125, 국어국문학회, 1999.

곽명숙, 「『독립신문』 애국·독립가의 구술적 특징 연구」, 『우리어문연구』 30, 우리어문학회, 2008.

교육과학기술부, 『검정도서 편찬 및 검정기준』, 교육과학기술부, 2009.

교육과학기술부, 『고등학교 교육과정 해설 2』, 대한교과서, 2009.

교육과학기술부, 『교육과학기술부 고시 제2011-361호 국어과 교육과정』, 교육과학기술부, 2011.

교육부, 『교육부 고시 제1997-15호 국어과 교육과정』, 대한교과서, 1997.

교육부, 『고등학교 교육과정 해설 (2)국어』, 대한교과서, 2001.

교육부, 『교육부 고시 제2015-74호 2015 국어과 교육과정』, 교육부, 2015.

교육인적자원부, 『교육부 고시 제2007-79호 국어과 교육과정』, 대한교과서, 2007.

교육혁신위원회, 『미래교육의 비전과 전략』, 대통령자문교육혁신위원회, 2007.

구슬아, 「이규보의 글쓰기 방식 연구」, 서울대 석사학위논문, 2010.

구인환 외, 『문학교육론(제2판)』, 삼지원, 1996.

권두환, 「이규보의 수필문학」, 『현상과 인식』 4(2·3), 한국인문사회과학회, 1980.

권정은, 「자연시조의 구성공간과 지향의식」, 서울대 박사학위논문, 2004.

금장태, 『유학 사상의 이해』, 집문당, 1996.

길병휘, 『가치와 사실』, 서광사, 1996.

김공하, 『McPeck 비판적 사고와 교육』, 교육과학사, 1998.

김공하, 『비판적 사고와 교육』, 교육과학사, 1998.

김광민, 「역량기반 교육의 매력과 한계」, 『도덕교육연구』 20(2), 한국도덕교육학회, 2009.

김광수, 『비판적 사고론』, 철학과 현실사, 2012.

김광해 외, 『초등용 사고력 신장 프로그램 개발 연구』, 서울대 국어교육연구소, 1998.

김국태, 「창의적 언어 사용 능력 탐색」, 『청람어문교육』 28, 청람어문교육학회, 2004.

김대행, 『한국시의 전통 연구』, 개문사, 1980.

김대행, 『시조유형론』, 이대출판부, 1986.

김대행, 『시가시학연구』, 이대출판부, 1991.

김대행, 『문학이란 무엇인가』, 문학사상사, 1992.

김대행, 『국어교과학의 지평』, 서울대 출판부, 1995.

김대행, 『노래와 시의 세계』, 역락, 1999.

김대행, 『시와 문학의 탐구』, 역락, 1999.

김대행, 『문학교육틀짜기』, 역락, 2000.

김대행, 「수행적 이론의 연구를 위하여」, 『국어교육학연구』 22, 국어교육학회, 2005.

김대행, 『통일 이후의 문학교육』, 서울대출판부, 2008.

김대행 외, 『문학교육원론』, 서울대출판부, 2000.

김동욱 외, 『처용 연구 논총』, 울산문화원, 1989.

김명숙·박정·김광수, 『사고력 검사 개발 연구(Ⅰ) : 비판적 사고력 검사 예비문항 개발
　　　편』, 교육인적자원부, 2002.

김명환 구술, 『내 북에 앵길 소리가 없어요』, 뿌리깊은 나무, 1992.

김미혜, 「비판적 읽기 교육의 내용 연구」, 서울대 석사학위논문, 2000.

김미혜, 「국어적 창의성의 구성 요소에 관한 연구」, 『국어교육학연구』 20, 국어교육학회,
　　　2004.

김병국, 「구시서사시로서 본 판소리 사설의 구성 방식」, 『한국 고전문학의 비평적 이해』,
　　　서울대 출판부, 1995.

김보람, 「자국어 교육과정 국제 현황과 핵심역량 기반 국어과 교육과정 통합 방안」, 이
　　　화여대 석사학위논문, 2012.

김복순, 「비판적 사고론의 한계와 통합적 말글쓰기의 전망」, 『현대문학의 연구』 30, 현
　　　대문학연구학회, 2006.

김봉순, 「독서교육에서 비판의 성격과 지도내용」, 『독서연구』 19, 한국독서학회, 2008.

김봉순, 「읽기 교육 내용으로서의 지식」, 『국어교육학연구』 25, 국어교육학회, 2006.

김상봉, 「생각」, 우리사상연구소 편, 『우리말 철학사전』, 지식산업사, 2001.

김상봉, 『나르시스의 꿈 : 서양 정신의 극복을 위한 연습』, 한길사, 2002.

김상욱, 『국어교육의 재개념화와 문학교육』, 역락, 2006.

김상환 외, 『매체의 철학』, 나남출판, 1998.

김성룡, 「典範 학습과 중세의 문학교육」, 『문학교육학』 1, 한국문학교육학회, 1997.

김성진, 「법고창신의 글쓰기론」, 『문학교육론의 쟁점과 전망』, 삼지원, 2004.

김수업, 『국어교육의 길』, 나라말, 1998.

김수업, 『국어교육의 바탕과 속살』, 나라말, 2005.

김연숙, 「판소리 창자의 기능양상」, 서강대 석사학위논문, 1983.

김열규, 「처용은 과연 누군가? 누구일 것 같은가?」, 배달말 24, 배달말학회, 1999.

김영수, 「<처용가> 연구 재고-연구사를 중심으로」, 『신라문화』 7, 동국대 신라문화연구소, 1990.

김영정, 「창의성과 비판적 사고」, 『인지과학』 13(4), 한국인지과학회, 2002.

김영정, 「고등사고능력의 7범주」, 『대한토목학회지』 53(6), 대한토목학회, 2005.

김영정·정상준, 「비판적 사고의 9요소와 9기준」, 『대한토목학회지』 53(11), 대한토목학회, 2005.

김영채, 『사고와 문제 해결 심리학』, 박영사, 1995.

김영채, 『사고력 이론 개발과 수업』, 교육과학사, 1998.

김영채, 『창의적 문제해결 : 창의력의 이론, 개발과 수업』, 교육과학사, 1999.

김영철, 『한국 개화기 시가 연구』, 새문사, 2004.

김우창 외, 『문학의 지평』, 고려대 출판부, 1991.

김욱동, 「포스트 모더니즘과 문학」, 『새교육』 444, 1991.

김욱동, 『은유와 환유』, 민음사, 1999.

김원경, 「<처용가> 연구」, 국어국문학회 편, 『신라가요연구』, 정음사, 1979.

김은성, 「국어과 창의성 교육의 관점」, 『국어교육학연구』 18, 국어교육학회, 2003.

김은성, 「국어에 대한 태도 교육 연구」, 서울대 석사학위논문, 1999.

김익두, 「공연학적 관점에서 본 판소리」, 『판소리연구』 9, 판소리학회, 1998.

김정자, 「필자의 표현 태도 연구」, 서울대 박사학위논문, 2001.

김종걸, 『리쾨르의 해석학적 철학』, 한들출판사, 2003.

김준오, 『시론』, 삼지원, 1997.

김진영, 「이규보 연구」, 『국문학연구』 15, 서울대 국문학연구회, 1972.

김진영, 「이규보의 인간과 수필 세계」, 박기석 외, 『한국고전문학입문』, 집문당, 1996.

김진영, 「처용의 정체」, 장덕순 외, 『한국문학사의 쟁점』, 집문당, 1986.

김진영, 『李奎報文學硏究』, 집문당, 1984.

김진우, 『언어와 사고』, 한국문화사, 2008.

김창원, 『국어교육론-관점과 체제』, 삼지원, 2007.

김학성, 「<처용가>와 관련설화의 생성기반과 의미」, 『한국고시가의 거시적 탐구』, 집문당, 1997.

김학성, 「향가와 화랑집단」, 한국고전문학회 편, 『문학과 사회집단』, 집문당, 1995.

김한결, 「예술적 창의성과 비판적 독서」, 『독서연구』 15, 한국독서학회, 2006.

김현주, 『판소리 담화 분석』, 좋은날, 1998.

김현주, 『구술성과 한국서사전통』, 월인, 2003.

김혜정, 「텍스트 이해의 과정과 전략에 관한 연구」, 서울대 박사학위논문, 2002.

김흥규, 「고전문학 교육과 역사적 이해의 원근법」, 『현대비평과 이론』 3, 한신문화사, 1992.

김흥규, 『욕망과 형식의 詩學』, 태학사, 1999.

나정순, 『우리 고전 다시 쓰기』, 삼영사, 2005.

남덕우 편, 『최신교육학사전』, 교육과학사, 1988.

노명완 외, 『국어과 교육론』, 갑을출판사, 1988.

노명완, 「국어 교육과 사고력」, 『한국초등국어교육』 24, 한국초등국어교육학회, 2004.

노명완, 이차숙, 『문식성 연구』, 박이정, 2002.

노진호, 「듀이의 반성적 사고와 교육론에 관한 연구」, 성균관대 박사학위논문, 1994.

도정일, 『시인은 숲으로 가지 못한다』, 민음사, 1994.

류수열, 『판소리와 매체언어의 국어과학』, 역락, 2001.

류수열, 「문학 지식의 교육적 구도」, 『국어교육학연구』 25, 국어교육학회, 2006.

류수열, 『고전시가 교육의 구도』, 역락, 2008.

민병곤, 「말하기 듣기 교육 내용으로서의 지식에 대한 고찰」, 『국어교육학연구』 25, 국어교육학회, 2006.

민현식 외, 『미래를 여는 국어교육사』 I, 서울대출판부, 2007.

박노준, 『향가여요의 정서와 변용』, 태학사, 2001.

박민정, 「역량기반 교육과정의 특징과 비판적 쟁점 분석 : 내재된 가능성과 딜레마를 중심으로」, 『교육과정연구』 27(4), 한국교육과정학회, 2009.

박병기, 「창의적 문제해결의 교육적 이해」, 『교육심리연구』 15(1), 교육심리학회, 2000.

박붕배, 『한국국어교육전사』 中, 대한교과서 주식회사, 1997.

박성규, 『이규보연구』, 계명대출판부, 1982.

박성규, 「格物致知 개념의 연원」, 『규장각』 24, 서울대 규장각 한국학 연구원, 2001.

박영목, 「21세기 문식성의 특성과 문식성 교육의 과제」, 박영목, 노명완 편, 『문식성 교육 연구』, 한국문화사, 2008.

박영목, 『작문교육론』, 역락, 2008.

박영민, 「쓰기 교육에서 지식의 범주와 교육 내용의 구조」, 『국어교육학연구』 25, 국어교육학회, 2006.

박영민, 「비판적 이해에 대한 국어교사의 인식 분석」, 『독서연구』 20, 한국독서학회, 2008.

박영숙 외, 『한국사회의 미래예측과 교육의 대응전략 모색에 관한 연구』, 교육인적자원부, 2006.

박유정, 「비판적 사고의 개발에 대한 논리」, 『교양교육연구』 6(3), 한국교양교육학회, 2012.

박은진·김희정, 『비판적 사고를 위한 논리』, 아카넷, 2008.

박은진·김희정, 『비판적 사고』, 아카넷, 2008.

박이문, 『예술 철학』, 문학과지성사, 2006.

박인기, 『문학교육과정의 구조와 이론』, 서울대출판부, 1996.

박인기, 「국어교육과 타 교과교육의 상호성」, 『국어교육』 120, 한국어교육학회, 2006.

박인기 외, 『문학을 통한 교육』, 삼지원, 2005.

박재윤 외, 『미래 교육비전 연구』, 한국교육개발원, 2010.

박해용, 『철학용례사전』, 돌기둥 출판사, 2004.

박희병, 「이규보의 문예론」, 『민족문학사연구』 10, 민족문학사연구소, 1997.

박희병, 『한국의 생태사상』, 돌베개, 1999.

백순철, 「淸溪 姜復中 時調 硏究」, 『한국시가연구』 12, 한국시가학회, 2002.

백영정병욱선생10주기추모논문집간행위원회 편, 『한국고전시가작품론1』, 집문당, 1992.

변광배, 『장 폴 사르트르 시선과 타자』, 살림, 2004.

서명희, 『用事의 언어 문화론적 연구』, 서울대 석사학위논문, 1997.

서명희, 「'되기'의 문학과 생성적 텍스트」, 『고전문학과 교육』 10, 한국고전문학교육학회, 2005.

서민규, 「비판적 사고와 창의적 문제해결」, 『교양교육연구』 6(3), 한국교양교육학회, 2012.

서울대 교육연구소 편, 『교육학용어사전』, 하우, 1994.

서울대 교육학과 BK21 역량기반교육혁신 연구사업단, 『역량기반교육』, 교육과학사, 2010.

서울대 국어교육연구소 편, 『국어교육학사전』, 대교, 1999.

서울시 교육연구원 편, 『사고력 교육의 이론과 실제』, 서울시 교육연구원, 1993.

서유경, 「<공무도하가>에 대한 표현 교육론적 연구」, 『고전문학과 교육』 14, 한국고전문학교육학회, 2007.

서윤석, 『문심조룡 연구 : 이론의 체계와 특징을 중심으로』, 서울대 박사학위논문, 1994.

서정화, 「이규보 산문 연구」, 고려대 박사학위논문, 2008.

서 혁, 「언어, 문학 영재성과 국어 능력」, 『교과교육학연구』 13(1), 이화여대 교과교육연구소, 2009.

선주원, 「비평적 사고력 증진을 위한 소설교육」, 『현대문학의 연구』 29, 현대문학연구학회, 2006.

성기옥 외, 『한국시의 미학적 패러다임과 시학적 전통』, 소명, 2004.

성은현 외, 「한국적 창의성과 창의적 환경에 대한 대학생들의 암묵적 이론」, 『한국심리학회지』 14(1), 한국심리학회, 2008.

성일제 외, 『사고와 교육』, 한국교육개발원, 1988.

성일제 외, 『사고 교육의 이론과 실제』, 배영사, 1989.

성일제 외, 『사고력 신장을 위한 프로그램 개발 연구(II)』, 한국교육개발원, 1998.

소경희 「학교 지식의 변화 요구에 따른 대안적 교육과정 설계방향 탐색」, 『교육과정연구』 24(3), 한국교육과정학회, 2006.

소경희, 「학교 교육의 맥락에서 본 역량의 의미와 교육과정적 함의」, 『교육과정연구』 25(3), 한국교육과정학회, 2007.

소경희, 「역량 기반 교육의 교육과정사적 기반 및 자유교육적 성격 탐색」, 『교육과정연구』 27(1), 한국교육과정학회, 2009.

소광희 외, 『인간에 대한 철학적 성찰』, 문예출판사, 2005.

손민호, 『구성주의와 학습의 사회 이론』, 문음사, 2005.

손민호 「실천적 지식의 일상적 속성에 비추어 본 역량(competence)의 의미」, 『교육과정연구』 24(4), 한국교육과정학회, 2006.

손예희, 『상상력과 현대시교육』, 역락, 2014.

손오규, 『산수미학탐구』, 제주대 출판부, 2006.

송도선, 『존 듀이의 경험교육론』, 문음사, 2004.

송문석, 『인지시학』, 푸른사상, 2004.

송준호, 「이규보의 문장과 수사적 특질」, 장덕순 외 편, 『이규보 연구』, 새문사, 1986.

송지언, 「시조 의미 구조의 경험 교육 연구」, 서울대 박사학위논문, 2012.

송혁기, 「논설류 산문의 문체적 특성과 작품양상」, 『동방한문학』 31, 동방한문학회, 2006.

송혁기, 「한문산문 '說' 體式의 문학성 재고」, 『韓國言語文學』 58, 한국언어문학회, 2006.

송효섭, 「구술성과 기술성의 통합과 확산」, 『국어국문학』 131, 국어국문학회, 2002.

신명선, 「국어적 창의성의 개념 정립에 대한 연구」, 『국어교육학연구』 35, 국어교육학회, 2009.

신연우, 「깨달음을 주제로 한 고전 산문 문학의 양상 고찰」, 『열상고전연구』 9, 열상고전연구회, 1996.

신연우, 「이규보의 설 읽기의 한 방법」, 『우리어문연구』 11, 우리어문학회, 1997.

신영명, 『사대부시가의 연구』, 국학자료원, 1996.

신용호, 『이규보의 의식세계와 문학론연구』, 국학자료원, 1990.

신은경, 「<처용가>에 대한 정신분석적 검토 : 라캉의 주체의식 이론을 중심으로」, 『한국시가연구』 1, 한국시가학회, 1997.

신재홍, 『향가의 해석』, 집문당, 2002.

신헌재, 『학습자 중심의 국어교육』, 박이정, 1994.

심승환, 「사고의 교육적 의미에 대한 고찰」, 『교육문제연구』 42, 고려대 교육문제연구소,

2012.

심우장, 「구비문학과 텍스트 과학」, 한국구비문학회 편, 『구비문학과 인접과학』, 박이정, 2002.

양승민, 「고려조 의론체 산문의 우언적 성향과 의미」, 『어문논집』 36, 안암어문학회, 1997.

양태순, 「고대가요를 어떻게 가르칠 것인가?」, 『교육논총』 2, 서원대학교, 1998.

양현승, 『한국 설 문학 연구』, 박이정, 2001.

엄정식, 「가치와 삶」, 우리사상연구소 편, 『우리말철학사전』 4, 지식산업사, 2005.

염은열, 『고전문학의 교육적 발견』, 역락, 2007.

염은열, 『공감의 미학, 고려속요를 말하다』, 역락, 2013.

오정국, 『시의 탄생, 설화의 재생』, 청동거울, 2002.

오정훈, 「비판적 사고 함양을 위한 시 감상 교육방법」, 『국어교육학연구』 49(2), 국어교육학회, 2014.

오판진, 「비판적 사고교육의 내용 연구」, 『국어교육학연구』 16, 국어교육학회, 2003.

우리사상연구소편, 『우리말철학사전』 5, 지식산업사, 2007.

우한용, 『문학교육과 문화론』, 서울대출판부, 1997.

원자경, 「문학적 사고의 은유원리를 통한 창의력 교육 연구」, 고려대 박사학위논문, 2012.

유현숙 외, 『국가 수준의 생애 능력 표준 설정 및 학습 체제 질관리 방안 연구(Ⅲ)』, 한국교육개발원, 2004.

윤사순, 『조선시대 성리학의 연구』, 고려대 민족문화연구원, 1998.

윤석빈, 「희랍문자의 변천과정과 더불어 본 구술언어와 문자언어가 인간 실존에 미치는 영향에 대하여」, 『동서철학연구』 28, 한국동서철학회, 2003.

윤석산, 「신라 가요 <처용가>와 <처용설화>의 현대시 수용 양상」, 『한양어문』 제17집, 한국언어문화학회, 1999.

윤성우, 『폴 리쾨르의 철학』, 철학과현실사, 2004.

윤승준, 『고려조 한문학론』, 민속원, 2004.

윤여탁, 「시 교육과 사고력의 신장」, 김은전 외, 『현대시 교육의 쟁점과 전망』, 월인, 2001.

윤영천 외, 『문학의 교육, 문학을 통한 교육』, 문학과지성사, 2009.

윤인현, 「이규보 '설'에서의 작가의식」, 『우리어문연구』 51, 우리어문학회, 2015.

윤재근, 『문예미학』, 고려원, 1984.

윤재근, 「詩와 思」, 『詩論』, 둥지, 1990.

윤정일 외, 「인간능력으로서의 역량에 대한 고찰 : 역량의 특성과 차원」, 『교육학연구』 45(3), 한국교육학회, 2007.

윤준채, 「비판적 사고력 측정을 위한 읽기 평가의 방향」, 『독서연구』 20, 한국독서학회, 2008.
윤현진 외, 『미래 한국인의 핵심 역량 증진을 위한 초중등학교 교육과정 비전 연구(Ⅰ)』, 한국교육과정평가원, 2007.
이강엽, 「설의 장르성향과 소설적 변개 가능성」, 『국어국문학』 112, 국어국문학회, 1994.
이강옥, 「문학교육과 비판·성찰·깨달음」, 『문학교육학』 29, 한국문학교육학회, 2009.
이광우 외, 『한국인의 핵심 역량 증진을 위한 초중등학교 교육과정 비전 연구(Ⅱ)』, 한국교육과정평가원, 2008.
이광우 외, 『미래 한국인의 핵심 역량 증진을 위한 초중등학교 교육과정 설계 방안 연구』, 한국교육과정평가원, 2009.
이근호 외, 『미래 사회 대비 핵심역량 함양을 위한 국가 교육과정 구상』, 한국교육과정평가원, 2012.
이남인 외, 『세계에 인간에 대한 동양인의 사유』, 천지, 2003.
이돈희, 「지식기반사회의 도래와 교육의 새로운 위상」, 이돈희 편, 『지식기반사회와 교육』, 교육부 정책보고서, 1999.
이돈희, 『존 듀이 교육론』, 서울대 출판부, 1992.
이돈희, 『교육정의론』, 교육과학사, 1999.
이동원, 『창의성 교육의 실천적 접근』, 교육과학사, 2009.
이동후, 「제3의 구술성」, 『언론정보연구』 47(1), 서울대 언론정보연구소, 2010.
이만갑, 『자기와 자기의식』, 소화, 2004.
이명자·문병상, 「창의성에 대한 심리학적 고찰」, 『교육학논총』 24(1), 대경교육학회, 2003.
이병한 편, 『중국 고전 시학의 이해』, 문학과지성사, 1992.
이삼형, 「언어사용교육과 사고력」, 『국어교육연구』 5, 서울대 국어교육연구소, 1998.
이삼형, 『중등학교 국어과 사고 기능 신장 프로그램을 위한 이론화 탐색』, 한국교원대학교 교과교육연구소 연구보고서, 1998.
이삼형 외, 『국어교육학과 사고』, 역락, 2007.
이상익 외, 『고전수필 어떻게 읽을 것인가』, 집문당, 1999.
이승복, 「기와 설의 수필문학적 성격 : 이규보의 작품을 중심으로」, 『韓國國語敎育研究會 論文集』 55, 한국어교육학회, 1995.
이영태, 「<공무도하가>의 배경설화에 나타난 광부 처의 행동」, 『민족문학사연구』 33, 민족문학사학회, 2007.
이용호, 「<구지가>의 문학교육적 연구」, 『동국어문학』 3, 동국어문학회, 1989.
이정모 외, 『인지심리학』, 학지사, 2001.
이정우, 『개념-뿌리들』, 철학 아카데미, 2004.

이종관, 「상대주의」, 우리사상연구소 편, 『우리말철학사전』 3, 지식산업사, 2003.

이좌용, 홍지호, 『비판적 사고』, 성균관대 출판부, 2015.

이주영, 「가사에 나타난 병렬 형식 경험의 교육적 의의」, 『문학교육학』 24, 한국문학교육학회, 2007.

이지호, 「글쓰기의 문제설정방식-<슬견설>을 중심으로」, 『국어국문학』 113, 국어국문학회, 1995.

이창덕 외, 『삶과 화법』, 박이정, 2001.

이혜영 외, 『교육비전 중장기 계획 연구』, 한국교육개발원, 2007.

이흔정, 「역량기반 교육과정의 가능성 탐색」, 『교육종합연구』 8(3), 교육종합연구소, 2010.

임선하, 「교육 내용으로서의 창의적 사고」, 『교육 개발』 11(6) 한국교육개발원, 1989.

임선하, 『창의성에의 초대』, 교보문고, 1998.

임재욱, 「<구지가>에 나타난 신격에 대한 이중적 태도의 이해」, 『국문학연구』 19, 국문학회, 2009.

장덕순, 「붓의 정치가 이규보」, 『한국의 인간상』 5, 신구문화사, 1965.

장덕순 외, 『한국문학사의 쟁점』, 집문당, 1986.

장상호, 『학문과 교육 (상)』, 서울대 출판부, 1997.

장주희 외, 『2030 미래의 직업생활 연구』, 한국직업능력개발원, 2011.

전윤식, 「문제해결기술과 그 촉진을 위한 교육적 접근」, 변창진, 송명자 편, 『교육심리』, 교육과학사, 1995.

정기철, 『해석학과 학문과의 대화』, 문예출판사, 2004.

정끝별, 『패러디 시학』, 문학세계사, 1997.

정노식, 『조선창극사』, 조선일보사, 1940.

정대림, 「신의와 용사」, 장덕순 외, 『한국문학사의 쟁점』, 집문당, 1986.

정래승, 「비판적 태도의 교육적 의의 및 형성조건에 관한 고찰」, 고려대 석사학위논문, 1986.

정 민, 『비슷한 것은 가짜다』, 태학사, 2000.

정병욱, 『증보판 한국고전시가론』, 신구문화사, 1996.

정병헌, 「백수광부의 아내와 유리왕」, 『한국고전문학의 교육적 성찰』, 숙명여대 출판국, 2003.

정병훈 외, 『비판적 사고』, 경상대 출판부, 2012.

정우봉, 「이규보의 미학사상」, 『민족문화연구』 47, 고려대 민족문화연구소, 2007.

정우철, 「이야기판의 소통과 내면화 연구」, 경북대 박사학위논문, 2010.

정자영, 「비판적 사고력 신장을 위한 토론 루브릭에 관한 연구」, 한양대 박사학위논문, 2011.

정자영, 「비판적 사고력 평가 관점과 기준」, 『한국언어문화』 44, 한국언어문화학회, 2011.

정종진, 「창의성에 대한 다원적 접근과 그 교육적 시사」, 『초등교육연구논총』 18(3), 대구교대 초등교육연구소, 2003.

정현선, 「언어·텍스트·매체·문화 범주와 '복합적 문식성' 개념을 통한 미디어 교육의 국어교육적 수용에 관한 연구」, 『한국초등국어교육』 28, 한국초등국어교육학회, 2005.

정혜승, 「문식성의 변화와 기호학적 관점의 국어과 교육과정 모델」, 『교육과정연구』 26(4), 한국교육과정학회, 2008.

조기영, 「<공무도하가>의 주요 쟁점과 관련 기록의 검토」, 『인문과학연구』 12, 강원대 인문과학연구소, 2004.

조기영, 『한국시가의 자연관』, 북스힐, 2005.

조대연·김재현, 「사회적 자본을 통한 국가수준의 역량개발 가능성 탐색」, 『HRD연구』 9(2), 한국인력개발학회, 2007.

조동일, 『문학연구방법』, 지식산업사, 1980.

조동일, 『한국문학통사1』, 지식산업사, 1990.

조동일, 『한국시가의 역사의식』, 문예출판사, 1993.

조동일, 『한국문학사상사시론』, 지식산업사, 1998.

조석희, 「창의성의 파라독스」, 『인지와 창의성의 심리학』, 창지사, 1996.

조연순, 『문제중심학습의 이론과 실제』, 학지사, 2006.

조연순·성진숙·이혜주, 『창의성 교육』, 이화여대 출판부, 2008.

조연순·최경희, 「창의적 문제 해결력 신장을 위한 중학교 과학 교육과정 개발」, 『한국과학교육학회지』 20(2), 한국과학교육학회, 2000.

조하연, 「문학의 속성을 활용한 창의적 사고의 교육 방안 연구」, 『국어교육학연구』 16, 국어교육학회, 2003.

조하연, 「문학 감상 교육 연구」, 서울대 박사학위논문, 2010.

조희정, 「창의적 글쓰기와 전범 텍스트 학습의 상관성」, 『국어교육』 100, 한국어교육학회, 1999.

조희정, 「고전리터러시의 '시공간적 거리감' 연구」, 『국어교육』 119, 한국어교육학회, 2006.

주세형, 「국어지식 영역에서의 지식의 성격과 내용 체계화 방법론 연구」, 『국어교육학연구』 25, 국어교육학회, 2006.

차배근, 『태도 변용 이론』, 나남, 1985.

차호일, 「문제해결 중심의 시창작 전략」, 『한국언어문학』 60, 한국언어문학회, 2007.

천경록, 「기능, 전략, 능력의 개념 비교」, 『청람어문학』 13, 청람어문학회, 1995.

최미숙 외, 『국어교육의 이해』, 사회평론, 2008.

최상덕 외, 『21세기 창의적 인재 양성을 위한 교육의 미래전략 연구』, 한국교육개발원, 2011.

최용수, 「처용(가)에 대한 연구사적 검토」, 『영남어문학』 24, 영남어문학회, 1993.

최인수, 「창의성을 이해하기 위한 여섯가지 질문」, 『한국심리학회지』 17(1), 한국심리학회, 1998.

최지현, 『문학교육과정론』, 역락, 2006.

최지현, 『문학교육심리학』, 역락, 2014.

최지현 외, 『국어과 교수·학습 방법』, 역락, 2007.

최향임, 「국어교육에서의 비판적 사고 능력 신장에 관한 연구」, 서울대 석사학위논문, 1992.

최현재, 「박인로 시가의 현실적 기반과 문학적 지향 연구」, 서울대 박사학위논문, 2004.

최홍원, 「매체 개념과 국어교육의 가능성 연구」, 『선청어문』 33, 서울대 국어교육과, 2005.

최홍원, 『시조의 성찰적 사고 교육 연구』, 서울대 박사학위논문, 2008.

최홍원, 『성찰적 사고와 문학교육론』, 지식산업사, 2012.

최홍원, 『고전문학 경험교육론』, 역락, 2015.

하강진, 「이규보 수필의 구조와 의미」, 『韓國文學論叢』 18, 한국문학회, 1996.

한국개발연구원, 『미래비전 2040-미래 사회 경제 구조 변화와 국가 발전 전략』, 한국개발연구원, 2010.

한국고전문학회 편, 『국문학의 구비성과 기록성』, 태학사, 1999.

한국교육개발원, 『사고력 신장을 위한 프로그램 개발 연구 Ⅰ-Ⅳ』, 한국교육개발원, 1987~1991.

한국교육과정평가원, 『대학수학능력시험 출제 매뉴얼』, 사단법인 교육진흥연구회, 2005.

한국교육과정평가원, 『2008 고등학교 국어과 교육과정 해설 연구 개발』, 한국교육과정평가원, 2008.

한국구비문학회 편, 『구비문학의 연행자와 연행 양상』, 박이정, 1999.

한국사상사연구회 편, 『조선유학의 자연철학』, 예문서원, 1998.

한국한문학회 편, 『한국 한문학과 미학』, 태학사, 2003.

한국현상학회 편, 『세계와 인간 그리고 의식지향성』, 서광사, 1992.

한명희, 「지식기반 사회에서의 학교역할에 관한 철학적 반성」, 『교육철학』 27, 교육철학회, 2002.

한명희, 『교육의 미학적 탐구』, 집문당, 2002.

한순미 외, 『창의성』, 학지사, 2004.

한전숙, 『현상학』, 민음사, 1996.

한철우, 「국어교육학의 의미와 체계」, 『교과교육학의 학문적 성격과 체재』, 한국교원대
　　학교 부설 교과교육공동연구소, 1994.
한형조, 『주희에서 정약용으로-조선 유학의 철학적 패러다임 연구』, 세계사, 1996.
함성민, 「문학현상 수용 과정에서의 비판적 사고 연구」, 동국대 박사학위논문, 2016.
허경철, 「사고력의 개념화」, 『사고력 교육과 평가』, 중앙교육평가원, 1990.
허경철 외, 『사고력 신장을 위한 프로그램 개발 연구(Ⅴ)』, 한국교육개발원 보고서, 한국
　　교육개발원, 1991.
허혜정, 「<처용가>와 현대의 문화 콘텐츠」, 『현대문학의 연구』 28, 한국문학연구학회,
　　2006.
홍경표, 「처용 모티브의 시적 변용」, 『현대문학』 1982 6월호.
홍병선, 「비판적 사고가 갖는 철학적 함의」, 『철학논총』 66, 새한철학회, 2011.
홍병선, 「비판적 사고의 논리적 근거」, 『교양논총』 6, 중앙대 교양교육연구소, 2012.
홍원표·이근호, 「역량 기반 교육과정의 현장 적용 방안 연구 : 캐나다 퀘벡의 사례를
　　중심으로」, 『교육과정연구』 29(1), 한국교육과정학회, 2010.
홍원표·이근호·이은영, 『외국의 역량기반 교육과정 현장 적용 사례 연구 : 호주와 뉴
　　질랜드, 캐나다, 영국의 사례를 중심으로』, 한국교육과정평가원, 2010.
황도경, 『한국 패러디 소설 연구』, 국학자료원, 1996.
황지영, 「한국 현대시의 처용 설화 수용 양상 연구」, 서강대 석사논문, 1996.
황패강, 『한국문학의 이해』, 새문사, 1991.

蒙培元, 『中國哲學的主體的思惟』, 김용섭 역, 『중국철학과 중국인의 사유방식』, 철학과현
　　실사, 2005.
吳戰壘, 『中國詩學』; 유병례 역, 『중국 시학의 이해』, 태학사, 2003.
劉若愚, 『中國詩學』; 이장우 역, 『중국시학』, 명문당, 1994.
劉　勰, 『文心雕龍』, 최동호 역편, 『문심조룡』, 민음사, 1994.
袁行霈, 『中國詩歌藝術研究』, 강영순 외 역, 『중국시가예술연구』, 아세아문화사, 1999.
張　法, 『中西美學與文化精神』, 유중하 외 역, 『동양과 서양 그리고 미학』, 푸른숲, 1999.
張三植 編, 『大漢韓辭典』, 성문사, 1969.

佐佐木健一, 美學辭典, 민주식 역, 『미학사전』, 동문선, 2002.

Anderson, Lorin W. 외, A Taxonomy for Learning, Teaching, and Assessment, 강현석 외 역,
　　『교육과정 수업 평가를 위한 새로운 분류학』, 아카데미프레스, 2005.
Arendt, Hannah, The Human Condition, 이진우·태정호 역, 『인간의 조건』, 한길사, 1996.
Auciello, Joseph, "Chronicle of a Battle Foretold : Curriculum and Social Change", English

Journal 89(4), National Council of Teachers of English, 2000 March.

Bailin, S., *Achieving Extraordinary Ends : An Essay on Creativity*, Kluwer Academic publishers, 1988.

Barbotin, E., *The Humanity of Man*, Orbis Books, 1975.

Barfield, Owen, *Poetic Diction*, Wesleyan University Press, 1973.

Barthes, Roland, *(Le)Plaisir du texte*, 김희영 역, 『텍스트의 즐거움』, 동문선, 1997.

Bartlett, Frederic, *Thinking: An Experimental and Social Study*, Basic Books, 1958.

Beaugrande, R. & Dressler, W., *Introduction to Text Linguistics*, 김태옥·이현호 역, 『담화·텍스트 언어학 입문』, 양영각, 1991.

Bergez, Daniel, *Introduction aux methodes critiques pour l'analyse litteraire*, 민혜숙 역, 『문학비평방법론』, 동문선, 1997.

Best, D., Can Creativity be taught?, *British Journal of Educational Studies* 30(3), 1982.

Biber, Douglas, *Variation across Speech and Writing*, Cambridge Univ Press, 1988.

Blackburn, Simon, *Think*, 고현범 역, 『생각』, 이소출판사, 2002.

Bloom, B. S. 외, *Taxonomy of Educational Objectives : The Classification of Educational Goals 1, Cognitive Domain*, 임의도 외 공역, 『교육목표분류학 (Ⅰ)』, 교육과학사, 1983.

Boden, M., *The Creative Mind : Myths and Mechanisms*, Basic Books, 1992.

Boostrom Robert, *Thinking: The Foundation of Critical and Creative Learning in the Classroom*, Teachers College Press, Columbia University, 2005.

Boyatzis, A, R., *The Competent Manager : A Model for Effective Performance*, J. Wiley, 1982.

Bransford, John. D. & Stein B. S., *The IDEAL Problem Solver*, 김신주 역, 『사고기능의 교육』, 문음사, 1993.

Broudy, H. S., Tacit Knowing as a Rationale for Liberal Education, *Teachers College Record* 80(3), 1979.

Browne, M. Neil, Keeley, Stuart M., *Asking the Right Questions*, 이명순 역, 『11가지 질문 도구의 비판적 사고력 연습』, 돈키호테, 2010.

Bruner, Jerome S., *The Culture of Education*, 강현석 외 역, 『교육의 문화』, 교육과학사, 2005.

Buber, M., *Ich und Du*, 표재명 역, 『나와 너』, 문예출판사, 1995.

Carruthers, P., *Language Thought and Consciousness : An Essay in Philosophical Psychology*, Cambridge university press, 1996.

Cassirer, Ernst, *Der Begriff der symbolischen Form im Aufbau der Geisteswissenschaften, Naturalistische und humanistische Begründung der Kulturphilosophie*, 오향미 역, 『인문학의 구조 내에서 상징형식 개념』, 책세상, 2002.

Chance, Paul, *Thinking in the Classroom*, Teachers College Press, 1986.

Clarke, John H., *Patterns of Thinking*, Allyn and Bacon, 1990.

Clement, Elisabeth, *Pratique de la philosophie de a á z*, 이정우 역, 『철학사전』 동녘, 1996.

Cowan, Elizabeth, *Writing*, Scott, Foresman and Company, 1983.

Creber Paddy, *Thinking Through English*, Open university press, 1990.

Cropley, Arthur J., *Kreativitaet und Erziehung*, 김선 역, 『교육과 창의성』, 집문당, 1995.

Csikswentmihayi, *Creativity*, 노혜숙 역, 『창의성의 즐거움』, 북로드, 2003.

Culler, Jonathan, *Literary Theory*, 이은경 외 역, 『문학이론』, 동문선, 1999.

Davison Jon & Moss John, *Issues in English Teaching*, Routledge, 2000.

D'Angelo, E., *The Teaching of Critical Thinking*, B.R. Gruner, 1971.

Dewey, J., *How We Think*, 임한영 역, 『사고하는 방법』, 법문사, 1979.

Dewey, J., *Democracy and Education*, 이홍우 역, 『민주주의와 교육』, 교육과학사, 1987.

Dewey, J., *Experience and Education*, 엄태동 편, 『경험과 교육』, 원미사, 2001.

Dewey, J., *Art as Experience*, 이재언 역, 『경험으로서의 예술』, 책세상, 2003.

Dickie, George, *Aesthetics : An Introduction*, 오병남 외 역, 『미학입문』, 서광사, 1983.

Dillon, J. T., Problem Finding and Solving, *Journal of Creative Behaviour* 16(2), 1982.

Dilthey, Wilhelm, *Der Aufbau der geschichtlichen Welt in den Geisteswissenschaften*, 이한우 역, 『체험·표현·이해』, 책세상, 2002.

Edelsky, C. eds., *Making Justice our Project*, NCTE, 1999.

Edwards, Paul eds., *The Encyclopedia of Philosophy*, The macmillan company, 1967.

Eggen, P. D. & Kauchak D, P., *Strategies for Teacher*, 임청환 외 역, 『교사를 위한 수업 전략』, 시그마프레스, 2006.

Eisner, Elliot W., *Cogniton & Curriculum*, 김대현 외 역, 『인지와 교육과정』, 교육과학사, 1990.

Eisner, Elliot W., *The Educational Imagination : on the Design and Evaluation of School Programs*, 이해명 역, 『교육적 상상력』, 단국대출판부, 1991.

Elbow, Peter, *What is English?*, The Modern Language Association of America, 1990.

Ennis, R. H., *A Concept of Critical Thinking*, *Harvard Educational Review* 32(1), 1962.

Ennis, R. H., Critical Thinking : A Streamed Conception, *Teaching Philosophy* 14(1), 1991.

Ferry, Luc, *Homo Aestheticus*, 방미경 역, 『미학적 인간』, 고려원, 1994.

Finnegan, R., *Oral Poetry : Its Nature, Significance, and Social context*, Cambridge Univ Press, 1977.

Fisher, Alec, *Critical Thinking*, 최원배 역, 『피셔의 비판적 사고』, 서광사, 2010.

Flower, Linda, *Problem-solving Strategies for Writing*, 원진숙 외 역, 『글쓰기의 문제해결전략』, 동문선, 1998.

Frederikson, N., Implications of Cognitive Theory for Instruction in Problem Solving,

Review of Education Research 54(3), 1984.

Freund, Elizabeth, *The Return of the Reader*, 신명아 역, 『독자로 돌아가기 : 신비평에서 포스트모던 비평까지』, 인간사랑, 2005.

Gadamer, Hans Georg, *Truth and Method*, 이길우 외 역, 『진리와 방법(1)』, 문학동네, 2000.

Gadamer, Hans Georg, *Erziehung ist sich erziehen*, 손승남 역, 『교육은 자기 교육이다』, 동문선, 2004.

Geertz, Clifford, *The Interpretation of Cultures*, 문옥표 역, 『문화의 해석』, 까치, 1998.

Glaser, Edward, An Experiment in the Development of Critical Thinking, *Teacher's College*, Columbia university, 1941.

Goodman, Nelson, *Language of Art*, 김혜숙 외 역, 『예술의 언어들』, 이화여대 출판부, 2002.

Gribble, James, *Literary Education*, 나병철 역, 『문학교육론』, 문예출판사, 1987.

Hamlyn, D. W., *Experience and the Growth of Understanding*, 이홍우 역, 『경험과 이해의 성장』, 교육과학사, 1990.

Hamm, Cornel M., *Philosophical Issues in Education*, 김기수 외 역, 『교육철학탐구』, 교육과학사, 1996.

Harley, T. A., *The Psychology of Language : From Data to Theory(2nd ed.)*, Psychology press, 2001.

Harris, Roy, *Language, Saussure, and Wittgenstein : How to play Games with Words*, 고석주 역, 『소쉬르와 비트겐슈타인의 언어』, 보고사, 1999.

Hart, W. A., Against Skills, *Oxford Review of Education* 4(2), Carfax Pub Co, 1978.

Hauenstein, A., Dean, *A Conceptual Framework for Educational Objectives : A Holistic Approach to Traditional Taxonomies*, 김인식 외 역, 『신교육목표분류학』, 교육과학사, 2004.

Hausman, Carl, *Discourse on Novelty and Creation*, SUNY Press, 1984.

Hayakawa, S. I., *Language in Thought and Action*, 김영준 역, 『의미론』, 민중서관, 1977.

Hayes, J. R., *The Complete Problem Solver*, Franklin Institute Press, 1981.

Heidegger, Martin, *Sein und Zeit*, 이기상 역, 『존재와 시간』, 까치, 1998.

Heidegger, Martin, *Was heisst Denken?*, 권순홍 역, 『사유란 무엇인가』, 고려원, 1993.

Hessen, Johannes, *Lehrbuch der Philosophie*, 이강조 역, 『인식론』, 서광사, 1994.

Hills, P. J., *Teaching Learning and Communication*, 장상호 역, 『교수 학습 그리고 의사소통』, 교육과학사, 1987.

Hoffman, T., The Meaning of Competency, *Journal of European Industrial Training* 23(6), 1999.

Hoy, David Couzens, *The Critical Circle : Literature and History in Contemporary Hermeneutics*,

이경순 역, 『해석학과 문학비평』, 문학과지성사, 1988.

Horowitz, R. & Samuels, S. Jay, *Comprehension Oral and Written Language*, Academic Press, Inc, 1987.

Hughes, William & Lavery, Jonathan, *Critical Thinking*, Broadview press, 2004.

Hutcheon, Linda, *Theory of Parody*, 김상구, 윤여복 역, 『패로디이론』, 문예출판사, 1992.

Isackson, S. G. & Treffinger D. J., *Creative Problem Solving; The Basic Course*, Bearly, 1985.

Ineichen, Hans, *Philosophische Hermeneutik*, 문성화 역, 『철학적 해석학』, 문예출판사, 1998.

Jenks, C., *Culture*, 김윤용 역, 『문화란 무엇인가』, 현대미학사, 1996.

Johnson, Mark, *The Body in the Mind : The Bodily Basis of Meaning, Imagination and Reason*, 노양진 역, 『마음속의 몸』, 철학과현실사, 2000.

Kagan, M. S., *Lektsii po marksistskoleninsko éstetike*, 진중권 역, 『미학강의』, 새길, 1998.

Kains, Howard P., *The Philosophy of Man*, 정연교 역, 『철학적 인간학』, 철학과현실사, 1996.

Kaufman, James C., *Creativity 101*, 김정희 역, 『창의성 101』. 시그마프레스, 2010.

Keating, D. P., Four Faces of Creativity, *Gifted Child Quarterly* 24, 1980.

Krathwohl, David R 외, *Taxonomy of Educational Objectives : The Classification of Educational Goals 2, Affective Domain*, 임의도 외 역, 『교육목표분류학(Ⅱ)』, 교육과학사, 1990.

Lakoff, George et. al., *Metaphors We live by*, 노양진 외 역, 『삶으로서의 은유』, 박이정, 2006.

Laupies Frédéric, *Premières le ons de philosophie*, 공나리 역, 『철학기초강의』, 동문선, 2003.

Lipman, Matthew, *Thinking in Education*, 박진환, 김혜숙 역, 『고차적 사고력』, 인간사랑, 2005.

Lund, Nick, *Language and Thought*, 이재호 외 역, 『언어와 사고』, 학지사, 2007.

Marzano, Robert J. et al., *Dimension of Thinking : A Framework for Curriculum and Instruction*, VA : ASCD, 1988.

Marzano Robert J., *Designing a New Taxonomy of Educational Objectives*, 강현석 외 역, 『신교육목표분류학의 설계』, 아카데미프레스, 2005.

Mayer, Richard E., *Thinking : The Expanding Frontier*, The Franklin Institute, 1983.

McClelland, D. C., Testing for Competence rather than for Intelligence, *American Psychologist* 2(1), 1973.

McKim, Robert H., *Thinking Visually*, 김이환 역, 『시각적 사고』, 평민사, 1989.

McPeck, J. E., *Critical thinking and Education*, 박영환 외 역, 『비판적 사고와 교육』, 배영사, 2003.

McPeck, John E., Critical Thinking and the 'Trivial Pursuit' Theory of Knowedge, Walters Kerry S. eds., *Re-thinking Reason : New Perspectives in Critical Thinking*,

State University of New York Press, 1994.

Ministry of Education, *The New Zealand Curriculum*, Ministry of Education, 2007.

Mondin, Battista, *Anthropologia Filosofica*, 허재윤 역, 『인간 : 철학적 인간학 입문』, 서광사, 1996.

Moore, W. Edgar, McCann Hugh & McCann Janet, *Creative and Critical Thinking(2nd ed)*, Houghton Mifflin Co, 1974.

National Assessment of Education Progress, *A Nation at Risk : The Imperative for Educational Reforms*, U.S. Government Printing Office, 1983.

Newmann, F. M., *Promoting Higher Order Thinking in Social Studies : Overview of a Study of Sixteen High School Department*, Theory and research in Social Education, Winter XIX(19-4), 1991.

Nickerson, D. N., Knowledge as Design : Teaching Thinking through Content, Baron J. B. & Sternberg R. J. eds., *Teaching Thinking Skills : Theory and Practice*, W. H. Freemen and Co, 1987.

Nickerson, Raymond S., Why teach Thinking?, Baron Joan Boykoff 외, *Teaching Thinking Skills*, W. H. Freeman and Company, 1987.

Nisbett, Richard E., The Geography of Thought : How Asians and Westerners think Differently and Why, 최인철 역, 『생각의 지도-동양과 서양, 세상을 바라보는 서로 다른 시선』, 김영사, 2004.

Nosich, Gerald M., *Learning to Think Things Through : A Guide to Critical Thinking in the Curriculum*, Prentice Hall, 2001.

OECD, *Definition and Selection of Competencies : Theoretical and Conceptual Foundation (DeSeCo)*, OECD Press, 2003.

Olson, David R. & Torrrance, Nancy, *Modes of Thought*, Cambridge university press, 1996.

Olsen, Stein Haugon, *The Structure of Literary Understanding*, 최상규 역, 『문학이해의 구조』, 예림기획, 1999.

Ong, Walter J., *The Presence of the Word*, 이영찬 역, 『언어의 현존』, 탐구당, 1991.

Ong, Walter J., *Orality and Literacy*, 이기우 · 임명진 역, 『구술문화와 문자문화』, 문예출판사, 1995.

Ormell, C. P., Bloom's Taxonomy and the Objectives of Education, *Educational Research* 17, 1974~1975.

Osborn, Alex F., *Applied Imagination Principles and Procedures of Creative Problem-solving*, 신세호 외 역, 『창의력 개발을 위한 교육』, 교육과학사, 1999.

Palmer, Richard E., *Hermeneutics*, 이한우 역, 『해석학이란 무엇인가』, 문예출판사, 2001.

Parnes, S., *Creative Problem Solving*, D.O.K. Publishers, 1978.

Paul, R., Teaching Critical Thinking in the Strong Sense : A Focus on Self Deception, World Views and a Dialectical Mode of Analysis, *Informal Logic Newsletter* 4(2), 1982.

Paul, R, Elder L, *Critical Thinking*, 원만희 역, 『왜 비판적으로 사고해야 하는가』, 궁리, 2008.

Paul, R, Fisher A. & Nosich, G., Workshop on Critical Thinking Strategies, *Foundation for Critical Thinking*, Sonoma State University, 1993.

Peters, R. S. eds., *John Dewey Reconsidered*, 박영환 역, 『존 듀이의 재고찰』, 성원사, 1986.

Pitcher, R. T. & Soden R., Critical Thinking in Education : A Review, *Educational Research* 42(3), 2000.

Pleminger, Alex, *Princeton Encyclopedia of Poetry and Poetics*, Princeton University Press, 1965.

Plett, H. F., *Einführung in die rhetorische Textanalyse*, 양태종 역, 『수사학과 텍스트 분석』, 동인, 2002.

Presseisen, Barbara Z., Avoiding Battle at Curriculum Gulch : Teaching Thinking and Content, *Educational Leadership* 45, 1988.

Rader, Melvin Miller et. al., *Art and Human Values*, 김광명 역, 『예술과 인간 가치』, 이론과실천사, 1987.

Raible, Wolfgang, Orality and Literacy on their Medial and Conceptual Aspects, Scheunemann, Dietrich eds., *Orality, Literacy and Modern Media*, Camden House Inc, 1996.

Ricoeur, Paul, *Interpretation Theory-discourse and the Surplus of Meaning*, 김윤성 · 조현범 역, 『해석이론』, 서광사, 1998.

Ricoeur, Paul, *Du texte à l'action*, 박병수 · 남기영 편역, 『텍스트에서 행동으로』, 아카넷, 2002.

Ricoeur, Paul, *Le Conflit des Interprétations*, 양명수 역, 『해석의 갈등』, 아카넷, 2003.

Ricoeur, Paul, *Hermeneutics and the Human Sciences*, 윤철호 역, 『해석학과 인문사회과학』, 서광사, 2003.

Riemann, F., *Grundformen der Angst : eine tiefenpsychologische Studie*, 전영애 역, 『불안의 심리』, 문예출판사, 2007.

Robertson, S. Ian, *Types of Thinking*, 이영애 역, 『사고 유형』, 시그마프레스, 2003.

Rodrigues, Raymond J., *A Guidebook for Teaching Literature*, 박인기 외 역, 『문학작품을 어떻게 가르칠 것인가』, 박이정, 2001.

Rosenblatt, Louise M., *Literature as Exploration*, 김혜리 외 역, 『탐구로서의 문학』, 한국문화사, 2006.

Rosenblatt, Louise M., *The Reader, the Text, the Poem*, 김혜리 외 역, 『독자 텍스트 시』, 한국문화사, 2008.

Rychen, D. S. & L. H. Salgnik., *A Holistic Model of Competence, Key Competences for a Successful Life and a Well-functioning Society*, Cambridge, Hogrefe & Huber Publisher, 2003.

Ryle, Gilbert, A Puzzling Element in the Notion of Thinking, Strawson, P. F. eds., *Studies in the Philosophy of Thought and Action*, Oxford university press, 1968.

Ryle, Gilbert, *The Concept of Mind*, 이한우 역, 『마음의 개념』, 문예출판사, 1994.

Sallenave, Danièle, *A quoi sert la littérature?, Les Éditions Textuel*, 김교신 역, 『문학은 무슨 소용이 있는가』, 동문선, 2003.

Sayre, Henry M., *Performance*, 이형식 역, 「퍼포먼스」, 정정호 외 공역, 『문학 연구를 위한 비평 용어』, 한신문화사, 1994.

Scholes, Robert E., *Textual Power*, 김상욱 역, 『문학이론과 문학교육-텍스트의 위력』, 하우, 1995.

Schrag, C. O., *Radical Reflection and the Origin of the Human Science*, 문정복 외 역, 『근원적 반성과 인간 과학의 기원』, 형설출판사, 1997.

Schrag, Francis, *Thinking in School and Society*, Routledge, 1988.

Shore, Bradd, *Culture in Mind : Cognition, Culture and the Problem of Meaning*, Oxford univ press, 1996.

Snook, A., Teaching Pupils to Think, *Studies in Philosophy and Education* 8(3), 1974.

Solso, R. L., *Cognitive Psychology(5th)* Allyn & Bacon, 1998.

Spencer, L. & S. Spencer., *Competence at Work : Models for Superior Performances*, John Wiley & Sons. Inc, 1993.

Sternberg, Robert J., *Beyond IQ : A Triarchic Theory of Human Intelligence*, Cambridge university press, 1986.

Sternberg, Robert J., *Thinking and Problem Solving*, 김경옥 외 역, 『인지학습과 문제해결』, 상조사, 1997.

Sternberg, Robert J., Grigorenko, Elena L, Singer, Jerome L, *Creativity*, 임웅 역, 『창의성 그 잠재력의 실현을 위하여』, 학지사, 2009.

Sünkel, Wolfgang, *Phänomenologie des Unterrichts*, 권민철 역, 『수업현상학』, 학지사, 2005.

Swartz Robert J. & Perkins D. N., *Teaching Thinking: Issues and Approaches*, Midwest Publications, 1990.

The American Philosophical Association, Critical Thinking : A Statement of Expert Consensus for Purposes of Educational Assessment and Instruction, *The Delphi Report*, 1990.

Thomson, Anne, *Critical Reasoning*, 최원배 역, 『비판적 사고 : 실용적 입문』, 서광사, 2007.

Vygotsky, L. S., *Thought and Language*, 신현정 역, 『사고와 언어』, 성원사, 1985.

Vygotsky, L. S., *Mind in Society*, Cole, M. 외 편, 조희숙 역, 『사회속의 정신 : 고등심리 과정의 발달』, 성원사, 1994.

Walters, Kerry S., Introduction : Beyond Logicism in Critical Thinking, Walters, Kerry S. eds., *Re-thinking Reason : New Perspectives in Critical Thinking*, State university of New York press, 1994.

Warnke, Georgia, *Gadamer : Hermeneutics, Tradition and Reason*, 이한우 역, 『가다머 : 해석학, 전통 그리고 이성』, 민음사, 1999.

Welwood, John, *The Meeting of the Ways*, 박희준 역, 『동양의 명상과 서양의 심리학』, 범양사 출판부, 1987.

Wheelwright, Philip Ellis, *Metaphor and Reality*, 김태옥 역, 『은유와 실재』, 문학과지성사, 1988.

Whitehead, Alfred North, *Symbolism, its Meaning and Effect*, 문창옥 역, 『상징 활동 그 의미와 효과』, 동과서, 2003.

Whitehead, A. N., *The Aims of Education and Other Essays*, 오영환 역, 『교육의 목적』, 궁리, 2004.

Wilmot, William W., *Dyadic Communication*, 김명혜 역, 『인간커뮤니케이션의 이해』, 나남, 1996.

Winch, Christoper, *Education, Autonomy and Critical Thinking*, 이병승 외 역, 『교육, 자율성 그리고 비판적 사고』, 공감플러스, 2015.

Woolever, Roberta M. & Scott, Kathryn P., *Active Learning in Social Studies : Promoting Cognitive and Social Growth*, Scott, Foresman and Company, 1988.

Worsham, Antoinette M. & Stockton Anita J., *A Model for Teaching Thinking Skills : The Inclusion Process*, Bloomington Ind, 1986.

Wragg, E. C., *The Cubic Curriculum*, Routledge, 1997.

Zima, P. V., *Fischer lexikon literatur & Erkenntnis der literatur*, 김태환 편역, 『비판적 문학 이론과 미학』, 문학과지성사, 2000.

찾아보기

저자 최홍원

부산에서 태어나 서울대 국어교육과를 졸업하고 동대학원에서 「시조의 성찰적 사고 교육 연구(2008)」로 박사학위를 받았다. 공군항공과학고등학교(2001~2004), 한국교육과정평가원(2008~2010), 전주대 국어교육과(2010~2012)를 거쳐 상명대 국어교육과(2012~현재까지)에서 국어교육, 문학교육을 가르치고 공부하고 있다. 국어교육, 문학교육, 고전문학이 인간을 행복하게 한다는 신념 속에서 살고 있다.

국어교육, 문학교육, 고전문학 연구를 넘나들면서 여러 편의 글을 썼는데, 대체로 사고, 경험, 소통, 정체성 등의 문제로 모아진다. 저서로는『성찰적 사고와 문학교육론-시조, 사고, 문학교육의 만남』,『고전문학과 경험교육론-고전문학이 묻고 경험이 답하다』(2016년 학술원 우수학술도서)가 있고,『사고와 표현』,『고전문학과 정서교육』,『고전문학의 재미와 흥미』등 몇 편의 공저가 있다. 그밖에 국어교육, 문학교육, 고전문학과 관련하여 다수의 논문이 있다.

국어교육, 사고에 답하다

초판 인쇄 2017년 2월 10일
초판 발행 2017년 2월 17일

지은이 최홍원
펴낸이 이대현
편 집 권분옥
디자인 최기윤
펴낸곳 도서출판 역락
　　　　서울시 서초구 동광로 46길 6-6(반포4동 577-25) 문창빌딩 2층
　　　　전화 02-3409-2058(영업부), 2060(편집부)
　　　　팩시밀리 02-3409-2059
　　　　이메일 youkrack@hanmail.net
　　　　역락블로그 http://blog.naver.com/youkrack3888
　　　　등록 1999년 4월 19일 제303-2002-000014호

ISBN　979-11-5686-739-5 93370

* 책값은 표지에 있습니다.
* 파본은 구입처에서 교환해 드립니다.

이 도서의 국립중앙도서관 출판예정도서목록(CIP)은 서지정보유통지원시스템 홈페이지(http://seoji.nl.go.kr)와 국가자료공동목록시스템(http://www.nl.go.kr/kolisnet)에서 이용하실 수 있습니다.(CIP제어번호: CIP2017003575)